Forma e Substância
no Direito Tributário

Forma e Substância no Direito Tributário

LEGALIDADE, CAPACIDADE CONTRIBUTIVA
E PLANEJAMENTO FISCAL

2016

João Rafael Lavandeira Gândara de Carvalho

FORMA E SUBSTÂNCIA NO DIREITO TRIBUTÁRIO: LEGALIDADE, CAPACIDADE CONTRIBUTIVA E PLANEJAMENTO FISCAL
© Almedina, 2016

AUTOR: João Rafael Lavandeira Gândara de Carvalho
DIAGRAMAÇÃO: Almedina
DESIGN DE CAPA: FBA
ISBN: 978-858-49-3097-5

Dados Internacionais de Catalogação na Publicação (CIP)
(Câmara Brasileira do Livro, SP, Brasil)

Carvalho, João Rafael Lavandeira Gândara de
Forma e substância no direito tributário /
João Rafael Lavandeira Gândara de Carvalho. --
São Paulo : Almedina, 2016.
Bibliografia
ISBN 978-85-8493-097-5
1. Direito tributário 2. Direito tributário -
Brasil I. Título.

16-00473   CDU-34:336.2

Índices para catálogo sistemático:
1. Direito tributário 34:336.2

Este livro segue as regras do novo Acordo Ortográfico da Língua Portuguesa (1990).

AVISO: O presente trabalho não representa parecer legal ou a opinião de Pinheiro Neto Advogados sobre o assunto tratado, mas apenas de seu autor, para fins acadêmicos.

Todos os direitos reservados. Nenhuma parte deste livro, protegido por copyright, pode ser reproduzida, armazenada ou transmitida de alguma forma ou por algum meio, seja eletrônico ou mecânico, inclusive fotocópia, gravação ou qualquer sistema de armazenagem de informações, sem a permissão expressa e por escrito da editora.

Outubro, 2016

EDITORA: Almedina Brasil
Rua José Maria Lisboa, 860, Conj.131 e 132, CEP: 01423-001 São Paulo | Brasil
editora@almedina.com.br
www.almedina.com.br

"[Die Form]... ist im innersten Wesen des Recht begründet".
"A forma está enraizada na essência mais interna do Direito".

RUDOLF VON JHERING
Geist des Römischen Rechts: auf dert verschiedenen Stufen seiner Entwicklung, vol. 2,
Scientia Verlag, Aalen, 1993 apud *Robert Summers, Form and Function in a Legal System*
– A General Study. New York: Cambridge University Press, 2006.

"Those who are impatient with the forms of law ought to reflect that it is through form that all organization is reached. Matter without form is chaos; power without form is anarchy".

JUSTICE BLECKLEY,
Cochran v. State, 62 Ga. 731, 732 (1879).

"Oxalá fôssemos uma nação de juristas. Mas o que somos, é uma nação de retóricos. Os nossos governos vivem a envolver num tecido de palavras os seus abusos, porque as maiores enormidades oficiais têm certeza de iludir, se forem lustrosamente fraseadas. O arbítrio palavreado, eis o regime brasileiro. Agora mesmo, a usurpação de que me queixo perante vós, nunca se teria sonhado, se a espada, que nos governa, estivesse embainhada no elemento jurídico. Mas a espada, parenta próxima da tirania, detesta instintivamente esse elemento".

RUY BARBOSA,
Obras completas de Rui Barbosa, Página 92, Publicado
por Ministério de Educação e Saúde, 1942.

AGRADECIMENTOS

Este livro é a publicação na íntegra da minha dissertação de mestrado em Direito Público na Universidade do Estado do Rio de Janeiro defendida e aprovada em 2013.

Não há forma de retribuir todas as contribuições substanciais que recebi para que pudesse concluir este trabalho. Palavras dizem muito pouco sobre o muito que as pessoas adiante citadas representam e o que fizeram por mim. Dizer muitas palavras, nesse momento, só contribuiria para aumentar um texto já por demais extenso. Nada agregaria às enormes contribuições que recebi dessas pessoas, por vezes, na forma dos mais simples gestos.

Talvez, o mais indicado, em retribuição a todo esse apoio, seja seguir justamente pelo caminho oposto e trocar as muitas palavras que poderiam ser ditas nesse momento, por um único gesto – o de agradecer – com a única palavra existente na Língua Portuguesa que é capaz de expressar, minimante, a gratidão que sinto. Essa palavra é "obrigado" e o melhor que consigo fazer nessa hora para agradecer a todos vocês que me ajudaram é dizer: "muito obrigado"!

Muito obrigado aos meus pais, Fátima e João, por tudo que me deram ao longo da vida, e, mais ainda, pelo que me ensinaram. Foram, são e serão fontes eternas de inspiração e carinho. Minha maior realização será poder algum dia fazer por um filho, algo um pouco parecido do que fizeram por mim. À minha irmã, Lívia, agradeço por ter me ensinado, desde cedo, que, na vida, dividir, pode ser multiplicar. Agradeço também aos meus avôs Virgílio e Faustino (ambos *in memoriam*), onde quer que eles estejam, e às minhas avós, Maria e Zélia, pelo carinho infinito que recebo e recebi, em especial à minha avó Maria, por fazer, ao lado da UERJ, o almoço mais prático e, ao mesmo tempo, mais carinhoso que alguém pode ter. Aos meus tios e padrinhos, Olívia e Carlos, agradeço, como o filho que não tiveram – mas que têm, por consideração recíproca – por ter tido a rara felicidade de ter, em uma mesma família, mais dois pais. Aos meus sogros, Maristela e Paulo, e ao meu cunhado, Renato, só tenho a agradecer por terem me incorporado à família, na qualidade de filho e irmão.

À UERJ, agradeço por ter feito Mestre em Direito, o menino curioso, que entrou ali, pela primeira vez, aos 10 anos, para fazer a única prova na vida em que foi reprovado. Saí dali com a certeza de que não havia passado na prova, mas com a estranha sensação e desejo de voltar. Apesar de todos os pesares que se possam apresentar em relação a essa instituição, o que mais pesou sempre foi a UERJ e o desejo de estar ali estudando, aprendendo e ensinando. Tive a felicidade de fazer minha graduação e minha pós-graduação na Faculdade de Direito da UERJ, um dos centros excelência do ensino jurídico no Brasil, inteiramente gratuito, cujo valor maior é a sintonia entre professores e alunos. Que o conhecimento e a qualidade acadêmica continuem prevalecendo sobre a vaidade e os projetos pessoais. A todos os professores, alunos e funcionários que fazem da querida Faculdade de Direito da UERJ o que ela é, a minha singela e eterna gratidão.

Muito obrigado, em especial, aos Professores Doutores Luís Cesar Souza de Queiroz, Ricardo Lodi Ribeiro e Celso Albuquerque Silva, que compuseram a banca de defesa da dissertação, a qual, generosamente, foi aprovada, com grau dez, louvor e distinção.

O Professor Luís Cesar Queiroz é um desses professores que faz a UERJ ser o centro de excelência que ela é. Tive o privilégio de ter sido orientado por ele tanto na monografia da graduação quanto no mestrado. Um exemplo de professor de Direito Tributário, cujos vastos conhecimentos de Teoria Geral do Direito e de Filosofia do Direito geraram intensos debates jurídicos ao longo dos nossos encontros. Agradeço imensamente pela atenção minuciosa dispensada ao trabalho, pelas valiosas contribuições dadas e pelo rigor analítico dos mestres que têm especial cuidado pela produção acadêmica, que fica até evidenciada no gentil e denso prefácio elaborado. Ao Professor Ricardo Lodi Ribeiro, um dos grandes mestres e doutrinadores de Direito Tributário no País, agradeço pela cuidadosa análise do trabalho, pelas gentis palavras durante a defesa, pelo estímulo acadêmico e pelo espaço que vem dando à nova geração de tributaristas.

AGRADECIMENTOS

Ao Professor Celso Albuquerque, grande juspublicista, agradeço por ter aceito o convite para integrar a banca e pelas construtivas críticas que animaram a defesa da dissertação. Não poderia deixar de agradecer também ao Professor Humberto Ávila, um dos grandes tributaristas do Brasil, por ter gentilmente aceito o convite para integrar a banca. Mesmo não tendo podido participar da defesa, por fatores alheios à sua vontade, suas lições estão aqui presentes em boa parte do trabalho, além de ter me honrado muito com uma generosa apresentação para o livro.

A Pinheiro Neto Advogados tenho a agradecer por ter dado a um jovem estudante de Direito uma oportunidade profissional única na vida: o desafio, o prazer e o eterno aprendizado de começar advogar em um dos escritórios mais tradicionais do Brasil, com muitos dos mais admirados profissionais do ramo, que ali começaram suas carreiras, como jovens estudantes de Direito. Sem o apoio institucional do escritório e a compreensão pessoal dos colegas, a realização do mestrado teria sido impossível; sem o prazeroso ambiente de trabalho, a vida jurídica não seria tão plena de realizações. O apoio institucional do escritório também fez possível a publicação dessa obra.

Agradeço a José Olinto de Arruda Campos (*in memoriam*) por ter aberto as portas do escritório para estagiar em seu grupo e por ter me dado um apoio do tamanho de sua generosidade. A Carlos Henrique Bechara, agradeço imensamente por ter feito do meu primeiro estágio, meu primeiro emprego, e por todo o valioso estímulo acadêmico e profissional que dele recebo, a todo tempo, nos mais variados fóruns. Agradeço a Marcos de Vicq de Cumptich, por ter sido, ao longo de quase uma década, muito mais do que um chefe, mas um professor, um amigo, um mentor, um interlocutor, a quem tenho que agradecer por uma infinidade de coisas, sem contar – sem contar mesmo – a infinidade de cafés tomados em sua sala durante todo esse tempo. A Emir Nunes de Oliveira, agradeço por todo o apoio e auxílio profissional, no seu "outro mundo" do Direito Tributário. Tenho que agradecer, imensamente, a todos os integrantes e amigos da área tributária do escritório, em especial do escritório do Rio de Janeiro, pelo engrandecimento profissional que tenho no nosso convívio diário, e pelo quanto os atarefei ainda mais durante o mestrado. De fora da área tributária, faço agradecimentos a todos os grandes amigos que tenho no escritório e em especial a Saul Tourinho Leal, pelos diálogos constitucionais em Direito Tributário.

O mundo jurídico me deu a oportunidade de fazer muitos amigos e companheiros, cujas conversas sobre o Direito, mesmo que por algumas horas, influenciaram meu pensamento ao longo desses anos e, cujas reflexões, direta ou indiretamente, estão refletidas nessa obra. Evidentemente, seria impossível citá-los nominalmente. Mas, tenho a felicidade de ter grandes amigos de infância, que ingressaram comigo no mundo do Direito, cujos nomes não poderia deixar de mencionar nesse momento: Daniel, Vinicius, Rafael, Philippe, Augusto e Thiago. Outros, não seguiram o caminho jurídico, mas a amizade seguiu: Daniel Veloso, Leandro e Marcello. Aos colegas da Associação Brasileira de Direito Financeiro (ABDF), agradeço por terem me recebido muito bem desde o início e pela oportunidade de poder participar de uma das instituições científicas mais sérias, plurais e ativas do país nos debates eternos que, felizmente, teremos sobre o Direito Financeiro e Tributário. Faço esse agradecimento na pessoa de Bruno Lyra, um dos expoentes da nova geração de tributaristas, que já alcança merecido reconhecimento internacional na International Fiscal Association, (IFA). Aos amigos e membros da Comissão Especial de Assuntos Tributários da OAB/RJ, agradeço pela oportunidade de poder fazer parte de um grupo seleto de grandes profissionais, que tem trabalhado não apenas na defesa dos advogados tributaristas – o que já seria motivo de muita honra e muito trabalho – mas também em prol de um Direito Tributário mais justo e equilibrado – o que nos motiva e orgulha ainda mais. Aos amigos da Sociedade Brasileira de Direito Tributário (SBDT), fundada pelo professor Ricardo Lodi, na etapa final do meu mestrado, muito obrigado pelo fato de o fim do mestrado não significar o fim dos nossos debates sobre Direito Tributário.

Muito obrigado a todos que fizerem tudo isso por mim. Vocês foram, são e serão mestres desse meu mestrado.

Mas "ainda que tivesse o dom da profecia, e conhecesse todos os mistérios e toda a ciência, e ainda que tivesse toda a fé, de maneira tal que transportasse os montes, *e não tivesse amor, nada seria*" (Coríntios 13:2). A você, Juliana, meu amor, que viu isso tudo acontecer, do meu lado, e meu deu força, incentivo e, sobretudo, amor. A você, que, na verdade, não me viu por todo o tempo que passei estudando, lendo e escrevendo, logo nos primeiros anos do nosso casamento. A você, por tudo o que construímos e vamos construir juntos, não posso dizer só muito obrigado. Eu preciso dizer que te amo muito. E te dizer que é só com muito desse nosso amor que consegui chegar até aqui.

Entre a defesa de mestrado e a publicação deste livro, um curto espaço de tempo foi suficiente para plantar algumas árvores e ter um filho, seguindo aquela velha máxima das três coisas que um homem deve fazer durante a vida. João Gabriel, esse livro foi escrito muito antes de você chegar ao mundo, mas seu nascimento foi a benção necessária para que ele ganhasse vida e que vida ganhasse um livro com muitas páginas a serem preenchidas.

APRESENTAÇÃO

João Rafael Gândara começa de onde não muitos terminam: escrevendo um trabalho denso e amplo sobre um tema relevante, atual e controvertido. Em alguns aspectos, a sua dissertação assemelha-se a uma tese de doutorado, em razão de algumas proposições que formula a respeito da dicotomia entre substância e forma e da própria teoria que anuncia na sua parte final. A sua dissertação de mestrado, portanto, é uma dissertação realmente extraordinária, por várias razões, algumas das quais enuncio aqui de forma abreviada, dado o caráter conciso da apresentação que tenho a alegria de elaborar.

Em primeiro lugar, pelo tema: planejamento tributário. Hoje, assim no Brasil como no mundo, este tema passou de importante a crucial, em virtude tanto da necessidade de incremento da arrecadação quanto do aumento das reestruturações societárias que buscam mais ou menos ousadamente dela se afastar. Mais do que nunca, os operadores do Direito Tributário precisam dominar conceitos como os de simulação, dissimulação, abuso de forma, abuso de direito, fraude à lei, negócio jurídico indireto e propósito negocial. Este trabalho trata justamente destes conceitos fundamentais com a extensão e a profundidade necessárias à sua melhor compreensão e aplicação.

Em segundo lugar, pela estrutura: bem organizada e concatenada, partindo do geral para o particular e perpassando os princípios fundamentais ligados ao tema. O trabalho inicia examinando o conceito de forma em geral, indo buscar subsídios na Filosofia, na História e na Teoria do Direito. Após, analisa o conceito de forma no âmbito do Direito. Somente após esta parte propedêutica essencial é que o trabalho examina a dicotomia forma e substância no âmbito do Direito Tributário, fazendo-o, porém, por meio do exame dos princípios fundamentais da legalidade e da capacidade contributiva, e mediante a análise das concepções particulares dos tributaristas pátrios mais eminentes, tanto de ontem quanto de hoje.

Em terceiro lugar, pela amplitude: embora tenha por objeto imediato o planejamento tributário, o presente trabalho examina uma variedade enorme de temas relevantes, desde incursões sobre as capacidades institucionais dos Poderes da República até um cuidadoso exame da teoria das regras e das suas justificações. O resultado desse esforço é recompensador, pois no lugar de um trabalho acadêmico tradicional, que apenas relata e compila o que os outros autores disseram sobre determinado tema, o que se tem é uma obra fundamentada nas grandes categorias da Filosofia e da Teoria do Direito – como deveriam ser todas as obras de Direito Tributário. Para cumprir esse desiderato, o presente trabalho valeu-se de pesquisa bibliográfica e jurisprudencial primorosa – extensa, profunda e específica. Em face dessa enorme quantidade de informação, o autor empreendeu notável esforço, em geral bem sucedido, para evitar o mal que acomete a maior parte das dissertações de mestrado: no afã de pretensamente esgotar o tema, fazer muitas citações, incorporando ao seu resultado autores e teorias de resto inconciliáveis entre si.

Em quarto lugar – e para finalizar uma lista de resto bem mais longa –, este trabalho é extraordinário pelos resultados: uma visão parcimoniosa e criteriosa a respeito tanto da dicotomia entre forma e substância no Direito Tributário quanto do planejamento tributário. Precisamente porque parte de uma análise do conceito de forma em geral para somente depois adentrar na seara tributária, o presente trabalho bem apreendeu a distinção entre forma, formalidade, formulação e formalismo. E exatamente por isso também percebeu o que poucos percebem: de um lado, que o conceito de forma pressupõe um arranjo sistemático e finalístico de elementos e, longe de ser uma mera estrutura vazia e bastante em si, desempenha uma função essencial para garantir a cognoscibilidade e a calculabilidade no Direito e para permitir o exercício seguro da liberdade; de outro, que o tema do planejamento tributário não pode ser enfrentado apenas mediante um exame apologético e genérico de princípios fundamentais – de solidariedade ou de liberdade, pouco importa –, mas por meio da intermediação legislativa e mediante a distinção analítica entre conceitos fundamentais relativos aos vícios dos atos ou negócios jurídicos praticados pelos contribuintes.

Assim, pelos méritos aqui brevemente realçados e por aqueles outros que o sensível leitor irá perceber, não tenho dúvida alguma a respeito da oportunidade e da relevância da publicação da presente obra, à qual desejo tenha a acolhida a que faz jus como importantíssimo contributo ao aprimoramento dos estudos a respeito do planejamento tributário no Brasil.

HUMBERTO ÁVILA
Professor Titular de Direito Tributário da USP

PREFÁCIO

Foi com muita satisfação que recebi o convite de João Rafael Lavandeira Gândara de Carvalho para prefaciar seu livro. Tive o prazer de ser orientador do João Rafael em duas oportunidades na Universidade do Estado do Rio de Janeiro - UERJ. A primeira em sua monografia de graduação (2008) e a segunda em seu mestrado (2013). Nessas duas ocasiões, João Rafael surpreendeu-me pela dedicação à pesquisa, pela elevada capacidade de raciocínio analítico e pela sua habilidade de abordar com profundidade temas de alta complexidade. Essa surpresa foi compartilhada pelos integrantes das bancas de monografia e de mestrado, que concordaram em afirmar que João Rafael suprimiu etapas, pois sua dissertação de monografia intitulada "A razoável duração do processo administrativo tributário: por uma limitação temporal à execução do crédito tributário" apresentava feição própria de uma dissertação de mestrado, enquanto sua dissertação de mestrado, obra que agora se publica, possuía estatura de uma autêntica tese de doutorado. Não foi por outra razão que, em ambas as oportunidades, João Rafael foi agraciado com grau máximo pelas respectivas bancas examinadoras.

O livro "Forma e substância no Direito Tributário: legalidade, capacidade contributiva e planejamento fiscal", que em boa hora é objeto de publicação pela Editora Almedina, discorre sobre temas sempre oportunos e complexos: a dicotomia entre a forma e a substância, a relevância dos princípios constitucionais da legalidade e da capacidade contributiva, e os reflexos sobre o fenômeno do planejamento tributário.

O primeiro capítulo do livro apresenta ao leitor a primeira grande questão enfrentada pelo autor, a qual é revelada de forma direta mediante duas perguntas: "O que é forma? O que é substância?". Desse tema ocupa-se o autor nos três primeiros capítulos. A multiplicidade de perspectivas que o tema forma-substância suscita acompanha boa parte da história da humanidade, o que torna a sua apreciação extremamente árdua, em especial com a consideração de que essas expressões possuem razoável dose de indeterminação, a qual é fomentada pela mutação de valores, crenças e conhecimentos. O autor não se amesquinhou ante a grandiosidade do tema e o analisa de forma acurada e profícua. Há que se lembrar que Aristóteles, um dos fundadores da filosofia ocidental, já se preocupava com as questões relativas à forma e substância, cabendo salientar a polêmica levada a termo por este filósofo contra o platonismo, com o propósito de afirmar a inseparabilidade da forma da matéria. A preocupação do autor em discorrer acerca de diferentes acepções para *forma* e *substância* revela sua singular preocupação de apresentar um trabalho devidamente fundamentado, bem como a aptidão para a investigação, sem se descurar da necessária atenção com o fenômeno da indeterminação dos conceitos.

Um trabalho como o apresentado por João Rafael, que é conhecedor das dificuldades suscitadas pelo fenômeno da indeterminação dos conceitos, o qual acomete a linguagem em geral, caracteriza-se pelo cuidado com o uso das palavras, a começar pelo uso dos vocábulos *forma* e *substância*.

É importante observar que o fenômeno da *indeterminação dos conceitos* é um problema que prejudica a interpretação e a comunicação. Esse fenômeno acomete os conceitos em geral. Não se pode esquecer que os conceitos (jurídicos ou não), em sua maioria, são do tipo *indeterminado*, ou com maior precisão, são conceitos com razoável grau de indeterminação, fenômeno que é inerente ao processo de conhecimento humano. A indeterminação (vagueza ou imprecisão) pode repousar (i) na dificuldade ao identificar e constituir um objeto específico (na construção do *conceito de um objeto específico*) – pois o sujeito cognoscente tem a possibilidade de estabelecer, eleger, infinitas características definitórias, (ii) na dificuldade de se criar uma classe de objetos (na construção do *conceito de classe de objetos*) que apresentem características definitórias comuns – pois o sujeito cognoscente também tem a possibilidade de eleger infinitos caracteres definitórios comuns para criar a classe de objetos, e (iii) na dificuldade de se verificar se um objeto específico (o *conceito de um objeto específico*) pertence ou não a certa classe de objetos (ao *conceito de classe de objetos*) – pelas razões já explicadas nos itens 'a' e 'b'.

PREFÁCIO

Quando se constrói um conceito, adotam-se características definitórias que informam seu conteúdo, que permitem identificá-lo e diferençá-lo de outros conceitos. Isso não infirma o fato de as pessoas nem sempre estarem em plena concordância com tais características definitórias (situação existente, em maior ou menor grau, em todas as áreas do conhecimento), o que é explicável em função do referido fenômeno da indeterminação, o qual, convém advertir, é fomentado por dois fatores: a *mutação* e a *diversidade espacial*. Entenda-se por *mutação* o fenômeno (também, mas não exclusivamente jurídico) representativo das mudanças de compreensão, de constituição e de interpretação dos objetos em sentido amplo ou da denominada *realidade*, decorrentes das mais variadas razões (morais, econômicas, físicas, tecnológicas etc.) que se dão ao longo do tempo. E entenda-se por *diversidade espacial* a circunstância de as diferentes características físicas do meio circundante informarem a compreensão, a construção da realidade. É nesse sentido, por exemplo, que Stephen Ullmann[1] observa que os Esquimós e os Lapões possuem, em sua linguagem, uma multiplicidade de termos para diferentes espécies de neve. Certamente, isso é função de necessidades específicas provocadas pelas singulares características ambientais, onde o ou os *objetos-neve* assumem uma especial importância para os habitantes dessas regiões. Desse modo, os Esquimós e os Lapões acabam por constituir diferentes objetos, constroem uma nova e diversa realidade.

Esse especial modo de se compreender e de se utilizar a expressão **conceito, que concebe ser necessária a consideração de que os fenômenos da indeterminação e da mutação acometem os conceitos em geral em graus variados**, parece guardar vantagens para o uso de outras expressões relacionadas, tais como, *tipo, cláusula geral, conceitos determinados, conceitos indeterminados* etc., as quais têm suscitado desnecessárias dúvidas acerca de sua adequada caracterização.

É por estar atento para a necessidade de compreender adequadamente o sentido de *forma* e *substância*, que o autor também discorre sobre esse tema nos capítulos dois e três, sob a perspectiva da Teoria Geral do Direito (capítulo 2) e sob a ótica do Direito Tributário (capítulo 3).

O autor conjuga a construção dos conceitos de *forma* e *substância* com a apreciação de dois relevantes princípios constitucionais tributários: o

---

[1] *Semântica – uma introdução à ciência do significado*. Lisboa: Fundação Caloute Gulbenkian, 1964, p. 251.

da legalidade tributária e o da capacidade contributiva, com o que realiza uma feliz e salutar construção teórica, na qual combina reflexões de cunho analítico com as de cunho axiológico. Nesse ponto, o autor avalia a aproximação do princípio da legalidade tributária com um viés mais formal do sistema jurídico e do princípio da capacidade contributiva com um viés mais substancial do sistema jurídico.

O princípio da legalidade tributária é apreciado a partir do disposto na Constituição de 1988 e da análise de discursos da doutrina, com uma destacada abordagem sobre a controvertida tipicidade tributária. Ainda nesta parte, após tratar da estrutura e função da lei tributária, enfrenta o delicado e controvertido tema da analogia gravosa no direito tributário. Por sua vez, o estudo relativo ao princípio da capacidade contributiva também revela a relevância do referido fenômeno da indeterminação, à medida que toma como premissa a concepção de que a capacidade contributiva tem uma configuração multidimensional, que demandaria do intérprete a consideração de que existem cinco diferentes dimensões. Finaliza este ponto com o enfrentamento do tormentoso tema da denominada eficácia positiva da capacidade contributiva no direito brasileiro.

Na última parte do trabalho, o autor, antes de apresentar a sua visão acerca das condições para a adoção de um legítimo planejamento tributário no Brasil, conjuga o instrumental teórico desenvolvido ao longo do trabalho e com um estudo sobre a evolução histórica da doutrina nacional sobre o tema.

Aproveito a oportunidade para cumprimentar a Editora Almedina pela decisão de publicar o presente trabalho, que, certamente, muito contribuirá para o enriquecimento dos debates relacionados ao Direito Tributário, bem como para parabenizar todos aqueles professores da Faculdade de Direito da Universidade do Estado do Rio de Janeiro – UERJ, que de algum modo contribuíram para a formação desse jovem e brilhante estudioso, que se tornou o João Rafael.

Luís Cesar Souza de Queiroz
Professor de Direito Financeiro da UERJ
Procurador Regional da República

ÍNDICE DE SIGLAS

Ac.	–	Acórdão
AC	–	Apelação Cível
ADCT	–	Atos das Disposições Constitucionais Transitórias
ADI	–	Ação Direta de Inconstitucionalidade
ADI-MC	–	Medida Cautelar em Ação Direta de Inconstitucionalidade
AgRg	–	Agravo Regimental
AI	–	Agravo de Instrumento
CARF	–	Conselho Administrativo de Recursos Fiscais
CC/1916	–	Código Civil de 1916
CC/2002	–	Código Civil de 2002
CC do MF	–	Conselho de Contribuintes do Ministério da Fazenda
CF/1967/1969	–	Constituição Federal de 1967, com a redação dada pela Emenda Constitucional nº 1/1969.
CF/1988	–	Constituição Federal da República do Brasil de 1988
COFINS	–	Contribuição para Financiamento da Seguridade Social
CP	–	Código Penal
CDC	–	Código de Defesa do Consumidor
CFC	–	Conselho Federal de Contabilidade
CPC	–	Código de Processo Civil
CTN	–	Código Tributário Nacional
CVM	–	Comissão de Valores Mobiliários
DJ	–	Diário de Justiça
DJe	–	Diário de Justiça Eletrônico
DL	–	Decreto-lei
EC	–	Emenda Constitucional

ERE	–	Embargos de Divergência em Recurso Extraordinário
ERESP	–	Embargos de Divergência em Recurso Especial
ICMS	–	Imposto sobre Operação de Circulação de Mercadoria e Prestação de Serviço de Transporte Interestadual e Intermunicipal e de Comunicação
IFA	–	Internacional Fiscal Association
II	–	Imposto sobre Importação de Produtos Estrangeiros
IOF	–	Imposto sobre Operações Financeiras de Crédito, Câmbio e Seguro, ou relativas a Títulos ou Valores Mobiliários
IPI	–	Imposto sobre Produtos Industrializados
IPMF	–	Imposto sobre Movimentações Financeiras
ISS	–	Imposto sobre a Prestação de Serviços de Qualquer Natureza
IFRS	–	Internacional Financial Reporting Standards
IR	–	Imposto de Renda
IRPJ	–	Imposto de Renda da Pessoa Jurídica
IRPF	–	Imposto de Renda da Pessoa Física
LC	–	Lei Complementar
PIS	–	Contribuição para o Programa de Integração Social
RE	–	Recurso Extraordinário
RESP	–	Recurso Especial
RIR	–	Regulamento do Imposto de Renda, aprovado pelo Decreto nº 3.000/1999.
RMS	–	Recurso Ordinário em Mandado de Segurança
RT	–	Revista dos Tribunais
SAT	–	Contribuição ao Seguro de Acidente de Trabalho
STF	–	Supremo Tribunal Federal
STJ	–	Superior Tribunal de Justiça
TFA	–	Taxa de Fiscalização Ambiental
TFR	–	Tribunal Federal de Recursos
TJ	–	Tribunal de Justiça

SUMÁRIO

INTRODUÇÃO	27

CAPÍTULO 1 – O QUE É FORMA? O QUE É SUBSTÂNCIA? — 37
1. Um debate multidisciplinar — 37
2. Forma e substância no Direito em sentido amplo — 44
   2.1. A abertura semântica — 44
   2.2. Um conceito geral de forma e de substância — 48
3. Três relações entre forma e substância — 51

CAPÍTULO 2 – FORMA E SUBSTÂNCIA NA TEORIA GERAL DO DIREITO — 55
1. Razões substanciais e razões formais — 55
2. Diferentes Tipos de Formalidade na Aplicação do Direito — 61
   2.1. Formalidade relacionada à autoridade jurídica — 61
   2.2. Formalidade com relação ao conteúdo — 63
   2.3. Formalidade com relação à interpretação — 65
   2.3. Formalidade com relação à imperatividade — 73
3. Razões substanciais e formais de segunda ordem — 77
4. Formalismo e Substancialismo — 79

CAPÍTULO 3 – FORMA E SUBSTÂNCIA NO DIREITO TRIBUTÁRIO — 83
1. Forma e substância como questões tributárias — 83
2. O caráter universal do debate — 84
3. Dois modelos de lidar com a "forma e substância" no Direito Tributário:
Gregory v. Helvering e IRC v. Duke of Westminster — 90
4. Breves apontamentos sobre o "modelo brasileiro" atual de tratamento
do debate forma-substância no Direito Tributário — 94

FORMA E SUBSTÂNCIA NO DIREITO TRIBUTÁRIO

CAPÍTULO 4 – O PRINCÍPIO DA LEGALIDADE TRIBUTÁRIA — 103

1. O(s) Princípio(s) da Legalidade na CF/1988 — 103
2. O princípio da legalidade tributária — 110
3. A lei tributária, os seus elementos essenciais e o regulamento em matéria tributária — 113
4. Forma e substância no princípio da legalidade tributária — 118
5. A tipicidade tributária e as suas teorias — 119
   - 5.1. A ambiguidade da tipicidade — 119
   - 5.2. A proposição de Alberto Xavier – o princípio da tipicidade fechada — 121
   - 5.3. A proposição de Misabel Derzi – a distinção entre *tipo* e *conceito* — 122
   - 5.4. A proposição de Ricardo Lobo Torres – o princípio da tipicidade aberta — 124
   - 5.5. Reflexões sobre a tipicidade no Direito Tributário — 126

CAPÍTULO 5 – LEI TRIBUTÁRIA: ESTRUTURA E FUNÇÃO — 139

1. A adoção do modelo de "regra de incidência tributária" — 139
2. As regras como generalizações probabilísticas entrincheiradas — 140
3. A aplicação do modelo de regras ao Direito Tributário — 144

CAPÍTULO 6 – A ANALOGIA GRAVOSA NO DIREITO TRIBUTÁRIO — 149

1. Considerações gerais sobre a analogia — 149
2. Os argumentos a favor da utilização da analogia no Direito Tributário — 153
3. A vedação à analogia gravosa — 156
   - 3.1. A colocação do problema — 156
   - 3.2. A crítica aos argumentos a favor da analogia gravosa — 158
   - 3.3. A vedação da analogia gravosa e suas consequências — 166

CAPÍTULO 7 – A CAPACIDADE CONTRIBUTIVA MULTIDIMENSIONAL — 175

1. A capacidade contributiva: uma norma em busca de sua definição — 175
2. Primeira Dimensão: "O sistema tributário deve ser justo". — 181
3. Segunda Dimensão: "Os tributos devem incidir sobre fatos econômicos (capacidade econômica)". — 183
4. Terceira Dimensão: "A carga tributária deve ser repartida entre as pessoas, de forma racional e justa, segundo as espécies tributárias previstas no sistema tributário nacional". — 187
5. Quarta dimensão: "Os tributos não podem gravar o mínimo existencial" — 195
6. Quinta dimensão: "O tributo não pode ser usado com efeito de confisco (parcial ou global) — 198
7. A Chamada Eficácia Positiva do Princípio da Capacidade Contributiva — 199

SUMÁRIO

CAPÍTULO 8 – OS MARCOS FUNDAMENTAIS PARA UMA TEORIA
DO PLANEJAMENTO FISCAL ... 207
1. A complexidade teórica e a falta de uniformidade prática ... 207
2. Uma breve história do debate doutrinário sobre o planejamento tributário
   e os seus modelos teóricos no Brasil ... 215
   2.1. Referências para uma demarcação histórica ... 215
   2.2. A Primeira Fase – Os Antecedentes Históricos ... 219
       2.2.1. Bilac Pinto – critério jurídico e conteúdo econômico
             na qualificação do fato imponível ... 219
       2.2.2. Aliomar Baleeiro – A teoria da evasão lícita e ilícita ... 220
       2.2.3. Rubens Gomes de Souza – A evasão, a fraude fiscal e o critério
             temporal ... 222
       2.2.4. Alfredo de Augusto Becker – O repúdio às teorias
             da interpretação econômica e do abuso do direito ... 224
       2.2.5. Amílcar de Araújo Falcão – A Interpretação Econômica
             e a Forma Jurídica ... 227
   2.3. A Segunda Fase ... 229
   2.4. A Terceira Fase ... 236

CAPÍTULO 9 – UMA TEORIA DO PLANEJAMENTO FISCAL ... 249
1. Uma definição de planejamento tributário ... 249
2. Planejamento tributário como produto ... 254
   2.1. A evasão e a elisão fiscal ... 254
       2.1.1. A análise do critério temporal ... 255
       2.1.2. A análise do critério da natureza dos meios utilizados ... 257
   2.2. A elusão fiscal ... 263
       2.2.1. A elusão fiscal e os seus contornos ... 263
       2.2.2. A penumbra normativa ou o conflito de qualificação ... 269
       2.2.3. A transparência dos atos ou dos negócios praticados ... 273
       2.2.4. A violação indireta à lei tributária: a ilicitude atípica ... 274

CAPÍTULO 10 – OS LIMITES DO PLANEJAMENTO FISCAL ... 283
1. As normas antielusivas específicas ... 283
2. As normas gerais antielusão ... 291
3. Simulação e dissimulação ... 301
   3.1. O conceito tradicional de simulação no Direito Privado
        e a sua repercussão no Direito Tributário ... 301
   3.2. A importância da causa para o conceito de simulação ... 304
   3.3. A simulação e a dissimulação no Direito Tributário ... 307

FORMA E SUBSTÂNCIA NO DIREITO TRIBUTÁRIO

4. A fraude à lei	317
4.1. A fraude à lei no Direito Privado	317
4.2. A fraude à lei no Direito Tributário	320
5. O negócio indireto	326
6. O abuso de direito	335
6.1. O abuso de direito no Direito Civil	335
6.2. O abuso de direito no Direito Tributário	336
6.3. Existe espaço para a teoria do abuso de direito em matéria de planejamento fiscal?	337
7. A Substância Econômica e o Propósito Negocial	347

CONCLUSÕES	361
REFERÊNCIAS	391

INTRODUÇÃO

A presente obra tem por objetivo demonstrar como a dicotomia entre *forma* e *substância* pode apresentar parâmetros relevantes para se avaliar, no Direito Tributário brasileiro, a legitimidade de atos ou negócios praticados pelos contribuintes com a finalidade de economizar tributos ("planejamento tributário"), de modo a distinguir entre o que é e o que não é lícito ao contribuinte fazer para alcançar essa finalidade.

A dicotomia entre *forma* e *substância* é uma dicotomia central no Direito[1].

Geralmente, forma e substância estão associadas a extremos opostos em diversos debates jurídicos. Na dicotomia clássica entre Direito Natural e Direito Positivo, por exemplo, a *substância* está relacionada à ideia de um Direito que tem validade porque é justo, virtuoso e moral, independentemente da forma pela qual é posto ou do que está formalmente previsto no *Direito*. No outro extremo, o juspositivismo relaciona a validade do direito à *forma*, isto é, o Direito vale porque é posto por uma autoridade competente (*"auctoritas non veritas facit legem"*), independentemente de sua relação com a justiça, a virtude e a moral.

De certo modo, essa dicotomia se projeta na vinculação do juiz à lei ou à justiça. Uma interessante passagem narrada por Ronald Dworkin na abertura de seu livro *A Justiça de Toga*[2] bem ilustra essa questão. No capítulo inicial da obra, que trata da relação entre Direito e Moral, Dworkin

---

[1] Nesse sentido, cf., por todos, P.S. Atiyah e R.S. Summers, *Form and Substance in Anglo-American Law*. New York: Oxford University Press, 2002.

[2] *A Justiça de Toga*, tradução Jefferson Luiz Camargo. São Paulo: Editora WMF Martins Fontes, 2010, p. 3-4.

conta que, certa vez, Oliver Wendell Holmes, um dos mais notáveis juízes da Suprema Corte americana, passava com sua carruagem a caminho do trabalho, quando encontrou o então jovem juiz Leonard Hand, também considerado um dos maiores juízes da história dos Estados Unidos. Holmes ofereceu uma carona a Hand. Quando chegou ao seu destino, Hand desembarcou e se despediu dizendo: "Faça justiça, juiz!". A carruagem, que havia saído, voltou logo em seguida e Holmes respondeu: "Não é esse o meu trabalho!". Essa passagem toca em uma das mais palpitantes questões jurídicas de todos os tempos: o papel de um julgador ao decidir um conflito de interesses colocado diante de um caso concreto é aplicar o que está formalmente previsto na legislação ou deve recorrer a razões substanciais relacionadas à justiça, ou a outros valores no momento de decidir? Essa é uma questão que também perpassa pela dicotomia *forma-substância*.

O Direito costuma se valer de certas formas para atingir determinadas finalidades substanciais. Por exemplo, o Poder Público necessita ordenar a circulação de veículos em uma estrada para permitir que as pessoas se desloquem de maneira segura, eficiente e sem acidentes. Para tanto, pode-se valer de regras mais diretas, precisas e formais como, por exemplo, "Velocidade máxima: 60 km/h" ou pode, de modo diverso, se valer de comandos menos diretos, mais imprecisos e mais substanciais, como: "Dirija com cuidado", prevendo a aplicação de uma multa no caso de essas regras serem descumpridas.

No primeiro exemplo ("Velocidade máxima: 60 km/h"), tem-se maiores segurança, certeza e previsibilidade acerca do conteúdo e do sentido do comando, sendo possível avaliar mais facilmente se um determinado veículo está ou não infringindo diretamente essa regra para fins da aplicação de uma sanção: basta medir a sua velocidade. No entanto, uma regra com esse elevado grau de formalidade pode conduzir a *problemas de justiça* (de sub-inclusão ou sobre-inclusão, mais especificamente). Por exemplo, no caso de uma emergência, talvez uma ambulância precise transitar a uma velocidade superior à estabelecida para poder salvar a vida de alguém. Aplicar a multa nesse caso, valendo-se da literalidade da regra, pode conduzir a uma inequívoca situação de injustiça, uma vez que uma regra de trânsito foi violada para que uma vida pudesse ser salva.

No segundo exemplo ("Dirija com cuidado"), o comando tem uma rigidez menor e permite uma maior dose de flexibilidade ao julgador na ava-

INTRODUÇÃO

liação da conduta de quem está dirigindo o veículo. No entanto, isso pode conduzir a problemas de *insegurança* e *arbitrariedade* na aplicação da regra. Qual a velocidade a que se deve trafegar para se dirigir "com cuidado"? Um piloto de Fórmula 1 pode alegar que estava cumprido estritamente a regra ao dirigir a 150 km/h na estrada, mas com o mesmo grau de atenção e zelo que tem em uma corrida da modalidade. Um guarda pode entender que, em um dia de chuva, dadas as condições da pista, dirigir a uma velocidade superior a 60 km/h pode implicar violação à regra e outro guarda pode entender que, na mesma situação, a regra seria violada caso o veículo transitasse a mais de 50 km/h.

Essas questões envolvem, fundamentalmente, um debate sobre o papel da *forma* e da *substância* no Direito[3].

Ocorre que, embora esse debate seja central em muitos aspectos, permeando várias das discussões jurídicas existentes, ele dificilmente é analisado de forma objetiva e direta. Dito de outra maneira, apesar de a dicotomia *forma-substância* estar na origem de muitos dos embates jurídicos como Direito Natural v. Direito Positivo; Direito v. Moral; Lei v. Justiça; regras v. princípios e de haver farta bibliografia sobre todas essas outras questões, o elemento nuclear desse debate nem sempre é devidamente estudado e compreendido.

No que diz respeito especificamente ao Direito Tributário, o embate entre forma e substância é uma referência constante quando se trata de planejamento tributário. É frequente a utilização de termos como "forma simulada ou dissimulada", "abuso de forma" e "prevalência da substância sobre a forma", com a mera referência a essas categorias sem que haja um maior rigor para se definir o que é forma e o que é substância no sentido em que eles são utilizados no Direito Tributário.

Diante dessa falta de enfrentamento mais direto da dicotomia forma-substância, corre-se o risco de se trabalhar com definições retóricas e casuísticas para se lidar com um tema que é complexo e demanda um elevado grau de coerência. De uma forma simplificada e geral, é possível dizer que o planejamento tributário consiste na possibilidade de uma pessoa organizar as suas ações de modo a evitar, reduzir ou retardar o pagamento

---

[3] Cf. uma explicação mais aprofundada sobre essa relação entre forma e substância na primeira parte item 3.2.2.

de tributos[4]. Ao se trabalhar com definições inconsistentes e casuísticas nesse campo, pode-se chegar a um cenário um tanto caótico em que: (i) não se sabe exatamente o que é lícito ou não fazer para fins de planejamento tributário; (ii) são apresentados critérios irrelevantes, inúteis ou impertinentes para fins de se avaliar a legitimidade de um planejamento tributário; (iii) a falta de uniformidade na aplicação desses critérios conduz a soluções distintas para casos iguais ou semelhantes; e (iv) algumas pessoas são até mesmo punidas de forma gravosa, sem motivos que justifiquem essa punição[5].

O que se pretende demonstrar ao longo da dessa obra é que uma compreensão mais nítida e mais coerente dos conceitos de *forma* e de *substância* e do papel por elas desempenhado, no Direito Tributário, pode conduzir a uma distinção mais segura e mais consistente entre os meios lícitos e os meios ilícitos de economia fiscal.

Na *primeira parte* da obra, o ponto de partida será precisamente uma definição do que é forma e do que é substância. Inicialmente, será demonstrado o alcance *multidisciplinar* da dicotomia *forma-substância*, que é debatida por filósofos[6], linguistas[7] e contabilistas[8], explicitando-se que o objeto de estudo da desse livro diz respeito aos desdobramentos dessa questão

---

[4] Nesse sentido, a definição da Organização para a Cooperação e Desenvolvimento Econômico ("OCDE"): "TAX PLANNING – Arrangement of a person's business and/or private affairs in order to minimize tax liability", constante do glossário de termos tributários disponível na internet em: <http://www.oecd.org/ctp/glossaryoftaxterms.htm#T>, acesso em 26.8.2012. Retornaremos ao conceito de planejamento tributário, mais adiante, na quarta parte deste estudo.

[5] Referimo-nos aqui, por exemplo, à denominada multa qualificada de 150% do valor do tributo, prevista no artigo 44, § 1º da Lei Federal nº 9.430/1996. Há intenso debate, sobretudo na jurisprudência do CARF, sobre a aplicabilidade dessa penalidade nos casos de se reconhecer abusos em planejamentos tributários realizados.

[6] Aristóteles aborda a dicotomia forma-substância, na sua obra *Metafísica*, em especial no Livro VII. Há uma edição eletrônica da obra em Espanhol, editada pela Escuela de Filosofia Universidad de ARCIS, disponível para consulta na internet em <http://www.philosophia.cl>, acesso em 20.8.2012.

[7] Ferdinand de Saussure trata do tema ao afirmar que "a língua é uma forma e não uma substância" em seu *Curso de Linguística Geral*. Organizado por Charles Bally e Albert Sechehaye. Tradução de Antônio Chelini, José Paulo Paes e Izidoro Blikstein. 25 ed. São Paulo: Cultrix, 1996, p. 131.

[8] A Resolução do Conselho Federal de Contabilidade nº 750/1993 (com a redação dada pela Resolução nº 1.282/2010), que trata dos princípios gerais da contabilidade, dispõe, em seu artigo 1º, § 2º, que "Na aplicação dos Princípios de Contabilidade há situações concretas e a *essência* das transações deve prevalecer sobre seus aspectos *formais*". (Não grifado no original).

INTRODUÇÃO

no Direito, mais precisamente no Direito Tributário para fins de análise da licitude de planejamentos tributários.

A partir daí, procuraremos definir um conceito de *forma* e de *substância* no Direito Tributário com base nos sentidos que são comumente atribuídos a esses termos no contexto jurídico. Antes, porém, de ingressarmos nessa análise no Direito Tributário trabalharemos, de uma maneira ampla, com os conceitos de *forma e* de *substância* no Direito em geral.

Uma distinção em sentido amplo entre *forma* e *substância* relaciona a *forma* às questões externas relativas à estrutura geral e finalística de uma determinada unidade jurídica[9] (norma, instituição, negócio etc), mais especificamente ao arranjo geral e sistemático visando a uma determinada finalidade. Por sua vez, nessa acepção ampla, a substância consiste nos complementos materiais, isto é, nas questões internas, referentes aos componentes que integram o conteúdo da unidade jurídica e que se apresentam *formalmente* ordenados.

A relação entre forma e substância pode ser considerada: (i) *necessária*, na medida em que unidades jurídicas sempre terão uma forma e um conteúdo; (ii) *simbiótica*, uma vez que normalmente há uma sintonia entre a forma adotada e o conteúdo da unidade jurídica; e (iii) *conflituosa*, em alguns casos, quando houver uma relação de tensão ou de incompatibilidade entre a *forma* adotada e o *conteúdo* existente.

A dicotomia *forma-substância* também se coloca na Teoria Geral do Direito, notadamente no campo da Teoria da Argumentação Jurídica. Em linhas gerais, uma *razão substancial* é definida como uma razão moral, econômica, política, institucional ou social para a tomada de uma decisão/realização de uma ação. Por outro lado, uma *razão formal*, diferentemente da razão substancial, é uma razão incorporada ao Direito para a tomada de uma decisão/realização de uma determinada ação, que exclui de consideração, reduz o peso ou supera uma razão substancial[10].

Após explorarmos os desdobramentos dessa distinção entre razões formais e substanciais, passaremos a tratar propriamente da distinção entre forma e substância no Direito Tributário, em que essa dicotomia aparece

---

[9] Adotando-se aqui o conceito de forma de Robert Summers em *Form and Function in a Legal System – A General Study*. New York: Cambridge University Press, 2006.

[10] Seguimos aqui as definições adotadas por Atiyah e Summers em *Form and Substance in Anglo-American Law, op. cit.*, p. 1-35.

em dois principais sentidos[11]. Em um primeiro sentido, são feitas referências a essa dicotomia para se tratar da prevalência ou não das formas e dos conceitos de Direito Privado para fins de aplicação das normas tributárias. Em um segundo sentido, a ela se alude para se cuidar da compatibilidade da forma adotada pelo contribuinte com a substância econômica do ato praticado vis-à-vis à norma tributária (pressuposto material/razão substancial, ex: forma jurídica de compra e venda, mas substância de doação).

É primordialmente nesse segundo sentido acima referido que a questão da forma e da substância será abordada neste trabalho. O foco do trabalho será analisar em que medida a dicotomia *forma-substância* se revela útil para tratar dos conceitos de evasão e de elisão tributária, em especial no que diz respeito à aplicabilidade de institutos como a simulação, o abuso do direito, a fraude à lei e a teoria da "prevalência da substância sobre a forma", abordados mais adiante.

Na *segunda parte* da obra, trataremos do princípio da legalidade tributária, na condição de uma limitação constitucional ao poder de tributar.

A legalidade tributária será dissecada em seu aspecto formal e substancial[12]. O aspecto formal da legalidade reside na imposição de um procedimento para que determinados sujeitos possam criar, modificar ou revogar disposições que impliquem a exigência de tributo[13]. O aspecto material da legalidade constitui a exigência de que o conteúdo das normas tributárias seja dotado de previsibilidade e de determinabilidade. Nesse segundo aspecto, serão examinadas as principais teorias existentes para explicar o grau e o modo como operam essa previsibilidade e determinabilidade no Direito Tributário brasileiro, em especial: (i) a teoria da "tipicidade fechada" de Alberto Xavier[14]; (ii) a teoria dos "conceitos jurídicos" de Misabel Derzi[15]; e (iii) a teoria da "tipicidade aberta" de Ricardo Lobo Torres[16].

Para além de uma apresentação expositiva dessas teorias, procuraremos analisar se elas são capazes de explicar, de maneira adequada, a exigência

---

[11] Nesse sentido, Frederik Zimmer, "General Report" *in Cahiers de Droit Fiscal International: Form and substance in tax law*. Rotterdam: Kluwer Law International, 2002, p. 23-24.

[12] Nesse sentido, Humberto Ávila: *Sistema Constitucional Tributário*. São Paulo: Editora Saraiva, 2004, p. 75.

[13] Riccardo Guastini, *Das Fontes às Normas*. São Paulo: Quartier Latin, 2005.

[14] *Tipicidade da Tributação, Simulação e Norma Antielisiva*. São Paulo: Dialética, 2001.

[15] *Direito Tributário, Direito penal e tipo*. 2ª edição. São Paulo: Editora Revista dos Tribunais, 2007.

[16] "O Princípio da Tipicidade no Direito Tributário" *in* R. L. Ribeiro; S. A. Rocha (coord.). *Legalidade e Tipicidade no Direito Tributário*. São Paulo: Quartier Latin, 2008.

INTRODUÇÃO

de previsibilidade e determinabilidade imposta pela legalidade tributária, no atual estágio de evolução da teoria jurídica.

Em seguida, traçaremos um panorama geral da legalidade tributária no Direito Tributário no Brasil contemporâneo, analisando como o princípio da legalidade pode ser compreendido diante do quadro constitucional existente e das complexidades e peculiaridades inerentes à sociedade contemporânea. Examinaremos os mecanismos de que a legalidade tributária se vale para preservar e concretizar as normas tributárias e analisaremos o papel da analogia no Direito Tributário.

Na *terceira parte* da obra, trataremos da capacidade contributiva como uma norma multidimensional que confere substância ao Direito Tributário, em seus múltiplos aspectos, aqui delineados como os seguintes: (i) uma pretensão geral de *justiça tributária* para o sistema normativo; (ii) a limitação do campo de incidência dos tributos a *fatos econômicos*; (iii) a fixação de critérios *racionais e justos de repartição da carga fiscal* de acordo com as espécies tributárias previstas no sistema tributário nacional; (iv) a imunidade tributária do *mínimo existencial*; (v) a vedação ao efeito *confiscatório*.

Após abordarmos todas essas dimensões da capacidade contributiva, nos deteremos sobre um aspecto bastante relevante para o presente trabalho, que diz respeito à possibilidade de uma denominada "eficácia positiva" do princípio da capacidade contributiva, como defendido por alguns doutrinadores contemporâneos[17], de modo que situações que evidenciem uma mesma capacidade contributiva sejam tributadas da mesma forma.

Na quarta parte deste trabalho, abordaremos como os conceitos de forma e substância e os influxos normativos da legalidade e da capacidade contributiva se colocam na temática do planejamento tributário. Analisaremos o sentido e o alcance dos termos elisão fiscal e evasão fiscal, tratando das principais teorias existentes acerca dos limites do planejamento fiscal no Direito Tributário brasileiro. E, a partir do prisma da *forma* e da *substância*, examinaremos alguns mecanismos a que se refere a legislação, a doutrina e a jurisprudência para analisar a legitimidade de determinados mecanismos para controlar planejamentos fiscais.

Na quinta e última parte da obra, traremos um resumo das conclusões a que chegamos.

---

[17] Cf. por todos, Marco Aurélio Greco, *Planejamento Tributário*. 2ª ed. São Paulo: Dialética, 2004, p. 302-307.

Primeira Parte
Forma e Substância

Capítulo 1
O Que é Forma? O que é Substância?

1. Um debate multidisciplinar

A dicotomia entre forma e substância é uma questão geral, multidisciplinar, que aparece não apenas no Direito, mas nos mais variados campos do pensamento. Para citar apenas três disciplinas, que estão diretamente relacionados à tributação e ao Direito Tributário, e que aludem expressamente à questão da forma e da substância, trataremos abaixo resumidamente de discussões filosóficas, linguísticas e contábeis acerca do tema.

Na Filosofia, forma e substância são conceitos abordados de forma sistemática pelo menos desde Aristóteles[18]. No Capítulo Sétimo da Metafísica, obra dedicada ao estudo dos seres, Aristóteles refere-se expressamente à forma e à substância. Em síntese, para Aristóteles, a *matéria* é o que compõe os seres (ex: madeira, ferro, carne e ossos) e a *forma* é o delineamento de um determinado ser (ex: forma de árvore, forma cilíndrica, forma de homem). A matéria, quando estruturada segundo uma determinada forma, constituiria a *substância*, o substrato imutável do ser (ex: árvore, barra de ferro, Sócrates). A matéria poderia ser alterada ao longo do tempo e do espaço (ex: a madeira de que é feita a árvore, o ferro de que é feito a barra, ou mesmo carne e os ossos de um homem), mas a forma corresponderia à *essência* das coisas. Com essa dualidade entre *forma* e *substância*, Aristó-

---

[18] *Metafísica*. Tradução: Rusconi Libri. Introdução e Comentários de Giovanni Reale. 2ª edição. São Paulo: Edições Loyola, 2005.

teles consegue conjugar o pensamento de diversos filósofos da Antiguidade, como a *eternidade* e *imutabilidade* do ser de Parmênides, o caráter mutável do *devir* de Heráclito de Éfesos e a *idealidade* de Platão. Matéria, forma e substância tornam-se conceitos-chave e recorrentes na Filosofia a partir de então.

Forma, em sentido filosófico, também pode consistir em "*uma relação ou um conjunto de relações (ordem) que pode conservar-se constante com a variação dos termos em que se situa*"[19]. Nesse sentido, "Se *p*, então *q*" é a forma da inferência. Nessa acepção, a *matéria* diz respeito às coisas sensíveis, sendo a forma a sua coordenação, a regularidade que se verifica na natureza, a universalidade. Sob essa perspectiva, a forma aparece na lógica, nas palavras de Carnap[20]:

> Uma teoria, uma regra, uma definição ou coisas semelhantes devem ser chamadas de formais quando não fazer referência ao significado dos símbolos (p.ex., das palavras) ou ao sentido das expressões (p. ex., dos enunciados), mas unicamente às espécies e ordens dos símbolos com os quais as expressões são construídas

A dicotomia *forma* e *substância* também aparece nas palestras sobre *Forma e Conteúdo*, proferidas em Londres, em 1932, pelo filósofo, físico e um dos principais pensadores do Círculo de Viena, Moritz Schlick, por meio das quais busca propagar a ideia de que "o único objeto de conhecimento da comunicação são as relações formais, estruturais, que vigem entre os conteúdos de consciência, e não os conteúdos em si"[21].

Na Linguística, Ferdinand Saussurre[22], ao abordar a dicotomia entre "fala" como um ato individual e a língua com o aspecto social, vale-se da dicotomia forma-substância para sustentar que a "*a língua é uma forma e não uma substância*". Com isso, define que o objeto da Linguística seria estudar as *formas*, as invariantes, as estruturas da língua e não a substância, os elementos externos e variáveis da *língua*. A analogia que o próprio

---

[19] Nicola Abagnano, *Dicionário de Filosofia*, Tradução Alfredo Bosi. São Paulo: Martins Fontes, 2007, p. 543

[20] Rudolf Carnap, *Logische Syntax der Sprache*, 1934, § 1º *apud* Nicola Abbagnano, *op. cit.*, p. 544.

[21] Nicola Abbagnano, *op. cit.*, p. 544.

[22] *Curso de Lingüística Geral*. Tradução de Antônio Chelini, José Paulo Paes e Izidor Blikstein. São Paulo: Editora Cultrix, 2006.

Saussure faz para explicitar essa ideia é com o jogo de xadrez. O material de que são feitas as peças do xadrez, suas cores, o fato de que o jogo foi criado na Pérsia são questões externas, que podem ser alteradas, sem que se mude o jogo. Mas, se o número de peças é alterado, isso significa dizer que a "gramática do jogo" foi alterada. Assim, "o que é importante destacar nas lições do Curso de Linguística Geral é que as substâncias da língua não contam para a fundação do signo e da função linguística: o que conta é a combinação delas para criar uma forma, isto é, uma determinada estrutura, enquanto que a *substância* abrange os elementos de que a língua é composta"[23].

Os linguistas explicam que "a língua cria formas a partir de duas substâncias amorfas, o *designatum* e o *som*, que ela reúne, combina e formaliza como signos"[24]. É sobre as susbstâncias linguísticas que se imprime uma estruturação abstrata de relações, que é peculiar de cada língua. "Do mesmo modo que o pedaço de argila pode ser moldado em objetos de forma e dimensões diferentes, a *substância – meio no qual se fazem as distinções e equivalências semânticas –*, pode ser organizado em formas diferentes, em diferentes línguas"[25]. Por exemplo, a substância da expressão *"ape"* em inglês é praticamente equivalente a da expressão *"macaco / mico / mono"* em português. Ambas querem se referir a praticamente um mesmo animal, possuem, na expressão dos linguistas, o mesmo *designatum*. No entanto as *formas* da expressão são muito distintas. Do mesmo modo, ocorre com as cores. Elas se alteram por variações físicas nas ondas luminosas. Todavia, cada uma dessas pequenas variações na cor pode levar a vocábulos diferentes nas diferentes línguas, cada qual para designar tonalidades diferentes, até em graus distintos[26]. Boa parte da variedade linguística se situa nas diferentes *formas* utilizadas em cada língua, embora as substâncias possam coincidir[27].

---

[23] Edna Maria Fernandes dos Santos Nascimento, "Saussure: o estruturalista antes do termo", Diálogos Pertinentes, Revista Científica de Letras, v. 4, n. 4, jan./dez. 2008. Disponível na internet em: <http://publicacoes.unifran.br/index.php/dialogospertinentes/article/viewFile/233/187>. Acesso em 15.11.2012.

[24] Edward Lopes, *Fundamentos da Lingüística Contemporânea*. 23ª ed. São Paulo: Cultrix, 2007, p. 95-96.

[25] John Lyons. *Linguistique générale; introduction à la linguistique théorique*. Trad. F. Dubois-Charlier et D. Robinson. Paris: Larousse, 1970, p. 45 *apud* Edward Lopes, *op. cit.*, p. 95.

[26] Jean Dubois *et al.*, *Dicionário de Linguística*. São Paulo: Cultrix, 2001, p. 568.

[27] Edward Lopes, *op. cit.*, p. 97.

Na Contabilidade, a díade *forma* e *substância* também se faz presente[28]. A Resolução nº 750/1993 (com a redação dada pela Resolução 1.282/2010), do Conselho Federal de Contabilidade ("CFC"), que trata dos *princípios de contabilidade*, em seu artigo 1º, § 2º, dispõe que *"Na aplicação dos Princípios de Contabilidade há situações concretas e a essência das transações deve prevalecer sobre seus aspectos formais".*

A Norma Brasileira de Contabilidade NBC T nº 1, aprovada pelo CFC, que dispõe sobre a estrutura conceitual para a elaboração e para a apresentação das demonstrações contábeis, enumera como um dos princípios básicos o *"princípio da primazia da essência sobre a forma".* Segundo esse princípio, as transações e eventos devem ser contabilizados "de acordo com a sua substância e realidade econômica, e não meramente sua forma legal"[29].

A questão da dicotomia entre *forma* e *substância* na contabilidade é de extrema relevância para o Direito. Isso porque, enquanto método para controle patrimonial, a contabilidade é, em parte, *conformada* pelo Direito, na medida em que é regida por normas jurídicas, de caráter societário e administrativo expedidas pelo CFC, pela Comissão de Valores Mobiliários ("CVM") e por outros órgãos, de observância cogente. Mas, por sua vez, o Direito é, em certa medida, *informado* também por conceitos contábeis que se juridicizaram pelas diversas leis que deles tratam (receita, ativo, passivo, lucro etc).

Nesse contexto, a Lei nº 11.638/2007 promoveu alterações significativas no sistema jurídico-contábil, reanimando o debate sobre a *forma e* sobre a

---

[28] Sobre o tema, cf. os artigos de Sérgio de Iudícibus, "Essência sobre a Forma e o Valor Justo: duas Faces da Mesma Moeda" e de João Francisco Bianco, "Aparência Econômica e Natureza Jurídica". In: Roberto Quiroga Mosquera; Alexandro Broedel Lopes (coord.). *Controvérsias Jurídico-Contábeis (aproximações e distanciamentos)*. São Paulo, Dialética: 2010.

[29] O inteiro teor da explicitação do princípio é a seguinte: "Para que a informação represente adequadamente as transações e outros eventos que ela se propõe a representar, é necessário que essas transações e eventos sejam contabilizados e apresentados de acordo com a sua substância e realidade econômica, e não meramente sua forma legal. A essência das transações ou outros eventos nem sempre é consistente com o que aparenta ser com base na sua forma legal ou artificialmente produzida. Por exemplo, uma entidade pode vender um ativo a um terceiro de tal maneira que a documentação indique a transferência legal da propriedade a esse terceiro; entretanto, poderão existir acordos que assegurem que a entidade continuará a usufruir os futuros benefícios econômicos gerados pelo ativo e o recomprará depois de um certo tempo por um montante que se aproxima do valor original de venda acrescido de juros de mercado durante esse período. Em tais circunstâncias, reportar a venda não representaria adequadamente a transação formalizada".

substância no Direito e na Contabilidade. Com o crescimento da economia brasileira e o aumento dos investimentos no País, buscou-se aperfeiçoar a contabilidade societária para que ela fosse capaz de refletir a situação patrimonial das empresas de uma forma mais transparente, dinâmica e alinhada aos padrões contábeis internacionais, notadamente aqueles do Internacional Financial Reporting Standards ("IFRS")[30].

Para isso, têm sido paulatinamente introduzidos no Brasil alguns conceitos e instrumentos contábeis novos, notadamente por meio dos pronunciamentos contábeis da Comissão de Pronunciamentos Contábeis, órgão da CVM, que vem detalhando as alterações das práticas contábeis das empresas. Em princípio, essas alterações na contabilidade foram anunciadas como neutras do ponto de vista fiscal. Isto é, não deveriam produzir impactos tributários, notadamente para IRPJ, CSL, PIS e COFINS, como mencionado na Exposição de Motivos da Lei nº 11.638/2007 e como se verifica de alguns de seus dispositivos. Essa neutralidade vem sendo mantida até o momento, em certa medida, por força do Regime Tributário de Transição, instituído pela Medida Provisória nº 449/2008, convertida na Lei Federal nº 11.941/2009. De uma maneira geral, essa neutralidade efetiva-se por meio de registros contábeis segregados, um para fins de demonstração financeira e outro para fins fiscais.

Embora, evidentemente, o escopo deste trabalho não seja examinar essas alterações que vem ocorrendo na legislação fiscal e contábil, não se pode deixar de assinalar que uma das afirmações mais constantes nas discussões em torno dessas modificações tem sido a de que essas transformações na contabilidade estão ocorrendo para tornar as demonstrações contábeis mais condizentes com a situação econômica substancial da empresa. Por isso, nota-se nessas normas contábeis uma ênfase considerável nos aspectos substanciais econômicos das transações, mais do que em suas *formas jurídicas*.

---

[30] Há diversas obras publicadas sobre o tema, algumas, inclusive, tratando dos eventuais reflexos tributários dessas alterações. Nesse sentido, vale conferir as seguintes coletâneas coordenadas por Sérgio André Rocha: *Direito Tributário, Societário e a Reforma da Lei das S/A*. Volumes I, II e III. São Paulo: Quartier Latin: 2008, 2010 e 2012. Também enfrentando essas aproximações entre contabilidade e direito a coletânea coordenada por Roberto Quiroga Mosequera e Alexandro Broedel Lopes, *Controvérsias Jurídico-Contábeis (aproximações e distanciamentos)*. Volumes I, II e III. São Paulo, Dialética: 2010, 2011 e 2012.

No entanto, uma transposição automática dessas alterações contábeis e da sua *ratio* para o campo do Direito, notadamente para o Direito Tributário, esbarra em alguns óbices teóricos e práticos.

O primeiro deles é o *princípio da legalidade tributária*, segundo o qual os tributos devem ser estabelecidos por *lei formal*, sendo que boa parte dessas normas contábeis em questão foram introduzidas por mecanismos *infralegais*, como resoluções do CFC e pronunciamentos do Comitê de Pronunciamentos Contábeis da CVM. Mais do que isso, muitos desses atos dispõem em sentido contrário ou ao menos diverso dos atos legais que regulam a matéria[31].

Um segundo problema é não de *meio*, mas de *finalidade*. Enquanto a contabilidade visa a alcançar um estado ideal de coisas em que a situação patrimonial da empresa seja a mais nítida, dinâmica e real possível, o Direito Tributário tem por finalidade disciplinar a criação, incidência e arrecadação de tributos de forma mais segura e justa possível, o que pode, por vezes, conduzir a situações conflitantes. Por exemplo, a contabilidade pode determinar que certos bens integrantes do ativo da empresa sejam avaliados de forma dinâmica (*v.g.* valor justo ou ajuste a valor presente), mas o contribuinte pode não ter disponibilidade econômica, nem jurídica resultante de uma eventual valorização desses bens para que essa valorização seja tributada pelo imposto de renda.

Essa divergência de finalidades leva também a algumas diferenças *metodológicas* que surgem como um terceiro problema nessa transposição do raciocínio contábil que anima essas alterações para o universo jurídico. No Direito Tributário, o *legislador* utiliza-se de determinados conceitos para a instituição de tributos. Esses conceitos encerram certas *formas* hauridas pelo Direito para determinar a incidência de tributos (ex: *operações de circulação de mercadorias, propriedade de bens imóveis urbanos, prestação de serviços*). Essas formas visam a trazer *certeza* e *determinação* na aplicação do Direito,

---

[31] Veja-se o exemplo do *leasing financeiro* ou arrendamento mercantil que o Pronunciamento CPC nº 6 buscou equiparar, para fins de registros contábeis, a uma compra e venda financiada, gerando efeitos fiscais diversos daqueles atualmente previstos na legislação fiscal em vigor (sobre o tema cf. o artigo de Carlos Henrique Bechara e Bruno Baiocchi, "O tratamento tributário das operações de arrendamento mercantil à luz das alterações promovidas pelas leis n. 11.638/07 e 11.941/09", na obra coordenada por Sérgio André Rocha, *Direito tributário, societário e a reforma da lei das S/A: alterações das leis n. 11.638/07 e n. 11.941/09*. São Paulo: Quartier Latin, 2010).

O QUE É FORMA? O QUE É SUBSTÂNCIA?

de modo a simplificar a realidade, que é extremamente complexa, para resolver problemas práticos[32].

Assim, se não houve a transferência da titularidade da mercadoria[33], mas apenas a cessão da posse e do uso, a título temporário, não ocorreu a circulação de mercadorias à luz da legislação do ICMS[34], ainda que, economicamente, essa operação possa transferir toda a gestão de um bem do contribuinte para um terceiro. Do mesmo modo, a posse de um bem imóvel urbano pode conferir àquele que o detém um poder efetivo sobre o bem que é mais valioso economicamente do que a própria propriedade. No entanto, a CF/1988 conferiu competência aos Municípios e ao Distrito Federal, no artigo 156, inciso I, para tributar a propriedade e não a posse. Do ponto de vista econômico, as atividades desempenhadas por bares e por restaurantes podem se identificar muito mais com a prestação de serviços do que com a comercialização de mercadorias, tendo em vista que o custo dos bens fornecidos pode ser muito inferior ao montante de despesas incorridas na mão de obra e na manutenção dos estabelecimentos para atendimentos aos clientes. Mas, a Lei Complementar nº 87/1996, dirimindo um eventual conflito de competência tributária, define que essas atividades estão sujeitas ao ICMS e não ao ISS.

Em suma, *metodologicamente*, o Direito Tributário vale-se, em muitas ocasiões, de formas predeterminadas para que a arrecadação de tributos consista, ao menos idealmente, em uma atividade simples e prática. Se a *substância econômica* dos atos fosse o ponto nodal para a determinação da incidência tributária, a segurança e a determinabilidade do Direito poderiam ficar gravemente comprometidas, tendo em vista que o exame desse

---

[32] Sobre a função de simplificação da realidade no Direito, cf. a apresentação e revisão de Tércio Sampaio Ferraz Jr da obra Legitimidade pelo procedimento de Niklas Luhmann, UnB; Brasília: 1980, p. 1-5. Disponível em <http://www.terciosampaioferrajr.com.br>, acessado em 2.10.2011.

[33] Cabe destacar que a questão da transferência da titularidade como requisito para a incidência do ICMS não é uma questão pacífica na doutrina (cf. Ricardo Lobo Torres, *Tratado de Direito Constitucional Financeiro e Tributário, vol. IV, os tributos na Constituição*. Rio de Janeiro: Renovar, 2007, p. 243-251) , embora a jurisprudência do STF tenha, de certa forma, sedimentado que a transferência de domínio é essencial para caracterização do fato gerador do ICMS – "A circulação de que aqui se trata é a circulação econômica, envolvendo a transferência de domínio." (STF, RE nº 461.968/SP, Plenário, Relator: Ministro Eros Grau, 24.8.2007).

[34] Súmula 573 do STF: "Não constitui fato gerador do ICMS a saída física de máquinas, utensílios e implementos a título de comodato".

aspecto é invariavelmente mais complexo e multifacetado do que a verificação da existência de uma determinada *forma jurídica*.

Não se está defendendo aqui que a substância econômica seja de todo irrelevante para o Direito, nem que a forma jurídica seja um trunfo capaz de tornar o Direito imune à zonas de incerteza. Como demonstraremos adiante, a *substância* pode ter um papel considerável na interpretação jurídica, máxime no Direito Tributário. Do mesmo modo, a *forma*, nessa acepção simplificadora da realidade também pode conduzir a zonas de incerteza ou mesmo a resultados desarrazoados. O que se está demonstrando especificamente nesse ponto é que a utilização da substância econômica como o critério, por excelência, para a aplicação do Direito Tributário pode levar a resultados incompatíveis com o próprio funcionamento dos sistemas jurídicos.

O propósito do presente trabalho é estudar como a dicotomia forma e substância aparece no Direito, mais precisamente no Direito Tributário brasileiro, na discussão em torno do planejamento tributário. É o que passamos a fazer adiante, buscando consolidar um conceito de *forma* e *substância*, no Direito, e, mais particularmente, o papel desempenhado por forma e substância, a partir de uma Teoria Geral da Argumentação Jurídica para, ao final, tratar do modo como essas questões aparecem no Direito Tributário.

2. Forma e substância no Direito em sentido amplo

2.1. A abertura semântica

De uma maneira geral, o termo forma e o termo substância apresentam inúmeros sentidos em Língua Portuguesa. Mesmo no universo jurídico, a dicotomia forma-substância se apresenta nas mais diversas acepções, com sentidos variados. Talvez a palavra *forma* seja uma das mais ricas de sentido no Direito, como acentuou Del Vecchio[35]. E o vocábulo *substância* não parece ficar muito longe quando se trata de pluralidade de sentidos.

No Direito Público, é costumeira a referência a questões *formais* quando se busca tratar de aspectos relacionados à competência de um determinado sujeito ou a um determinado procedimento que deve ser observado para que seja atingida determinada finalidade[36]. Já questões substanciais

---

[35] "No Word is understood in so many ways as the word form", Giorgio Del Vecchio. *The Formal Bases of Law*. Traduzido por John Lisle, New York: The Macmillan Company, p. 113.
[36] Riccardo Guastini, *Das fontes às normas*. São Paulo: Quartier Latin, 2005.

O QUE É FORMA? O QUE É SUBSTÂNCIA?

ou materiais estão relacionadas a aspectos do conteúdo. Assim, por exemplo, diz-se que há uma inconstitucionalidade *formal* de um ato normativo quando ele é elaborado por órgão incompetente (*v.g.* a iniciativa do ato era do Poder Executivo, mas ele foi elaborado pelo Poder Legislativo) ou quando não é respeitado um determinado procedimento obrigatório (*v.g.* o ato deveria ser objeto de uma lei complementar, mas é produzido por meio de lei ordinária). Por sua vez, há inconstitucionalidade *material* ou *substancial* quando o conteúdo do ato é incompatível com alguma determinação constitucional (*v.g.* uma lei que estabeleça pena de morte para um civil em tempos de paz é materialmente inconstitucional, porque esse tipo de pena é vedado pela CF/1988)[37].

Essa distinção entre forma e substância se compreende melhor pela explicitação da diferença entre *normas de produção normativa* e *normas de conduta*[38]. As primeiras, como o nome já denota, são normas que regulam a produção de outras normas, trazendo os requisitos necessários para que outra norma passe a pertencer ou deixar de pertencer ao sistema jurídico. Por sua vez, as normas de conduta se prestam a regular comportamentos das pessoas, descrevendo uma situação de fato qualquer, e prescrevendo uma obrigação, proibição ou permissão.

As normas de produção normativa apresentam como elementos de seu antecedente (i) um sujeito de direito; (ii) um procedimento; e (iii) uma declaração prescritiva. O sujeito de direito é a pessoa habilitada pela norma a formular uma declaração prescritiva, segundo um determinado procedimento. O procedimento é a forma solene que deve ser adotada para a produção da norma. Por fim, a declaração prescritiva é manifestação prescritiva que consubstancia a norma a ser produzida, que pode ser outra norma de produção normativa ou uma norma de conduta. Geralmente, quando se trata de questões *formais*, estamos nos referindo ao *sujeito de direito* e ao *procedimento* previsto nas normas de produção normativa. Por sua vez, quando tratamos de questões atinentes à declaração prescritiva, estamos nos referindo a aspectos *substanciais* ou *materiais*.

---

[37] Humberto Ávila, *op. cit.*, p. 74-78.

[38] Cf. sobre o tema, a distinção entre *normas de conduta e normas de competência*, feita por Alf Ross, em *Direito e Justiça*. 2ª ed. Tradução e notas de Edson Bini. São Paulo: Edipro, 2007, p. 63-77 e, especificamente no campo tributário, Luís Cesar Souza de Queiroz, *Imposto Sobre a Renda: requisitos para uma tributação constitucional*, Rio de Janeiro: Forense, 2003, p. 48-56.

No Direito Privado, a dicotomia forma-substância também se manifesta. Costuma-se decompor os elementos do ato jurídico em *sujeito, forma* e *objeto*. Por exemplo, o negócio jurídico, para ser válido, precisa ser realizado: (i) por sujeito/agente capaz; (ii) segundo a forma prescrita ou não defesa em lei; e (iii) ter objeto lícito, possível e determinado[39].

Mas, forma e substância também são invocadas com outros sentidos. Quando alguém se refere, em Direito, a uma determinada *estrutura* ou a um determinado *regime jurídico*, diz-se que está tratando de aspectos *formais* de um determinado instituto (*v.g.* o conceito formal de serviço público pressupõe a adoção de uma determinada estrutura ou regime jurídico para que um determinado serviço seja considerado público, como o fato de a Administração Pública gozar de certas prerrogativas contratuais que não existem em contratos privados, as denominadas "cláusulas exorbitantes"). Por sua vez, quando há uma alusão a aspectos substanciais ou materiais, geralmente, trata-se de uma referência a aspectos intrínsecos de um dado conceito (*v.g.* o conceito material de serviço público pressupõe algumas características intrínsecas que um serviço deve possuir para ser considerado um serviço público: ser essencial, tratar de necessidades indispensáveis da sociedade e haver interesse coletivo relevante para a sua prestação)[40].

Essa dicotomia entre aspectos *extrínsecos ou formais* e *intrínsecos ou substanciais* também é frequente no Direito. Questões formais estão ligadas à aparência de um determinado instituto, ao seu contorno externo, ao seu caráter abstrato e solene. Questões substanciais estão ligadas à essência de um determinado instituto, à sua composição interna, ao seu caráter concreto e efetivo.

Até mesmo o debate em torno da definição sobre o que seja o Direito pode envolver, em alguma medida, a distinção entre forma e substância. Um conceito puramente *formal* de Direito assume que é Direito tudo o que provém de uma determinada *fonte* ou *autoridade*. Por sua vez, para aqueles que adotam uma concepção material de Direito, há requisitos inerentes ao conteúdo para que se possa qualificar como *jurídico* um certo sistema de normas[41].

---

[39] Caio Mario da Silva Pereira, *Instituições de Direito Civil*. vol. 1. Rio de Janeiro: Forense, 2003, p. 485.

[40] Maria Sylvia Zanella di Pietro, *Direito Administrativo*. São Paulo: Atlas, 2005.

[41] Cf. sobre o tema o intenso debate jusfilosófico entre Robert Alexy e Eugenio Bulygin em torno da teoria do Direito como *pretensão de correção*, compilado na obra *La Pretensión de*

O QUE É FORMA? O QUE É SUBSTÂNCIA?

Em outro sentido, as referências à forma e à substância podem assumir contornos *valorativos* menos neutros ou até mesmo pejorativos. Expressões como *"pro-forma"* ou *"meras formalidades"* são geralmente utilizadas para se exprimir que um determinado ato foi realizado apenas por uma questão de solenidade ou aparência, sem que o seu conteúdo seja necessariamente verdadeiro ou válido. Ao passo que, as expressões "substancialmente" ou "com substância" são empregadas para se referir a algo que possui existência de fato ou é relevante[42].

Diante dessa pluralidade de sentidos, entendemos ser relevante optar por uma definição de um sentido – ou, pelo menos, de alguns sentidos determinados – a que estaremos nos referindo ao aludirmos à dicotomia *forma* e *substância* neste trabalho. Isto é, cabe-nos aqui construir uma definição que permita seguirmos adiante para analisar o tema aqui proposto da dicotomia forma e substância no Direito Tributário. No entanto, entendemos que simplesmente optar por um, dentre os diversos sentidos que *forma* e *substância* apresentam, mesmo no debate jurídico, poderia nos levar a uma restrição inicial que delimitaria por demais os desdobramentos do trabalho.

Aliás, definir apenas em sentido amplo o que é forma e o que é substância no Direito e seguir em frente, poderia também importar em abdicar de analisar aspectos relevantes da forma e da substância, não só na Teoria Geral do Direito de uma maneira geral, mas nos campos específicos da Teoria da Argumentação Jurídica e do Direito Tributário.

Por todas essas razões, entendemos relevante trabalharmos com um conceito de *forma* e um conceito de *substância* que sejam, ao mesmo tempo, *consolidadores* de alguns dos sentidos mais relevantes em que esses termos são utilizados, mas de um tal modo *abrangentes* e *uniformes*, que se possa trabalhar com essas conceitos de um modo geral, sem que seja necessário

---

Corrección del Derecho – la Polemica sobre la Relación entre Derecho y Moral, Bogotá: Universidad Externado de Colombia, 2005.

[42] Essas referências já deixam transparecer o tom por vezes crítico que se atribui à palavra forma e suas variações como formalidade, formal e formalismo. No entanto, de um modo geral, neste trabalho a utilização dos termos forma e substância, com suas respectivas variações, será feito sem qualquer pré-julgamento se forma ou substância são em si mesmas critérios bons ou ruins para avaliação de uma dada questão. Esse tema será abordado no tópico seguinte, quando tratarmos da questão do *formalismo* e do *substancialismo*, esses sim termos utilizados em uma acepção mais crítica, como visões corrompidas sobre o papel da *forma* e da *substância* no debate jurídico.

recorrer a uma especificação prévia, individualizada e pormenorizada a cada vez que se fizer referência a esses termos (*forma* e *substância*) ao longo deste trabalho.

Contudo, entendemos que esses conceitos consolidados de forma e de substância devem trazer uma definição sucinta e geral, de tal modo a permitir um posterior desenvolvimento e especificação de sentido, quando tratarmos da dicotomia forma e substância em campos específicos do Direito, como a Teoria Geral da Argumentação Jurídica e no Direito Tributário.

2.2. Um conceito geral de forma e de substância

Em sentido amplo, é possível definir *forma*, no Direito, como um *arranjo sistemático e finalístico de elementos que compõem uma determinada unidade jurídica*[43], ao passo que a substância compreende os *componentes materiais* dessa unidade jurídica funcional.

As unidades jurídicas funcionais (*v.g.* uma instituição, uma norma, um contrato etc) possuem uma determinada forma, por meio da qual estão reunidos os seus componentes materiais (*v.g.* membros da instituição, o comportamento proibido pela norma, as partes vinculadas pelo contrato etc) para que seja promovida uma determinada finalidade.

A adoção de uma determinada *forma* no Direito pressupõe, invariavelmente, a consecução de uma finalidade: por exemplo, a *forma* do Poder Legislativo tem por fim a produção de leis; a forma de uma *norma de incidência tributária* tem por finalidade definir uma situação genérica e abstrata que, se concretizada, faz surgir para alguém o dever de pagar tributo; a forma de um *contrato de compra e venda* se presta a transferir a propriedade de um bem de uma pessoa para outra em troca de dinheiro.

As unidades jurídicas são construídas com algum propósito e sua forma é orientada para a consecução dessa finalidade, que imprime sua marca na forma. Diferentes finalidades justificam a adoção de formas distintas. O Poder Legislativo adota uma forma de deliberação e decisão consideravelmente diversa da do Poder Judiciário; a norma que regula a entrada de cães no restaurante tem uma forma diversa da norma para exigência de tributo e a forma de um contrato de compra e venda é diversa daquela de

---

[43] Versão ligeiramente adaptada da definição de "overall form" defendida por Robert Summers em *Form and Function in a Legal System – A General Study*. New York: Cambridge University Press, 2006, p. 37-42.

O QUE É FORMA? O QUE É SUBSTÂNCIA?

um contrato de doação. É claro que essas instituições comungam de pressupostos de constituição, pelo fato de terem em comum, a forma geral de uma *instituição*, de uma *norma* e de um *contrato*. Mas, o arranjo sistemático de seus elementos é distinto porque suas finalidades são distintas (*v.g.* os parlamentares são eleitos como forma de se conferir legitimidade democrática ao Poder Legislativo, enquanto que os juízes são selecionados por meio de provas que aferem o seu conhecimento, para se assegurar a sua capacidade técnica; a norma que proíbe a entrada de cães no restaurante, diferentemente da norma tributária, apenas estabelece uma vedação genérica de um determinado comportamento, sem estipular a forma de cálculo de um valor líquido e certo a título de tributo; no contrato de compra e venda há toda uma estruturação em torno da especificação do preço, que não existe no contrato de doação). Se uma forma não é orientada por uma finalidade, ela não tem como ser eficaz e produzir o resultado pretendido por meio de sua adoção[44]. Daí porque finalidades específicas justificam a escolha de requisitos formais específicos (*v.g.* a finalidade de se assegurar legitimidade democrática à elaboração de leis orienta que a forma de escolha dos legisladores seja feita por meio de eleições com sufrágio universal).

Toda forma *pressupõe* um determinado arranjo, isto é, uma ordenação de elementos. Esse é um dos atributos da *forma* que mais chamou a atenção de Aristóteles, no sentido de que a forma é o que define algo como um ser, como uma *determinada espécie ou classe de ser*[45]. Em sentido amplo, uma árvore se define como árvore porque adota uma determinada forma: a matéria que a constitui está esculpida sob a forma de raiz, caule, folhas, flores e frutos, ordenados de uma maneira tal que não são apenas esses componentes individualmente o que se verifica, mas uma árvore completa. Do mesmo modo, a *forma* no Direito pressupõe uma certa organização que dá sentido, individualiza e define uma determinada unidade jurídica. É possível reunir várias pessoas para as mais diversas finalidades, mas um arranjo de certas pessoas visando à produção de leis gerais e abstratas pode tomar a forma de uma assembleia legislativa. A organização de

---

[44] *Ibidem*, p. 40.
[45] "Está claro, por consiguiente, que la especie, o como haya que llamar a la forma que se manifiesta en lo sensible no se genera ni hay generación de Ella, como tampoco la esencia (pues es lo que se genera en otro o por arte o por naturaleza o por potencia)". (Metafísica. Santiago: Escuela de Filosofia Universidad de ARCIS, disponível na internet em <http://www.philosophia.cl>, acesso em 20.8.2012).

preceitos, dotados de imperatividade, completude, definição e assumindo certa estrutura constitui uma norma. A ordenação de vontades complementares, segundo um determinado procedimento para a transferência de propriedade de bens, gera um *contrato* de compra e venda.

Mas, para além de um arranjo finalístico, a forma pressupõe uma *sistematicidade*. Isto é, deve haver uma lógica e uma coerência internas entre os elementos que integram esse arranjo finalístico para que se conceba uma determinada *forma*, por mais rudimentar e singelo que possa ser esse sistema. Caso contrário, o arranjo torna-se um simples agrupamento caótico e não propriamente a adoção de uma determinada *forma*. Pode-se ter um amontoado de selos, mas para que eles configurem uma coleção de selos, é necessário que eles estejam dispostos de forma ordenada e organizados segundo algum critério (*v.g.* data, país de origem, grau de raridade etc). Para que um grupo de pessoas tome a forma de uma assembleia legislativa, e não de uma discussão tumultuada, é preciso que elas sejam dotadas de autoridade, tenham funções definidas e observem determinados procedimentos para suas deliberações. Uma norma jurídica precisa ser dotada de certa estrutura e precisa possuir certas características constitutivas para que seja uma norma e não um simples conselho ou um aviso. Um contrato precisa observar certas *formalidades* constitutivas, sob pena de consistir em uma mera liberalidade ou mesmo em uma exigência forçada de uma prestação sob coação.

O complemento material e demais componentes que se apresentam como os elementos que constituem a *substância* configurada pela *forma* podem estar estruturados das mais diversas maneiras, isto é, podem assumir as mais variadas *formas*. Pessoas, objetos, lugares, momentos, ações, características, comportamentos e outros elementos podem ser arranjados sistematicamente para as mais diferentes finalidades. As mesmas pessoas podem em um mesmo local, serem responsáveis, por exemplo, por criarem leis gerais e abstratas. Em outro momento, essas mesmas pessoas, nesse mesmo local, podem ser responsáveis, por exemplo, por julgarem uma determinada pessoa por um determinado crime. As diferentes formas, de assembleia legislativa ou de tribunal, estarão, respectivamente presentes, nessas hipóteses, com a alteração da finalidade e, consequentemente, do arranjo sistemático.

A adoção desses conceitos permite vislumbrar a existência de algumas relações entre *forma* e *substância* na visão geral que estamos aqui estudando. Adiante, procuraremos tratar um pouco dessas relações entre forma e substância, notadamente de três delas, ainda de maneira abstrata, mas que terão desdobramentos relevantes no estudo da legitimidade das formas utilizadas pelos contribuintes no âmbito do planejamento tributário.

3. Três relações entre forma e substância

Uma primeira relação que vislumbramos entre forma e substância é a de necessidade e mútua complementaridade entre si. Nesse sentido, não há forma sem substância, nem substância sem forma, tal qual dois lados de uma mesma moeda. Se definimos a *forma* como um arranjo sistemático e finalístico e a *substância* como os elementos que constituem o complemento material desse arranjo, estamos associando a forma ao *contorno estrutural* e a substância ao *conteúdo material*. Dito de forma simplificada, se a *forma* é o *exterior*, a *substância* é o interior, essa relação (fora/dentro) é necessária e mutuamente complementar. Uma não existe sem a outra e uma se define pela referência cruzada à outra.

A segunda relação que detectamos entre forma e substância é o caráter *simbiótico* que pode e, idealmente, deve existir entre elas. Vale dizer, a adoção de uma determinada forma, para a consecução de uma dada finalidade, pressupõe a seleção de elementos materiais que, arranjados de forma sistemática, irão se prestar à consecução do fim almejado. A simbiose manifesta-se em um vínculo de adequação, pertinência e idoneidade entre a forma e a substância. Se um grupo de indivíduos deverá representar os interesses do povo na elaboração de leis, é adequado que as pessoas escolhidas sejam eleitas pelo povo. Se uma lei, a partir da qual se extrai uma norma jurídica, deve regular comportamentos e ser capaz de ser imposta independentemente da vontade do indivíduo que teve seu comportamento regrado, ela deve ter um conteúdo determinado e imperativo. Um contrato de compra e venda deve ter uma especificação do preço a ser pago pelo bem, sob pena de se comprometer a segurança e o equilíbrio do contrato.

A terceira relação que podemos constatar entre forma e substância é justamente o caráter *conflituoso* ou de *tensão* que pode haver entre elas. Essa relação se manifesta quando, em vez da relação de simbiose, ou seja, da *harmonia* entre forma e substância, elas não se compatibilizam. Por exemplo, quando, ao invés de um grupo de representantes do povo, selecionado para defesa dos seus interesses, o que se verifica é que um bando de ladrões tomou de assalto uma determinada assembleia legislativa e faz

FORMA E SUBSTÂNCIA NO DIREITO TRIBUTÁRIO

leis para atender aos seus interesses próprios. Por exemplo, quando uma lei estabelece um comportamento impossível de ser adotado na prática, determinando que chova todas as segundas-feiras e que faça sol aos finais de semana. Por exemplo, quando em um contrato de compra e venda fica estipulado que o preço de venda de um automóvel será de R$ 1,00. Em nenhum desses casos, o arranjo sistemático e finalístico adotado, isto é, a *forma*, se mostra compatível com os complementos materiais ou outros componentes verificados.

Como a relação entre *forma* e *substância* é necessária e mutuamente complementar, mas pode ser *harmônica* ou *conflituosa*, a depender do caso, essas relações terão seus reflexos analisados posteriormente, quando tratarmos delas no contexto do Direito Tributário, notadamente quando tratarmos da interpretação e aplicação das leis tributárias e de como os contribuintes podem estruturar os seus atos ou seus negócios, à luz dessas considerações, para fins de planejamento tributário.

Por ora, cabe apenas ressaltar que essas relações entre forma e substância são de profunda relevância para o Direito Tributário por evidenciarem o modo como essa dicotomia interage no momento de *interpretação/aplicação* do Direito Tributário. A dicotomia forma e substância se apresenta tanto no que diz respeito à interpretação das normas tributárias, como também no que diz respeito à qualificação dos atos praticados pelos contribuintes à luz dessas normas[46]. O contribuinte praticou um ato que está previsto no âmbito da norma de incidência? Ou o ato por ele praticado está fora do âmbito de incidência da norma tributária? O contribuinte simulou ou dissimulou um determinado negócio para deixar de pagar ou pagar menos tributo? Ou, o contribuinte praticou um ato que não é gravado por um tributo? A forma adotada pelo contribuinte é condizente com aquela do negócio realizado e gravado pela norma tributária? Todas essas são ques-

---

[46] Mencionamos de forma segregada as etapas de *interpretação*, *aplicação* e *qualificação* apenas porque são fases distintas do processo hermenêutico de construção de sentido, embora a doutrina hoje predominante reconheça que essa etapas se superponham e se desenvolvam de modo circular, em um processo de idas e vindas de concretização do Direito. *"O corte entre interpretação e aplicação do Direito tinha raízes na antiga jurisprudência dos conceitos, ingressando assim na teoria geral da interpretação como na sua projeção a certos ramos do Direito, entre eles o Constitucional. No Direito Tributário a aplicação era e por alguns ainda é vista como processo lógico de subsunção do fato à norma, desempenhando a interpretação o papel precedente de compreensão da norma"*. (Ricardo Lobo Torres. *Normas de Interpretação e Aplicação*. Rio de Janeiro: Renovar, 2006, p. 26-30).

tões que estão, de algum modo, relacionadas à dicotomia forma-substância no Direito Tributário.

A compreensão dessa dicotomia é, portanto, um ponto de partida para se poder tentar responder a essas questões. No próximo capítulo, iremos aprofundar a análise dessa dicotomia, especialmente no âmbito da Teoria Geral do Direito e, no capítulo seguinte, no Direito Tributário, a fim de podermos apreender o subsídio teórico para abordarmos as questões mencionadas acima, na sequência.

Capítulo 2
Forma e Substância na Teoria Geral do Direito

1. Razões substanciais e razões formais

No capítulo anterior, apontamos o conceito de *forma* e de *substância*, em sentido amplo, que adotamos neste trabalho. Como mencionado anteriormente, esses conceitos partem do pressuposto de que, como os termos "forma" e "substância" possuem uma pluralidade de sentidos, é necessário, para um desenvolvimento mais preciso e coerente das ideias abordadas neste texto, trazer uma definição mais precisa para eles.

No entanto, essa definição ou especificação do sentido, de uma forma ampla, não exclui, evidentemente, a existência de outros sentidos, nem mesmo impede que, ao longo deste trabalho, possamos tratar de um sentido mais específico que *forma* e *substância* possam ter em determinados contextos. Não se trata de negar ou de inutilizar os conceitos de *forma* e de *substância* em sentido amplo tratados anteriormente, senão de ampliar, restringir ou variar o foco daqueles conceitos amplos iniciais para podermos tratar de outros aspectos e de outros efeitos dessa dicotomia. Mas, ressaltamos que, quando fizermos isso, para marcarmos essa distinção ou definição específica, diversa daquela inicial, qualificaremos o sentido em que estaremos tratando de forma e de substância.

No presente capítulo, nos interessarão mais especificamente os sentidos atribuídos à dicotomia *forma* e *substância* na Teoria Geral do Direito, notadamente no que diz respeito à classificação dos *argumentos* utilizados

FORMA E SUBSTÂNCIA NO DIREITO TRIBUTÁRIO

para a realização de uma ação ou para a tomada de uma decisão no âmbito da teoria argumentação jurídica[47] .

Quando se argumenta, o que se pretende é justificar uma ação ou uma decisão com base em premissas que levam a uma determinada conclusão. É possível que essas razões que conduzam a essa conclusão sejam de ordem substancial ou de ordem formal. É precisamente essa distinção e as suas implicações que serão tratadas nesta parte. Sob esse prisma, uma *razão substancial* é uma *razão moral, econômica, política, institucional ou social para a tomada de uma decisão ou a realização de uma ação*[48]. Por exemplo, o fato de alguém contribuir com capital e trabalho para um determinado empreendimento é uma razão moral para receber os frutos por esse empreendimento. Por outro lado, uma *razão formal*, diferentemente de uma razão substancial, é uma *razão incorporada ao Direito para a tomada de uma decisão ou para a realização de uma determinada ação que exclui de consideração, reduz o peso ou supera uma razão substancial para uma determinada ação ou decisão*[49].

A autoridade jurídica (*auctoritas/authoritativeness*) é o atributo essencial que qualifica uma razão como *formal*. A razão formal tem como atributos a *imperatividade e* a *coercitividade,* no sentido de vincular os seus destinatários. Isso não quer dizer que as razões formais não estejam fundadas,

---

[47] Sobre argumentação jurídica, em geral cf.: Robert Alexy, *Teoria da Argumentação Jurídica: a teoria do discurso racional como teoria da fundamentação jurídica*. 2ª ed. São Paulo: Landy Editora, 2005; Manuel Atienza, *As Razões do Direito: teorias da argumentação jurídica*. Trad. de Maria Cristina Guimarães Cupertino. 3ª ed. São Paulo: Landy, 2006; Neil Maccormick, Argumentação jurídica e teoria do direito, São Paulo: WMF Martins Fontes, 2006; Antonio Maia, *Sobre a Teoria Constitucional Brasileira e a Carta Cidadã de 1988: do Pós-Positivismo ao Neoconstitucionalismo*, Revista Quaestio Juris, v.1, n. 6 a 9 (2011), disponível na internet em <http://www.e-publicacoes.uerj.br/index.php/quaestioiuris/issue/current>, acesso em 28.11.2012. Thomas Bustamante e Antonio Maia, Verbete "Argumentação Jurídica". In: Vicente Barreto. (Org.). *Dicionário de Filosofia do Direito*. 1ed.Rio de Janeiro: Renovar, 2006, v. 1, p. 64-68; Margarida Lacombe, *Hermenêutica e Argumentação: uma contribuição ao estudo do Direito*. 3ª edição. Rio de Janeiro: Renovar, 2003; Tércio Sampaio Ferraz Jr, *Introdução ao Estudo do Direito: técnica, decisão, dominação*. 4 edição. São Paulo: Atlas, 2003. No Direito Tributário, v. especialmente: Humberto Ávila, "Argumentação Jurídica e a Imunidade do Livro Eletrônico", Revista Diálogo Jurídico, Salvador, CAJ – Centro de Atualização Jurídica, v. I, nº. 5, agosto, 2001. Disponível em: <http://www.direitopublico.com.br>, acesso em 28.11.2012. Para uma visão da argumentação jurídica sob a perspectiva de forma e de substância, cf. Atiyah e Summers, *op. cit.*, p. 1-41.

[48] *Idem, ibidem,* p. 1.

[49] *Idem, ibidem,* p. 2.

de alguma maneira, em razões substanciais. Muito pelo contrário, uma razão formal geralmente incorpora ou reflete uma razão substancial subjacente. A diferença é que a razão formal pode ser invocada sem que, a cada vez que se recorra a ela, seja necessário considerar e sopesar essas razões substanciais subjacentes. Por exemplo, o fato de alguém ser sócio de uma sociedade garante a essa pessoa o direito a participar nos lucros e nas perdas, segundo o artigo 1.008 do Código Civil. A condição de sócio de uma sociedade é uma condição necessária e suficiente para que uma pessoa participe nos lucros e nas perdas dessa sociedade, por questão puramente formal. Embora haja uma razão substancial moral subjacente a essa razão formal, como mencionado acima, a razão formal em questão, em alguma medida, desconecta-se da razão substancial. Basta ver que alguém pode ser sócio e, consequentemente, ter o direito de participar dos lucros ou das perdas sem ter em nada contribuído com capital e trabalho para isso. Por exemplo, um sócio que simplesmente deixa de trabalhar e espera que o seu outro sócio se encarregue de todo o trabalho envolvido na consecução do objeto social da empresa poderá ter direito a receber os lucros distribuídos por aquela sociedade apenas por ser sócio, independentemente de qualquer contribuição sua com trabalho para a empresa. Outro exemplo: alguém que receba quotas de uma sociedade por doação, sem qualquer contrapartida, tem direito de participar dos lucros da sociedade, mesmo nada tendo contribuído para seu sucesso.

Razões formais e razões substanciais apresentam-se, complementam-se, superpõem-se e se chocam no âmbito da Teoria da Argumentação para se avaliar a tomada de decisões e a realização de ações.

Os próprios sistemas jurídicos podem ser divididos de acordo com inclinação ou viés mais formal ou mais substancial[50]. Teorias mais positivistas, segundo as quais "a lei é a lei" (*"auctoritas facit legem"*) e, independentemente do seu conteúdo, ela tem autoridade legal e deve ser obedecida, são geralmente taxadas de *teorias formalistas*. Assim como interpretações mais apegadas ao sentido literal dos enunciados textuais são também reputadas formalistas. No Direito Tributário, teorias que adotam uma preponderância

---

[50] Essa é a principal tese defendida por P. S. Atiyah e R. Summers na mencionada obra *Form and Substance in Anglo American Law*. Os autores sustentam, por meio de uma análise global, que o sistema jurídico dos Estados Unidos é menos formal e mais substancial que o do Reino Unido, tentando explicar os motivos pelos quais essa diferença se faz presente.

das *formas jurídicas* de Direito Privado em detrimento dos efeitos *econômicos* dos atos negociais na interpretação e aplicação da legislação tributária são também rotuladas, de um modo geral, interpretações *formalistas*. No outro extremo, há sistemas que se concentram, fundamentalmente, na substância ou no conteúdo para validar uma determinada lei, ocupando-se principalmente das razões substanciais que dão suporte à lei. Interpretações que buscam atribuir outros sentidos ao texto distanciando-se de seu sentido mais literal, a partir de uma ótica moral, econômica, institucional e social, por vezes desvinculadas do *universo jurídico*, são, geralmente, reputadas substancialistas (ou, mais comumente, "anti-formalistas"). No Direito Tributário, pode-se dizer que a denominada "teoria da interpretação econômica"[51], segundo a qual, em uma síntese simplificadora, para fins de aplicação do Direito Tributário, deveriam ser levados em conta mais os efeitos econômicos dos negócios do que suas formas jurídicas, traduz um nível elevado de substancialismo.

Essa orientação dos sistemas jurídicos em um sentido mais formalista ou mais substancialista depende de fatores históricos, culturais, institucionais, das teorias legais adotadas, da relação entre os Poderes Legislativo, Executivo e Judiciário. Questões múltiplas que escapam, em muito, o escopo deste trabalho. O certo é que a análise dos sistemas jurídicos reforça a relação de necessidade e de complementaridade mútua que existe entre forma e substância, mencionada anteriormente. Por mais que um sistema possa ser mais formalista e outro sistema mais substancialista, é praticamente inconcebível um sistema jurídico que seja pura *forma* e nenhuma *substância* ou vice-versa.

Um sistema jurídico puramente formal seria equivalente a um sistema matemático, concebido de forma exclusivamente lógica para gerar resultados exatos, sem a possibilidade de divergências ou da existência de duas soluções jurídicas possíveis e razoáveis. Mas, de plano, sistemas jurídicos são vertidos em *linguagem*. Não em uma linguagem formal, mas linguagens naturais que, embora procurem se valer de um linguajar técnico para reduzir o grau de incerteza, tem a multivocidade e a textura aberta como

---

[51] Sobre o tema da interpretação econômica no Direito Tributário, cf. Morris Lehner, *"Consideração Econômica e Tributação conforme a Capacidade Contributiva. Sobre a possibilidade de uma Interpretação Teleológica de Normas com Finalidades Arrecadatórias"*. In: Luís Eduardo Schoueri; Fernando Aurélio Zilveti (Coord.), *Direito Tributário: estudos em homenagem a Brandão Machado*. São Paulo: Dialética, 1998.

FORMA E SUBSTÂNCIA NA TEORIA GERAL DO DIREITO

características imanentes[52]. Dessa forma, haverá sempre uma certa dose de substância nos sistemas jurídicos, uma vez que conceitos morais, políticos, econômicos, institucionais, sociais, científicos invariavelmente estarão presentes no discurso jurídico. Do mesmo modo, um sistema jurídico baseado puramente na substância equivaleria a um debate filosófico ideal e infinito em torno de qual a *melhor* e *mais apropriada* razão para decidir ou agir no caso concreto. Isso porque, se o sistema é completamente baseado na substância, toda e qualquer razão apresentada tem o mesmo peso, deve ser igualmente considerada juntamente com todas as demais sem que se descarte qualquer delas[53]. E, nesse cenário ideal, se não há componente formal algum, não há nem mesmo a atribuição de poder decisório a um determinado órgão ou sujeito, porque isso já implica a definição de uma autoridade com poder para impor sua decisão sobre as demais. Vale dizer, a autoridade para decidir já implica, invariavelmente, a existência de um componente *formal* no sistema. Em suma, embora os sistemas possam variar conforme o *grau* de *formalismo* ou *substancialismo* que adotam é, na prática, inviável a concepção de um sistema jurídico *pura* e *exclusivamente formal* ou *substancial.*

Dito isto, podemos segregar as razões substanciais em razões de "finalidade" ("goal") e de "correção" ("correction")[54]. Razões substanciais de finalidade apontam para estados ideais de coisas a serem atingidos por meio da adoção dessas razões para justificar uma determinada decisão ou ação (*v.g.* proteção da família, redução das desigualdades sociais, preservação do meio ambiente, arrecadação de recursos). As razões de finalidade

---

[52] Cf. sobre a relação entre Direito e Linguagem as obras dos argentinos: Ricardo Guibourg; Alejandro Ghigliani, Ricardo Guarinoni, *Introducción Al Conocimiento Jurídico,* Buenos Aires: Editorial Ástrea, 1984 e Genaro Carrió, *Notas sobre Derecho y Lenguaje,* 3ª ed. Buenos Aires: Abeledo Perrot, 1986; No Brasil, especialmente no Direito Tributário, cf. Paulo de Barros Carvalho, *Direito Tributário: linguagem e método.* 2ª edição. São Paulo: Noeses, 2008 e Luís Cesar Souza de Queiroz, *Imposto Sobre a Renda: requisitos para uma tributação constitucional,* Rio de Janeiro: Forense, 2003.

[53] Como bem anotam Noel Struchiner e Fábio Perin Shecaira, a argumentação jurídica é, fundamentalmente, uma argumentação institucional, e não uma argumentação prática pura, tal como aquela que ocorre, informalmente, na mesa de um bar, em que, em princípio, todos os argumentos apresentados são válidos e não apenas aqueles suportados por alguma razão formal (A distinção entre o direito e moral e a distinção moral do direito, Rio de Janeiro, Revista de Direito do Estado, v. 7, n. 22, jan./mar., 2012).

[54] P.S. Atiyah e R. Summers, *op. cit.,* p. 5.

costumam ser *prospectivas*, isto é, miram no futuro, estipulando o que *deve ser* feito hoje para que se chegue aonde elas pretendem. Razões de correção, por sua vez, são retrospectivas, vale dizer, voltam-se para o passado e pretendem incorporar valores positivos tidos como "corretos" e "valiosos", indicando que o se *deve fazer* porque com isso se respeita modelos já existentes daquilo que é bom (*v.g.* boa-fé, prudência, equidade, razoabilidade)[55].

As razões substanciais servem como base para se avaliar e para se criticar o Direito. Servem de matéria-prima para a elaboração, para o desenvolvimento e para a integração do Direito. Mas, o Direito atua também sobre elas, em uma relação de imbricação, em que o seu papel pode ser potencializado, reduzido ou mesmo afastado. Por exemplo, boa parte da teoria moral da *responsabilidade* por danos praticados, isto é, se alguém deve ou não ser de alguma forma *responsabilizado* e sofrer consequências por seus atos, é fundada no conceito amplo de *culpa*. A existência de culpa é, portanto, uma razão substancial moral para que alguém seja responsabilizado pela prática de atos que gerem consequências danosas a terceiros. Se alguém é culpado pela prática de algum ato danoso, deve ser responsabilizado; se não tem culpa, não deve ser responsabilizado. Essa é uma das máximas da moral. Embora o Direito incorpore, em alguma medida, essa razão *substancial* moral, essa incorporação se dá, de *formas* diversas, no campo do Direito Penal e do Direito Civil. Trata-se de um mesmo conceito moral ("culpa"), mas que atua por meio de razões formais distintas, com pesos e consequências distintas em diferentes ramos do Direito. Vale dizer, há diferentes razões formais para decidir com base em uma mesma razão substancial. No Direito Penal, a culpa é elemento essencial do tipo para a configuração de determinados crimes (*v.g.* o homicídio que só se configura se houver *dolo* ou ao menos *culpa*, nos moldes do artigo 121 do CP). Já no Direito Civil, a regra geral é a responsabilidade com base na culpa, nos termos do artigo 927 do CC, mas pode haver casos de responsabilidade sem que se verifique a existência de culpa, como ocorre, por exemplo, no caso da responsabilidade objetiva pelo fato do produto ou pelo fato do serviço, aplicável às relações de consumo (artigo 12 do CDC).

Vale dizer, uma razão formal pode até incorporar uma razão substancial. Mas, uma vez estruturada a razão formal, não cabe a cada vez que ela for invocada, se cogitar da sua compatibilidade com a relação substancial

---

[55] *Idem, ibidem*, p. 6.

subjacente. A razão formal opera, na maior parte dos casos, de forma independente e, em certos casos, em sentido até mesmo oposto ao da razão substancial.

Uma das funções mais relevantes da forma é estruturar o Direito, inclusive, definindo a função e o peso das razões substanciais. A seguir, passaremos a tratar dos diferentes tipos de *formalidades* no âmbito de aplicação do Direito.

2. Diferentes Tipos de Formalidade na Aplicação do Direito
2.1. Formalidade relacionada à autoridade jurídica[56]

As normas de onde se extraem as razões para decidir ou para agir precisam ser dotadas de algum grau de autoridade para serem passíveis de aplicação. Como é curial, para saber se é possível utilizar um determinado argumento para decidir uma causa, um juiz precisa saber se a norma que ele está aplicando é válida. E o que se verifica na prática é que as normas estão sujeitas a graus distintos de validade formal, ou, dito de outra maneira, a modos distintos de se aferir a sua validade, conforme o seu grau de autoridade.

A carga de formalidade em função da autoridade pode ser elevada e orientada exclusivamente em função da *fonte* de onde emana uma determinada norma. Ou, pelo contrário, uma norma pode ter baixo grau de autoridade formal e sua validade depender do conteúdo.

Os sistemas jurídicos podem variar conforme dão maior ou menor relevância à fonte ou ao conteúdo para se aferir a validade de uma determinada norma. Sistemas jurídicos que se fundam na *supremacia do Parlamento*, como no modelo inglês clássico, tem que uma lei aprovada pelo Parlamento é válida apenas com base em sua aprovação pelo Parlamento, independentemente da relevância ou da justiça do seu conteúdo. Por sua vez, sistemas jurídicos fundados na *supremacia da Constituição* impõem requisitos *formais* e *substanciais*, isto é, de fonte e de conteúdo às leis. Nesses países é a *Constituição* que se revela como uma *fonte suprema*[57], não havendo, em

---

[56] "Authoritative formality" no original.

[57] A respeito da supremacia constitucional, vale a curiosa menção à passagem de Frederick Schauer (Judicial Supremacy and the Modest Constitution, 92 Cal. L. Rev. 1045 (2004), ligeiramente adaptada por Noel Struchiner, no sentido de que o que dá validade à CF/1988 é o fato de ela ser reconhecida, enquanto tal como lei suprema, pelos seus intérpretes, isto é, é uma questão formal de *reconhecimento de fonte*. Isso não significa que o conteúdo da Constituição seja irrelevante, ilegítimo ou mesmo inútil. Mas, muito pelo contrário e não são

princípio, a possibilidade de se cogitar de *inconstitucionalidades* na Constituição original[58].

A questão de validade baseada em formalidades relacionadas à autoridade jurídica também se coloca na forma de um *ranking de autoridade*, isto é, um critério hierárquico de validade existente nos diversos sistemas jurídicos. Embora os níveis de hierarquia possam variar de sistema para sistema, as normas encontram-se escalonadas, de modo que as normas superiores condicionam a validade das normais inferiores. Assim, a Constituição é quem confere validade às leis, que conferem validade aos decretos e assim sucessivamente.

O sistema jurídico brasileiro, em especial o sistema tributário nacional, adota tanto critérios de validade orientados em função da fonte, como em função do conteúdo. A CF/1988 se refere a certas matérias que devem ser vinculadas por *lei complementar*, criando um veículo formal específico para essas normas, sob pena de inconstitucionalidade formal. Além disso, a CF/1988 institui, de uma maneira geral, a reserva de lei formal em matéria tributária, o que significa que por mais justos, necessários e convenientes que possam ser tributos criados por decretos, regulamentos ou portarias, isto é, por atos *infralegais*, eles são inválidos de plano pelo simples fato de não emanarem de uma fonte apropriada.

---

poucas as virtudes da CF/1988 e as transformações por ela promovidas, não só no Direito, como no País, de uma maneira geral. No entanto, a CF/1988 extrai sua autoridade de ter sido promulgada pela Assembleia Constituinte de 1988. Como bem nota Struchiner, se alguém simplesmente escreve em um papel uma pretensa "Constituição do Brasil" – ainda que ela pudesse ser melhor e mais justa do que a CF/1988 – ela simplesmente careceria de validade jurídica ("Posturas Interpretativas e Modelagem Institucional: a dignidade (contingente) do Formalismo Jurídico". In: Daniel Sarmento (coord.), *Filosofia e Teoria Constitucional Contemporânea*, Rio de Janeiro: Lumen Juris, 2009).

[58] O tema das inconstitucionalidades originárias ou das normas constitucionais inconstitucionais é complexo, tendo sido objeto de texto clássico de Otto Bachoff ("Normas Constitucionais Inconstitucionais?") e, evidentemente, desborda os limites desse estudo. Em todo caso, o STF expressamente repudiou essa tese, no julgamento da ADI nº 815/RS, Plenário, Rel. Min. Moreira Alves, DJ 28.03.1996. Por outro lado, a possibilidade de inconstitucionalidades derivadas, isto é, decorrentes de emendas à constituição, não só é reconhecida em sede doutrinária, como possui exemplos concretos, verificados inclusive em matéria tributária (cf. ADI nº 939, em que o STF declarou a inconstitucionalidade da emenda constitucional que instituiu o Imposto sobre Movimentações Financeiras ("IPMF") por não respeitar o princípio da anterioridade tributária, considerado um direito fundamental dos contribuintes pela Corte).

FORMA E SUBSTÂNCIA NA TEORIA GERAL DO DIREITO

Essa é uma nota especialmente relevante do sistema tributário nacional que, diferentemente de outros sistemas tributários, possui elevada carga de *autoridade formal* no que tange à disciplina de tributos. A CF/1988 possui um vasto catálogo de limitações constitucionais ao poder de tributar, trazendo diversos direitos e garantias dos contribuintes, além de uma pletora de normas disciplinando a competência tributária. Em suma, a CF/1988 traz, em si, exigências relacionadas à forma e ao conteúdo da legislação tributária, que revelam uma alta dose de autoridade jurídica a reduzir consideravelmente o campo para invocação de razões substanciais, notadamente em sentido contrário à Constituição.

2.2. Formalidade com relação ao conteúdo

Uma norma será tanto mais formal com relação ao conteúdo, quanto maior for o grau de especificidade de suas disposições em termos puramente arbitrários ou convencionais e tanto menos formal, quanto maior for a dimensão *substancial* de seu conteúdo.

Por exemplo, normas de trânsito que estabelecem a mão da rua, que se deve ultrapassar por um lado determinado da via, ou que se deve parar no sinal vermelho são normas que possuem um elevado grau de formalidade com relação ao conteúdo, uma vez que ele é, não definido pelo recurso de razões substanciais, mas apenas e tão somente porque foi assim convencionado. Diferentemente, por exemplo, de uma norma de trânsito que disponha que se deve "dirigir com cuidado".

A maior ou menor formalidade com relação ao conteúdo está diretamente relacionada à maior ou à menor possibilidade de sobre-inclusão (a regra se aplica a casos em que não deveria ser aplicada) ou sub-inclusão (a regra não se aplica a casos a que deveria ser aplicada). Isso porque, ao trazer um conteúdo específico, fixado com elevado grau de convenção e arbitrariedade, sem mencionar o propósito subjacente à regra, os riscos de sobre-inclusão ou sub-inclusão são potencializados. Figure-se uma regra que estabelece que testamentos devem ser assinados por duas testemunhas, sob pena de serem inválidos. A norma visa a impedir que se falsifiquem testamentos, evitando-se que se corrompa com facilidade o ato de última vontade do *de cujus*. No entanto, na prática, essa norma pode invalidar mais testamentos do que aqueles que deveriam ser invalidados (*v.g.* sobre-inclusão dos testamentos legítimos que não foram assinados por duas testemunhas), assim como pode não evitar que sejam tidos por válidos testamentos nulos (sub-inclusão dos testamentos assinados por duas testemunhas que foram subornadas pelo herdeiro testamental para mentirem sobre o testamento).

Por outro lado, ao se reduzir a formalidade com relação ao conteúdo, pode-se até minimizar o grau de sobre-inclusão e de sub-inclusão, mas certamente aumenta-se o grau de subjetividade e incerteza na aplicação da norma. Por exemplo, uma norma que disponha que "os testamentos só serão considerados válidos se corresponderem à vontade livre e externada publicamente" pode levar à divergências, no caso concreto, sobre qual seja exatamente a vontade livre e externada publicamente. Externar publicamente é informar para uma, duas, três pessoas? Publicar em um jornal? Realizar o ato por escritura pública? O reduzido grau de formalidade e a elevada dose de substancialismo, no que diz respeito ao conteúdo, é responsável por essas consequências.

No Direito Tributário, o conteúdo das normas de incidência tributária costuma apresentar uma elevada dose de formalidade com relação ao conteúdo, em especial porque os tributos não são criações naturais ou produtos do desenvolvimento social, mas convenções artificialmente estruturadas. Por exemplo, o Direito Civil, em especial o Direito de Família, possui normas que fazem alusão a instituições que se desenvolveram ao longo de milênios, como as relações entre pais e filhos, entre parentes e entre pessoas que se casam. Por sua vez, o ICMS, foi um tributo criado pela CF/1988, por meio da reforma realizada no ICM, que, por sua vez, derivou do extinto Imposto sobre Vendas e Consignações, e assim sucessivamente. O Direito Civil não cria a "família", mas disciplina uma instituição social já existente. O Direito Tributário efetivamente cria os tributos, a partir de certos conceitos e limites que são arbitrados juridicamente.

As alíquotas dos tributos, por exemplo, costumam ser fixadas em números, para se conferir uma precisão matemática ao cálculo do tributo. A composição da base de cálculo, embora não seja necessariamente formulada em linguagem numérica, costuma apresentar um grau relativamente elevado de precisão: "valor da operação", "receita auferida", "ganho de capital apurado". Tudo isso como forma de minimizar o grau de indeterminação na definição da base de cálculo. O aspecto temporal da norma de incidência também costuma ser definido com precisão: "exercício fiscal", "na saída da mercadoria", "no momento do desembaraço". Os aspectos da norma de incidência tributária que normalmente possuem um grau de formalidade

FORMA E SUBSTÂNCIA NA TEORIA GERAL DO DIREITO

menos elevado com relação ao conteúdo são os aspectos materiais e subjetivos. Mesmo assim, essas normas encerram certos conceitos para definir esses aspectos ("auferir renda", "circular mercadorias", "prestar serviços", como exemplos de delineamentos materiais e "empresário", "industrial" e "comerciante", como exemplos de delineamentos subjetivos). Ainda que possam conter algum nível de *indeterminação*, esses conceitos estão longe de propiciarem uma margem de escolha discricionária para o intérprete[59].

2.3. Formalidade com relação à interpretação

Os métodos de interpretação também podem ser mais ou menos formais. Métodos de interpretação altamente formais baseiam-se exclusivamente no sentido literal das palavras, sem recurso a maiores razões substancias alheias ao texto.

Os métodos de interpretação se tornam menos formais e ficam progressivamente mais substantivos quando o intérprete, descolando-se da literalidade do texto, recorre a: (i) razões construídas a partir de outros textos legais (interpretação sistemática); (ii) propósitos regulatórios implícitos no texto (interpretação teleológica); (iii) outras fontes oficiais, mas não contempladas no texto (ex: debates legislativos); (iv) razões substanciais extraídas de outras fontes não legais, como, por exemplo, a política, a moral ou a economia.

Os sistemas jurídicos variam bastante com relação ao grau em que é permitido ao intérprete distanciar-se do texto legal e ingressar em uma forma mais substantiva de produzir a norma aplicável[60].

---

[59] Diferentemente dos conceitos jurídicos indeterminados, que consubstanciam zonas de certeza positiva e negativa, em que o enquadramento no conceito claramente existe ou inexiste, e uma zona de penumbra, em que o enquadramento é indeterminado, no caso de *discricionariedade*, o intérprete tem uma zona de liberdade para escolher entre diferentes soluções jurídicas tidas por equivalentes. "(...) na discricionariedade a escolha persiste após o fim da atividade hermenêutica, já que a lei não conferiu a solução a ser adotada, que muitas vezes extrapola os limites do Direito. Essa técnica faz com que o legislador atribua ao aplicador da norma a possibilidade de eleger entre os vários caminhos a seguir, a partir de uma valoração subjetiva, de acordo com suas convicções pessoais. Os conceitos discricionários conferem à autoridade administrativa o poder de determinar, de acordo com seu próprio modo de pensar, o fim de sua atuação (...). No poder discricionário, a lei deixa a cargo da autoridade administrativa a escolha entre consequências jurídicas diferentes, mas igualmente aceitáveis do ponto de vista da regulação". (Ricardo Lodi Ribeiro, *Limitações Constitucionais ao Poder de Tributar*. Rio de Janeiro: Lumen Juris, 2010, 42-43).

[60] P.S. Atiyah e R. Summers, *op. cit.*, p. 15

FORMA E SUBSTÂNCIA NO DIREITO TRIBUTÁRIO

A questão da interpretação no Direito Tributário é, evidentemente, um tema complexo e este trabalho não se propõe a fazer um inventário das inúmeras correntes interpretativas que se desenvolveram ao longo da evolução legislativa, doutrinária e jurisprudencial no âmbito do Direito Tributário. De toda forma, o que se verifica é que é hoje corrente a afirmação de que o Direito Tributário admite um *pluralismo metodológico*, sendo, em princípio, válido e legítimo o recurso a todos os métodos de interpretação[61]. Isso, todavia, não quer dizer que essas diversidades de escolhas metodológicas não tenham *pesos* distintos e produzam *resultados diversos*.

Como bem ressalta Humberto Ávila[62], em decorrência do princípio da legalidade tributária e por razões de segurança jurídica, razões imanentes ao sistema jurídico (argumentos linguísticos e sistemáticos) devem ter precedência sobre argumentos a ele transcendentes (argumentos genéticos e históricos), na medida em que deve prevalecer o que está expresso na decisão final do Poder Legislativo, e não eventuais deliberações prévias, que não constaram do texto final aprovado e publicado.

A argumentação substancialista, ao se afastar do sistema jurídico, abre espaço para uma maior incerteza e uma criação do Direito Tributário pelo Poder Judiciário e pelo Poder Executivo. No entanto, essa não foi a opção da CF/1988. Diferentemente de outros ramos do Direito, que não estão sujeitos ao princípio da legalidade estrita, no Direito Tributário, a CF/1988 impõe, como primeira limitação ao poder de tributar, o *princípio da legalidade*. Daí deriva, não apenas uma exigência *normativa*, com relação à fonte para instituição de tributos, mas também uma consequência *metodológica*, no que tange à interpretação do Direito Tributário. O legislador constituinte não pretendeu que a instituição de tributos se fizesse por decisão do Poder Judiciário ou do Poder Executivo. É evidente que esses órgãos têm participação fundamental no desenvolvimento do Direito Tributário. Mas, a *fonte* por excelência e por exclusividade do Direito Tributário é a lei. Daí se extrai que o recurso a argumentos imanentes ao Direito deve preferir a outros argumentos que dele se distanciam, seja por decorrerem de *fontes oficiais*, mas desprovidas de autoridade legal, seja por emanarem de fontes científicas, políticas, econômicas, morais, mas não jurídicas.

---

[61] Cf., por todos, Ricardo Lobo Torres. *Normas de Interpretação e Integração do Direito Tributário*. Rio de Janeiro: Renovar, 2006.
[62] "Argumentação Jurídica...".

Por mais *dinâmicos, pragmáticos, abertos, interessantes, enriquecedores, abrangentes e plurais* que possam ser esses argumentos, eles simplesmente não constam do Direito ou, eventualmente, não foram absorvidos pelo Direito Tributário. Por isso, embora possam ser relevantes para uma interpretação *secundum legem* e *praeter legem*, utilizá-los como expedientes *contra legem* pode representar a abdicação de toda a certeza, a segurança e a previsibilidade que emanam do princípio da legalidade tributária.

O STF em diversas ocasiões, por razões de segurança jurídica, prestigiou uma interpretação mais *formalista* a uma *interpretação* mais *substancialista* em matéria tributária. No RE nº 116.121, a Corte reconheceu a inconstitucionalidade da exigência de ISS sobre a locação de bens móveis, por considerar que essa última atividade não poderia ser qualificada conceitualmente como *prestação de serviços*[63]. No RE nº 166.172, o STF declarou a inconstitucionalidade da contribuição previdenciária sobre a remuneração paga aos trabalhadores autônomos, que não se qualificava como integrante da *folha de salário* à luz da legislação trabalhista[64]. No julgamento conjunto dos RREE nºs 357.950, 358.273 e 390.840, a Corte considerou inconstitucional o alargamento da base de cálculo da COFINS para alcançar toda a *receita bruta,* quando a CF/1988 outorgava competência para instituição da contribuição apenas sobre o *faturamento*[65]. Seguindo a distinção entre métodos mais formalistas ou mais substancialistas feita anteriormente, é inegável que as decisões possuem um viés mais *formalistas.*

Pode-se objetar esses julgamentos dizendo que o STF foi *formalista* e, em muitos casos, distanciou-se da realidade econômica subjacente a esses casos[66]. Pode-se argumentar que o STF optou por se vincular a conceitos de Direito Privado, ao invés de *construir* conceitos próprios e autônomos de Direito Tributário. Pode-se até mesmo alegar que as decisões foram pouco profundas, pouco criativas e pouco ambiciosas. Pode-se sustentar que elas não fizeram uso de *ponderações* de princípios e não intrincaram teses argumentativas; não fizeram uma imersão na riqueza do *substrato fático* dos casos, nem muito menos no universo regulatório e econômico alcançado pela norma. Não há também, nos acórdãos, referência às expe-

---

[63] RE nº 116.121, Plenário, Relator: Ministro Octavio Gallotti, Redator p/ acórdão: Ministro Marco Aurélio, DJ 25.5.2001.

[64] RE nº 166.172, Plenário, Relator: Ministro Marco Aurélio, DJ 16.12.1994.

[65] RREE nºs 357.950, 358.273 e 390.840, Relator: Ministro Marco Aurélio, DJ 28.11.2008.

[66] Nesse sentido, cf. a crítica veemente de Ricardo Lobo Torres a alguns desses julgamentos em seu *Normas de Interpretação...*, p. 182-194.

riências estrangeiras e ao Direito comparado. Eles trataram a questão a ser decidida mais como um "caso fácil" do que como um "caso difícil"[67]. Tudo isto é certo e verdadeiro a respeito desses julgados. Talvez a única associação que não se possa fazer é que isso é necessariamente *ruim* ou *negativo* em termos de técnica jurídica.

Com efeito, ultimamente, o Direito, em especial o Direito brasileiro, tem presenciado uma série de criticas ao *formalismo jurídico* e à doutrina positivista. Em tempos de *pós-positivismo* e *neoconstitucionalismo*[68], o que se verifica é uma ascensão do papel normativo dos princípios[69], uma demanda por um direito mais dúctil e flexível[70], uma abertura do Direito aos valores[71], uma difusão da técnica da ponderação[72], uma aproximação entre Direito e Moral[73], uma colonização do Direito Constitucional em relação aos demais ramos do Direito[74], um espaço crescente para o ativismo judicial[75]. Não é

---

[67] Frederick Schauer, Easy Cases, 58 S. Cal. L. Rev. 399, 408-14 (1985).

[68] Sobre o Neoconstitucionalismo e o Pós-Positivismo, notadamente sobre as distinções entre eles no plano da Filosofia do Direito, cf. Antonio Maia, "*Sobre a Teoria Constitucional Brasileira (...)*". Para uma visão critica sobre o Neoconstitucionalismo, v. Daniel Sarmento, "O Neoconstitucionalismo no Brasil: Riscos e possibilidades". In: Daniel Sarmento (coord.), *Filosofia e Teoria Constitucional Contemporânea*. Rio de Janeiro: Lumen Juris, 2009.

[69] Cf. entre nós, resumindo boa parte das teorias estrangeiras a respeito do tema, Humberto Ávila, *Teoria dos Princípios: da definição à aplicação dos princípios jurídicos*. 4ª ed. 2ª tiragem. São Paulo: Malheiros, 2005.

[70] Gustavo Zagrebelsky, *El derecho dúctil: ley, derechos, justicia*. Madrid: Trotta, 2009.

[71] Claus-Wilhelm Canaris. *Pensamento sistemático e conceito de sistema na ciência do direito*. Tradução de A. Menezes Cordeiro. Lisboa: Fundação Calouste Gulbenkian, 1989; Ricardo Lobo Torres, *Tratado de Direito Constitucional Financeiro e Tributário: valores e princípios constitucionais tributários*. v. II. Rio de Janeiro: Renovar, 2005.

[72] Tratando da ponderação: Robert Alexy, *Teoria dos Direitos Fundamentais*. Tradução de Virgílio Afonso da Silva da 5ª edição alemã. São Paulo: Malheiros, 2008; Ana Paula de Barcellos, *Ponderação, Racionalidade e Atividade Jurisdicional*. Rio de Janeiro: Renovar, 2005; Jane Reis Gonçalves Pereira, *Interpretação constitucional e direitos fundamentais: uma contribuição ao estudo das restrições aos direitos fundamentais na perspectiva da teoria dos princípios*, Rio de Janeiro: Renovar, 2006. Em uma perspectiva mais analítica sobre a ponderação, cf. Daniel Mendonca, Los Derechos En Juego: Conflicto Y Balance de Derecho, Tecnos, 2003.

[73] Ronald Dworkin, *Freedom's Law: The Moral Reading of the Constitution*, New York: Oxford, 1996.

[74] Sobre o tema, vale conferir a obra coletiva, com vários artigos a respeito da constitucionalização do Direito, coordenada por Cláudio Pereira de Souza Neto e Daniel Sarmento, *A Constitucionalização do Direito – Fundamentos Teóricos e Aplicações Específicas*, Rio de Janeiro: Lumen Juris, 2005.

[75] Sobre ativismo judicial, tratando detalhadamente das suas modalidades, a partir da experiência nacional e estrangeira: Rodrigo Brandão, *Supremacia Judicial versus Diálogos Constitucionais: a quem cabe a última palavra sobre o sentido da Constituição?*. Rio de Janeiro: Lumen Juris, 2012.

esse aqui o espaço apropriado para uma exposição mais detalhada sobre a natureza desses fenômenos, mas, nos termos aqui discutidos, é possível dizer que, em oposição ao *formalismo*, o que se verifica é uma verdadeira *substancialização* do Direito Tributário.

No entanto, esse expansionismo *substancialista*, fundado especialmente em uma ascensão do Direito Constitucional, está tendo impactos consideráveis no mundo do Direito, que não passaram despercebidos. Um deles é a *redução* considerável da margem de segurança, certeza e previsibilidade do Direito. Não se desconhece que esses fenômenos em boa parte se colocam em mudanças de paradigmas da própria *sociedade de risco*[76]. No entanto, no limite, o risco real que se corre é de o próprio Direito se tornar menos Direito. Se, por um lado, um dos propósitos do próprio Direito é de *assegurar* a paz social, por meio da existência de regras prévias, que regulam o comportamento das pessoas, de forma que, *ex ante* é possível saber o que é permitido, proibido e obrigatório, por outro lado, o que se verifica é que essas válvulas de abertura do sistema jurídica o tornam menos certo, menos seguro e menos previsível. Por vezes, pode-se tornar impossível ou inviável predicar, antes de uma decisão final *ex post facto*, o que é permitido, proibido ou obrigatório. E, alguns casos, nem mesmo após uma decisão final[77] em um processo, a questão estará definitivamente resolvida.

Nesse sentido, os julgados do STF mencionados acima podem ser considerados *formalistas* e isso, evidentemente, tem suas implicações. A questão que se coloca é se *decisões substancialistas* seriam mais adequadas e livres de quaisquer problemas. Muitas vezes, os críticos do *formalismo* não expõem as fragilidades de um sistema mais *substantivo* que pode ter efeitos muito mais nocivos do que decisões formalistas.

---

[76] Ricardo Lobo Torres, "Legalidade Tributária e Riscos Sociais". Revista de Direito da Procuradoria-Geral do Estado do Rio de Janeiro 53, 2000; Ricardo Lodi Ribeiro, "A Segurança dos Direitos Fundamentais do Contribuinte na Sociedade de Risco". In: Ricardo Lodi Ribeiro, *Temas de Direito Constitucional Tributário*, Rio de Janeiro: Lumen Juris, 2009.

[77] O tema da revisão da coisa julgada, notadamente, da denominada coisa julgada inconstitucional, bem espelha esse conflito entre *segurança* e *justiça*. Há diversos escritos sobre o tema, dentre eles: José Carlos Barbosa Moreira, "Considerações sobre a chamada relativização da coisa julgada material". Revista Dialética de Direito Processual, São Paulo, n. 22, jan. 2005; Humberto Theodoro Júnior; Juliana Cordeiro Faria. "A coisa julgada inconstitucional e os instrumentos processuais para seu controle". In: Carlos Valder do Nascimento (coord.). *Coisa julgada inconstitucional*. 5ª ed. Rio de Janeiro: América Jurídica, 2005; e Alexandre de Freitas Câmara, *Ação Rescisória*. Rio de Janeiro: Lumen Juris, 2007.

Por vezes, ignora-se a *capacidade institucional* dos intérpretes, isto é, a sua capacidade técnica, temporal, de recursos, de *expertise* para a tomada de decisões substantivas. Como bem colocado por Sunstein e Vermule, por vezes, os críticos de determinadas decisões judiciais, especialistas e profundos conhecedores técnicos de um determinado tópico, censuram determinados aspectos das decisões tomadas por juízes generalistas, tendo por norte uma visão idealizada de "qual seria a melhor decisão possível se eu fosse decidir o caso?" em vez de "qual a decisão possível de ser dada em um cenário de conhecimento, recursos e tempo limitados?"[78]. Por vezes, o órgão que toma a decisão simplesmente não tem condições de antever os efeitos sistêmicos de sua decisão, diferentemente de outro órgão que é dotado de uma capacidade institucional que lhe permite visualizar melhor o todo e não apenas um determinado caso. Em suma, uma visão que ignora a capacidade institucional dos órgãos decisórios majora o risco de *erros* e de prejuízo à *segurança jurídica*.

Outro grave problema trazido pelo *substancialismo* diz respeito à estruturação do sistema jurídico ou, ainda, da metodologia jurídica, a partir dos chamados "casos difíceis", isto é, daquelas situações controversas para as quais não há uma única resposta certa e expressa apresentada pelo Direto. Esses casos costumam chamar a atenção justamente pelo caráter *desafiador* que apresentam, demandando recurso a uma argumentação complexa para que se possa chegar a uma resposta possível justificada. A grande desvantagem de uma estruturação do Direito, a partir desses casos, é a criação de hipercomplexidade jurídica, de uma sofisticação do raciocínio e do instrumental jurídico, quando boa parte dos casos pode ser resolvido de *forma fácil*, ou, ao menos, de forma consideravelmente menos complexa, por subsunção[79].

---

[78] Cass Sunstein e Adrian Vermeule, Interpretation and Institutions (July 2002). U Chicago Law & Economics, Olin Working Paper No. 156; U Chicago Public Law Research Paper No. 28.

[79] Quando nos referimos aqui à subsunção, não estamos querendo dizer que esse tipo de raciocínio jurídico seja automático, geométrico e infenso a valorações. Todo *silogismo jurídico* trabalha com alguma dose de valoração. Saber se um fato pode ser ou não qualificado como um *crime de homicídio*, tipificado como crime no artigo 121 do CP é tradicionalmente tratado como um caso clássico de subsunção. Mas verificar se alguém matou outrem, envolve diversas valorações. Saber se havia ou não dolo de matar, se existiu ou não o nexo de causalidade entre a ação e o resultado; saber se o agente não estava agindo em legítima defesa... Há, enfim, uma série de valorações que devem ser feitas, ainda que no âmbito de uma subsunção.

Figure-se, por exemplo, o caso em que o STF reputou constitucional a cobrança de ICMS sobre *o download* de *softwares*, isto é, a transmissão de um *software* por transferência eletrônica de dados, independentemente de um *suporte físico*[80]. A questão nodal era saber se mesmo quando transmitido eletronicamente o *software*, sem base tangível, poderia ser qualificado como uma *mercadoria* para fins de tributação pelo ICMS. Até então, os precedentes do STF que tratavam do assunto eram emanados do início da década de 1990, quando do início da difusão do mercado de *software* no País. No primeiro deles, RE nº 176.626[81], entendeu-se que não poderia haver incidência do ICMS sobre a licença de uso de *software* por faltar materialidade à operação que caracterizasse a mercadoria. No segundo precedente, o RE nº 199.464[82], entendeu-se cabível a incidência do ICMS sobre o denominado *software de prateleira* ("off the shelf"), comercializado por meio de um suporte físico ("*chorpus mechanicum*"). Mais recentemente, no julgamento da Medida Cautelar na ADI nº 1945, o STF denegou medida liminar e manteve a lei estadual que determinava a incidência do ICMS sobre a *comercialização* do *software*, ainda que por transferência eletrônica de dados, isto é, sem o suporte físico.

Em linhas gerais, o STF adotou como razões de decidir os seguintes argumentos: (i) a evolução do processo de negociação de *software* que deveria ensejar uma modificação no *conceito* de mercadoria, para abranger, inclusive, bens intangíveis, no caso de sua transferência por meio eletrônico; (ii) a analogia com a *tributação da energia elétrica* que é um *bem intangível* e que está sujeito ao ICMS; e (iii) o fato de que os Estados poderiam perder uma base tributária relevante, ante a expansão do comércio eletrônico, se não fosse tributado o *software* transferido por meio eletrônico.

A decisão em questão pode ser qualificada de (i) *criativa*, pois inovou ao interpretar o *conceito* de mercadoria; (ii) *ativista* em relação aos precedentes do STF, pois a orientação jurisprudencial anterior não só era silente com relação à tributação do *software* transferido eletronicamente, como também só autorizava a tributação pelo ICMS do *software* comercializado por meio de um *suporte físico*; e (iii) foi consequencialista, na medida em

---

[80] Medida Cautelar na ADI nº 1945, Plenário, Relator originário: Ministro Octavio Gallotti, Redator p/ acórdão: Ministro Gilmar Mendes, DJ 14.3.2011.

[81] Primeira Turma, Relator: Ministro Sepúlveda Pertence, DJ 11.12.1998.

[82] Primeira Turma, Relator: Ministro Ilmar Galvão, j. 2.3.1999.

que, no momento de decidir, avaliou as consequências que poderiam advir daquela decisão. Em suma, pode-se dizer que foi uma decisão mais baseada em uma interpretação *substancialista* do que *formalista*.

No entanto, a decisão do STF, notadamente os votos da maioria vencedora, deixou de considerar questões extremamente relevantes para o caso. A uma, a ausência de arcabouço normativo para a tributação de bens intangíveis por meio do ICMS, notadamente em função das diferenças entre as operações normalmente tributadas pelo ICMS (*compra e venda mercantil de bens móveis tangíveis*) e aquelas existentes na cessão de direito de uso ou de licença do direito de uso, que ocorre em transferências eletrônicas, sem que haja normas gerais dispondo sobre questões essenciais para essa tributação, o sujeito ativo do imposto (Estado em que está localizado o vendedor? o comprador? o detentor da licença? E se se tratar de uma operação internacional?). A duas, o STF invocou a comparação com a *energia elétrica*, quando a própria CF/1988, por ficção jurídica *constitucional* equipara a energia elétrica a uma *mercadoria* (artigo 155, § 3º da CF/1988) e traz um regime constitucional específico para sua tributação (artigo 34, § 9º do ADCT da CF/1988), o que não ocorre com o *software*. A três, o STF trata a questão da *tributação do software* como tendo um impacto considerável nas receitas estaduais, sem considerar o fato de que grande parte dos Estados, baseados na própria orientação anterior do STF, nas operações com *software de prateleira*, tributam apenas o valor do suporte físico, que é, na maioria das vezes, irrisório, se comparado ao valor da licença, não havendo, portanto, maiores impactos para o erário nessa questão. Na verdade, a própria decisão do STF é que pode ter contribuído para majorar consideravelmente o valor do ICMS cobrado no caso do *software* adquirido por meio de transferência eletrônica.

Como se vê, o *substancialismo*, embora apresente uma sedutora promessa de um Direito mais *justo, multidisciplinar, aberto, fiel à realidade, profundo* e *flexível*, tem seu preço. E ele é cobrado justamente sobre um dos valores mais caros ao Direito: a segurança jurídica. É preciso ressaltar que não se busca aqui defender que a *segurança* é o único e exclusivo valor do sistema, muito menos sustentar que a segurança jurídica pressuponha um Direito *fechado, alheio à realidade* e *estático*. Mas, muito pelo contrário, a abertura, a instrumentalidade e a dinamicidade são grandes *trunfos* do Direito, para que ele não se transforme em um sistema engessado e fossilizado, com reduzida capacidade normativa sobre a realidade. No entanto, o desafio é construir a *segurança jurídica* dentro de um sistema aberto, instrumental e dinâmico[83]. E uma perspectiva marcadamente *substancialista* pode acabar enveredando por outros caminhos, na direção oposta à da segurança jurídica.

2.3. Formalidade com relação à imperatividade[84]

A imperatividade, segundo Atiyah e Summers, é uma propriedade que uma razão formal tem de desconsiderar, de superar ou de reduzir o peso de uma razão substancial[85]. Nesse sentido, diz-se que o Direito é *imperativo* porque ele tem a capacidade de prevalecer sobre outros argumentos não jurídicos na tomada de decisões ou na realização de ações. Pode haver razões com altas cargas de imperatividade, que praticamente eliminam qualquer interferência de *razões substanciais* ou razões com menor carga de imperatividade, que permitem alguma possibilidade de argumentação com razões de substância.

Há uma imperatividade *prima facie*, aferível de plano, por exemplo, que permite diferenciar entre uma regra que *proíbe que se toque música no parque* de outra que *proíbe que se toque música desarrazoadamente alta no parque*. A primeira regra possui um grau de imperatividade *prima facie* muito mais elevado do que a segunda, que abre mais espaço para uma invocação de argumentos substanciais. Verificar o que é "música" e proibir a ação de tocá-la é um processo interpretativo muito mais singelo do que definir o que seja "música desarrazoadamente alta" para que essa ação seja proibida.

Mas, a própria imperatividade pode ser verificável, não apenas de *plano* ou *prima facie*, mas no momento da aplicação da norma, uma vez que as normas que estabelecem proibições, obrigações ou permissões (ex: *é proibida a entrada de veículos no parque*) podem estar: (i) explícita ou implicitamente qualificadas (ex: a menos que o guarda do parque permita), (ii) sujeitas à derrotabilidade (*"defesability"*) (ex: um motorista pode descumprir a regra

---

[83] Sobre segurança jurídica no Direito Tributário, notadamente a partir de um prisma *dinâmico*, cf. Humberto Ávila, *Segurança Jurídica: entre permanência, mudança e realização no Direito Tributário*. São Paulo: Malheiros, 2011; Heleno Torres, *Direito Constitucional Tributário e Segurança Jurídica: Metódica da Segurança Jurídica do Sistema Constitucional Tributário*. São Paulo: Revista dos Tribunais, 2011; Ricardo Lodi Ribeiro, *A Segurança Jurídica do Contribuinte: legalidade, não-surpresa e proteção da confiança*.

[84] No original, "mandatory formality".

[85] P.S. Atiyah e R. Summers, *op. cit*, p.16-17.

e não ser considerado responsável por isso se comprovar que estava sendo coagido); (iii) sujeitas à superação por razões de interesse geral (ex: uma ambulância que ingresse no parque para salvar uma vida); (iv) sujeitas a uma limitação de escopo (ex: regra não se aplica ao caminhão dirigido pelo funcionário do parque para retirar o lixo); (v) sujeitas à não aplicação discricionária ou a uma sanção mínima (ex: guardas do parque podem não proibir ou deixarem de aplicar penalidades se entenderem necessário o ingresso de determinado veículo no parque); (vi) comprometidas em sua autoridade em alguns casos (ex: um veículo que chegou à placa que sinalizava a proibição e saiu do parque imediatamente); e (vii) sujeitas a serem desconsideradas se levarem a um resultado absurdo ou manifestamente injusto (ex: um veículo que ingressa no parque para fugir de um tiroteio que acontecia na rua naquele momento).

Como se vê, a imperatividade das normas admite gradações, em um *continuum*. Uma razão formal não tem apenas uma imperatividade *prima facie*. Mesmo depois que as defesas e as outras considerações tenham sido levadas em conta, uma razão formal continua a excluir, superar ou, ao menos, diminuir o peso de razões substanciais em sentido contrário.

As normas tributárias, notadamente as normas de incidência tributária e as normas de desoneração fiscal, costumam ter um elevado grau de *formalidade imperativa*. Costumam ser imperativas *prima facie*, isto é, tributam-se pelo ICMS "operações de circulação de mercadorias", e não apenas "operações *significativas* de *circulação* de mercadoria que se mostrem *relevantes economicamente*, de modo *organizado* e *lucrativo*". Assim, em princípio, estão sujeitos ao pagamento de ICMS tanto aquele pequeno comerciante que realiza vendas em uma banca na feira, quanto um grande supermercado. A obrigação tributária decorre de leis gerais e abstratas, não cabendo ao aplicador da norma, por *equidade*, decidir se deve ou não haver o pagamento de tributo. As normas de incidência tributária, embora apresentem um espaço de indeterminação, não dão azo a escolhas *discricionárias* por parte do administrador ou do juiz que aplica a norma. Isto é, o intérprete não tem um espaço de liberdade para escolher, entre diversas consequências indiferentes e equivalentes, aquela que deverá ser adotada no caso concreto. O caráter indisponível do crédito tributário não permite que ele seja dispensado por razões de conveniência e oportunidade do aplicador da norma. De uma maneira geral, não há maiores questionamentos acerca dessas asserções.

De outro giro, o que vem sendo aceito com relativa naturalidade nas discussões atuais sobre Direito Tributário é o recurso a razões substanciais, como se elas tivessem peso e força para superar razões formais. Como se razões formais fossem razões desnecessariamente rígidas e estáticas, que devessem ser superadas por razões substanciais, mais flexíveis e dinâmicas. Ora, se razões formais tem o condão de desconsiderar, superar ou reduzir o peso de razões substanciais, como corolário, razões substanciais não deveriam, muito menos em um campo do Direito que é regido pelo princípio da legalidade estrita, desconsiderar, superar ou reduzir o peso de *razões formais*. No entanto, essas afirmações tem sido mais contestadas atualmente nos debates em torno do Direito Tributário, como se o recurso a essas razões substanciais fossem "trunfos" contra o *formalismo* que *devessem prevalecer* sobre razões formais.

Essa posição, como ressaltado acima, pode abalar a própria natureza *prescritiva* do Direito, que lhe permite coordenar a realidade, segundo *suas disposições normativas* para que sejam alcançadas finalidades específicas – o caráter *heterolimitador* do Direito. Se as *prescrições jurídicas* ficam *sujeitas* a um componente adicional que é a discricionariedade do intérprete, se o *"dever ser"* transforma-se em um *"poder ser"*, cabendo a cada intérprete, diante do caso concreto, determinar a *melhor solução* possível, então a segurança, a certeza e a confiabilidade do Estado de Direito ficam comprometidas. Vale dizer, quando o aplicador da norma sobrepõe um sopesamento de valores às próprias regras, por mais bem intencionado que ele esteja, ele está enfraquecendo a força das normas, está criando um Direito *próprio* e não o aplicando Direito *posto*. Não se desconhece que o Direito tenha zonas de incerteza, de indeterminação, de imprecisão, de ambiguidade, de multivocidade. O Direito, como qualquer construção humana, carregará as imperfeições próprias da nossa espécie. O grave problema ocorre quando se convola essa *incerteza* do Direito em uma espécie de anarquia jurídica ou anomia, como se o Direito fosse incapaz de trazer certezas ou estabilidade, isto é, como se todo o Direito fosse indeterminado e caberia a cada intérprete determiná-lo consoante fosse mais justo, à luz do caso concreto. Na feliz síntese de Ávila[86], nesse momento a "Ciência do Direito" transforma-se em "Direito da Ciência", pois, ao contrário da função *descri-*

---

[86] Humberto Ávila, "'Neoconstitucionalismo: entre a 'ciência do direito' e o 'direito da ciência'", Revista Brasileira de Direito Público – RBDP, Belo Horizonte, v. 6, n. 23, out./dez. 2008.

FORMA E SUBSTÂNCIA NO DIREITO TRIBUTÁRIO

tiva da Ciência, de explicar e aplicar o Direito como ele é, passa-se a uma função *prescritiva*, em que o próprio intérprete determina o que o Direito deve ser, baralhando o que seja *lege lata* com *lege ferenda*.

Por isso, é relevante anotar que, por mais significativas que sejam as razões substanciais, se for dado a elas o papel de desconsiderar, superar ou reduzir o peso de razões formais, o que se verificará será um *colapso* do sistema jurídico e a sua *transformação* em uma arena retórica. Prevalece no embate jurídico aquela que for considerada a melhor razão pelo aplicador do Direito, e não necessariamente as razões emanadas *formalmente* da autoridade que cria o Direito. Esse tipo de consideração reduz o papel da democracia e afeta o equilíbrio da separação de poderes[87]. Assim, contraditoriamente, um discurso que se revela alinhado a princípios constitucionais e democráticos acaba por, contraditoriamente, comprometer dois dos valores mais caros à *democracia* e ao *constitucionalismo*: soberania popular e a limitação de poder. Por isso, é necessário cautela quando do exame de razões substanciais no discurso jurídico, em especial no Direito Tributário, sob a égide do princípio da legalidade estrita.

Por exemplo, se a CF/1988 estabelece que a competência tributária municipal para instituir o ISS está limitada às prestações de serviço definidas em lei complementar, pode haver perfeitamente *serviços* que são economicamente relevantes, mas que não são tributados pelo ISS por não se enquadrarem na lista anexa[88], quer por não estarem lá previstos, quer pelo fato de a lista não se abrir para a integração analógica[89]. Defender a

---

[87] *"Em suma, o formalismo, caracterizado pela ideia de que o juiz deve subsumir os casos às regras, liga-se aos seguintes pressupostos institucionais: (a) o monopólio estatal de criar normas jurídicas e de decidir conflitos; (b) o Poder Judiciário concebido como instância competente para aplicar as leis produzidas pelo Parlamento após o debate político; e (c) a segurança e a certeza do direito que garantem aos cidadãos que o Estado aja de forma controlada e previsível conforme a vontade da sociedade expressa nas leis. Não há como discutir o formalismo sem tocar nesses pressupostos."* (José Rodrigo Rodriguez, "A persistência do formalismo: uma crítica para além da separação de poderes". In: J.R. Rodriguez; C.E.B.S. Costa; S. R. Barbosa, *Nas Fronteiras do Formalismo*, Saraiva: São Paulo, 2010).

[88] Por exemplo, os serviços de valor adicionado de telecomunicação, como é o caso do provimento de acesso à *internet*, que não se encontra incluído na lista anexa de serviços à Lei Complementar nº 116/2003 e, por isso, não passível de sujeição ao ISS, como decidido pelo STJ, no julgamento do RESP nº 719635, Segunda Turma, Relator: Ministro Mauro Campbell Marques, DJe 7.4.2009.

[89] Conforme decidido no RE 361829, Segunda Turma, Relator: Carlos Velloso, j. 13.12.2005: *"É taxativa, ou limitativa, e não simplesmente exemplificativa, a lista de serviços anexa à lei complementar, embora comportem interpretação ampla os seus tópicos".*

tributação desses serviços porque se revelam *índices relevantes* de *riqueza*, que *devem ser tributados*, é, na prática fazer com que razões substanciais ("é conveniente e relevante tributar") se sobreponham a razões formais ("há lei expressa determinando a sua tributação"). Esse tipo de argumentação subverte a lógica do raciocínio jurídico, permitindo que o *não jurídico* prevaleça sobre o *jurídico*, em grave prejuízo ao Estado Democrático de Direito.

3. Razões substanciais e formais de segunda ordem

Razões de primeira ordem são razões imediatamente aplicáveis aos casos a serem decididos[90]. Como visto anteriormente, essas razões, invocadas para se decidir um determinado caso, podem ser qualificadas como *formais* ou *substanciais*. Razões de segunda ordem, por sua vez, não são razões invocadas para decidir um determinado caso, senão *razões* que se invocam para se defender uma ou outra maneira de decidir. Razões de segunda ordem são utilizadas para justificar o porquê de se utilizar um ou mais de um tipo de razão de primeira ordem para decidir um determinado caso. São, portanto, meta razões ou razões *metodológicas,* porque não atuam diretamente sobre o caso, mas sobre outras razões.

As razões de segunda ordem também podem ser classificadas em *substanciais* e *formais*, ou melhor, podem ser razões de segunda ordem que justificam a adoção de razões *substancialistas* de primeira ordem ou *formalistas* de primeira ordem.

Razões de segunda ordem, para justificar a adoção de razões substanciais de primeira ordem, costumam destacar a importância da substância na formulação do Direito, bem como a derrotabilidade das razões formais.

A substância é um elemento para composição do Direito, cujas regras e princípios não são formulados por mero capricho, mas para que se atendam certos propósitos ou outros objetivos. O Direito se vale de certas *formas* (regras, princípios, instituições, negócios, sanções, métodos) para alcançar determinadas finalidades substanciais (políticas, econômicas, morais, institucionais, sociais, culturais, etc). Ao trazer para a argumentação jurídica razões substanciais, um raciocínio substancialista aproxima o Direito de seus propósitos. Com efeito, na aplicação do Direito é comum, quando não há uma regra expressa na legislação regulando uma determinada conduta,

---

[90] Frederick Schauer, Judicial Supremacy and the Modest Constitution, 92 Cal. L. Rev. 1045 (2004).

se recorrer a argumentos de substância para de alguma forma se regular aquela conduta (recurso aos costumes sociais, por exemplo). Da mesma forma, nos casos em que se verifica que a norma está alcançando situações que não deveriam ser por ela regrados, geralmente recorre-se ao seu propósito para se reduzir o escopo de aplicação da regra ("redução teleológica").

Além disso, as razões formais invariavelmente são aplicadas *consideradas* determinadas circunstâncias. Quando se consideram *todas as circunstâncias possíveis* ("all things considered"), verifica-se que invariavelmente as razões formais devem ceder em algum ponto, seja porque levam a resultados injustos, absurdos, incoerentes ou contraditórios, seja porque são simplesmente inaceitáveis, do ponto de vista de outras razões. Assim, uma das razões para se aceitar um raciocínio mais substancialista é reconhecer que o Direito não é absoluto e tem as suas limitações.

Por sua vez, a defesa, em segunda ordem, do uso das razões formais de primeira ordem está fundado basicamente na maior *previsibilidade e certeza* que elas geram, além de uma maior eficiência, redução dos custos, limitação de poder, redução de erros e redução do grau de arbitrariedade das decisões[91].

Razões formais geram maior certeza e previsibilidade na aplicação do Direito. Veja-se o caso das regras. Elas regulam uma determinada conduta humana, estipulando o que é obrigatório, proibido ou permitido pelo Direito. A regra permite vislumbrar, de antemão e com uma elevada dose de certeza, o que se deve, o que não se deve e o que se pode fazer. Diferentemente, princípios, como normas que estabelecem um estado ideal de coisas a ser atingido, não trazem condutas específicas que podem ou não ser adotadas[92]. Um princípio, como o da ampla defesa e do contraditório, estabelece uma meta, um objetivo a ser tutelado pelo sistema jurídico, mas sem dizer os meios que podem ser adotados para se alcançar esta finalidade. Será que um julgamento em uma única instancia é suficiente a garantir a ampla defesa e o contraditório? Se não, quantas instâncias são necessárias? O princípio indica apenas que deve ser garantida a ampla defesa e

---

[91] Atyiah e Summers, *op. cit.*, p. 25-27. Nesse sentido, cf. também Humberto Ávila, "Neoconstitucionalismo...".

[92] Há farta bibliografia sobre teorias dos princípios e sua distinção com relação as regras. Embora seja tema da maior relevância, ele desborda os limites desse trabalho, razão pela qual, para os fins aqui pretendido, nos referimos a uma das teorias dos princípios mais difundidas entre nós, cf. Humberto Ávila, *Teoria dos Princípios...*

respeitado o contraditório. No entanto, o artigo 513 do CPC contém um enunciado de onde se extrai uma regra, segundo a qual cabe o recurso de apelação contra sentença, deixando claro que o jurisdicionado que se sentir prejudicado por uma sentença judicial poderá recorrer a uma segunda instância. Houvesse no sistema jurídico apenas o princípio da ampla defesa e do contraditório, poderia haver dúvidas se toda e qualquer sentença seria passível de recurso.

Mas não é só. Razões formais geram *mais eficiência* e diminuem *os custos de uma decisão e as probabilidades de erros*. Imagine-se um sistema tributário que se baseasse em uma única disposição, segundo a qual todos têm o direito de serem tributados de forma digna, justa e adequada. Diante desse cenário, o aplicador da lei teria que confeccionar um tributo *sob medida* para cada contribuinte. Isso, obviamente, não é viável. Por essa razão, o sistema tributário, quando regula a incidência de tributos, se vale fundamentalmente de regras de incidência, cujo o conteúdo é bastante preciso sobre o que deve ser tributado e a forma como essa tributação deve ocorrer[93]. A ideia é simplificar e otimizar o Direito Tributário de modo que a sua aplicação possa se dar em massa, em milhares de casos, sem que a cada um seja necessário fazer profundas e intensas considerações argumentativas para se determinar se uma certa pessoa, em uma dada situação, deve ou não pagar tributo. É claro que pode haver casos difíceis, em que não se sabe exatamente se o tributo é devido, ou qual o tributo é devido, ou quem tem o dever de pagá-lo, ou a quem se deve pagá-lo, ou quanto se deve pagar etc. Mas, esses casos devem ser a exceção. No atacado, grande parte das regras é aplicada sem maiores questionamentos ou problemas. Isso é possível porque se adota um elevado grau de formalismo como razões para decidir casos tributários.

4. Formalismo e Substancialismo

Como mencionado ao longo do trabalho, as razões para ação ou para decisão podem ser qualificadas como *formais* ou *substanciais*. Nesse sentido, uma interpretação formal baseia-se em razões formais e uma interpreta-

---

[93] Sobre a teoria das normas de incidência tributária, cf. Paulo de Barros Carvalho, *Direito Tributário: linguagem e método*. 2ª edição. São Paulo: Noeses, 2008 e Luís Cesar Souza de Queiroz, "Norma Tributária e Fato Gerador". In: Sérgio André Rocha (coord.), *Curso de Direito Tributário*, São Paulo: Quartier Latin, 2011.

ção substancial, em razões substanciais. Esses são dados objetivos, construídos a partir de critérios que não envolvem juízos de valor acerca da qualidade extrínseca dessas razões. Não se está com isso querendo dizer que, avaliando de fora, isto é, extrinsecamente, que essas razões formais ou substanciais sejam necessariamente boas ou ruins, proveitosas ou inúteis, valiosas ou irrelevantes. Isso porque, em princípio, tanto razões formais, quanto razões substanciais têm seu lugar no debate jurídico, ainda que seu peso possa variar conforme o sistema jurídico existente ou consoante o ramo do Direito em que se está. Portanto, falar em interpretação formal ou interpretação substancial não é fazer um juízo crítico – positivo ou negativo – acerca dessas razões.

No entanto, o que se verifica é que pode haver deturpações no uso argumentativo de ambos os tipos de razões. É dizer, tanto uma interpretação formal, quanto uma interpretação substancial podem resultar inadequadas, redundando em um *formalismo* ou um *substancialismo* criticáveis. O *formalismo* torna-se criticável quando *deveria ser* considerado uma razão *substancial* e ela é indevidamente desprezada, enquanto o oposto se dá, quando se trata de uma interpretação *substancialista* degenerada.

A formalidade em função da autoridade jurídica converte-se em formalismo, por exemplo, quando se ignora as *lacunas* na aplicação da lei; quando se aplica uma lei pré-existente a um caso concreto, apenas porque ela está em vigor, sem que se considere que o caso apresenta peculiaridades que afastam a aplicação da lei; quando se aplica um precedente já existente sem considerar que o caso é original e deveria receber um tratamento diferente ("distinguishable"). A formalidade com relação ao conteúdo transforma-se em formalismo quando o juiz aplica a lei, apesar de ela levar a um resultado desarrazoado e profundamente injusto no caso. Uma formalidade interpretativa degenera-se em *formalismo,* quando se adota uma interpretação literal que faz tábua rasa dos propósitos subjacentes à regra. Por fim, uma formalidade imperativa torna-se *formalista,* quando um juiz decide um caso aplicando um determinado precedente, sem verificar que aquele precedente não é mais adequado à luz da nova realidade fática ou normativa e que deveria ser superado[94].

Do mesmo modo, a interpretação substancial pode corromper-se em um criticável *substancialismo.* Por exemplo, juízes que, na interpretação de

---

[94] Atiyah e Summers, *op. cit.*, p. 28-31

uma lei, recorrerem à deliberações legislativas que foram lá "plantadas" propositadamente e sem qualquer conexão com as discussões existentes, apenas para esse propósito. Um tribunal que não observa seus precedentes e, a cada julgamento, invoca razões substantivas para mudar de orientação, adotando um viés particularista, sem manter a coerência jurisprudencial, é *substancialista*. Um juiz que pretende resolver os problemas de saúde pública, relacionados ao fornecimento de medicamentos e à realização de internações, a partir de medidas pontuais, sem observar a legislação a respeito do tema, focando apenas na microjustiça do caso concreto, sem uma visão da macro-justiça, age de modo *substancialista*[95].

---

[95] Luís Roberto Barroso, Da falta de efetividade à judicialização excessiva: direito à saúde, fornecimento gratuito de medicamentos e parâmetros para a atuação judicial. Interesse Público, Belo Horizonte, v. 9, n. 46, nov. 2007. Disponível em: <http://bdjur.stj.jus.br/dspace/handle/2011/38245>. Acesso em: 6.11.2012.

Capítulo 3
Forma e Substância no Direito Tributário

1. Forma e substância como questões tributárias

A dicotomia *forma* e *substância* costuma aparecer no Direito Tributário relacionada basicamente a dois grande temas de interpretação de suas normas[96]. Por um lado, no debate em torno da prevalência ou não das formas e dos conceitos de Direito Privado para fins de definição do âmbito de aplicação das normas de Direito Tributário. Por outro, na questão do planejamento tributário, no que diz respeito à *compatibilidade* da *forma* dos negócios adotada pelo contribuinte com a *forma* eleita pela norma tributária para incidência do tributo.

No primeiro caso, o que se discute é a seguinte questão: se um determinado enunciado jurídico de Direito Tributário faz referência a um *conceito jurídico* de Direito Privado, na interpretação desse enunciado, para concretização da norma tributária, deve ser considerado o sentido e o alcance que esse conceito jurídico possui no Direito Tributário ou se é possível a construção de um conceito próprio e autônomo desse conceito no Direito Tributário, diverso daquele existente no Direito Privado? Por exemplo, a discussão nesses casos é saber se, quando o legislador tributário se refere à *prestação de serviços, ao faturamento, à folha de salário* para fins tributários, está utilizando esses conceitos tal como existem no Direito Privado ou

---

[96] Nesse sentido, cf. o General Report do Congresso da IFA em 2002, em Oslo, sobre o tema "Form and Substance in Tax Law", elaborado por Frank Zimmer, *Cahiers de Droit Fiscal International*. volume LXXXXIIa. Rotterdam: Kluwer, 2002.

se esses conceitos podem ganhar novos contornos no Direito Tributário. No Direito Tributário brasileiro, esse debate se coloca em torno dos artigos 109 e 110 do CTN[97].

Já o segundo debate diz respeito à qualificação do ato ou do negócio praticado pelo contribuinte e o seu enquadramento ou não em uma determinada norma tributária existente ou mais gravosa do que aquela em que ele pretendeu se enquadrar. Por exemplo, saber se o contribuinte pode, para adquirir uma mercadoria e não pagar ICMS, celebrar um contrato de locação, não tributado pelo imposto, em que o valor dos aluguéis equivale ao valor de parcelas equivalentes ao preço do bem ou se, em vez de prestar um serviço personalíssimo recolhendo IRPF sobre os rendimentos auferidos, pode constituir uma pessoa jurídica para essa finalidade e sujeitar-se à tributação pelo IRPJ. É a discussão em torno da *elisão e da evasão fiscal*, que, no Direito Tributário brasileiro, gravita em torno do artigo 116, parágrafo único, do CTN.

Nosso foco de análise, neste trabalho, dirige-se especialmente ao segundo debate, em torno da *forma* e da *substância* no planejamento tributário, mais precisamente aos limites impostos pelo Direito sobre a liberdade dos contribuintes, no que tange à escolha de *formas* para seus negócios, à luz das normas tributárias. Interessam-nos aqui as figuras de que se valem os ordenamentos jurídicos tributários, em especial o Direito brasileiro, para distinguir o que seja *elisão*, termo utilizado geralmente para designar uma economia lícita de tributos, de uma economia não admitida ou até mesmo gravemente punida pelo ordenamento, comumente denominada *evasão fiscal*.

2. O caráter universal do debate

Definir o que seja uma economia *lícita* de tributos de uma *economia ilícita*[98] é talvez uma das questões mais complexas do Direito Tributário. É por essa razão que o tema em questão encerra um debate universal sobre

---

[97] Sobre o tema, criticando veementemente esses dispositivos do CTN, cf. Ricardo Lobo Torres, *Normas de Interpretação...*, p. 170-174.

[98] Os termos lícitos e ilícitos são utilizados aqui em sentido geral. Não estamos, nesse momento, fazendo considerações mais específicas e detalhadas acerca do plano da validade ou da eficácia. Mas, estamos apenas nos referindo ao que os sistemas jurídicos aceitam ou não como economia de tributo. No primeiro caso, o contribuinte efetivamente consegue, de forma legítima, à luz do ordenamento, a economia fiscal pretendida. No segundo caso, o

FORMA E SUBSTÂNCIA NO DIREITO TRIBUTÁRIO

a tributação. Onde quer que haja Direito Tributário, haverá a questão de se qualificar o que seja lícito ou ilícito fazer para economizar tributos. E, embora a pergunta geral seja uma só ("o que é lícito ou não fazer para economizar tributos?"), as respostas são as mais variadas e, mais do que isso, os meios que cada ordenamento jurídico dispõe para respondê-las são diversos, sendo mencionados vários institutos, dentre os quais: *normas gerais antielisivas, normas específicas antielisivas, simulação, dissimulação, abuso de forma, abuso de direito, ato anormal de gestão, fraude à lei, conflito na aplicação da lei tributária, teoria da prevalência da forma sobre a substância, teste do propósito negocial*; enfim, os sistemas costumam lidar das mais diversas formas com esse que é um dos debates centrais do Direito Tributário.

Essas diferentes formas de lidar com uma mesma questão se justifica em função das peculiaridades existentes nos diferentes sistemas jurídicos. Há sistemas mais formalistas, outros mais substancialistas. Sistemas de *civil law*, que têm a *lei* como a principal *fonte* do Direito, procuram lidar com essa questão de forma distinta dos sistemas de *common law*, que têm os precedentes judiciais (*"stare decisis"*) como a principal *fonte* do Direito.

No entanto, é possível enumerar algumas causas para essa universalização da questão do planejamento fiscal e, em certa medida, do embate entre elisão e evasão no Direito Tributário, embora os termos utilizados para se referir a esses fenômenos possa variar de país para país.

A primeira causa dessa universalidade do debate diz respeito ao fato de o Direito ser um sistema vertido em *linguagem*. E, por mais que se faça um uso técnico da linguagem, características como a ambiguidade, a polissemia, a textura aberta e a indeterminação se fazem presentes[99]. Daí porque a aplicação de normas jurídicas, em geral, e de normas tributárias, em especial, envolve algum grau de *indeterminação*.

Em alguns casos, o que acontece é que o contribuinte pode praticar algum ato que não se enquadra na situação prevista na lei, mas há motivos substanciais para se defender que o ato deveria ser tributado, como

---

contribuinte não consegue obter uma legítima economia de tributos e pode, ainda, ser punido pela lei fiscal, sem prejuízo de outras sanções penais, civis ou administrativas.

[99] Herbert Hart, *O Conceito de Direito*. 5ª edição. Lisboa: Fundação Calouste Gulbenkian, 2007, p. 137-161; Paulo de Barros Carvalho, *Direito Tributário...*, p. 155-203; Luís Cesar Souza de Queiroz, *Imposto Sobre a Renda...*, p. 21-27; Genaro Carrió, *Notas sobre Derecho...* p. 26-48; Noel Struchiner, "Indeterminação e objetividade. Quando o direito diz o que não queremos ouvir". In: *Direito e Interpretação: racionalidade e instituições*, São Paulo: Saraiva, 2011.

aquele previsto na lei. Não apenas o fato de o ato ser parecido ou próximo àquele previsto na lei, mas, por exemplo, porque o contribuinte simplesmente disfarçou ou dissimulou o ato que estava previsto na lei, adotando uma aparência de outro ato que não estava na lei. No exemplo clássico, a lei tributa a doação de um bem móvel entre particulares, mas não a compra e venda desse mesmo bem. O contribuinte, então, celebra com um terceiro um contrato de compra e venda, mas pactua um preço irrisório, muito abaixo do valor de mercado do bem. Ou seja, aparentemente o contrato é de compra e venda, mas, na prática, em função das obrigações e prestações realmente efetuadas, o contrato se revela muito mais próximo a uma doação do que a uma compra e venda. Nesse caso, a lei grava a *doação* e não *compra e venda*, mas o contrato em tela é tão distante de uma compra e venda e tão mais próxima de uma doação, que há motivos para se defender que o negócio seja tributado como uma doação.

As discussões e as distinções entre o que é ou não possível fazer para se economizar tributos passam invariavelmente por essa zona de incerteza inerente à linguagem em que é o Direito é vertido.

A segunda causa da universalidade do debate em torno da *forma* e da *substância* no Direito Tributário diz respeito ao fato de que a concretização do Direito demanda *interpretação*[100]. Isto é, a partir dos enunciados, dos textos jurídicos, do suporte material o intérprete constrói os sentidos e a norma aplicável ao caso. Esse é um processo complexo, que envolve a *compreensão* dos signos, a *pré-compreensão* do intérprete, a análise da estrutura da norma dentro de um sistema e a aplicação do Direito com base no contexto fático do caso concreto. A interpretação é uma atividade rica, multifacetada, que pode conduzir aos mais variados caminhos e respostas, na aplicação do Direito. Há diferentes formas de se interpretar o Direito, e esses diferentes caminhos podem assumir um viés mais *formalista* ou mais *substancialista*, conforme a prática de cada sistema jurídico. Essa diversidade de formas de se interpretar o Direito pode conduzir a diferentes definições do que seja evasão ou do que seja elisão fiscal, ou melhor, do que é licito ou ilícito fazer, em termos de planejamento tributário.

---

[100] Ricardo Lobo Torres, *op. cit.*, p. 25-34; Luís Cesar Souza de Queiroz, *op. cit.*, p. 14-21; Humberto Ávila, *op. cit.*, p. 24; Ricardo Lodi Ribeiro, *Justiça, Interpretação e Elisão Tributária*, Rio de Janeiro: Lumen Juris, 2003, p. 91-99; Eros Roberto Grau, *Ensaio e discurso sobre a interpretação/ aplicação do direito*, Cap X. 3ª ed. São Paulo: Malheiros, 2005.

Um exemplo que bem ilustra as dificuldades que podem decorrer da interpretação é o caso recentemente julgado pela High Court da Inglaterra, relativo à tributação de um famoso produto fabricado pela Protector & Gamble: a batata "Pringles"[101]. O caso envolvia a interpretação da legislação do Reino Unido sobre o imposto sobre o valor agregado ("VAT tax"). Se fosse considerada uma *"batata frita"* ("potato crisps") o produto estaria sujeito ao imposto, nos termos da legislação, ao passo que se fosse considerado simplesmente um alimento comum, estaria isento do imposto. Os advogados da Protector & Gamble alegavam que a Pringles não era uma batata, porque, na composição do produto, havia menos de 50% de componentes derivados de batata (42%). Isto é, a maior parte da composição da Pringles não era feita de batata, e, com base nessa linha de argumentação, ela não deveria ser considerada uma batata frita para fins de tributação pelo VAT. No entanto, o Tribunal considerou que a Pringles deveria ser sim sujeita à tributação aplicável às batatas fritas, porque, independentemente da composição do produto, a Pringles era *comercializada* como uma *batata frita*. Esse inusitado caso permite vislumbrar o problema da conceituação e da qualificação no Direito Tributário. Por vezes, até mesmo um conceito singelo, como o do que seja "batata frita", pode despertar problemas quando aplicado na prática. O que é uma batata frita? Que propriedades um alimento tem que ter para ser considerado uma batata frita? A composição? O nome? A forma de comercialização? Todas essas são questões que se inserem na temática da interpretação jurídica e que se colocam perante os mais diversos sistemas tributários.

As discussões em torno da elisão e da evasão fiscal são complexas e universais justamente porque envolvem questões atinentes à interpretação jurídica. Assim como no caso da batata Pringles, mencionado acima, nem sempre é simples definir se o ato realizado pelo contribuinte está ou não inserido no âmbito de incidência de uma norma tributária ou mesmo no âmbito de uma norma de desoneração fiscal[102].

---

[101] A notícia sobre o caso consta no site oficial da Receita do Reino Unido na internet em <http://www.hmrc.gov.uk/briefs/vat/brief3209.htm>, acesso em: 15.8.2012. No Brasil, a notícia foi divulgada pelo jornal O Globo ("Justiça da Grã-Bretanha confirma que Pringles é batata") e está disponível na internet em <http://oglobo.globo.com/economia/justica-da-gra-bretanha-confirma-que-pringles-batata-3145611>, acesso em 15.8.2012.

[102] Exoneração é utilizada aqui como gênero para nos referirmos, sem maiores rigores classificatórios, aos institutos da imunidade, da não incidência qualificada, da isenção e da alíquota zero.

Para retomar o primeiro exemplo, em torno da distinção entre compra e venda e uma doação dissimulada, é possível problematizá-lo, se, ao invés de um preço irrisório, como mencionado anteriormente, considerarmos que o contribuinte pactua na compra e venda um preço apenas inferior ao de mercado, por exemplo, 60% do valor de mercado do bem. Nesse caso, pode-se continuar considerando para fins de incidência do imposto que houve uma doação e não compra e venda? A resposta a essa pergunta não é tão simples como no primeira versão desse exemplo, porque se adentra em uma zona de penumbra. Não existe uma demarcação exata e precisa no que diz respeito ao preço de um bem para distinguir entre um contrato de compra e venda e uma doação dissimulada. Não há um valor exato, a partir do qual, descontando-se um centavo, pode-se ter uma doação dissimulada, em vez de uma efetiva compra e venda.

Uma terceira causa responsável por essa difusão do problema da legitimidade do planejamento tributário pelos sistemas jurídicos, de uma forma geral, diz respeito a uma característica própria do Direito Tributário de ser um Direito de *sobreposição*[103], assim entendido como o fato de o Direito Tributário se valer de conceitos e formas de outros ramos do Direito na construção do sistema tributário. Esse é o primeiro sentido a que nos referimos acima, quando se aborda o tema da forma e da substância no Direito Tributário.

O Direito Tributário se refere, invariavelmente, a situações da vida ou a situações construídas pelo Direito no bojo de normas tributárias. Por exemplo, a CF/1988 confere aos Municípios a competência para tributar a propriedade territorial ou predial urbana, e a lei civil define o que é a *propriedade* e que características deve ter um bem imóvel para ser considerado *urbano*. Mas, a legislação de PIS e COFINS determina que os contribuintes podem se valer de crédito sobre *insumos,* no entanto, a lei não traz uma definição do que é *insumo* para fins da aplicação de PIS/COFINS.

Como bem sintetizou Isembergh[104], a fonte desse problema é que as leis tributárias tem *"necessariamente um número limitado de termos, mas devem se*

---

[103] Ao utilizarmos a expressão "direito de sobreposição", estamos querendo nos referir a essa *característica* do Direito Tributário, de se utilizar de conceitos hauridos de outros ramos do Direito, notadamente do Direito Privado, na formulação de normas tributárias, independentemente de qualquer posição que se tenha a respeito do conteúdo e alcance que devem ter esses conceitos quando incorporados ao Direito Tributário.

[104] Joseph Isenbergh, Musings on Form and Substance in Taxation, 49 Chicago L. Rev. 859 (1982).

aplicar a um número quase que ilimitado de operações". Por isso, grande parte dos termos utilizados pelas leis tributárias são "importados" com seus contornos já definidos. Como bem expõe Isembergh, há casos em que o Direito se vale de referências diretas ao mundo da vida, e o mundo da vida nesses casos é determinante para se definir o sentido do Direito, abrindo espaço para uma visão mais substancialista. O carvão e o diamante são compostos do mesmo elemento químico, mas são minerais diferentes em função de sua estrutura molecular. Assim, não será um rótulo que fará do carvão diamante. Isto é, se a legislação está tratando de diamante, não cabe à lei dizer que carvão é diamante, pois estará desvirtuando a natureza das coisas.

Todavia, há casos em que a lei, assim como a arte, cria a sua própria realidade e dá a sua conformação ao mundo, assim como uma pintura é diferente da paisagem que ela retrata. Nesse caso, a arte, isto é, o Direito é determinante. Essa hipótese conduz a uma posição mais formalista. Se a lei define o que é dividendo e uma empresa distribui dividendos, nos termos do que está definido na lei, pouco importa que um economista diga que a empresa está, na verdade, restituindo capital aos seus sócios, porque o resultado do exercício foi de prejuízo[105].

Nas interessantes imagens criadas por Isembergh, os textos legais são amálgamas de referências ao mundo e de criações legais ("vida" e "arte"). Identificar e separar esses elementos é uma boa forma de lidar com o problema da forma e da substância. Quando alguém chama um cachorro de vaca e reivindica, para cachorros, os benefícios fiscais previstos na legislação para vacas, deve-se afastar a aplicação da legislação, e não se conceder os benefícios fiscais. A referência à substância sobre a forma, nesse caso, se justifica para se afastar a simulação. Situação distinta é quando pessoas ricas, que não têm qualquer interesse por vacas, passam a comprar vacas apenas para terem benefícios fiscais. Nessas hipóteses, a situação é exatamente aquela prevista na lei, embora possa ter sido alcançado um resultado não pretendido ou que se considera "ruim". Ocorre que boa parte das coisas que são consideradas "ruins" por alguns são exatamente aquilo que elas devem ser e, apesar de resultarem em uma carga tributária menor, não são produto de qualquer simulação ou artificialidade no que tange ao uso das formas.

---

[105] *Loc. cit.*

Linguagem, interpretação e o amplo escopo das normas tributárias são causas para que o Direito Tributário tenha que lidar, nas mais diversas ordens jurídicas, com um mesmo problema: atos e negócios praticados pelo contribuinte que são realizados para não pagar tributos ou pagar menos tributos e a legitimidade desses atos ou negócios à luz do ordenamento jurídico. A variedade desses atos e desses negócios realizado para evitar a aplicação da lei tributária também é infinita. O contribuinte pode simplesmente deixar de praticar um determinado ato previsto como tributável pela lei para evitar a ocorrência do fato gerador e deixar de pagar o tributo. Ou, pode realizar um determinado ato, gravado pela lei tributária e simplesmente deixar de pagar o tributo, descumprindo diretamente a obrigação tributária. Pode, adicionalmente, nesse último caso, não registrar a operação em seus livro contábeis e fiscais, ocultando do Fisco a sua ocorrência. Pode simular uma situação que não ocorreu apenas para gerar um benefício fiscal. Pode, entre dois regimes fiscais expressamente previstos pela legislação, optar por um deles para ter uma carga tributária menor. Pode dissimular um contrato, declarando às claras que realiza um, mas praticando outro de forma oculta. Pode adotar uma *forma* incompatível com a finalidade do ato praticado, apenas porque essa forma permite uma tributação menos gravosa. Em suma, são quase infinitos os *meios* de se atingir a finalidade de não pagar ou pagar menos tributos. E são igualmente diversas as *formas* pelas quais os diferentes sistemas tributários disciplinam essas situações.

Embora nosso objeto de estudo seja o sistema tributário brasileiro, para se ter uma ideia de como é variada a referência às figuras da *forma* e da *substância* no Direito Tributário, entendemos ser útil abordar, ainda que brevemente, duas posturas ou dois "modelos" radicalmente distintos, ou melhor, antagônicos, de se tratar da questão da dicotomia forma e substância no Direito Tributário.

3. Dois modelos de lidar com a "forma e substância" no Direito Tributário: Gregory v. Helvering e IRC v. Duke of Westminster

Nesse ponto, trataremos de dois modelos de se referir à questão da forma e da substância no Direito Tributário, que se situam em extremos opostos. Esses modelos decorrem de duas célebres decisões envolvendo planejamento tributário que são, provavelmente, as decisões mais citadas, especialmente pela doutrina dos sistemas de *common law*, quando se trata de discutir o tema da elisão e da evasão fiscal.

O curioso é que essas decisões são contemporâneas, proferidas no mesmo ano de 1935[106], uma pela Suprema Corte dos Estados Unidos e a outra pela Câmara dos Lordes da Inglaterra. Embora datem do mesmo ano, ambas decorrentes de Cortes de países que adotam o sistema da *common law* e tratem expressamente da questão da *forma* e da *substância* no Direito Tributário, elas tratam a questão da forma e da substância de modo completamente distintos, chegando, por isso, a resultados bastante diversos. A seguir, trataremos, brevemente, das conclusões dos julgamentos, para, em seguida, passarmos a analisar esses dois casos com mais detalhes.

No caso *Gregory v. Helvering[107]*, a Suprema Corte entendeu que a *substância* deve prevalecer sobre a *forma* e, se uma sucessão de atos foi praticada pelo contribuinte com o claro e único propósito de se evitar o pagamento de tributos, esses atos podem ser desconsiderados pelo Fisco e a operação ser gravada como a operação tributada. Por sua vez, no caso *Comissioner of Inland Revenue v. Duke of Westminster[108]*, o que se proclama é justamente o oposto: que o contribuinte tem liberdade para organizar os seus atos da maneira menos onerosa possível e, se praticou atos lícitos, formalmente válidos, ainda que com o único e exclusivo propósito de pagar menos tributos, isso é perfeitamente admissível, sob pena de se pretender que o contribuinte tenha que sempre adotar o caminho fiscalmente mais oneroso.

Em *Gregory v. Helvering*, discutia-se o seguinte caso: a Sra. Evelyn Gregory destacou os ativos de uma determinada empresa, alocando-os em uma segunda empresa e distribuindo as ações dessa segunda empresa. Em seguida, houve a liquidação dessa segunda empresa e a venda das ações[109]. A primeira operação realizada preenchia formalmente todos os requisitos

---

[106] A decisão da Suprema Corte em Gregory v. Helvering é de 7 de janeiro de 1935 e o julgamento do caso

[107] 293 U.S. 465 (1935). Há uma versão da decisão da Suprema Corte disponível na internet em: <https://supreme.justia.com/cases/federal/us/293/465/case.html>. Acesso em: 15.8.2012.

[108] House of Lords, [1936] AC 1, [1935] All ER Rep 259, 51 TLR 467, 19 TC 490. Há uma versão disponível na internet em <http://www.commonlaw.uottawa.ca/index.php?option=com_docman&task=doc_download&gid=4113>. Acesso em 15.8.2012.

[109] Jefferson Vanderwolk, Codification of the Economic Substance Doctrine: If we can't stop it, let's improve it, Tax Notes International, 55, Number 7, August 17, 2009. Disponível na internet em <http://ssrb.com/abstract=1459766>, acesso 17.11.2012; Stanley Ruchelman, *Economic Substance Around The World*, American Bar Association, Section of Taxation, Washington D.C., May 8, 2004. Disponível na internet em <http://www.ruchelaw.com/pdfs/EconomicSubstanceAroundWorkd.pdf>. Acesso em 17.11.2012; Joseph Bankman, *The Economic

FORMA E SUBSTÂNCIA NO DIREITO TRIBUTÁRIO

para ser enquadrada como uma reorganização societária ("business reorganization"), isenta de tributação sobre a renda, pela legislação fiscal vigente à época dos fatos, enquanto a segunda operação, de venda das ações, ensejaria a tributação de ganho de capital do acionista que havia alienado sua participação. Ocorre que o Fiscal Guy Helvering entendeu que o resultado dessa primeira operação não era uma mera reorganização societária, mas sim uma distribuição de dividendos disfarçada, que deveria ser tributada como tal, exigindo-se o tributo correspondente da Sra. Gregory.

Em primeira instância, a Sra. Gregory sagrou-se vitoriosa, com a decisão judicial reconhecendo que a operação realizada enquadrava-se perfeitamente no conceito de *reorganização societária*, previsto na legislação, e assim deveria ser tratada. Mas, em segunda instância, essa decisão foi revertida, em acórdão da lavra do célebre juiz Leonard Hand, que foi mantido, posteriormente pela Suprema Corte. Entendendo que o único propósito da transferência de ativos à empresa criada, seguida da distribuição de ações e da liquidação da empresa, era evitar a distribuição de dividendos, tributados de forma mais onerosa pela legislação, a operação foi desqualificada como uma reorganização societária à luz da legislação fiscal e requalificada como uma distribuição de dividendos. Essa decisão é tida até hoje como um marco jurisprudencial das doutrinas da *substancia sobre a forma* ("substance over form") e do *propósito negocial* ("busisness purpose test"). Segundo a Suprema Corte, compreendida no todo, a operação envolvia a criação de uma sociedade que não possuía qualquer propósito negocial. A operação, assim, não correspondia a um efetivo plano de reorganização societária, mas a uma transação que, embora aparentemente se enquadrasse na letra da lei, estava fora do seu espírito. *"Decidir de outra forma seria exaltar o artifício sobre a realidade e retirar todo o propósito da disposição legal em questão".* A decisão inaugurou uma série de outros precedentes que consagraram essas construções jurisprudenciais *substancialistas* no Direito Tributário norte-americano[110].

No caso de *Duke of Westminster* v. *IRC*, o Duque de Westminster resolveu alterar a forma de remuneração dos seus empregados. Em vez de efe-

---

Substance Doctrine, 74 S. CAL. L. REV. 5, 13 (2000). Disponível na internet em <http://www-bcf.usc.edu/~usclrev/pdf/074102.pdf>; Acesso em 17.11.2012.

[110] Cf. os julgamentos e a crítica a *ratio* da corte nessas decisões feitas por Joseph Isenbergh em Musings on Form and Substance in Taxation, 49 Chicago L. Rev. 859 (1982).

tuar o pagamento de salários mensais, o Duque reduziu os salários de seus empregados e estipulou contratualmente que faria uma espécie de doação ("deed of covenant") em agradecimento pelos serviços prestados no passado. Ficou pactuado que essa doação seria mantida ainda que os empregados não mais trabalhassem para o Duque, e que os empregados poderiam, inclusive, exigir suas remunerações pelos serviços correntemente prestados. Esse modo de pagamento foi ajustado porque os pagamentos efetuados a título de doação eram dedutíveis da base de cálculo do imposto sobre a renda do Duque, diferentemente dos salários. O Fisco entendeu que os pagamentos efetuados possuíam substancialmente a mesma natureza dos salários, embora fossem doações. A questão que se colocava era se a corte poderia considerar a substância econômica da transação ou simplesmente respeitar a forma atribuída pelas partes. Em primeira instancia, foi entendido que esses pagamentos não seriam dedutíveis da base de cálculo do imposto do Duque. No entanto, quando o caso chegou à Câmara dos Lordes, a decisão foi revertida. Em linhas gerais, entendeu-se que, sendo válidos formalmente os documentos e os pagamentos feitos, sem que haja qualquer simulação, eles não poderiam ser desconsiderados para fins fiscais. São três os princípios fundamentais extraídos do precedente em questão[111]: (i) rejeição da doutrina da substância econômica; (ii) se o caso em questão não se enquadra na letra da lei, a lei não deve ser aplicada[112]; e (iii) rejeição do teste do propósito negocial[113].

---

[111] Alexander Chan, *Dealing with the death of a Duke: The Need to Limit the Economic Substance Principle in Canadian Tax Law,* 23.4.2007.

[112] O Lorde Halsbury chega a dizer que "Se foi um ato válido, por pior que tenha sido a motivação, ele teve o direito de fazê-lo. Se fosse um ato inválido, por melhor que fosse a sua motivação, ele não teria direito de fazê-lo" (tradução livre).

[113] Na célebre citação do Lord Tomlin: "A todo homem é dado o direito de organizar seus negócios de modo que seja tributado da forma fiscal menos onerosa possível. Se ele tem êxito ao organizá-los desse modo, de forma a assegurar esse resultado, então, por mais reprovável que seja essa engenhosidade aos olhos do Fisco e dos seus outros colegas contribuintes, ele não pode ser compelido a escolher o caminho mais oneroso fiscalmente" (tradução livre). Nesse precedente, a Câmara dos Lordes reconheceu claramente a possibilidade de o contribuinte planejar os seus negócios com a exclusiva motivação de evitar ou reduzir tributos. Ressalte-se que essa orientação foi, ao longo do tempo, sendo revisitada e alterada, em outros julgados como no caso *Ramsay v. IRC*, [1982] A.C. 300. Mas, entendemos relevante a menção ao caso do Duque de Westminster para demonstrar o contraste do "modelo Duque" com o "modelo Gregory".

Essas decisões demonstram duas maneiras antagônicas de lidar com a *forma* e com a *substância* no Direito Tributário. O "modelo Gregory" atribui um peso elevado à substância econômica dos atos realizados e o "modelo Duque", um peso elevado à forma. No entanto, não podemos deixar de registrar que ambas as decisões devem ser compreendidas no contexto dos respectivos sistemas jurídicos de onde foram emanadas. Embora a referência a elas possa ter valor em termos de Direito comparado, a importação acrítica das premissas em que se baseiam podem produzir resultados inadequados.

Aliás, o debate em torno da forma e da substância no planejamento tributário no cenário brasileiro, a nosso ver, encontra-se um tanto encoberto por algumas inadequações no que tange ao modo de apresentação, ao desenvolvimento do raciocínio e, consequentemente, às conclusões práticas a que se chega. Isto é, a nosso ver, o tema carece de ser tratado com uma maior clareza e precisão metodológica. A seguir, indicaremos alguns pontos de reflexão que nos propomos a abordar adiante, como forma de encerrar a primeira parte deste trabalho.

4. Breves apontamentos sobre o "modelo brasileiro" atual de tratamento do debate forma-substância no Direito Tributário

No Brasil, as aproximações teóricas em torno da dicotomia *forma e substância*, notadamente sobre o que é lícito fazer ou não no âmbito do planejamento tributário, costumam contemplar, geralmente, as seguintes etapas: (i) uma distinção do que é elisão e do que é evasão; (ii) uma definição e diferenciação de diversos institutos, muitos deles hauridos do Direito Privado (*v.g.* simulação, abuso de direito e fraude à lei) e; (iii) a explicitação do sentido e do alcance da norma que se extrai do artigo 116, parágrafo único, do CTN e sua compatibilidade ou não com a CF/1988.

Embora muito do que se diz a respeito de *forma* e de *substância* nessas abordagens seja correto, útil e relevante para os fins aqui pretendidos, nos parece que essa metodologia de enfrentar o problema incorre em alguns equívocos graves.

O primeiro diz respeito ao ponto de partida. Busca-se, de saída, conceituar doutrinariamente o que é elisão e evasão; em seguida, parte-se para uma definição geral de diversos institutos que visam a assegurar o combate a eventuais abusos no planejamento tributário e só ao final é que se vai à Constituição saber se uma eventual norma geral antielisiva seria válida ou não. Parece-nos que a Constituição não deve ser, por assim dizer, o ponto de chegada ou o filtro final de uma teoria do planejamento tributário, mas sim o ponto de partida. Vale dizer, não se deve formular doutrinariamente uma teoria da elisão e da evasão – por melhor e mais completa que ela seja – e só depois "testá-la" à luz da Constituição e verificar se ela é ou não compatível com o nosso ordenamento constitucional. Mas, muito pelo contrário, parece-nos que a Constituição deve ser o ponto de partida. Embora isso pareça óbvio, é bom que se coloque essa posição de forma explícita logo de plano, pois a prática nem sempre tem sido seguir essa orientação. Talvez, devido à aproximação que historicamente esse tema teve com o Direito Privado, às vezes recorre-se diretamente a ele, como se todas as soluções para um problema de interpretação do Direito Tributário pudesse ou devesse ter início a partir do Código Civil e não a partir da Constituição. Ter a Constituição em vista desde o início permite orientar uma teoria sobre *forma e substância* no sistema tributário nacional, à luz de uma orientação normativa clara e não apenas com bases dogmáticas tradicionais.

Esse ponto de partida constitucional, por exemplo, já impede que se adote certas doutrinas ou mesmo certas posições jurisprudenciais de alhures que são incompatíveis com certas determinações e peculiaridades constitucionais brasileiras. Neste ponto, é relevante notar que a CF/1988 contempla um dos sistemas tributários constitucionais mais extensos, analíticos e regrados do mundo. Há normas determinando a estrutura geral do Sistema Tributário Nacional, há normas prevendo um extenso catálogo de limitações constitucionais ao poder de tributar e há normas repartindo competências constitucionais tributárias. Diferentemente de constituições mais sintéticas, que elencam apenas alguns princípios gerais tributários, a CF/1988 já diz muito sobre o que se deve e o que não se deve fazer em matéria tributária. Embora não trate diretamente de *elisão ou evasão*, há na CF/1988 normas que influenciam diretamente essas questões. Não tomá-las em consideração logo de início ou tê-las como simples referência geral é simplesmente desconsiderar aquilo que deveria ser considerado logo de plano e como mais relevante.

Legalidade e capacidade contributiva, por exemplo, são dois princípios constitucionais que estão no cerne do debate em torno da legitimidade do planejamento tributário, muito mais do que o princípio da solidariedade social, mencionado como um dos objetivos da CF/1988, no seu artigo 3º, inciso I, por vezes invocado quando se trata do tema. Embora se entenda que a *solidariedade social* seja um dos fundamentos do sistema tributário, pois o tributo é, em si, uma limitação constitucional ao direito fundamental de propriedade dos indivíduos, para permitir o financiamento do Estado, o célebre "preço da liberdade"[114], a *solidariedade social* não deve ser determinante no debate em torno do planejamento tributário.

Não se criam tributos com base na solidariedade social, mas sim, com base em lei e dentro do escopo das regras de competência tributárias. Não se deve ampliar as hipóteses de incidência de tributos com base na solidariedade social. Não se deve equiparar contribuintes, nem se mensurar a sua riqueza com base na solidariedade social. O objetivo genérico de se criar uma sociedade *livre, justa e solidária*, mencionado no artigo 3º, inciso I, da CF/1988, é um objetivo a ser atingido *por meio* da Constituição e não *a par* da Constituição. Isso significa que não se deve recorrer à solidariedade social para se chegar a ela. O raciocínio, dessa forma, seria até tautológico. Deve-se, no campo tributário e da legislação tributária, aplicar-se a CF/1988 e a legislação com ela compatível para se atingir uma sociedade *livre, justa e solidária*. Até porque, a invocação da solidariedade social, por si só, de forma alheia à liberdade e à justiça, que são igualmente mencionadas no referido dispositivo constitucional, até previamente à própria solidariedade, não deverá produzir os resultados pretendidos pela CF/1988[115].

Em nosso entendimento, o debate em torno do planejamento tributário, no plano constitucional, centra-se nos princípios da legalidade e da capacidade contributiva. Sem uma adequada análise e uma teorização desses princípios, qualquer conclusão teórica sobre *elisão* e *evasão* resta comprometida. A legalidade é o grande componente *formal* do Direito Tributário, capaz de conferir segurança, certeza e previsibilidade ao Direito Tributário. Por sua vez, a capacidade contributiva é o grande componente *subs-*

---

[114] Ricardo Lobo Torres é o principal difusor dessa ideia na doutrina brasileira, demonstrando, por meio de profundo estudo histórico, como o tributo surge com seus contornos atuais, no Estado Liberal, em substituição aos trabalhos para o senhor e para a realeza, típicos do Estado Patrimonial (*Tratado de Direito Constitucional Financeiro e Tributário – Valores e princípios constitucionais tributários*. Rio de Janeiro: Renovar, 2005, p. 58-95).

[115] Nesse sentido, Humberto Ávila defende a *legalidade* como uma mediação entre liberdade e igualdade na tributação (Legalidade como mediação entre a liberdade e a igualdade na tributação. In: Eduardo Maneira; Heleno Torres.(Org.), *Direito Tributário e a Constituição – Homenagem ao Professor Sacha Calmon Navarro Coêlho*. São Paulo: Quartier Latin, 2012,, p. 393-399.

FORMA E SUBSTÂNCIA NO DIREITO TRIBUTÁRIO

tancial do Direito Tributário, capaz de conferir justiça, proporcionalidade e igualdade à tributação. Como veremos a seguir, boa parte das proposições que trataremos na última parte deste trabalho são desdobramentos da interpretação e da aplicação desses dois princípios tributários.

Uma segunda inadequação das abordagens correntes sobre esse tema, a nosso ver, envolve a transposição, por vezes pouco crítica, de institutos do Direito Privado ao Direito Tributário. Com efeito, é frequente se verificar referências extensas às teorias de *simulação, abuso de direito* e *fraude à lei*, colhidas nos melhores doutrinadores do Direito Privado e a sua aplicação quase que automática no Direito Tributário, descurada de um rigoroso filtro sobre a possibilidade ou mesmo sobre a utilidade de recurso a essas figuras em âmbito fiscal.

Há aí, inicialmente, um óbice *formal,* que decorre da própria Constituição[116]. O CC é uma *lei ordinária*, aprovada pelo Congresso Nacional, no exercício da competência legislativa da União para dispor sobre Direito Civil, tratando precipuamente das relações *privadas* entre as pessoas. Por mais *constitucionalizado* que possa estar o Direito Civil, por mais que muitos princípios de Direito Público tenham sido incorporados ao Direito Civil, por mais relevante que seja o CC de 2002 na consolidação de um modelo mais humanista e eticamente orientado do Direito Civil, o CC continua servindo a um propósito básico: regular a vida e as relações de particulares. O Estado, isto é, os entes públicos, quando aparecem no CC, não são, certamente, protagonistas, mas coadjuvantes, que aparecem ou juntamente com os particulares em pé de igualdade, ou muitas vezes com menção a certas especificidades relativas às suas pessoas, aos seus bens e aos seus regimes jurídicos, para excepcionar a aplicação do CC.

Ocorre que a Constituição Federal de 1988, ao tratar do sistema tributário nacional, e da relação de Direito Público entre os entes públicos e o contribuinte, determinou, no artigo 146, inciso III, que as normas gerais em matéria de legislação tributária sejam veiculadas não por *lei ordinária*, mas sim por *lei complementar*. Falta, portanto, ao CC *status normativo* próprio para tratar de normas gerais de Direito Tributário, máxime porque invariavelmente esses institutos são invocados para tratar da interpreta-

---

[116] Sobre o tema, cf. Humberto Ávila, "A Eficácia do Novo Código Civil na Legislação Tributária". In: Betina Gruppenmacher. (Org.). Direito Tributário e o Novo Código Civil. São Paulo: Quartier Latin, 2004, v. 1, p. 61-79.

ção do *fato gerador* concreto ou abstrato de tributos, que é tema relacionado diretamente à obrigação de crédito tributário, temas que o constituinte reservou expressamente à lei complementar (artigo 146, III, "a" da CF/1988).

Além disso, muitos desses institutos de Direito Privado, invocados quando se trata de debater planejamento tributário, são produtos de desenvolvimento doutrinário de longa data, no Direito Privado, por vezes, suas origens montam ao Direito Romano. Assim, o que se verifica não raro é que a origem civilista desses institutos moldou-os de forma a ser possível a consecução de finalidades essenciais do Direito Privado, as quais talvez não estejam presente no Direito Tributário ou, ao menos, não com igual intensidade.

Veja-se, por exemplo, o caso do "abuso de direito" ou do "abuso do direito", como preferem alguns. Na tradição do Direito Civil, o abuso do direito ocorre quando o titular de um direito subjetivo o exerce de forma manifestamente contrária aos limites impostos pelo seu fim econômico ou social, pela boa-fé ou pelos bons costumes, nos termos do artigo 187 do CC. Dessa forma, o exercício de um direito que, por excelência, é um ato lícito, pode se transformar em ato ilícito se esse exercício for considerado abusivo nos termo da lei. Embora esse raciocínio seja perfeitamente válido para o Direito Privado, no Direito Tributário pode-se mostrar um tanto atécnico ou mesmo impreciso o recurso à teoria do abuso do direito. Com efeito, se há algum "direito subjetivo" em jogo no Direito Tributário, este Direito é o do Fisco, que é sujeito ativo de uma relação jurídica em que o sujeito passivo deve realizar uma prestação de dar dinheiro. Costuma-se associar esse "abuso do direito" a um direito do contribuinte de livremente optar pelos meios e pelas formas que lhe pareçam mais convenientes para organizar os seus negócios. Mas, nesses casos, não se trataria propriamente de um *direito* do contribuinte, senão da realização de negócios que se situam em um espaço dentro ou fora do âmbito de incidência da norma tributária[117].

Voltaremos mais adiante a esse ponto. Mas, por ora, é relevante deixar consignado que essa transposição da teoria do negócio jurídico do

---

[117] Nesse sentido, cf. as críticas de Alberto Xavier à aplicação da teoria do abuso de direito ao Direito Tributário em *Tipicidade da Tributação, Simulação e Norma Antielisiva*. São Paulo: Dialética, 2002, p. 106-109.

Direito Privado para o Direito Tributário pode se mostrar inadequada[118], notadamente quando se verifica que os objetivos do Direito Privado, muitas vezes, consistem em (i) tutelar os interesses privados e a autonomia da vontade; (ii) atribuir responsabilidade por eventuais danos *patrimoniais* e extrapatrimoniais causados; (iii) assegurar regramentos próprios e previsíveis aos negócios, permitindo a satisfação de expectativas das partes; (iv) assegurar a observância de algumas pontuais restrições de ordem pública à autonomia privada; e (v) em alguns casos, proteger aquele que se encontra em situação de *hipossuficiência* na relação jurídica, preservando o equilíbrio entre as partes.

Esses objetivos muitas vezes se revelam distintos daqueles perseguidos pelo Direito Tributário, quando se verifica que este se propõe, comparativamente com Direito Privado, a: (i) possibilitar que a arrecadação de receitas para o erário se dê de forma segura e justa, em consonância com os direitos fundamentais dos contribuintes; (ii) repartir competências tributárias e regular a formas de sujeição passiva aos tributos; (iii) definir com clareza e determinabilidade as situações passíveis e não passíveis de tributação; (iv) ter boa parte de suas normas dotada de caráter cogente, sendo mínimo e pontual o papel da autonomia da vontade do contribuinte; (v) disciplinar uma relação de Direito Público em que, por mais substanciais que sejam os direitos do contribuinte, ele se encontra em uma posição de sujeição ao Fisco, sendo a relação tributária uma manifestação do *jus imperii*, ainda que constitucionalizada.

Por fim, não é possível uma análise do artigo 116, parágrafo único, do CTN descurado do contexto constitucional e do contexto legal em que ele se insere. Com efeito, o sentido do dispositivo em questão não depende apenas de se determinar se a "dissimulação" a que ele se refere diz respeito a uma norma geral antielisiva ou se alude apenas à questão da simulação em sentido mais restrito, sem analisar, de uma forma geral, o seu sentido à luz da Constituição e de outras figuras afins, também disciplinadas pela legislação tributária, como a própria simulação, a fraude, a sonegação, den-

---

[118] O que se revela inadequado é uma transposição da *teoria do negócio jurídico* para o Direito Tributário, o que não significa que o Direito Tributário não possa se valer de conceitos de Direito Privado, tal como eles se afirmam no Direito Privado. O problema da importação de institutos da teoria do negócio jurídico do Direito Civil reside em inconsistências provocadas pela aplicação de institutos como a fraude à lei e o abuso de direito no Direito Tributário, como será exposto adiante, na quarta parte desta obra.

tre outros. Vale dizer, o que o parágrafo único do artigo 116 do CTN é ou não é deve derivar, não de uma visão isolada e casuística, baseada em preferências pessoais sobre qual o melhor sentido desse dispositivo, mas, pelo contrário, deve representar, de forma contextualizada e coerente, uma posição que reflita o sentido *normativo* do artigo 116 do CTN no sistema tributário nacional.

Segunda Parte
A Legalidade Tributária

Capítulo 4
O Princípio da Legalidade Tributária

1. O(s) Princípio(s) da Legalidade na CF/1988

O princípio da legalidade é um dos pilares da estruturação do Estado Liberal. Sua gênese histórica encontra-se associada aos ideais iluministas de contenção do poder absoluto do rei e de configuração da lei como expressão da vontade geral. A lei expressa o ideal de racionalidade, generalidade e abstração, defendido por aqueles que buscavam o fim da arbitrariedade e dos privilégios existentes no Estado Patrimonial[119].

No Estado Liberal, a Constituição desloca a legitimidade do poder para os cidadãos, que fundam o Estado de Direito e criam instituições diversas para cuidar da criação da lei, da sua aplicação e da resolução dos conflitos de interesse que emergem da sua aplicação. O princípio da legalidade, nesse contexto, ocupa um papel de destaque, principalmente naquelas relações que envolvem o Estado e os particulares, em especial no campo do Direito Constitucional, no Direito Administrativo, no Direito Penal e no Direito Tributário. Aliás, é justamente no âmbito do Direito Tributário em que se verifica acentuadamente o movimento histórico em prol da legalidade. A legalidade tributária desenvolve-se como instrumento de legitimação da tributação, quer nas relações das Cortes com o Rei, ante a necessidade de prévia autorização para cobrança de tributos, refletida,

---

[119] Ricardo Lobo Torres, *op. cit.*, p. 269-275. Ricardo Lodi Ribeiro , *op. cit.*, p. 19-24; e José Casalta Nabais, *O Direito Fundamental de Pagar Impostos*. Coimbra: Almedina, 2004, p. 320-332.

FORMA E SUBSTÂNCIA NO DIREITO TRIBUTÁRIO

afinal, na Magna Carta de 1215, quer nas revoltas dos colonos americanos contra a Coroa Inglesa, com invocação do clássico mote *"no taxation, without representation"*[120].

No entanto, longe de um escorço histórico em torno das origens do princípio da legalidade, interessa-nos desenvolver alguns temas contemporâneos a respeito do princípio da legalidade[121], notadamente em torno do sentido e alcance da legalidade tributária no Direito brasileiro. Nesse sentido, avaliaremos se a legalidade tributária tem a mesma densidade normativa da legalidade consagrada como um direito fundamental no artigo 5º, inciso II, da CF/1988, bem como do princípio da legalidade, aplicável no Direito Administrativo, na forma do artigo 37, *caput*, da CF/1988.

Também procuraremos abordar como a legalidade tributária se relaciona com a dicotomia *forma e substância*. Em seguida, abordaremos o *princípio da tipicidade tributária*, identificado pela doutrina como um dos corolários do princípio da legalidade tributária, analisando as principais controvérsias doutrinárias existentes sobre o tema, em especial, se faz sentido a diferenciação entre uma *tipicidade aberta* e uma *tipicidade fechada* no Direito Tributário.

Por fim, tratando especificamente da interpretação e da aplicação da lei tributária, trataremos da relevância, para fins de cumprimento do princípio da legalidade tributária, da *forma* de estruturação das normas de incidência tributária. Concluindo essa parte, trataremos da questão da analogia gravosa no Direito Tributário.

A CF/1988 se refere à "lei" dezenas de vezes. A par do Capítulo em que trata propriamente das leis e que cuida de regular o processo para sua edi-

---

[120] Questiona-se atualmente o caráter pioneiro e inovador tradicionalmente atribuído à Magna Carta de 1215, no que diz respeito a ser o primeiro documento em que se encontra a previsão da necessidade de uma autorização prévia do Parlamento para instituição de tributos. Sobre o ponto, cf. Luís Eduardo Schoueri, *Direito Tributário*. São Paulo: Saraiva, 2011, p. 269-275

[121] A denominação "princípio" é utilizada aqui neste trabalho em atenção à tradição consolidada de se denominar normas relevantes para o sistema de princípios, independentemente de qualquer juízo sobre se a legalidade é considerada um princípio ou uma regra, de acordo com os critérios classificatórios de um ou de outro tipo de norma. Até porque, em nosso entendimento, a depender dos critérios classificatórios adotados a *legalidade tributária* pode se apresentar como uma *regra*, na medida em que estabelece um *meio* ou uma *forma* específicos para a criação de tributos que não admite qualquer ponderação ou exceção, ou, a legalidade tributária pode ser compreendida como um princípio, na medida em que projeta um estado ideal de coisas a ser atingido, no sentido da segurança, certeza e previsibilidade no âmbito do Direito Tributário. (Humberto Ávila, *Teoria dos Princípios...*, p. 70-72.)

O PRINCÍPIO DA LEGALIDADE TRIBUTÁRIA

ção, a CF/1988 se refere à lei, em diversas ocasiões. Analisando-se apenas os títulos iniciais da CF/1988, nota-se uma diversidade de referências à lei, seja lei ordinária, seja lei complementar.

No título II, que trata dos direitos fundamentais, políticos e sociais, em diversos dispositivos que asseguram esses direitos, há referência expressa que os direitos ali positivados terão alguns de seus aspectos conformados ou limitados por lei.

No título III, que trata da organização do Estado, a CF/1988 refere-se à lei ordinária, e, em alguns casos, à lei complementar, para (i) exigir lei complementar para disciplinar os critérios de criação, incorporação, fusão ou desmembramento de unidades federativas e territórios; (ii) tratar das repartições de competência legislativa entre os entes; (iii) regular a própria organização interna dos entes federativos e dos territórios; (iv) cuidar da estruturação da Administração Pública e da disciplina do regime aplicável aos seu servidores civis e militares.

No título IV, que regula a Organização dos Poderes, a lei é mencionada quando a Constituição trata das funções do *Poder Legislativo*, no que tange à elaboração da lei; das funções do *Poder Executivo*, no que se refere à sanção ou ao veto aos projetos de lei, à regulamentação da lei e à estruturação de alguns de seus órgão por lei; e das funções do *Poder Judiciário*, quando trata da sua organização e de suas competências para analisar conflitos legais. Ao tratar do Ministério Público, a Constituição menciona a lei para tratar dos aspectos relativos à sua estruturação e ao seu funcionamento, incumbindo-lhe, dentre outras funções, da defesa da "ordem jurídica". Quando cuida da Advocacia Pública, da Defensoria e da Advocacia de forma geral, a CF/1988 também se refere à lei para tratar da estruturação interna e da regulamentação profissional.

Como se vê, há uma profusão de referências à "lei" na Constituição e uma diversidade de contextos em que ela se faz presente apenas nos títulos iniciais da CF/1988. Não obstante todas essas referências à "lei" na CF/1988, a doutrina não costuma tratar de múltiplos princípios da legalidade em cada um desses campos específicos. Por exemplo, geralmente não há uma referência ao *"princípio da legalidade* do Direito do Consumidor", embora a Constituição no inciso XXXII do artigo 5º disponha que a defesa ao consumidor será promovida *na forma da lei*. Tampouco se fala em princípio da legalidade no Direito Civil, embora seja matéria de competência privativa da União legislar sobre esse ramo do Direito, nos termos do artigo 22, inciso I, da CF/1988. Isso ocorre porque, embora a lei nesses campos do Direito seja um instrumento necessário, o que se verifica é que a lei, nessas searas, traz uma regulação geral do assunto, traçando algumas diretrizes básicas, mas deixando um espaço considerável para *regulamentação* por outros instrumentos *infralegais* e até mesmo um espaço considerável para a disciplina por parte da autonomia privada.

O *princípio da legalidade* ganha especial relevância naqueles casos de criações normativas que não dependem da vontade dos particulares, ou melhor, que devem ser observadas mesmo que contrariamente à vontade das pessoas.

É nesse último sentido que uma das primeiras aparições do termo "lei"na CF/1988 vem a ser no artigo 5º, inciso II, da CF/1988 (*"ninguém será obrigado a fazer ou deixar de fazer alguma coisa senão em virtude de lei"*). Trata-se da positivação de um direito fundamental em uma dupla acepção. Por um lado, na consagração do primado da liberdade dos indivíduos. Por outro, na garantia de que essa liberdade só poderá ser restringida em virtude de *lei*.

A norma que se extrai do artigo 5º, inciso II, da CF/1988 é que há um *instrumento* adequado e necessário para a restrição da liberdade individual que é a *lei*. Na ausência da lei, a liberdade do indivíduo é plena, respeitado, evidentemente, o Estado Constitucional, que traz, não uma única liberdade, mas um *sistema de liberdades*[122]dos indivíduos que recíproca e proporcionalmente se limitam. No entanto, o que é relevante para os fins aqui pretendidos é que a CF/1988 reconhece aos particulares uma liberdade *prima facie* que só pode ser restringida *em virtude de lei*. A lei é que, em princípio, é a fonte da obrigação dos indivíduos e o instrumento apto a restringir a sua liberdade *prima facie*.

Sob esse aspecto, o princípio da legalidade promove alguns valores caros ao Estado Democrático de Direito[123]. Em primeiro lugar, a legalidade preserva a *autonomia individual*, a liberdade negativa, a denominada liberdade "de". Não deve ser o Estado, de forma arbitrária, nem a socie-

---

[122] John Rawls enuncia o primeiro princípio da justiça como "cada pessoa deve ter um direito igual ao mais abrangente sistema de liberdades básicas iguais que seja compatível com um sistema semelhante de liberdade para as outras", *Uma Teoria da Justiça*. Tradução Almiro Pisetta e Lenita Maria Rímoli Esteves. São Paulo: Martins Fontes, 2002, p. 64.

[123] Cf. no sentido filosófico da proteção da autonomia individual pelo império da lei e das propriedades da lei, Francisco J. Laporta, *El imperio de la ley: una visión actual*. Madrid: Trotta, 2007, p. 17-37 e 152-156.

O PRINCÍPIO DA LEGALIDADE TRIBUTÁRIA

dade, por meio de pressões comunitárias, que obrigam *juridicamente* o indivíduo a comportar-se desta ou daquela maneira, com o que se preserva o seu espaço de liberdade fundamental. Em segundo lugar, o princípio da legalidade, no âmbito de um regime democrático, proporciona uma espécie de autorregulação, em que são os indivíduos que regularão suas relações por meio de leis elaboradas por seus representantes, eleitos para essa finalidade. Em terceiro lugar, a lei, enquanto produto de uma deliberação democrática pressupõe-se *racional* e *plural*, na medida em que expressa uma vontade construída e acordada entre representantes do povo eleitos, refletindo os mais variados interesses sociais. Em quarto lugar, a lei é *geral* e *abstrata*[124], alcançando uma classe de pessoas indeterminadas em situações hipotéticas, não ocorridas concretamente, mas previamente idealizadas, o que dificulta a criação de privilégios e a resolução de conflitos por meio de soluções *ad hoc*. Em quinto lugar, a lei é uma regulação prévia, *ex ante*, que dispõe de antemão sobre como situações posteriores à sua edição devem ser tratadas, reduzindo os casuísmos de uma solução *ex post factum*.

A concepção de um princípio da legalidade como direito fundamental assegurado pela CF/1988 incorpora todos esses aspectos da legalidade e ainda no bojo de uma Constituição que prevê diversos outros requisitos formais e materiais para a produção legislativa.

No âmbito do Direito Administrativo, o princípio da legalidade aparece expressamente no artigo 37, *caput*, da CF/1988, enumerado dentre os princípios aplicáveis à Administração Pública. A doutrina, tradicionalmente, concebe o princípio da legalidade no Direito Administrativo como uma *vinculação positiva* da Administração Pública à lei, isto é, só caberia à Administração Pública agir nos estritos limites autorizados por lei formal[125]. Também é corrente a comparação entre o princípio da legalidade geral, caracterizado como *direito fundamental*, no artigo 5º, II da CF/1988 e o princípio da legalidade aplicável à Administração Pública, constante do referido artigo 37, *caput*, da CF/1988: o primeiro imporia um princípio de

---

[124] Sobre generalidade e individualidade e abstração e concretude de normas, cf. a visão analítica de Luís Queiroz, *Sujeição Passiva...* , p. 48-52.

[125] "A legalidade, como princípio de administração, (Const. Rep., art. 37, caput), significa que o administrador público está, em toda a sua atividade funcional, sujeito aos mandamentos da lei e às exigências do bem-comum, e deles não se pode afastar ou desviar, sob pena de praticar ato inválido e expor-se à responsabilidade disciplinar, civil e criminal, conforme o caso." (Hely Lopes Meirelles. *Direito Administrativo Brasileiro*. 30ª ed. São Paulo: Malheiros, 2005, p. 79).

FORMA E SUBSTÂNCIA NO DIREITO TRIBUTÁRIO

vinculação negativa, que resguardaria aos particulares um espaço amplo e pleno de liberdade, *salvo* a existência de *lei*, e o segundo princípio contrastaria com o primeiro por admitir que o espaço de atuação da Administração se faz com base *na* lei, fora da qual ou além da qual, se estaria no campo da arbitrariedade[126].

Essas noções da legalidade, hauridas do *liberalismo clássico*, têm sido revisitadas pela doutrina mais moderna de Direito Administrativo, e reconstruídas à luz do desenvolvimento do Estado na era pós-moderna, em que se verifica uma certa *crise da legalidade*, ou, ao menos, desse padrão de legalidade tal como vigorou no modelo liberal[127].

No cenário contemporâneo, o que se verifica no mais das vezes é uma alteração sensível na forma de atuação dos Poderes, com o agigantamento do Poder Executivo. A Administração Pública passou a desempenhar funções que no Estado Liberal eram desenvolvidas exclusivamente por particulares, aumentando consideravelmente seu feixe de competências e o seu campo de atuação na vida social e econômica[128].

Percebe-se também um fenômeno de "complexificação" da realidade, cuja regulamentação demanda conhecimento técnico e especializado, que por vezes desborda das capacidades institucionais do Poder Legislativo e só é encontrados nos órgãos e departamentos específicos de que é dotado o Poder Executivo[129].

---

[126] "Na Administração Pública, não há espaço para liberdades e vontades particulares. Deve o agente público sempre agir com a finalidade de atingir o bem comum, os interesses públicos, e sempre segundo aquilo que a lei lhe impõe, só podendo agir *secundum legem*. Enquanto no campo das relações entre particulares é lícito fazer tudo o que a lei não proíbe (princípio da autonomia da vontade), na Administração Pública só é permitido fazer o que a lei autoriza. A lei define até onde o administrador público poderá atuar de forma lícita, sem cometer ilegalidades, define como ele deve agir" (*Idem, ibidem*, p. 80).

[127] Nesse sentido, Gustavo Binbenbojm, *Uma Teoria do Direito Administrativo: direitos fundamentais, democracia e constitucionalização*, Rio de Janeiro: Renovar, 2006, 125-137.

[128] Carlos Roberto Siqueira Castro, *A Constituição Aberta e os Direitos Fundamentais*, Rio de Janeiro: Forense, 2003, p. 173-220.

[129] "Todavia, pode-se dizer que há uma permanente tensão entre, de um lado, a tecnicidade esperada na atuação da agência, e, de outro lado, a politicidade inerente ao regime democrático. As ideias que provocaram este artigo giram em torno dessa tensão entre expertise e política." (Gustavo Binembojm e André Rodrigues Cyrino, Entre política e expertise: a repartição de competências entre o governo e a ANATEL na Lei Geral de Telecomunicações. Revista Eletrônica de Direito Administrativo Econômico (REDAE), Salvador, Instituto Bra-

O PRINCÍPIO DA LEGALIDADE TRIBUTÁRIA

Por sua vez, a *inflação normativa*[130], o *crescimento das sociedades de massa* e a *crise de representatividade do Poder Legislativo* tornam cada vez mais frágil o ideal da lei como uma autorregulação racional dos cidadãos, tendo em vista que a própria lei pode ser utilizada como um *meio para arbitrariedades* e *injustiças*. Nesse plano, o que se verifica é uma ascensão da Constituição como marco fundador do Estado e garantidor de Direitos Fundamentais, ocupando o papel de centralidade outrora destinado à *lei*[131].

Os administrativistas costumam extrair certas consequências desses fenômenos. A primeira delas é a vinculação da Administração Pública, não apenas à lei, mas *ao Direito*, assim compreendido o "bloco de legalidade" que vai da Constituição, passando pela lei, aos regulamentos, portarias e demais atos infralegais[132]. Nesse sentido, a Administração Pública estaria vinculada *primariamente* à Constituição e seria dado a ela agir, em alguns casos, ainda que sem a *interpositio legislatoris*, desde que vinculada à Constituição. Outra possibilidade seria a existência de alguns campos para regulamentos autônomos, assim compreendidos aqueles que não se prestam à execução de leis, isto é, não estão eles próprios baseados em leis que lhes dão fundamento, sendo certo que a existência desses regulamentos não constitui um espaço imune à lei[133]. Também fala-se em uma *deslegalização* no sentido de que muitos temas ou suas especificidades não mais se encontram regulados nas leis propriamente ditas, que passam a conter princípios gerais e *standards* de regulação a serem desenvolvidos e concretizados pelo Poder Executivo, buscando-se conferir uma maior legitimidade democrática a esse procedimento por meio da formulação de um sistema de participação direta dos interessados na regulação, bem como sujeitando a regulação ao controle judicial. Daí, então, cogitar-se de uma "*legalidade-princípio*" no âmbito do Direito Administrativo moderno[134].

---

sileiro de Direito Público, nº. 16, novembro/dezembro/janeiro, 2009, disponível na internet em: <http://www.direitodoestado.com.br/redae.asp>, acesso em 10.1.2013.

[130] "Ese tipo de producción masiva de Derecho afecta gravemente al propio basamento del sistema jurídico y a sus dos valores centrales, la justicia y la seguridad jurídica, he aquí que la multiplicidad de las normas nos ha forzado, paradójicamente, a volver los ojos a los métodos precodificadores de la jurisprudência." (Eduardo Garcia de Enterría. *Justicia y seguridad jurídica en un mundo de leyes desbocadas*. Navarra: Cuadernos Civitas, 2006. p. 12)

[131] Daniel Sarmento, "O Neoconstitucionalismo no Brasil...".

[132] Gustavo Binembojm, *op. cit.*, p. 142.

[133] *Idem, ibidem*, p. 152-173.

[134] Alexandre Aragão, A Concepção Pós-positivista do Princípio da Legalidade. Revista de Direito Administrativo, v. 236, p. 1-20, 2005.

2. O princípio da legalidade tributária

A questão que se coloca é se todo esse raciocínio poderia ser simplesmente transposto para o campo do Direito Tributário, quando, nessa seara, a CF/1988 dispõe que é vedado *"exigir ou aumentar tributo sem lei que o estabeleça"* (artigo 150, I). De plano, já antecipamos a nossa resposta no sentido de que, conquanto essas teorias que defendem concepções mais flexíveis do princípio da legalidade tenham ganhado força no âmbito do Direito Constitucional e do Direito Administrativo, entendemos que o Direito Tributário recebeu da CF/1988 um tratamento normativo especial. Ser "vedado" (limitação negativa com proibição expressa) "estabelecer tributo" (ação normativa específica e concreta) é uma enunciação normativa bastante diversa de dispor que "ninguém será obrigado a fazer ou deixar de fazer" *"em virtude de lei"* ou mesmo de inserir a legalidade como um dos *princípios* ao lado de "impessoalidade, moralidade, publicidade e eficiência".

Por outras palavras, enquanto no Direito Constitucional e no Direito Administrativo cogita-se de uma *reserva relativa de lei* no Direito Tributário, notadamente no campo do estabelecimento de *tributos*, prevalece uma *reserva absoluta de lei*[135].

A *reserva relativa de lei* ou *legalidade em sentido amplo* pressupõe a existência de uma lei que discipline de forma ampla e abrangente uma determinada matéria, podendo-se valer de *princípios gerais* e *standards* que podem ser mais bem definidos e concretizados pelo Poder Executivo. Isto é, admite-se uma lei com *densidade normativa* mais baixa e zonas que podem ser complementadas pelo regulamento, por meio de uma delegação legislativa. Na prática, admite-se algum grau de discricionariedade[136] para o regulamento, no sentido de que a lei não fixa regulações exaustivas e compete à regulamentação realizar opções regulatórias dentro de um espaço aberto pela lei.

Por exemplo, a Lei Geral de Telecomunicações, Lei nº 9.472/1997, que regula a prestação dos serviços de telecomunicação, assegura aos usuários o direito a acesso de serviços com "padrões de qualidade e regularidade adequados à sua natureza". Qual o padrão de qualidade e regularidade de um serviço de telefonia fixa? E o de um serviço de telefonia móvel?

---

[135] Cf. nesse sentido, por todos, Alberto Xavier, *op. cit.*, p. 17-34.

[136] Defendendo a relativização da distinção estanque entre ato administrativo vinculado e discricionário, entendendo que há sempre algum grau de vinculação e de discricionariedade, cf. Gustavo Binembojm, *op. cit.*, p. 193-224.

O PRINCÍPIO DA LEGALIDADE TRIBUTÁRIA

Caberá a atos infralegais disporem sobre detalhes técnicos a respeito dessas matérias. É evidente, porém que não se trata de uma discricionariedade sem balizas. O regulamento não pode simplesmente exorbitar na fixação desse padrão, fixando-o de forma desarrazoadamente alta, comprometendo a própria viabilidade financeira da prestação do serviço e a modicidade tarifária. No outro extremo, a lei tampouco pode estabelecer um padrão excessivamente baixo, que esvazie o direito do usuário e torne o serviço inútil e imprestável.

Por sua vez, a *reserva absoluta de lei* ou *legalidade estrita* pressupõe uma lei com elevado *grau de densidade normativa*, que trate exaustivamente dos aspectos *essenciais* da regulação. A regulação deve ser certa, precisa, segura, não sendo possível a delegação desses elementos essenciais para que o Poder Executivo trate deles no *regulamento* ou mesmo para que o Poder Judiciário fixe esses elementos no caso concreto[137].

No Direito Tributário, a reserva absoluta de lei no que tange ao estabelecimento de tributos, se extrai, não apenas do artigo 150, inciso I, da CF/1988, na medida que outras normas constitucionais reforçam essa qualificação especial da lei tributária e o seu caráter estrito.

O artigo 150, § 6º da CF/1988, que trata das desonerações fiscais de um modo geral (isenção, redução de base de cálculo, concessão de crédito presumido, anistia ou remissão, relativos a impostos, taxas ou contribuições), também estabelece que elas serão reguladas por meio de *lei específica*[138].

---

[137] Nesse sentido, tanto a doutrina mais formalista quanto a mais substancialista: Alberto Xavier, *op. cit.*, p. 17-18 e Ricardo Lodi Ribeiro, *op. cit.*, p. 24-35.

[138] Não se desconhece aqui que a introdução desse dispositivo na CF/1988 por meio da EC nº 3/1993 se deu conjunturalmente para evitar o chamado "contrabando legislativo", prática pouco republicana por parte de alguns parlamentares que incluíam desonerações fiscais em meio a projeto de lei que não tratavam de matéria tributária (*rectius*: que dispunham sobre matérias muitas vezes completamente alheias ao campo tributário). Isso fazia com que essas desonerações fossem aprovadas sem a devida atenção por parte do legislador. No entanto, a parte do dispositivo constitucional que mais denota esse objetivo do legislador constituinte derivado é aquela que dispõe sobre a *exclusividade da lei* que tratar dessas matérias ("exclusivamente as matérias acima enumeradas ou o correspondente tributo ou contribuição"). Com efeito, a qualificação "específica" constante do referido § 6º se refere à *lei*. A lei específica que tratar de desonerações tratará exclusivamente dessas matérias. Ou, essa lei específica será uma lei que tratará especificamente do tributo e da contribuição e poderá prever as hipóteses de sua desoneração. Ou seja, em ambos os casos, a lei tributária, mesmo a que desonera o contribuinte, deve ser *específica*. Por congruência, tanto a lei que onera quanto a que desonera não são leis gerais de regulação, mas leis específicas.

O artigo 146, inciso III da CF/1988 atribui a competência à lei complementar para prever normas gerais sobre a definição de tributos e de suas espécies, bem como, em relação aos impostos discriminados na Constituição, disciplinar a definição dos respectivos *fatos geradores, bases de cálculo* e *contribuintes*.

Além disso, a CF/1988 estabelece que a relação tributária será *obrigacional*, ao determinar que a lei complementar disciplinará a *obrigação tributária* (artigo 146, III, "b").

Os artigos 145, 149 e 153 a 156 da CF/1988 trazem uma discriminação taxativa das competências tributárias dos entes federativos por meio de regras que tratam das espécies tributárias definidas pela Constituição. No caso dos impostos e de algumas contribuições, até mesmo as materialidades tributáveis pelas normas legais a serem produzidas estão previstas na Constituição.

A CF/1988 estabelece ainda hipóteses de *lei complementar* para instituição de alguns tributos específicos (empréstimos compulsórios, imposto sobre grandes fortunas e imposto da competência residual da União).

E, mesmo quando o legislador constituinte mitiga de alguma forma o princípio da legalidade, a CF/1988 cria essas relativizações de forma pontual, específica e taxativa, sem abrir espaços genéricos para outras exceções não previstas constitucionalmente. Trata-se dos casos (i) da medida provisória, que é ato do Poder Executivo, passível de ser editado nas hipóteses de relevância e urgência, mas que tem *força de lei*, embora sujeita à posterior aprovação pelo Congresso Nacional (artigo 62, § 2º, da CF/1988); (ii) do II, IE, IOF e IPI, que podem ter suas alíquotas alteradas pelo Poder Executivo, para se conferir maior dinamicidade que atenda à finalidade extrafiscal desses tributos (artigo 153, § 1º da CF/1988); (iii) do ICMS monofásico incidente sobre certos combustíveis e lubrificantes, que tem sua alíquota definida mediante deliberação dos Estados e do Distrito Federal, realizada nos termos da lei complementar (artigo 155, § 4º, IV da CF/1988)[139]; e (iv) da CIDE-combustíveis, que pode ter suas alíquotas reduzidas ou restabele-

---

[139] Nesse último caso é possível vislumbrar certa divergência com relação à possibilidade de o convênio interestadual celebrado no âmbito do CONFAZ, na forma da Lei Complementar nº 24/195, por si só ter o condão de definir essas alíquotas ou se a eficácia desse convênio estaria subordinada à ulterior edição de um ato do legislativo que incorpore o convênio à legislação de cada Estado.

O PRINCÍPIO DA LEGALIDADE TRIBUTÁRIA

cidas por Decreto, também como meio de dinamizar alterações de alíquota para atender a finalidades extrafiscais (artigo 177, § 4º, II, "b" da CF/1988).

No plano da legislação infraconstitucional, o CTN, que complementa a Constituição de 1988, ao dispor sobre *normas gerais* de Direito Tributário, em seu artigo 97, detalha o princípio da legalidade tributária estampado na CF/1988 ao especificar que a definição do fato gerador da obrigação tributária, do sujeito passivo, da base de cálculo e da alíquota são matérias sujeitas à *reserva absoluta de lei*.

3. A lei tributária, os seus elementos essenciais e o regulamento em matéria tributária

Há um relativo consenso doutrinário sobre a necessidade de a lei tributária encerrar todos esses elementos essenciais, que não podem ser apenas genericamente regrados pela lei, com eventual delegação do Poder Legislativo para o Poder Executivo para tratar dessas matérias. Nesse caso, o tributo não estaria sendo "estabelecido" em lei. No entanto, vislumbra-se um relativo dissenso doutrinário em torno dos limites e do grau de detalhamento desses elementos previstos na lei, notadamente sobre o papel do *regulamento* em matéria tributária.

Uma parte da doutrina sustenta que os *regulamentos* em matéria tributária são exclusivamente regulamentos de *execução*, no sentido de que cumprem um papel secundário de detalhar procedimentos para aplicação da lei, sem inovar na criação de *direitos e obrigações*[140]. Outra parte da doutrina, encampando as alterações no paradigma da legalidade apontadas acima, entende que há espaço para a deslegalização no Direito Tributário, não na forma de uma exclusão de matérias sujeitas ao campo da reserva de lei tributária, mas com base na fixação de *standards* pelo legislador que possam ser regulados por atos normativos do Poder Executivo[141].

Por mais que sejam compreensíveis as alterações sofridas no paradigma da legalidade e no Direito Constitucional e no Direito Administrativo, não

---

[140] Cf., por todos, Roque Antonio Carrazza, *O Regulamento no Direito Tributário Brasileiro*, São Paulo: Revista dos Tribunais, 1981.

[141] Cf. sobre esse ponto a opinião de Sérgio André Rocha, "A Deslegalização no Direito Tributário Brasileiro Contemporâneo: Segurança Jurídica, Legalidade, Conceitos Indeterminados, Tipicidade e Liberdade de Conformação da Administração Pública". In: Ricardo Lodi Ribeiro; Sérgio André Rocha (coord.). *Legalidade e Tipicidade no Direito Tributário*. São Paulo: Quartier Latin, 2008.

FORMA E SUBSTÂNCIA NO DIREITO TRIBUTÁRIO

nos parece possível conceber outro sistema normativo a par daquele previsto pela CF/1988 no campo do Direito Tributário.

O STF já teve que se posicionar especificamente a respeito da questão da abrangência legal e do papel do regulamento em matéria tributária em dois julgamentos emblemáticos: ao apreciar a constitucionalidade da Taxa de Fiscalização Ambiental ("TFA")[142] e da Contribuição ao Seguro de Acidente de Trabalho ("SAT")[143144], considerando o primeiro tributo inconstitucional e o segundo, constitucional. Os resultados dos julgamentos foram diversos, mas entendemos que pode ser feita uma distinção entre os precedentes ("distinguishing") que bem demonstra os motivos de decisão do Tribunal (*ratio decidendi*). Entendemos que a partir dessa distinção é possível extrair critérios para se delimitar o conteúdo mínimo da lei tributária e as matérias que podem ser *delegadas* ao regulamento.

No caso da TFA, o STF examinou a constitucionalidade de diversos dispositivos da Lei nº 9.960/2000, que instituiu o referido tributo, prevendo como fato gerador a realização de atividades potencialmente poluidoras e/ou à extração, produção, transporte e comercialização de produtos potencialmente perigosos ao meio ambiente, assim como de produtos e subprodutos da fauna e flora. A lei estabeleceu que os sujeitos passivos do tributo seriam as pessoas físicas ou jurídicas obrigadas ao registro no Cadastro Técnico Federal de Atividades Potencialmente Poluidoras ou Utilizadoras de Recursos Ambientais. E ainda fixou valores fixos dessa taxa a serem pagos por determinados grupos de contribuintes.

O STF reputou inconstitucional a TFA criada nesses termos. A uma, porque o fato gerador da taxa era uma *atividade realizada pelo contribuinte* e não o *exercício do poder de polícia*, como deve ocorrer para que se tenha efetivamente uma *taxa*, nos termos delineados no artigo 145 da CF/1988. A duas – e esse é o ponto que mais de perto nos interessa aqui – porque o sujeito

---

[142] ADI-MC nº 2.178-8, Pleno, Relator: Ministro Ilmar Galvão, DJ 12.5.2000.

[143] RE nº 343.446, Pleno, Relator: Ministro Carlos Velloso, DJ 4.4.2003.

[144] Recentemente, nova discussão surgiu com a regulamentação do chamado Fator Acidentário de Prevenção (FAP), que permite uma minoração ou majoração de alíquotas da contribuição previdenciária, de acordo com os acidentes de trabalho verificados na empresa, em determinado período. Ocorre que esse fator foi introduzido por decreto, suscitando, mais uma vez, o debate em torno do espaço do decreto em matéria tributária. Embora a questão seja bastante relevante, abordá-la implicaria tecer considerações sobre a legislação específica do caso, o que acabaria por desbordar do propósito deste tópico na presente obra.

O PRINCÍPIO DA LEGALIDADE TRIBUTÁRIA

passivo foi considerado *indefinido*, uma vez que o conceito legal, nos termos do voto do Ministro relator *"vale por conceituação nenhuma, visto não trazer a lei a necessária enumeração das referidas atividades"*. A três, porque a tributação "a forfait" de grupos de contribuintes violaria o princípio da isonomia.

Já no caso da contribuição ao SAT, o STF examinou, dentre outras questões constitucionais, no que interessa ao presente, o fato de a referida contribuição, que visava financiar o seguro do acidente de trabalho, ter suas alíquotas fixadas, conforme a atividade preponderante da empresa. Mais precisamente, as alíquotas eram fixadas de acordo com o grau de risco de acidente de trabalho dessa atividade, nos seguintes termos: 1% para o caso de risco leve, 2% para o caso de risco médio e 3% para o caso de risco grave[145]. A lei também estabeleceu que o Ministério do Trabalho e da Previdência Social poderia alterar, com base nas estatísticas de acidentes do trabalho, apuradas em inspeção, o enquadramento das empresas para efeito da contribuição ao SAT, a fim de estimular investimentos em prevenção de acidentes. Em suma, a lei permitia que o *regulamento* definisse as atividades com grau de risco leve, médio e grave e também permitia que houvesse um reenquadramento por ato do Poder Executivo com base em estatísticas apuradas em uma fiscalização da empresa. A questão que se colocava perante o STF era se essa delegação ao regulamento era ou não violadora do princípio da legalidade tributária.

O STF entendeu que não. A Corte vislumbrou que todos os elementos essenciais para estabelecimento do tributo estariam previstos na lei, estando presentes *"'satisfatoriamente todos os elementos capazes de fazer nascer uma obrigação tributária válida'"*. No caso, considerou-se que houve não uma delegação pura ao regulamento porque a aplicação da lei exigia a "aferição de dados e elementos", mas a norma primária conteria "parâmetros e padrões" não sendo uma espécie de cheque em branco para o Poder Executivo. Além disso, entendeu-se que o regulamento teria caráter *intra legem* e não *praeter legem*, por não poder ir além da lei, mas atuar dentro dos limites legais.

A questão que se coloca é: existem diferenças relevantes entre o caso da TFA e da contribuição ao SAT no que toca ao tema do regulamento em matéria tributária? Vale dizer, haveria diferença entre dizer que os contribuintes da TFA são as pessoas físicas e jurídicas obrigadas ao Cadastro

---

[145] Artigo 22, inciso II, da Lei nº 8.212/1991.

Técnico Federal de Atividades Potencialmente Poluidoras ou Utilizadoras de Recursos Ambientais e definir o grau de risco de acidente de trabalho de uma atividade preponderante da empresa? Com todo respeito que merecem as abalizadas opiniões em contrário[146], entendemos que sim.

No caso da TFA, a definição do sujeito passivo ficou delegada ao regulamento, dado que ele é que definiria as atividades potencialmente poluidoras e utilizadora de recursos ambientais. Na verdade, como o fato gerador da taxa era a própria atividade, caberia ao regulamento praticamente estruturar todo tributo, indicando quem deveria pagá-lo ou não e em que hipóteses.

Recapitulando o que dissemos na primeira parte desse trabalho, notadamente no que diz respeito à formalidade com relação ao conteúdo e à imperatividade, temos que o princípio da legalidade tributária exige uma precisão e especificação com relação à fixação do conteúdo da norma de incidência tributária e, mais do que isso, as razões formais devem possuir uma elevada dose de imperatividade, o que significa dizer que a lei tributária não pode fixar ela própria uma hipótese de incidência graduável a ser calibrada pelo seu regulamentador ou aplicador.

Isto não quer dizer que não haja problemas ou graus de incerteza no momento de *aplicação* da lei, porquanto haja dúvidas se uma determinada espécie é ou não integrante de um determinado gênero (ex: se um livro eletrônico é ou não um livro para fins de se enquadrar na regra da imunidade). Nesse ponto, o decreto pode, até mesmo, "concretizar normas", fixando e uniformizando a interpretação da Administração acerca de um determinado conceito legal, mas jamais de forma *contra legem*[147].

Não obstante, o que a CF/1988 exige é que as leis tributárias, no momento de sua criação, sejam específicas, certas e não criem elas próprias hipóteses abertas e graduáveis, como é o caso das: "atividades" (substantivo) "potencialmente" (advérbio) "poluidoras" (adjetivo) previstas na Lei nº 9.960/2000, que disciplinou a TFA, outorgando um campo enorme de especificação ao *regulamento*. Afinal, em princípio, toda e qualquer atividade pode ser *potencialmente poluidora*, de uma grande indústria química, que joga os efluentes do processo industrial no leito de um rio até uma

---

[146] Ricardo Lobo Torres, "O princípio da Tipicidade no Direito Tributário". In: Ricardo Lodi Ribeiro; Sérgio André Rocha (coord.). *Legalidade e Tipicidade no Direito Tributário*. São Paulo: Quartier Latin, 2008.

[147] Nesse sentido, Ricardo Lodi Ribeiro, *Limitações Constitucionais...* , p 50-52.

O PRINCÍPIO DA LEGALIDADE TRIBUTÁRIA

pessoa física, cujo animal de estimação faz suas necessidades fisiológicas em local inapropriado.

No caso da contribuição ao SAT, a alíquota do tributo já estava definida em lei. Os graus de risco de acidente de trabalho – *leve, médio ou grave* da atividade preponderante da empresa –também já estavam fixados em lei. A graduação em questão não se fazia *pelo* regulamento, mas *na* lei. Ao regulamento caberia apenas detalhar as atividades que correspondiam a cada um desses graus de risco previstos na lei. Para isso, eram necessários certos dados estatísticos, cuja expertise técnica desbordava da capacidade do Poder Legislativo, recaindo sobre os órgãos técnicos do Poder Executivo. Em suma, a reserva de *lei* foi atendida, a *reserva técnica* foi delegada ao Poder Executivo, com limites já previamente definidos, de modo que era necessário apenas concretizar, com expertise própria, a especificação legal".

A nosso ver, é possível extrair desses julgados do STF uma orientação geral sobre o papel do *regulamento no Direito Tributário*, especialmente no que tange aos elementos essenciais da obrigação tributária. Em primeiro lugar, por força da reserva absoluta de lei, não há espaço para o regulamento autônomo em matéria tributária[148]. Em segundo lugar, a delegação da lei ao regulamento em matéria tributária não pode ser feita de forma ampla, aberta e graduável, esvaziando a densidade normativa da lei tributária, de modo que os elementos essenciais do tributo acabem sendo definidos pelo *regulamento*[149]. Em terceiro lugar, ao regulamento cabe o detalhamento técnico ("reserva técnica") que o Poder Legislativo não dispõe de condições para executar, mas essa especificação regulamentar deve ser sempre feita dentro do limite legal (*intra legem*) e não de forma suplementar e ampliativa da lei (*praeter legem*)[150]. Em quarto lugar, o regulamento se sujeita a

---

[148] "Isso não significa que sejam admitidos regulamentos autônomos em matéria reservada à lei formal tributária, pois o Poder Executivo vai sempre se reportar à lei, que o vincula e o habilita, ainda que implicitamente, quando da valoração dos conceitos indeterminados por meio da norma regulamentar". (Ricardo Lodi Ribeiro, *op. cit.,* p. 50)

[149] "Para o resguardo da própria Segurança Jurídica, é melhor que o regulamento esclareça, por meio de um ato normativo, geral e abstrato, o sentido dos conceitos indeterminados contidos na lei do que acreditar na capacidade desta de prever todos os fatos do mundo real, deixando a aplicador, diante do caso concreto, inteira liberdade da norma legislativa. É o regulamento tipificador ou 'concretizador de normas' a que alude à jurisprudência do Tribunal Constitucional alemão" (*Idem, ibidem,* p. 51).

[150] Cabe ressaltar que a "reserva técnica" foi aqui destacada por sua relevância para o caso do SAT e da TFA, examinados no presente tópico. Isso não significa que o a função do

controle pelo próprio Poder Legislativo, que poderá sustar os efeitos do regulamento exorbitante ou simplesmente legislar sobre a matéria de forma contrária ao disposto no regulamento, ou pelo Poder Judiciário, que poderá reconhecer eventual *ilegalidade* do regulamento.

4. Forma e substância no princípio da legalidade tributária

A dicotomia forma e substância também pode ser um espectro para se analisar o princípio da legalidade, desdobrando-o em sua dimensão formal e substancial.

Em sua dimensão *formal,* o princípio da legalidade é uma sobrenorma ou norma de produção normativa que estabelece a obrigatoriedade de se adotar um determinado procedimento previsto na Constituição para a produção de normas que estabeleçam tributo. A legalidade, nesse sentido, prevê um *meio,* um *instrumento,* um *veículo* para que tributos sejam criados validamente. É curiosa a circularidade do raciocínio no que tange ao conceito de tributo. A CF/1988 estabelece que o tributo só poder ser estabelecido e majorado por lei, mas não define o que é tributo. E o artigo 3º do CTN, que traz o conceito de *tributo,* recepcionado pela CF/1988[151], estabelece que o tributo é uma *prestação pecuniária compulsória, não sancionadora de ato ilícito, instituída em lei.* A legalidade está na definição de tributo dada pela legislação infraconstitucional e, ao mesmo tempo, é requisito para estabelecimento do tributo. É que o *tributo* deve ser instituído por *lei.* Se houver prestação pecuniária compulsória, não sancionadora de ato ilícito, que é cobrada pelo Estado dos particulares, mas *sem lei*, será um tributo *inconstitucional*, por mais justa, razoável e necessária que seja a exação, dada a não observância ao *devido processo legislativo.*

Na sua dimensão substancial, o princípio da legalidade encontra-se conectado a outros vetores do sistema tributário, como o princípio demo-

---

regulamento esteja adstrita exclusivamente a essa questão. Malgrado seja essa uma das mais importantes funções do regulamento, há outras, cujo exame escaparia ao escopo do presente trabalho. Todavia, é imprescindível destacar que, em qualquer caso, por força do princípio da legalidade estrita, ainda que se reconheça algum espaço de criatividade ao regulamento, o que é inerente a qualquer ato que concretiza uma interpretação jurídica, o ponto de partida e de chegada dessa atividade regulamentar não podem se situar em outro lugar senão dentro da moldura jurídica legal.

[151] Nesse sentido, Ricardo Lobo Torres, *Curso de Direito Financeiro e Tributário.* 12ª edição. Rio de Janeiro: Renovar, 2005, p. 369.

crático, o princípio republicano, o princípio do Estado de Direito e o princípio da segurança jurídica. Ao princípio democrático, a legalidade se vincula porque busca alcançar o estado ideal de coisas em que a autorregulação e o pluralismo democrático prevaleçam na definição dos encargos fiscais. O princípio republicano está ligado à legalidade tributaria, de modo a que a arrecadação de recursos públicos se faça por meio de um instrumento que alcance a generalidade dos indivíduos, em situações abstratamente definidas. O princípio do Estado de Direito está relacionado à legalidade, na medida em que impõe a *juridicização* das relações tributárias que se fazem com a observância do devido processo legal. O princípio da segurança jurídica é moldado pela legalidade, de modo a permitir a configuração do Direito Tributário, dotando-o de inteligibilidade, confiabilidade e calculabilidade[152].

5. A tipicidade tributária e as suas teorias
5.1. A ambiguidade da tipicidade
Diz-se que um termo é *ambíguo* quando mais de um sentido podem ser atribuídos a ele. O termo "colher" é ambíguo, porque pode tanto se referir a um substantivo que designa um tipo de talher, como a um verbo que indica a ação daquele que coleta coisas de algum lugar, geralmente de uma plantação.

Assim ocorre com a *tipicidade* no Direito Tributário brasileiro. Costuma-se associar a reserva absoluta de lei em matéria tributária ao *princípio da tipicidade tributária*. Mas, essa associação revela uma boa dose de imprecisão. Como bem observam Misabel Derzi[153] e Ricardo Lobo Torres[154], o termo *"tipicidade"* é ambíguo e decorre de problemas na tradução do termo germânico "Tatbestand". "Tatbestand" designa o que se costuma chamar de "antecedente da norma", "hipótese de incidência", "pressuposto de fato". Isto é, corresponde à situação geral e abstrata que deflagra a consequência jurídica explicitada no consequente da norma. A ideia de que o tributo só deve ser pago quando ocorrem aquelas situações previstas no antecedente

---

[152] Inteligibilidade, no sentido de que é possível conhecer o Direito; confiabilidade, no sentido de que as relações jurídicas devem ser estáveis; e calculabilidade, no sentido de que o Direito deve garantir previsibilidade (Humberto Ávila, *Segurança Jurídica: entre permanência, mudança e realização no Direito Tributário*. São Paulo: Malheiros, 2011).

[153] *Op. cit.*, p. 150-153

[154] *Op. cit.*, p. 148-150.

FORMA E SUBSTÂNCIA NO DIREITO TRIBUTÁRIO

da norma, *i.e.* no "Tatbestand", e de que, portanto, esse antecedente deve conter todos os elementos para o surgimento do tributo – a denominada "determinação do fato gerador abstrato" ("Tatbestandbestimmtheit", em alemão) – passou a ser traduzida como *tipicidade*. Tipicidade passou a ser compreendida, assim, como a *qualidade do* tipo legal.

O mesmo problema também é percebido na doutrina do Direito Penal, que conceitua o crime como "fato típico, antijurídico e culpável". Típico, nessa acepção, diz respeito ao fato de a situação definida como crime estar prevista em lei[155].

Ocorre que esse sentido difere do termo germânico "Typus", que corresponde ao tipo e à sua qualidade, a "Typizität", no sentido daquilo que é *típico, frequente* e *característico*[156].

Essa obscuridade conceitual tornou-se ainda mais aguda porque uma parte da doutrina brasileira passou a defender a existência de uma *tipicidade fechada* no Direito Tributário[157], assim compreendida uma determinação absoluta na lei dos elementos que configuram a norma tributária, que contrasta com as teorias existentes sobre o tipo e a tipicidade na doutrina germânica, que defendem justamente o oposto: o caráter aberto do tipo[158].

Essas particularidades fizeram com que, em suma, a *tipicidade* no Direito Tributário brasileiro possua dois sentidos[159]. O primeiro sentido, denota

[155] Nesse sentido: "Tipo é o modelo legal do comportamento proibido, compreendendo o conjunto das características objetivas e subjetivas do fato punível. A expressão *tipo* não é empregada pela lei. Ela constitui tradução livre da palavra alemã *Tatbestand*, correspondendo à figura puramente conceitual elaborada pela doutrina. Tipo não é o fato delituoso em sua realidade fenomênica, mas, sim, a descrição legal de um fato que a lei proíbe ou ordena" (Heleno Cláudio Fragoso, *Lições de Direito Penal*, Rio de Janeiro: Forense p. 156 *apud* Ricardo Lobo Torres, *op. cit.*, p. 149)

[156] Misabel Derzi, *op. cit.*, p. 46.

[157] A tese desenvolvida por Alberto Xavier em sua obra *Os Princípios da Legalidade e da Tipicidade da Tributação*, São Paulo: Revista dos Tribunais, 1978 será posteriormente examinada, mas, em linhas gerais defende que o conteúdo da decisão em matéria tributária deve se encontrar rigorosamente determinado na lei.

[158] Nesse sentido, Karl Larenz, que abandonou, a partir da terceira edição de sua obra, a ideia, de um "tipo fechado", *Metodologia da Ciência do Direito*. Tradução de José Lamego. 4ª. ed. Lisboa: Fundação Calouste Gulbenkian, p. 655-673.

[159] A rigor, haveria um terceiro sentido para a *tipicidade* que se constitui no *modo tipificante* da legislação a que alude à doutrina germânica para tratar da possibilidade de, por razões de praticidade administrativa, a legislação tributária valer-se de padrões, pautas e modelos que representam uma média das situações da vida real. No entanto, como Misabel Derzi

O PRINCÍPIO DA LEGALIDADE TRIBUTÁRIA

a necessidade de determinação legal específica do fato gerador abstrato, ao qual se subsume o fato gerador concreto. O segundo sentido, se refere à utilização de *tipos* pelas leis tributárias.

As teorias em torno do *tipo* e, principalmente, da sua distinção com relação aos denominados *conceitos jurídicos determinados ou indeterminados* é fruto de intensos debates na Teoria Geral do Direito[160]. No campo do Direito Tributário, esses debates gravitam em torno da legalidade tributária, em especial, a no que diz respeito ao conteúdo do princípio da tipicidade tributária e ao seu papel na conformação da lei tributária.

De uma certa forma, o que se constata é que, no desenvolvimento dogmático sobre o princípio da legalidade, a *tipicidade* se exprimiu, inicialmente, como um qualificação de *determinação do fato gerador abstrato* (nos termos do Tatbestand) mencionado acima. Posteriormente, o debate doutrinário evoluiu para distinguir-se (ou aproximar-se) os *tipos* dos *conceitos*, na análise do *grau* de determinação que devem conter as leis tributárias.

A seguir, trataremos de expor as principais teorias sobre a tipicidade tributária desenvolvidas na doutrina nacional para, em seguida, procedermos a um exame crítico a respeito delas.

5.2. A proposição de Alberto Xavier – o princípio da tipicidade fechada

Alberto Xavier extrai do princípio da legalidade em matéria tributária uma reserva absoluta de lei formal e desenvolve sua teoria sobre a tipicidade fechada no Direito Tributário brasileiro com apoio no desenvolvimento teórico acerca do *tipo fechado* de Karl Larenz[161].

Para Xavier, o princípio da legalidade se desdobraria em quatro outros princípios: *seleção, numerus clausus, exclusivismo e determinação ou tipicidade fechada*.

---

reconhece que "No Brasil, o fenômeno não é conhecido com esse nome. Tampouco é aqui aflorada ou noticiada a riqueza de argumentação que o tema tem suscitado na Alemanha, onde a bibliografia sobre o assunto já é bastante numerosa" (*Direito Tributário, Direito Penal e Tipo.* 2ª edição. São Paulo: Revista dos Tribunais, 2008, p. 66.).

[160] As referências sobre esse debate na Teoria Geral do Direito, no Brasil, normalmente aparecem com referência à doutrina de Karl Larenz, exposta na sua *Metodologia da Ciência do Direito* e à exposição desse debate feita por Misabel Derzi em seu *Direito Tributário, Direito Penal e Tipo*.

[161] Teoria inicialmente exposta em sua obra *Os Princípios da Legalidade e da Tipicidade da Tributação*, São Paulo: Revista dos Tribunais, 1978 e posteriormente reafirmada, em obra mais recente, *Tipicidade da Tributação, Simulação e Norma Antielisiva*, São Paulo: Dialética, 2001.

Pelo princípio da *seleção*, o legislador deve apontar as situações específicas, em tipos ou modelos, que *"exprimam uma seleção, pelo legislador, das realidades que pretende tributar"*[162], sem recorrer a *"conceito ou cláusula geral abrangendo todo quadro das situações tributáveis"*[163].

Por força do princípio do *numerus clausus*, a lei tributária não pode conter enumerações exemplificativas, mas sim *taxativas*, no sentido de que, para que o fato concreto seja considerado típico, deve se enquadrar em todos os elementos do *tipo abstrato* descrito na lei.

Em decorrência do princípio do *exclusivismo*, *"a conformação das situações jurídicas aos tipos legais tributários é não só absolutamente necessária como também suficiente à tributação"*[164], querendo com isto dizer que não é necessário qualquer elemento externo, alheio ao tipo legal, para que o fato concreto se subsuma à hipótese de incidência legal.

Por fim, o princípio da *determinação* ou da *tipicidade fechada* *"exige que os elementos integrantes do tipo sejam de tal modo precisos e determinados na sua formulação legal que o órgão de aplicação do direito não possa introduzir critérios subjetivos de apreciação na sua aplicação concreta"*[165], isto é, exige a utilização de conceitos determinados.

A teoria de Xavier sobre a *tipicidade fechada* se difundiu e se consagrou no Direito Tributário brasileiro, gozando de grande prestígio até hoje na doutrina e na jurisprudência, apesar das vozes em contrário[166].

5.3. A proposição de Misabel Derzi – a distinção entre *tipo e conceito*

A professora Misabel Derzi, em sua obra *Direito Tributário, Direito Penal e Tipo*, empreende um exame cuidadoso da doutrina em torno da *tipicidade*. A partir da obra revisada de Karl Larenz, que abandona a referência à *"tipo fechado"*, entendendo a "abertura" como uma qualidade inerente ao tipo, a professora mineira delineia as distinções entre *tipo* e *conceito*, consoante indicaremos abaixo. Conclui, em síntese, seu trabalho defendendo que, por razões de segurança jurídica e de reserva absoluta de lei, no Direito Tributário a lei deveria se valer de *conceitos* e não de *tipos*.

---

[162] *Tipicidade da Tributação, Simulação e Norma Antielisiva*, São Paulo: Dialética, 2001, p. 18-19.
[163] *Loc. cit.*
[164] *Loc. cit.*
[165] *Loc. cit.*
[166] V., por todos, Ricardo Lobo Torres, "O princípio da tipicidade no Direito Tributário", *op. cit.*.

Depois de abordar a evolução e o desenvolvimento do *tipo* como um instrumento da metodologia das ciências sociais, Misabel Derzi aborda o papel do tipo na metodologia jurídica. O tipo corresponderia a uma "cópia ou forma básica de repetição de fenômenos semelhantes (...)"[167], indicando a sua aproximação à realidade concreta; também seria um *"modelo ou padrão não reprodutivo da realidade, mas uma valoração dotada de sentido, o que se dá em especial no tipo ideal normativo, o qual passa a ser um fim ou uma diretriz (...)"*[168] e poderia consubstanciar uma *"forma total ou íntegra, só compreensível a partir da percepção de sua totalidade"*[169].

Em seguida, Derzi distingue os conceitos classificatórios dos tipos. Segundo Misabel Derzi, os *conceitos classificatórios* desenvolvem-se, segundo a lógica aristotélica, a partir da secção e seleção da realidade e da abstração, retirando-se dos objetos de estudo os caracteres que não interessam à ciência[170]. A conceituação permitiria *classificar* os objetos em grupos distintos, partindo dos gêneros mais abrangentes até a espécie. O conceito possuiria notas distintivas rígidas, permitindo a *subsunção*:

> Se o conceito A possui as notas a, b e c, na investigação jurídica somente se afirma o conceito A, se o conceito do fato contiver as mesmas características 'a, b e c'. Diz-se que há subsunção. Para o conceito de classe vale a proposição lógica do terceiro excluído: 'cada X é A ou não-A'. Tertium non datur.[171]

Por sua vez, o *tipo* seria um *conceito de ordem*, tendo surgido como uma proposta nova em relação ao conceito de classe "para captar as fluidas transições da vida". O tipo teria propriedades "graduáveis, estando em diferente intensidade, em maior ou menor grau, nos casos isolados"[172]. *"O conceito de classe é definido por um número limitado e necessário de características. Entretanto, o tipo não é definido, mas apenas descrito, suas características não são indispensáveis, sendo que algumas delas podem faltar".* O conceito seria abstrato e fechado, enquanto o tipo concreto e aberto. No primeiro caso, o intérprete subsumiria o fato no conceito pela verificação precisa,

---

[167] Misabel Derzi, *op. cit.*, p. 46-47.
[168] *Loc. cit.*
[169] *Loc. cit.*
[170] *Idem, ibidem*, p. 52-53.
[171] *Loc. cit.*
[172] *Idem, ibidem*, p. 56-57.

FORMA E SUBSTÂNCIA NO DIREITO TRIBUTÁRIO

na realidade fática, dos seus elementos distintivos integrantes do conceito, enquanto, no caso do tipo, o que se verificaria seria uma comparação ou uma aproximação entre o tipo construído e o fato "típico", permitindo uma graduação entre fatos mais típicos e menos típicos.

Após formular essa distinção e de tratar dos sentidos da tipicidade no Direito Penal e no Direito Tributário, Derzi concluiu que a legalidade estrita, a segurança jurídica, a uniformidade, a praticabilidade e a repartição constitucional do poder tributário impediriam a aplicação de *tipos* no Direito Tributário[173]. *"Os tributos são objeto de uma enumeração legal exaustiva, de modo que aquilo que não está na lei, inexiste juridicamente"*[174]. E a seguir acrescenta que *"não se admitem as ordens de estrutura flexível, graduável e de características renunciáveis que são os tipos"*[175].

O que se nota quando se comparam as proposições teóricas de Alberto Xavier e de Misabel Derzi sobre a *tipicidade* no Direito Tributário é que elas alcançam basicamente a mesma conclusão no que tange à rigidez e ao fechamento do conteúdo da lei tributária, ainda que por raciocínios díspares, quiçá opostos, no que diz respeito à funcionalidade do *tipo* no Direito[176].

5.4. A proposição de Ricardo Lobo Torres – o princípio da tipicidade aberta

Ricardo Lobo Torres constrói a sua teoria da tipicidade aberta sobre uma forte crítica ao que reputa ser um *formalismo exacerbado e positivista* em torno do princípio da legalidade tributária[177]. O professor compreende o princípio da tipicidade como um *corolário do princípio da legalidade*, entendendo

---

[173] *Idem, ibidem*, p. 314-317.

[174] *Loc. cit.*

[175] *Loc. cit.*

[176] Nesse sentido: Ricardo Lobo Torres, *op. cit.*: "A concepção de Misabel Derzi, do ponto de vista substancial, se aproxima da de Alberto Xavier, embora tenham esses autores desenvolvido argumentos diferentes. Misabel proclama que o tipo é aberto, mas o expulsa, juntamente com o conceito indeterminado, do campo tributário, onde prevalece apenas o conceito determinado fechado, ou os converte em conceitos determinados. Xavier diz que o tipo é fechado e o assimila ao conceito determinado. O resultado é o mesmo: ambos engessam no conceito fechado a possibilidade de aplicação do direito tributário".

[177] Ricardo Lobo Torres expressou a sua teoria da tipicidade aberta em variados textos e obras publicadas. Nós nos valeremos aqui, nas referências que faremos ao seu entendimento, de um de seus últimos e mais completos textos sobre o tema: "O Princípio da Tipicidade no Direito Tributário", *op. cit.*.

O PRINCÍPIO DA LEGALIDADE TRIBUTÁRIA

que é correta a noção de tipicidade como "adequação do fato gerador concreto ao abstrato", reputando "um exagero posivisita" a identificação da tipicidade com o princípio da determinação. Após tratar detalhadamente do tipo e da sua distinção em relação ao conceito, revisando as principais teorias existentes a respeito dessa distinção, especialmente no Direito Tributário, Lobo Torres passa a um exame crítico da tipicidade, como princípio da determinação do fato gerador e analisa determinados aspectos da tipicidade como adequação do fato gerador concreto ao abstrato. Conclui, entendendo que (i) o tipo e a tipicidade são necessariamente abertos; (ii) a tipicidade não se confunde com o princípio da determinação; e (iii) a lei tributária pode conter tipos e, quando isso ocorrer, para a adequação do fato gerador concreto ao fato gerador abstrato, o aplicador da lei deve proceder à ordenação ou à associação para compatibilizá-lo com o tipo, que é método distinto da subsunção e da discricionariedade.

Ricardo Lobo Torres compreende os tipos como "ordenação de dados concretos existentes na realidade"[178]. Cita, como exemplo de tipos, "empresa", "empresário", "trabalhador", "indústria", "poluidor", os quais se caracterizam por neles estarem contidas todas as possibilidades de "descrição de suas características, independentemente de tempo, lugar ou espécie"[179]. Os tipos seriam necessariamente abertos, não admitindo definição, mas apenas descrição. A atividade de tipificação legislativa consistiria na formação do tipo, a partir do recorte da realidade para a ordenação de dados semelhantes[180].

Analisando a questão específica da possibilidade de o princípio da tipicidade ser apreendido como um princípio de determinação absoluta do *fato gerador*, Lobo Torres é categórico ao afirmar que "*torna-se, portanto, problemático e até contraditório dizer-se que o princípio da determinação envolve o da tipicidade, a não ser quando a hipótese de incidência se expressa através do tipo. Mas aí, inexiste lugar para a tipicidade fechada e o princípio da determinação se reduz à função constitucional de fornecer o arcabouço legal para o tributo, ainda que mínimo (nullun tributum sine lege)*."[181].

Assim como Misabel Derzi, Ricardo Lobo Torres também extrema o *tipo* do *conceito classificatório*, que seria a "*representação abstrata de dados empíricos,*

---

[178] *Idem, ibidem,* p. 137.
[179] Loc. cit.
[180] *Idem, ibidem,* p. 146.
[181] *Idem, ibidem,* p. 151.

afastada da concretude do objeto ou até sem contato com ele. Ao contrário do tipo, o conceito pode ser objeto de definição e subsunção"[182]. Mas, mesmo no caso dos conceitos, entendeu que *"os conceitos indeterminados são inevitáveis no Direito Tributário e, mais do que isso, os conceitos absolutamente determinados são muito raros no Direito*"[183]. Ricardo Lobo Torres trata também das cláusulas gerais que, com apoio em Engisch, define como uma *"formulação da hipótese legal que, em termos de grande generalidade, abrange e submete a tratamento jurídico todo um domínio de casos*"[184]. Exemplo de cláusulas gerais seriam, segundo o professor, boa-fé, *bonus pater familias* e bons costumes.

No que diz respeito à questão da tipicidade como adequação do fato gerador concreto ao fato gerador abstrato, Ricardo Lobo Torres trata do *silogismo jurídico-tributário*, em que a *"premissa maior é a* hipótese *descrita na lei, a premissa menor é o* fato *a se subsumir na descrição legal e a conclusão, o resultado da inferência"*. Examina, posteriormente, a possibilidade de o tipo integrar o antecedente ou o consequente da norma de incidência tributária e como isso ocorre em cada caso, demandando do intérprete uma especial atividade de conformação.

5.5. Reflexões sobre a tipicidade no Direito Tributário

Como se pode perceber, a bibliografia em torno do tipo e da tipicidade é vasta. Mesmo no Direito Tributário brasileiro, há uma rica e profunda discussão sobre o tema, em suas múltiplas acepções. Não pretendemos aqui, construir uma teoria da tipicidade, muito menos desconstruir as teorias já existentes, pois isso, evidentemente, demandaria um esforço que desbordaria em muito os limites do presente trabalho. Parece-nos, contudo, que o tema merece ser revisitado, notadamente à luz de alguns pontos um tanto nebulosos que se verificam em torno das teorias em torno do *tipo*.

O primeiro ponto diz respeito à diferenciação entre *tipo* e *conceito*.

Em primeiro lugar, não nos parece que haja propriamente uma distinção, ou melhor, que os autores façam propriamente uma distinção entre *tipo* e *conceito*. Pelo que depreendemos das citadas teorias, o conceito é tratado como um gênero, do qual são espécies os conceitos classificatórios e os

---

[182] *Loc. cit.*

[183] Aqui, Ricardo Lobo Torres cita Karl Engisch, na sua obra *Introdução ao Pensamento Jurídico*, *op. cit.*, p. 137.

[184] *Idem, ibidem*, p. 154.

O PRINCÍPIO DA LEGALIDADE TRIBUTÁRIA

conceitos de ordens ou tipos[185]. A distinção que se faz geralmente, então, é entre conceito classificatório e conceito de ordem, e não propriamente entre *tipo* e *conceito*, embora isso nem sempre fique muito claro.

Nesse sentido, entendemos ser relevante pontuar que o *tipo* é um conceito, entendido este como uma *significação de um objeto*[186].

Aqui nos permitimos repisar algumas noções básicas da Teoria dos Signos (Semiótica), que entendemos serem relevantes para o ponto que queremos abordar[187]. Os signos são elementos que representam outros elementos. São signos o *ícone, o índice e o símbolo*. O *ícone* é uma representação do objeto que procura retratá-lo, como, por exemplo, uma *pintura* que busca reproduzir uma paisagem. O *índice,* por sua vez, é o signo que apresenta uma ligação física com o objeto representado. A fumaça, por exemplo, é índice de fogo. Por fim, o *símbolo* é uma espécie de signo construído de forma arbitrária, convencionalmente, sem que haja necessariamente qualquer relação com o objeto representado[188]. Os termos ou palavras são símbolos que exprimem um significado. Note-se que as palavras se relacionam com seus objetos de forma convencional, de um modo concebido socialmente, tal como a aposição de rótulos nas coisas. As coisas em si mesmas não têm nomes. Aliás, a realidade é recortada e seccionada a partir da atribuição de nomes às coisas. Por exemplo, a palavra "relógio" em língua portuguesa, designa diversas formas de objeto para o qual a língua inglesa tem duas palavras *watch*, quando se trata de um "relógio de pulso" e clock, para o que conhecemos como "relógio de parede" ou "relógio de mesa". O interessante exemplo dos esquimós que se utilizam de diversos termos em seu idioma para se referirem a diversos tipos daquilo que genericamente denominamos "neve", conforme a consistência, o volume e a intensidade do gelo, bem demonstra como a designação de nomes e a própria construção da realidade a partir deles se dá de forma convencional e arbitrária e não natural ou mesmo lógica.

---

[185] Talvez essa afirmação já seja um tanto controversa, na medida em que a noção de *tipo* visa justamente a se afastar de um esquema lógico-dedutivo aristotélico de sistematização, que trabalha justamente com a noção de "gênero" e "espécie", mas nos permitiremos esse aparte para fins de clarificar o raciocínio a ser desenvolvido.

[186] Eros Grau, *Direito, conceitos e normas jurídicas,* São Paulo: Revista dos Tribunais, 1988, p. 63.

[187] Ricardo Guibourg; Alejandro Ghigliani, Ricardo Guarinoni, *Introducción Al Conocimiento Juridico,* Buenos Aires: Editorial Ástrea, 1984

[188] Luís Cesar Souza de Queiroz, *op. cit.,* p. 15-16.

No *signo*, um suporte físico se associa a um significado e a uma significação. O suporte físico são as palavras faladas ou escritas, tendo natureza material, isto é, física. O signo se refere a "algo do mundo exterior ou interior, de existência concreta ou imaginária, atual ou passada, que é seu significado; e suscita em nossa mente uma noção, ideia ou conceito, que chamamos de significação"[189].

Associamos a determinados termos ou palavras algumas ideias que construímos mentalmente. O conceito é justamente essa "representação mental de um objeto; é a ideia geral ou noção de um objeto"[190]. Na prática, a identificação de objetos é feita por um seccionamento da realidade e demarcação de certas características definitórias para distinguir os objetos em grupos ou classes[191].

Por exemplo, utilizamos a palavra "cadeira" para nos referir a uma infinidade de objetos, de diferentes formatos, tamanhos, cores, materiais. E fazemos isso a partir de certos elementos distintivos que atribuímos à classe das cadeiras, por exemplo, objetos que servem para sentar, que possuem pernas e encostos. Essas classificações procuram também levar em consideração conceitos mais amplos, a partir de elementos distintivos mais genéricos que abrangem conceitos menos amplos, as espécies, que se caracterizam pela adição de algumas especificações aos conceitos mais amplos. Assim, por exemplo, no gênero veículo, que abrange uma série de objetos que tem por característica a sua função de transporte, temos diversas espécies, como carros, bicicletas, motos, que são espécies de veículos que se distinguem por suas notas específicas.

O certo é que esses termos, porque vertidos em linguagem natural e porque representam o seccionamento de uma realidade que é complexa, infinita e multifacetada, invariavelmente contemplam situações de imprecisão. Isso pode acontecer por questões de *polissemia*, quando um mesmo termo pode se referir a objetos distintos, isto é, pode ter mais de um significado, como a palavra manga, que pode exprimir tanto uma parte da roupa quanto uma fruta. Ou os termos ou os próprios conceitos a que eles se referem podem ser *vagos ou indeterminados*[192], no sentido de haver difi-

---

[189] Paulo de Barros Carvalho, *Direito Tributário, Linguagem e Método*, *op. cit.*, p. 33-34.
[190] Luís Cesar Souza de Queiroz, *op. cit.*, p. 25.
[191] Ricardo Guibourg, Alejandro Ghigliani e Ricardo Guarinoni, *op. cit.*
[192] No sentido de que apenas os termos são indeterminados e não os conceitos, cf. Eros Grau, *op. cit.*, p. 61-63.

culdades em se definir exatamente o seu significado, isto é, o objeto que ele representa. Ou, até mesmo, pode ser difícil precisar a *significação do termo*, ou seja, os limites da representação ideal que o signo desperta em nossa mente.

Quando nos referimos ao termo "jovem", podemos ter problemas de definir exatamente que características fazem de alguém um *jovem*, se apenas a idade (mas exatamente qual idade, de quando a quando?) se também devem ser levados em conta aspectos como disposição para viver (podemos ter alguém de 60 anos jovem?). Em suma, temos a dificuldade de construir um conceito de um objeto específico[193].

Quando nos referimos ao termo "justiça", também enfrentamos problemas para definir o que exatamente significa justiça, dada a sua abstração e idealidade. Podemos associá-las a outras ideias como *igualdade, equidade* e *retidão*. Podemos até concordar que certas ideias são justas como "dar a cada um aquilo que lhe pertence" e que outras, são injustas, como "tratar as pessoas de forma cruel". Mas, definir exatamente que elementos são necessários para que se defina o conceito de justiça é uma tarefa difícil, quiçá irrealizável, apesar dos milhares de anos de tentativas humanas[194].

Contudo, ainda que consigamos estabelecer certos elementos característicos para definir um objeto específico e que critérios podem ser utilizados para se referir a uma classe de objetos, podemos ter problemas para saber se um determinado objeto possui as características para ser qualificado como aquele objeto específico ou ser classificado em uma determinada classe de objetos. Por exemplo, saber se um determinado aparelho eletrônico que permite a leitura de obras literárias pode ou não ser considerado um "livro", para a aplicação de normas relativas a imunidade tributária, revela a dificuldade dessa questão.

Uma imagem que é bastante repetida quando se trata de indeterminação de termos ou conceitos é a existência de um núcleo do conceito, também denominada de zona de certeza positiva, em que se teriam certas características essenciais do conceito e se enquadrariam certos objetos sem, maiores controvérsias (ex: branco é "claro") e uma zona exterior ao

---

[193] Nesse sentido: Luís Cesar Souza de Queiroz, *op. cit.*, p. 26.
[194] O que não significa, absolutamente, que se deva abandonar essa busca, que é uma das mais importantes e eternas buscas da civilização, sendo inúmeras as teorias da justiça desenvolvidas ao longo dos séculos, de *A República* de Platão, no século IV a.C. a *Justice for Hedgehogs*, de Ronald Dworkin, de 2011.

conceito, denominada de zona de certeza negativa, em que não se verificam os elementos que qualificam o conceito (ex: preto não é "claro", mas "escuro"). Entre essas zonas de certezas, haveria uma zona de incerteza ou penumbra, correspondente ao halo do conceito, em que se situariam as situações limítrofes (ex: cinza pode ser "claro" ou "escuro").

Essa caráter *vago* da linguagem natural é inerente a ela. Por mais que possamos imaginar que os termos que utilizamos são determinados, eles poderão invariavelmente apresentar um potencial de *vagueza*. A palavra *homem*, por exemplo, que pode parecer bastante determinada, a um só tempo pode exprimir *ambiguidade* e *vagueza*. Ambiguidade porque *homem* pode tanto se referir ao gênero humano e aí alcança as espécies masculinas e femininas desse gênero, ou pode designar exclusivamente a espécie masculina, excluindo-se a feminina. Vagueza porque, embora possamos identificar alguns casos em que a referência a *homem* podem ser livres de controvérsias ("Sócrates é homem"), podemos chegar a situações limítrofes em que pode haver dúvidas se um determinado ser pode ser caracterizado como *homem*, no sentido de representante do gênero humano com vida humana (um cadáver é homem? a partir de que momento um conjunto de células de um embrião no útero materno é considerado um ser da espécie humana para fins de proteção jurídica? e se esse ser não tiver possibilidade de vida extra-uterina?). Todas essas questões revelam o que se denomina *textura aberta da linguagem*, no sentido de que a ela é potencialmente vaga.

Retomando o debate em torno da distinção entre *conceitos* e *tipos,* parece-nos que há certa dificuldade, senão impossibilidade de se extremar *conceitos* de *tipos.* A doutrina costuma anotar que *conceitos* são *abstratos,* produzidos a partir de uma abstração e generalização da realidade, oriundas de certas notas distintivas fixas, enquanto que os *tipos* seriam *concretos,* e seriam apreendidos, não a partir de notas distintivas fixas, mas de sua totalidade, uma vez que essas notas distintivas poderiam estar presentes ou não, ou presentes em maior ou menor medida para que se vislumbre a adequação ao tipo.

Ora, ambos *conceitos* e *tipos* são formados por meio de um seccionamento e de uma classificação da realidade, a partir de determinados critérios. São termos para *designar* objetos. Seja o termo "animal" utilizado por Larenz[195], como exemplo de *conceito*, seja o termo "empresa", utilizado por Ricardo

[195] *Op. cit.,* p. 625-626.

O PRINCÍPIO DA LEGALIDADE TRIBUTÁRIA

Lobo Torres[196], como exemplo de *tipo*. "Animal" e "empresa" são termos ou suportes físicos utilizados para se referirem a determinados objetos que representam, para nós, algumas noções construídas mentalmente. Sabemos o que são "animais" e "empresas", porque, ao longo de nossa vida, presenciamos variadas situações em que as pessoas se referiam a certos objetos ou a situações da vida real, designando-as como "animais" e "empresas".

Larenz entende que o *conceito jurídico* de animal é formado por um certo número de notas distintivas, que independem, por exemplo, desse conceito para fins zoológicos. O que se fez, então, foi criar notas distintivas para se conceituar o que é "animal" para o Direito, não necessariamente de forma idêntica ao que é animal para a Zoologia. Da mesma forma, parece-nos que pode ocorrer com a "empresa", por mais "concreto" que ela possa parecer. O termo "empresa" foi convencionado para identificar um certo fenômeno da realidade, por exemplo, a existência de um negócio organizado para a comercialização de bens ou prestação de serviços com intuito de lucro.

Podemos até conceber que a Economia possa, a partir de certas notas distintivas, considerar empresa uma realidade que o Direito não considera empresa (ex: a prestação de serviços profissionais intelectuais, de natureza científica, literária ou artística, excluídos do conceito de empresa pelo artigo 966, parágrafo único do CC). O que está havendo nesse caso é uma distinção com relação à seleção das notas distintivas para se caracterizar um determinado objeto como empresa para certos fins.

Além da abstração e da concretude, costuma-se distinguir *conceitos* de *tipos* a partir do número fixo, limitado e invariável de notas distintivas que estariam presentes no primeiro, que contrastariam com a mobilidade, fluidez e variabilidade das notas distintivas do segundo. Neste ponto, reportamo-nos à questão do caráter ambíguo, vago e da questão da textura aberta da linguagem a que nos referimos anteriormente.

Voltemos aos termos "animal" e "empresa". Identificamos determinados objetos ou situações, como *animal* e *empresa*, a partir de certas notas distintivas, visando a uma determinada finalidade. Por exemplo, na Zoologia, adotamos um conceito de animal para fins de classificação e divisão taxonômica, para distingui-los dos vegetais, dos fungos, etc; no Direito, por exemplo, podemos nos referir a animais em uma placa colocada no

---

[196] *Op. cit.*, p.137.

FORMA E SUBSTÂNCIA NO DIREITO TRIBUTÁRIO

parque para dizer que é "proibido dar comida aos animais". No primeiro sentido, na Zoologia, não há dúvidas de que o homem deve ser classificado como um animal, mas será difícil sustentar que aquela ordem existente no parque proíba as pessoas de se alimentarem no parque. Finalidades distintas levaram à criação de conceitos distintos, a partir da reunião de notas distintivas diferentes. O mesmo pode ocorrer com "empresa" se estamos nos referindo a um conceito econômico e a um conceito jurídico. Ou seja, os elementos distintivos, por meio dos quais configuramos os conceitos, podem variar, conforme a finalidade que se busca com a conceituação.

Mas, ainda que tenhamos uma mesma finalidade e reunamos um determinado número de elementos distintivos na construção de um conceito, a realidade se apresentará multifacetada de um tal modo que será difícil, senão impossível, eliminar a variedade e graduabilidade dessas notas distintivas no momento de classificar. É o que acontece no célebre exemplo de Hart sobre a proibição de veículos no parque[197]. Há razoável consenso sobre o conceito de "veículos" e de que um automóvel é um veículo. Mas, será que essa proibição se aplica a um jipe da Segunda Guerra Mundial que ingressa no parque como um pedestal para compor um memorial? E a um carrinho de bebê? E a uma cadeira de rodas de um cadeirante? Essas questões, que derivam da textura aberta da linguagem, potencializada pelo seu caráter prescritivo, dizem respeito a uma das funções da linguagem, em que ela pretende atuar sobre a realidade, conformando as condutas humanas. Nesses casos, não se trata apenas de identificar e extrair um determinado sentido de um texto, mas de se definir o âmbito de aplicação de uma norma, ou melhor, de se saber qual deve ser a solução de um determinado caso concreto à luz do sistema normativo.

O relevante é que em todos esses exemplos tratados acima se vislumbra que uma precisão linguística e conceitual absoluta é inviável na prática. Até mesmo conceitos numéricos, que a doutrina aponta como aqueles passíveis de uma precisão absoluta, possuem sua zona de indeterminação. Por exemplo, a fixação da maioridade penal em 18 anos pode levar a dúvidas se o crime cometido no dia do 18º aniversário do infrator, mas horas antes do preciso momento em que ele nasceu, podem importar considerá-lo

---

[197] São as discussões postas no célebre embate entre os jusfilósofos Herbert Hart e Lon Fuller, nos seus respectivos artigos "Positivism and the Separation of Law and Morals" e "Positivism and Fidelity to Law – A Reply to Professor Hart", publicados na 71 HARV. L. REV (1958).

imputável para fins penais[198]. Além disso, mesmo que alguém seja maior de 18 anos, pode ser considerado inimputável por outros motivos (*v.g.* possuir algum tipo de deficiência mental). Em suma, nem mesmo o estabelecimento de um conceito numérico, por mais que possa reduzir a zona de incerteza, é capaz de eliminá-la completamente.

Mesmo os autores que extremam o *conceito* do *tipo* vislumbram que essa distinção é gradual, isto é, não perfeitamente delimitada. *"Parece-nos, como quer Leenen, que a distinção entre conceito classificatório (...) e tipo puro (...) é gradativa, encontrando-se, entre dois pólos, inúmeras formas mistas de difícil delimitação, vale dizer, uma série de transações fluídas"*[199].

Humberto Ávila também critica uma delimitação rígida entre *conceitos* e *tipos*, acentuando que *"a abertura como porosidade, que caracteriza a mutabilidade do tipo não é uma particularidade do tipo, mas de elementos genéricos de toda e qualquer formação de conceitos jurídicos"*[200]. Acrescente-se ainda, com relação às notas distintivas, que *"a abertura enquanto irrestringibilidade dos elementos distintivos também não é nenhuma peculiaridade do tipo, pois todas as normas jurídicas, em conformidade com a abertura linguística e estrutural da linguagem jurídica e da infinitude dos contextos, mantém de algum modo irrestritas a sua extensão e intensão"*[201].

O segundo ponto que nos parece um tanto nebuloso na diferenciação proposta entre *conceitos* e *tipos* diz respeito à forma de aplicação de um e de outro. Os conceitos, quando contidos em normas jurídicas, permitiriam que elas fossem aplicadas mediante *subsunção*, sem maiores valorações por parte do intérprete, cuja função consistiria em verificar se, na prática, estão ou não presentes as notas distintivas que identificam o conceito, de forma a atrair a aplicação do disposto na norma. Já os *tipos* teriam sua aplicação regida por uma comparação entre o tipo legal e o fato concreto, demandando *valoração* e permitindo uma *aproximação* gradual do fato com o tipo legal.

---

[198] "RECURSO ESPECIAL. CRIME COMETIDO NO DIA EM QUE O AGENTE COMPLETOU 18 ANOS. IMPUTABILIDADE. 1 É imputável o agente que cometeu o delito no dia em que completou 18 anos, a despeito de ter nascido em fração de hora inferior ao exato momento do crime." (STJ, RESP 133579, Sexta Turma, Relator Ministro Hamilton Carvalhido, j. 23.9.2000).

[199] Misabel Derzi, *op. cit.*, p. 87.

[200] Humberto Ávila, *op. cit.*, 200-201.

[201] *Loc. cit.*

FORMA E SUBSTÂNCIA NO DIREITO TRIBUTÁRIO

Um método de "subsunção" pura, que permitiria deduzir da norma, *more geometrico*, a solução do caso concreto, é uma ideia que vem sendo abandonada pela metodologia jurídica há algum tempo[202]. Embora não se possa negar a utilidade do raciocínio dedutivo/silogístico para o Direito, predomina hoje a ideia de que a aplicação do Direito sempre envolverá valoração, ainda que esta possa se dar em doses variadas[203].

A própria noção de interpretação como uma atividade criativa, em que o intérprete a partir do texto e do problema constrói a norma a ser aplicada no caso concreto, desconstrói a ideia de uma subsunção pura e simples, que se faça alheia a valorações e a pré-compreensões[204]. Também contribui para desconstruir a ideia simplista de subsunção a desconexão estrutural promovida entre *texto* e *norma*, reconhecida esta como produto da atividade hermenêutica, e não como uma categoria *representada* pelo texto e extraída dele[205].

Outra questão que mitiga a simplicidade da subsunção é a compreensão do Direito como um sistema de normas e o desenvolvimento de uma teoria dos princípios. Essa conjugação de ideias também permite vislumbrar que a solução do caso concreto e a construção da norma de decisão se faz a partir de uma diversidade de normas, que se relacionam e se imbricam mutuamente dentro do sistema, influindo umas sobre as outras[206]. No âmbito da metodologia do Direito, uma releitura da teoria dos fatos e das provas, que relativiza a divisão estanque entre questão de fato e questão de direito e aprofunda o tema da qualificação dos fatos e sua reconstrução, a partir do campo normativo também põe em xeque a concepção clássica de subsunção. Por fim, a reabilitação da razão prática e das teorias da argumentação no Direito criam outras exigências metodológicas de *racionalidade, integridade, coerência* e *correção* ao discurso jurídico que, senão substituem ou se opõem à subsunção, sofisticam-na, a partir de um arsenal argumentativo variado, que identifica certas etapas do raciocínio jurídico como necessárias para uma adequada *justificação das conclusões*[207].

---

[202] Karl Larenz, *op. cit.*, p. 215-226.

[203] Manuel Atienza, *op. cit.*, p. 34-36.

[204] Eros Grau, *Ensaio e discurso sobre a interpretação/aplicação do Direito*. 3ª edição. São Paulo: Malheiros, p. 71-113

[205] Humberto Ávila, *op. cit.*, p. 15-23.

[206] Humberto Ávila, *op. cit.*, p. 78-86.

[207] Robert Alexy, *op. cit.*, p. 209-281.

O PRINCÍPIO DA LEGALIDADE TRIBUTÁRIA

Evidentemente, explorar detalhadamente todos esses fatores que levam a uma reestruturação da subsunção fugiria ao escopo deste trabalho. Mas, o que se verifica é que a subsunção *pura, simples* e *alheia a valorações* é um método atualmente inconcebível no Direito. Mesmo os chamados casos fáceis envolvem algum tipo de valoração. Ocorre que o grau de consenso em torno das soluções possíveis ou de uma única solução possível nos casos fáceis é maior. Vale dizer, a derrotabilidade/superabilidade das premissas que integram o raciocínio nos casos fáceis é menor, no sentido de que exigem um ônus argumentativo muito difícil de ser superado. Assim, a subsunção não é uma particularidade do *conceito*, bem como a existência de um raciocínio jurídico valorativo também não deve ser uma prerrogativa do *tipo*.

Na feliz imagem de Engisch, a subsunção é "um ir e vir entre olhar a premissa maior e o fato da realidade"[208]. Aleksander Peczenik[209] traz um exemplo que bem ilustra essa necessidade de valoração e de explicitação de premissas do raciocínio jurídico que sofisticam a subsunção. Trata-se de um caso julgado pela Suprema Corte da Suécia, que condenou por roubo uma pessoa que utilizou uma arma de brinquedo para subtrair bens de outra pessoa. O texto legal, bastante semelhante ao do CP brasileiro, previa que aquele que subtraísse bens com violência ou ameaça, constituindo risco grave, deveria ser condenado por roubo. Uma arma de brinquedo, por óbvio, não constitui, de fato uma violência ou um risco grave. Mas, mesmo assim, a Corte considerou que se configurou o roubo no caso *sub judice*. Houve simples subsunção? Não. Premissas contendo valorações adicionais tiveram que ser incluídas no silogismo judicial para justificar a conclusão do raciocínio. A premissa de que um risco falso não é menos pior do que um risco real. A premissa de que uma absolvição poderia estimular práticas como essa. A premissa de que as vítimas, nesses casos, ignorassem os riscos, estariam arriscando as suas vidas... Em suma, o que se vê é que as premissas não levaram de forma automática e absolutamente neutra a uma conclusão.

Humberto Ávila enxerga três motivos pelos quais a subsunção, enquanto *"correlação de hipótese de incidência e conjunto de fatos"*[210], não é especificidade

---

[208] *Logiseche Studien zur Gesetesanwendung.* 3ª ed. Heidelberg: Carl Winter-Universitätsverlag, 1963, p. 15 *apud* Carlos Palao Taboada, *La aplicación de las normas tributarias y la elusión fiscal.* Valladolid: Lex Nova, 2009, p. 77

[209] *On Law and Reason.* 2nd ed. Springer, 2008, p. 14-15.

[210] *Op. cit*, p. 200.

do conceito. A uma, porque *"esse procedimento de aplicação do Direito é uma peculiaridade geral da aplicação de toda e qualquer norma jurídica"*[211]. A duas, porque a subsunção não deixa de ser uma *"assimilação, por inferência de norma jurídica e conjunto de fatos da vida que, logicamente, não pode ser contraposta à correlação"*[212]. A três, porque, seja no caso dos *tipos* ou dos *conceitos*, a consequência jurídica prevista na norma ou ocorre ou não ocorre: *"o procedimento de aplicação do Direito igualmente só pode ser representado no final como procedimento com alternativas mutuamente excludentes (...)"*, concluindo no sentido de que *"não se importa se se trata de um conceito de classe ou de um conceito de tipo: a conseqüência jurídica ou ocorre, ou não ocorre; a norma jurídica é aplicada ou não é. Tertium non datur"*[213].

Por outras palavras, o Direito invariavelmente envolve a aplicação de normas a casos concretos, porque as normas regulam e conformam a realidade. Daí porque a subsunção será um método de aplicação do Direito, ainda que possa se valer de técnicas argumentativas mais sofisticadas do que o método dedutivo.

Além disso, a comparação entre o fato concreto e a hipótese de incidência legal, que costuma ser descrita como uma propriedade do tipo, ocorre, de um modo geral, na aplicação do Direito, uma vez que essa atividade envolve, invariavelmente, a comparação do caso concreto a ser decidido com a hipótese legal e abstrata contida na norma.

Ao final, por mais que se possa entender que o caso concreto tem maior ou menor semelhança com aquele previsto na norma e se possa admitir alguma graduação, ou se considera que a norma (*rectius*: o comando contido no consequente da norma) deve ou não deve prevalecer na realidade. Vale dizer, no campo tributário, quer as normas tributárias contemplem *tipos*, quer *conceitos*, ou há o dever de se pagar o tributo ou não há esse dever. Não há a possibilidade de uma *faculdade* de se pagar ou não se pagar tributos, porque o caso é difícil, limítrofe e situa-se em uma zona cinzenta.

Diante desse cenário de dificuldade de se distinguir entre *conceitos* e *tipos*, parece-nos mais adequado estudar a *legalidade,* menos sob o aspecto *semântico,* e mais sob o aspecto *sintático*, assim compreendida a função estrutural que a legalidade desempenha como norma de produção para

---

[211] Loc. cit.

[212] Loc. cit.

[213] Loc. cit.

O PRINCÍPIO DA LEGALIDADE TRIBUTÁRIA

a produção de normas de conduta. Nesse sentido, como iremos propor adiante, parece-nos que a legalidade tributária aponta para a estruturação de um sistema com base em *regras* no que tange à regulação do *fenômeno de incidência tributária*. Com isso, não se está querendo afastar, ignorar ou minimizar o papel dos princípios no Direito Tributário. O que se está buscando é construir um modelo teórico para descrever o funcionamento da incidência tributária que melhor se ajusta ao sistema tributário instituído pela CF/1988[214].

Como veremos no tópico a seguir, esse modelo, que foi intensamente desenvolvido pela doutrina do Direito Tributário, conta com o apoio dos setores mais formalistas e substancialistas da doutrina e, em nossa opinião, exerce uma relevante influência sobre o tema da analogia em matéria tributária e do próprio planejamento tributário, que serão abordados adiante.

---

[214] "Enfim, não é admissível afastar, nem aplicar além do limite semântico intransponível, uma regra constitucional, com base num princípio, por ser a regra a própria solução constitucional para determinado conflite de interesses. Nessas situações a Constituição fixa balizas intransponíveis. Ainda mais considerando que a Constituição Federal não tem apenas um princípio que possa afastar ou ampliar uma determinada regra, mas vários princípios, e nem todos apontam numa só direção". (Humberto Ávila, "Regra Matriz *versus* Princípios". In: Luís Eduardo Schoueri, *Direito Tributário: homenagem a Paulo de Barros Carvalho*, São Paulo: Quartier Latin, 2008.).

Capítulo 5
Lei Tributária: Estrutura e Função

1. A adoção do modelo de "regra de incidência tributária"
Consoante vimos no capítulo anterior, a legalidade tributária é uma reserva de lei reforçada pela Constituição, importando a exigência de lei específica, certa e estrita, que define os elementos essenciais para que tributos sejam estabelecidos.

A CF/1988 não adotou, portanto, um modelo principiológico ou finalístico de estabelecimento de tributos. O legislador constituinte, em matéria tributária, não estabeleceu alguns objetivos a serem alcançados, como, por exemplo, aqueles enumerados no artigo 3º da CF/1988, os quais demandam recursos públicos, de modo que o financiamento desses objetivos por meio de tributos poderiam ser elaborados consoante melhor conviesse ao legislador. Não. A CF/1988 já pré-definiu os meios pelos quais o legislador deve concretizar o sistema tributário: (i) a lei é que deve estabelecer tributos (artigo 150, I); (ii) seus elementos essenciais, como fato gerador, base de cálculo e contribuintes, deverão estar fixados em lei (artigo 146, III); (iii) as espécies tributárias e as situações sobre as quais elas recairão estão previstas constitucionalmente (artigos 145, 149 e 153 a 156); e (iv) essas regras que estabelecem tributos devem seguir um modelo obrigacional (artigo 146, III, "c").

Essas diretrizes estruturais geraram um profícuo desenvolvimento da teoria da norma de incidência tributária na doutrina nacional. Obras clássicas do Direito Tributário brasileiro como *Fato Gerador da Obrigação Tri-*

butária, de Amílcar de Araújo Falcão; *Teoria Geral do Direito Tributário*, de Alfredo de Augusto Becker; *Hipótese de Incidência Tributária*, de Geraldo Ataliba; e *Teoria da Norma Tributária* e *Direito Tributário: Fundamentos Jurídicos da Incidência*, de Paulo de Barros Carvalho dedicaram-se ao estudo e ao aperfeiçoamento de um modelo de *regra* para regular a incidência tributária. Esse modelo difundiu-se entre nós, obtendo ampla aceitação tanto na doutrina quanto na jurisprudência.

Malgrado algumas discussões que possam existir com relação a determinados aspectos da norma tributária, o modelo que prevalece, em uma apertada síntese, é de que a norma tributária de incidência estrutura-se de seguinte forma[215]. Subdivide-se em um *antecedente*, em que se encontra descrito um fato de possível ocorrência, que não seja um fato-conduta ilícito. O *antecedente* encontra-se ligado por functores implicativo e deôntico (deve-ser) a um *consequente*. O consequente contém a prescrição da norma tributária, segundo a qual um determinado sujeito (o contribuinte) está obrigado a conduta de entregar uma certa soma de dinheiro a outro sujeito de direito (sujeito ativo) ou (em caso de substituição tributária) está obrigado a permitir que outro sujeito (sujeito ativo) lhe retire certa quantidade de dinheiro. Verificado no mundo real o *fato concreto*, cujo conceito corresponde ao antecedente da norma tributária, surge a obrigação tributária prevista no consequente da norma.

2. As regras como generalizações probabilísticas entrincheiradas

Não buscaremos aqui empreender um estudo sobre a evolução desse modelo estrutural de norma de incidência, nem sobre seus aspectos pontuais. Trata-se de um estudo complexo e profundo que ultrapassaria os limites deste trabalho[216]. A nossa proposta é trabalhar com esse modelo e verificar quais são seus desdobramentos no que tange à sua aplicação. Para isso, nos valeremos da teoria proposta por Frederick Schauer para aplicação de *regras* para decisão de casos, desenvolvida em sua obra *Playing by the Rules: a philosofical examination of rule-based decision making in Law and in Life*[217].

---

[215] Luís Cesar Souza de Queiroz, "Norma Tributária...".

[216] Luís Cesar Souza de Queiroz tem amplos e detalhados estudos sobre o tema, em cujas premissas teóricas nos baseamos para desenvolver os desdobramentos aqui tratados: v., principalmente, *Sujeição Passiva Tributária, Imposto sobre a renda: requisitos para uma tributação constitucional* e, mais recentemente, "Norma Tributária e Fato Gerador", *op. cit.*

[217] New York: Oxford, 1997.

LEI TRIBUTÁRIA: ESTRUTURA E FUNÇÃO

Nesse estudo, Schauer examina as *regras* que possuem a função *regulatória* e seu objetivo é demonstrar como elas operam no processo de tomada de decisões. Em uma apertada síntese, Schauer inicia seu livro distinguindo *regras descritivas*[218], que são utilizadas para denotar uma regularidade empírica ou generalização existente na natureza de *regras* prescritivas, que são aquelas utilizadas para guiar, controlar ou alterar o comportamento de agentes com capacidade de decisão.

Posteriormente, Schauer trata das *regras como generalizações* (tanto as regras descritivas como as prescritivas), indicando que elas não são instruções particulares, mas comandos que apontam para múltiplas instâncias e prescrevem múltiplas ações. Nesse sentido, a formulação de regras se dá a partir do recorte da realidade, com a seleção de algumas propriedades e supressão de outras propriedades do objeto que será *regrado*, isto é, no estabelecimento do que Schauer chama de "predicado factual", também denominado de *hipótese de incidência* ou *antecedente* da norma.

Grosso modo, regras são comumente formadas a partir de situações particulares (ex: o cão do Sr. João que entra em um restaurante e perturba a paz dos que lá estão), que são tomadas como um exemplar de uma categoria mais geral (ex: coisas que perturbam a paz em restaurantes) e que fazem o criador da regra buscar certas propriedades do particular que são *causalmente relevantes* para a categoria mais geral (o fato de cães perturbarem a paz em restaurantes). Essa categoria mais ampla que leva à formulação da regra é a *justificativa* da regra, isto é, o mal que deve ser erradicado ou o objetivo que deve ser atingido[219]. A justificativa, então, determina quais das generalizações devem ser selecionadas para constar do predicado factual da regra.

Mas, regras não são *generalizações perfeitas*, senão generalizações *probabilísticas*. Isto é, na seleção de propriedades que é levada em consideração para a formulação de regras, busca-se alcançar aquelas que mostram maior probabilidade de se alcançar os objetivos traçados pela justificativa da regra. Isso não significa que essas propriedades serão necessárias ou mesmo suficientes para se atingir esse objetivo (ex: cachorros comportados e treinados podem não perturbar a paz no restaurante enquanto que

---

[218] Como, por exemplo, a regra de que "Como regra, os Alpes suíços estão cobertos de neve em maio" ou a lei da gravidade (*Idem, ibidem*, p. 1-2).

[219] *Idem, ibidem*, p. 25-26.

crianças barulhentas e bagunceiras podem). Isto é, regras podem ser *sub-inclusivas* ou *sobre-inclusivas*, conforme, respectivamente, abranjam menos ou mais propriedades do que deveriam para atender aos objetivos que justificam sua formulação[220].

Essas *generalizações probabilísticas* podem conduzir ao que Schauer denomina de *experiências recalcitrantes*. A primeira dessas experiências recalcitrantes deriva do problema de abrangência, *i.e.*, quando se verifica que a regra determina que "Todo x deve ser Δ", mas se descobre um x em particular que possui uma determinada propriedade que não deveria levar a aplicação de Δ (ex: o cão-guia, de um deficiente visual, que não deveria ser impedido de entrar no restaurante). A segunda experiência recalcitrante é um problema de evolução, no sentido de que, ao tempo de formulação da regra "Todo x deve ser Δ", essa proposição era verdadeira, mas, com o passar do tempo, pode surgir um x que não deve ser Δ (ex: cachorros-robôs, que podem ser ligados/desligados e que não deveriam ser proibidos de entrar em restaurantes). Por fim, a terceira experiência recalcitrante é um problema de simplificação, na medida em que podem ser suprimidas certas propriedades que podem ser relevantes para saber se um x em particular deve ou não ser Δ (ex: se o fato de os cães estarem sedados e dentro de caixas especiais para seu transporte podem ou não autorizar o seu ingresso no restaurante).

Por isso que, para além de serem *generalizações probabilísticas*, Schauer acrescenta que as *regras* são "razões entrincheiradas". Nesse ponto, o professor diferencia o que seria um *modelo particularista* e *dialogal* ("conversational") de decisão de um modelo de *entrincheiramento* ("entrenchment"). No modelo dialogal, a aplicação de regras acontece como se pessoas estivessem conversando, debatendo, sobre a decisão; assim, quando surgem problemas sobre a aplicação de regras, as chamadas experiências recalcitrantes explicitadas acima, os participantes da conversa podem simplesmente flexibilizar as regras, reduzindo ou ampliando o seu escopo ou recorrendo às suas justificativas para decidir. A presença de um x especial, de um x inesperadamente diferente ou a de uma propriedade relevante "não-x" de um x em particular podem, no modelo dialogal e particularista, levar a uma mudança pontual na generalização. No modelo do entrincheiramento, porém, a ocorrência das experiências recalcitrantes, conflitando com as

---

[220] *Idem, ibidem*, p. 17-37.

generalizações probabilísticas, não leva a uma reformulação da generalização. A opção de um ajuste fino à regra no momento da aplicação não está disponível nesse modelo[221]; a regra se aplica mesmo naqueles casos em que a generalização falha ao não atender à sua justificativa subjacente.

Esse modelo de entrincheiramento não é assim por força de uma simples adoração ao *formalismo*. Como argumenta Schauer, o modelo de decisão com base em regras, embora *sub-ótimo*, porque pode levar a resultados indesejados, apresenta diversas vantagens. As regras tornam as decisões mais simples e fáceis, pois a decisão na ausência de regras seria mais *complexa e difícil*. Por conta dos problemas que vimos acima, a aplicação de uma regra pode levar a resultados em dissonância com a sua justificativa subjacente. Mas, a adoção de um modelo particularista, que busca a aplicação direta da justificação da regra, de modo a inquirir "todos os fatores que poderiam conduzir à melhor decisão para o caso particular" não necessariamente conduz à melhor decisão. Há riscos de "erros" em ambos os modelos. Todavia, no caso de respeito às regras, se evitam decisões particularizadas, permite-se a previsibilidade das decisões, incrementa-se a eficiência decisória e aumenta-se a estabilidade do ordenamento. É por essas razões que Schauer entende que a solução de casos baseada em regras é uma teoria do "segundo-melhor" ("second-best"), pois se opta por renunciar à busca do melhor resultado no caso particular ("first-best") para se evitar o pior resultado[222].

Com isto, não estamos querendo dizer que os princípios[223] não tem lugar no Direito Tributário, nem que as regras não possam ser afastadas em determinados casos excepcionais[224]. O que entendemos é que as *regras*, por conterem uma razão entrincheirada, devem ter papel de destaque, de primazia, na aplicação do Direito Tributário. Como bem acentua Humberto Ávila: *"Como as regras possuem um caráter descritivo imediato, o conteúdo do seu comando é muito mais inteligível do que o comando dos princípios, cujo caráter*

---

[221] *Idem, ibidem*, p. 44-46.

[222] *Idem, ibidem*, p. 152-166.

[223] Até porque, no modelo estruturado por Schauer na obra em questão não há uma distinção muito clara e forte entre princípios e regras.

[224] Quando forem passíveis de superação ("defeasable"), sendo que o ônus de argumentação cabe àquele que argumentar contra a sua aplicação, no caso de conflito de normas ou da aplicação de algum postulado que regule a aplicação das regras, como, por exemplo, a razoabilidade, a proporcionalidade ou a ponderação.

imediato é apenas a realização de determinado estado de coisas. Sendo assim, mais reprovável é descumprir aquilo que 'se sabia' dever cumprir"[225]. A adoção de um modelo de regras para regular a incidência de tributos não é uma questão de preferência metodológica subjetiva ou um desígnio positivista, mas simplesmente a aplicação do modelo de norma delineado pela própria CF/1988.

3. A aplicação do modelo de regras ao Direito Tributário

Adaptando as lições de Schauer para o procedimento de formulação da *regra de incidência tributária*[226], podemos entender que ele ocorre (i) a partir da *seleção* de certas situações particulares da realidade (*v.g.* uma sociedade aufere lucro no exercício de sua atividade; um prestador de serviço é remunerado pela atividade realizada; um comerciante vende mercadorias em sua loja); (ii) com a busca de propriedades que *permitam generalizar* essas situações (auferir renda e proventos de qualquer natureza; a prestação de um serviço; a realização de uma operação de circulação de mercadorias); (iii) a fim de ser provável atingir o objetivo da regra, que é alcançar alguma espécie de manifestação de riqueza do sujeito passivo, de modo que ele contribua com uma parte dessa riqueza para a divisão dos gastos públicos (repartição de encargos fiscais). Uma vez formulada a regra, há o seu *entrincheiramento*.

No Direito Tributário brasileiro, diferentemente do que ocorre em outros sistemas tributários, essa formulação das regras de conduta, a partir da realidade, não se dá de forma totalmente livre e direta pelo legislador. As *normas de conduta* delineadas pelo legislador ordinário estão subordinadas a uma pletora de *normas de produção normativa* no plano constitucional e até mesmo infraconstitucional. Essas normas já delimitam e pré-definem diversos aspectos da norma de conduta, vinculando o legislador ordinário[227].

Voltando à regra de incidência tributária, o que verificamos é que há uma pluralidade de situações que denotam manifestação de riqueza do

---

[225] *Ibidem, ibidem*, p. 84.

[226] Em especial, trataremos aqui das normas que possuem finalidade *fiscal*, e não finalidade *extrafiscal*, o que demandaria considerações adicionais que escapariam ao nosso objeto. Além disso, o nosso foco de análise diz respeito às normas dos chamados "tributos não vinculados", que têm por característica o fato gerador que não se consubstancia em uma atividade estatal, mas em uma manifestação de riqueza por parte do contribuinte.

[227] Sobre o tema das normas de produção normativa e normas de conduta, em especial no que tange ao Imposto sobre a Renda, cf. Luís Cesar Souza de Queiroz, *op. cit.*, p. 44-118.

LEI TRIBUTÁRIA: ESTRUTURA E FUNÇÃO

contribuinte, mas a CF/1988 pré-seleciona algumas dessas manifestações ao delinear as regras de competência tributária. Ao formular as regras de conduta, *i.e.*, as normas de incidência tributária, o legislador ordinário ou complementar, conforme o caso, deve realizar uma nova seleção dessas propriedades dentro do espaço de situações previamente delimitadas pelas regras de competência. Ao efetuar essa seleção e formular a regra de incidência tributária, essas propriedades passam a estar entrincheiradas.

Um exemplo de como o descumprimento de *regras de incidência tributária*, a partir da referência a princípios abertos, pode trazer graves problemas à segurança jurídica foi o conflito que se manifestou entre lei e jurisprudência, no que tange à identificação do local da prestação do serviço e do Município competente para a exigência do ISS.

A CF/1988 e mesmo a CF/1967/1969 outorgavam competência aos Municípios para criarem impostos sobre a prestação de serviços, definidos em lei complementar, mas nada dispunham expressamente sobre a competência tributária dos Municípios, no que tange ao local da prestação e à sujeição ativa, deixando apenas a cargo da lei complementar disciplinar "conflitos de competência em matéria tributária" (artigo 19, III da CF/1967/1969 e artigo 146, I da CF/1988). Nesse contexto, tanto o artigo 12, "a" do DL nº 406/1968, quanto o artigo 3º da LC nº 116/2003, que dispõem sobre normas gerais do ISS, previram, como regra geral, que o ISS seria devido ao Município onde está localizado o estabelecimento do prestador de serviço ou, na sua ausência, o domicílio do prestador.

Para utilizar a terminologia de que tratamos acima, a regra em questão continha uma generalização probabilística entrincheirada. Diante de uma realidade em que os prestadores de serviço estão estabelecidos em um determinado Município, embora possam prestar serviços em vários Municípios, o legislador entendeu por bem, como regra geral, considerar os serviços prestados no estabelecimento do prestador ou em seu domicílio, como forma de *simplificar* a arrecadação do imposto e evitar conflitos de competência (*v.g.* prestador estabelecido em um Município, serviço prestado em um ou mais Municípios). A *regra* possuía uma clara função de entrincheiramento, que era evitar que a cada situação específica em que um serviço fosse prestado se tivesse que discutir, como em um modelo particularista, onde seria devido o ISS. Até porque o serviço poderia ser inicialmente executado em um Município e concluído em outro (*v.g.* a assis-

FORMA E SUBSTÂNCIA NO DIREITO TRIBUTÁRIO

tência técnica de uma máquina, reparada parte no Município do tomador do serviço e parte no Município do seu prestador).

No entanto, essa simplificação trazida pela regra do local da prestação, gerou algumas situações distorcidas na prática. Determinados prestadores de serviço passaram a formalmente registrar seus estabelecimentos em Municípios que possuíam reduzidas alíquotas de ISS[228], apenas para recolherem menos imposto, sem que efetivamente estivessem lá estabelecidos ou mesmo tivessem seu domicílio nesses Municípios. Simulavam um estabelecimento que, na prática, não existia no Município.

Diante desse quadro, o que se verificou é que a jurisprudência passou a fazer uma leitura também distorcida do artigo 12, "a" do DL nº 406/1968 e do artigo 3º da LC nº 116/2003. Invocando o "princípio constitucional implícito"[229] de que os Municípios detinham competência para tributar todo e qualquer serviço prestados em seu território, o STJ[230] passou a converter em regra geral as hipóteses excepcionais trazidas pelo DL nº 406/1968 e pela LC nº 116/2003, que consideravam o local da prestação do serviço como o local onde o serviço foi prestado (aplicável, por exemplo, à construção civil). Assim, para jurisprudência, em vez de o ISS dever ser recolhido no Município que o prestador estava estabelecido, consoante dispunham, de forma geral, o DL nº 406/1968 e a LC nº 116/2003, o ISS deveria ser recolhido no local da prestação do serviço.

[228] Trata-se dos denominados "paraísos fiscais" municipais, geralmente pequenos Municípios que reduziam as alíquotas de ISS a patamares mínimos, de modo a atraírem prestadores de serviços. Essa distorção foi consideravelmente reduzida pela EC nº 37/2002, cujo artigo 3º inseriu o artigo 88 do ADCT, estabelecendo uma alíquota geral mínima de 2% de ISS, enquanto outro limite não fosse estipulado em lei complementar.

[229] Uma das primeiras referências que se vê a essa expressão é no RESP 41.867, 1º Turma, Relator: Ministro Demócrito Reinaldo, DJ 25.4.1994, em cuja ementa se lê que: "É o local da prestação do serviço que indica o Município competente para a imposição do tributo (ISS), para que se não vulnere o principio constitucional implícito que atribui àquele (município) o poder de tributar as prestações ocorridas em seu território".

[230] A jurisprudência nesse sentido começou a se firmar com um dos primeiros recursos especiais julgados pelo então recém-criado STJ (RESP nº 38, 2ª Turma, Relator: Ministro Vicente Cernicchiaro, DJ 28.8.1989) em que se decidiu que "o fato imponível deve ocorrer nos limites geográficos dessa pessoa jurídica de Direito Público interno (...) pouco importa a alegação afirme existência de malícia". Esse entendimento acabou sendo consolidado a partir de precedentes da Primeira Seção do STJ (ERESP 168.023, Relator: Ministro Paulo Gallotti, DJ 3.11.1999; ERESP nº 130792/CE, Relator: Ministro Ari Pargendler, Relatora p/ acórdão: Ministra Nancy Andrighi, DJ 7.4.2000; e AgRg na Pet nº 6561, Relator: Ministro Herman Benjamin, DJe 18.9.2009), e de precedentes da 1ª e 2ª Turmas do STJ.

LEI TRIBUTÁRIA: ESTRUTURA E FUNÇÃO

Instaurou-se, dessa forma, um quadro geral de insegurança e uma gigantesca controvérsia entre entes federativos e contribuintes do ISS. Tanto os Municípios em que os prestadores possuíam estabelecimento, quanto os Municípios em que o serviço era prestado passaram a exigir o imposto sobre uma mesma prestação de serviço. Um com base na lei e o outro com base na jurisprudência. Todo o quadro de previsibilidade e certeza buscado pela função de entrincheiramento da *regra* foi perdido por uma interpretação que buscava *repelir uma distorção* que ocorria na realidade na aplicação da regra: contribuintes que simulavam a existência de estabelecimentos em Municípios em que não estavam estabelecidos. Mas, essa solução se deu de forma *contra legem*, a partir de uma *distorção* da *regra*[231]. Esse é um exemplo de como um modelo particularista de solução de casos, por mais bem intencionado que seja, pode causar graves problemas de segurança jurídica[232], no que tange à certeza, à previsibilidade e à cognoscibilidade do Direito[233].

Outra questão relativa ao entrincheiramento é a extensão da regra de incidência tributária para alcançar outros casos não previstos em seu antecedente, ainda que possam guardar semelhança com os casos nela previstos. Trata-se da questão da analogia *gravosa* em matéria tributária, que passamos a abordar no capítulo a seguir.

---

[231] Se a regra em questão realmente violava a competência tributária constitucional dos Municípios – com o que não concordamos por não haver qualquer definição dessa competência territorial na CF/1988 – talvez o mais indicado tivesse sido declarar a inconstitucionalidade tanto do artigo 12, "a" do DL nº 406/1968, quanto do artigo 3º, da LC 116/2003. Com isso, a norma seria eliminada do sistema, o que pacificaria de vez o problema de se manter uma disposição legal em conflito flagrante com a orientação jurisprudencial.

[232] Contudo, recentemente, o STJ orientou a sua jurisprudência no sentido de que, com a edição da LC 116/2003, a regra geral passou a ser o recolhimento no local do Município do estabelecimento do *prestador do serviço* – como já era antes sob a égide do DL nº 406/1968, mas não no entendimento anterior do STJ (cf. o recurso representativo da controvérsia, RESP 1.117.121, Primeira Seção, Relatora: Ministra Eliana Calmon, DJ 29.10.2009).

[233] Por vezes, pior do que uma regra "boa" ou uma regra "ruim" é uma anomia e uma insegurança com relação à regra aplicável, o que um ponto negativo tanto para os defensores quanto para os críticos de uma regra. Um dos problemas gerados por modelos particularistas é de só permitir uma solução "à luz do caso concreto". Isso pode gerar a falsa impressão de que a solução, nesses casos, será sempre a mais bem elaborada, refletida e justa possível. Só que o modelo particularista não fornece qualquer garantia de que isso ocorra. Pode-se, na verdade, chegar a resultados particulares bons ou ruins. O que certamente aumenta, no modelo particularista, é o risco de uma falta de uniformidade e previsibilidade das decisões, considerando o todo.

Capítulo 6
A Analogia Gravosa no Direito Tributário

1. Considerações gerais sobre a analogia

A analogia é um vocábulo de origem grega, cunhado a partir da combinação do prefixo "ana", que significa "sobre, de acordo com", com o radical "logos", que significa "razão, palavra, ligação" e o sufixo "ia" que denota uma "qualidade". Analogia significa, literalmente, "de acordo com uma razão ou proporção"[234]. A analogia surge, inicialmente, como uma figura matemática que representa a proporção/razão geométrica entre os termos $a/b = c/d$ ("*a* está para *b*, assim como *c* está para *d*"). Nessa relação, não se verifica propriamente uma identidade entre os termos "a" e "c" ou "b" e "d", mas uma igualdade na *razão* entre eles[235].

Essa ideia matemática de proporção é transladada para o campo das ciências, da lógica e da retórica[236], em que a analogia surge como um raciocínio baseado na *semelhança*, no *exemplo*, baseado na inferência do *particular* para o *particular*. A analogia é uma forma de raciocínio em que se parte de

---

[234] Vide a origem etimológica no dicionário eletrônico disponível na internet em <http://www.etymonline.com/index.php?term=analogy>, acesso em 15.1.2013.

[235] Sobre a analogia na Filosofia, desde os primórdios até a sua aplicação no pensamento jusfilosófico, cf. o verbete "Analogia" de Edson Resende, no *Dicionário de Filosofia do Direito*, Vicente Barreto (coord.), São Leopoldo e Rio de Janeiro: Unisinos e Renovar, 2006, p. 43-47.

[236] Como, por exemplo, na Biologia de Aristóteles (Parte dos Animais, I, 4, 644a 21, *apud*, Edson Resende, *op. cit.*) em que se aduz que "a plumagem é para o pássaro o que a escama é para o peixe".

uma relação de semelhanças conhecidas entre dois entes para se inferir sobre relações desconhecidas entre eles, nos seguintes moldes:

> Os x possuem as propriedades A, B, C e D. Os y tal como os x possuem as propriedades A, B, C e D. Os x tem ainda a propriedade E. Logo, os y também tem a propriedade E (...). Os argumentos de analogia partem da idéia de que se diferentes coisas são semelhantes em determinados aspectos, também o serão em outros[237].

Como se baseia em comparações entre entes particulares, do ponto de vista lógico, o argumento analógico não é necessariamente válido porque as verdades das premissas não garantem a verdade da conclusão; pode haver maior ou menor *probabilidade* de o raciocínio ser válido.

Não obstante, a *força* retórica da analogia e o seu papel de persuadir um auditório racional fizeram com que ela se difundisse na prática jurídica. O uso do argumento *a simili*, no raciocínio jurídico, baseia-se em uma concepção de *justiça*, segundo a qual casos *essencialmente semelhantes* devem ser tratados de maneira igual[238]. Se a lei ou o precedente judicial dão uma solução a um determinado caso, e há um outro caso que exibe semelhança com aquele um, mas não há lei que o discipline ou precedente que trate dele, esse outro caso deve ter o mesmo tratamento do primeiro. Dessa forma, se a regra proíbe a entrada de cães em um restaurante, pelo *argumento a simili*, também deve proibir a entrada de gatos, porque estes tem em comum com os cães o fato de serem animais e perturbarem a paz nos restaurantes. Nesse sentido, a analogia atua de forma *oposta* ao argumento *a contrario* ou do raciocínio *a contrariu sensu*, pois este atua justamente excluindo do tratamento legal ou do precedente aqueles casos que não estão expressamente abrangidos pela lei ou pelo precedente. Assim, por exemplo, a regra que proíbe a entrada de cães em restaurantes, pelo argumento *a contrario*, não se aplica a gatos, porque, se não foi prevista a proibição a gatos, ele estão permitidos.

Essa distinção entre o argumento *a simili* e *a contrario* se reflete na diferença entre *norma geral exclusiva* e *norma geral inclusiva*, como explica Bobbio. A norma geral exclusiva é uma norma aplicável a todos os casos não

---

[237] Edson Resende, *op. cit*, p. 45.
[238] Cf., a respeito da analogia no âmbito da lógica jurídica, Chaïm Perelman, *Lógica Jurídica*, 2ª ed. São Paulo: Martins Fontes, 2004, p. 9-14 e 174-180.

regulados por normas particulares. A norma geral exclusiva estaria vinculada a todas as normas particulares, estabelecendo que as condutas não reguladas por essas últimas normas estariam necessariamente *excluídas* dessa *regulação*. Assim, por exemplo, a norma particular que proíbe fumar, exclui dessa proibição todos os outros comportamentos que não sejam fumar. Por sua vez, a *norma geral inclusiva* atua em sentido oposto, conferindo o mesmo tratamento da norma particular aos casos que não são por ela abrangidos, como fazem, por exemplo, as normas que determinam a resolução por *analogia* de casos semelhantes, mas não regulados pela norma. Vale dizer, a norma geral *inclui* na norma particular condutas que não são por ela reguladas, mas que com ela guardam semelhança. Nas palavras de Bobbio: *"Portanto, cabe ao intérprete decidir se, em caso de lacuna, deve aplicar a norma geral exclusiva e, portanto, excluir o caso não-previsto da disciplina do caso previsto ou aplicar a norma geral inclusiva e, portanto, incluir o caso não previsto na disciplina do caso previsto"*[239].

A *analogia* é uma questão debatida pela dogmática jurídica há séculos. Sua definição, sua estrutura e suas funções são delineadas a partir de diversas premissas metodológicas prévias. Questões como: "o que é Direito? o sistema jurídico é completo? o que é interpretação? o que é lacuna? como se soluciona uma lacuna?" são fundamentais para se compreender o que é analogia e em que situações ela deve ser utilizada na argumentação jurídica. Evidentemente, aprofundar essas questões implicaria desviar o foco do presente trabalho, mas nos parece relevante tecermos algumas considerações gerais sobre as posições firmadas pela doutrina tributária acerca do recurso à analogia.

Como vimos, a analogia ou *argumento a simili* é a extensão da solução existente em uma determinada norma (*analogia legis*), ou que se induz, a partir de uma série de normas (*analogia iuris*), para um caso que não possui solução expressamente prevista na norma, mas que guarda semelhança relevante com o(s) caso(s) por ela(s) regulado(s).

Consoante explica Ricardo Lobo Torres, a analogia é um método de *integração* do Direito Tributário. A *integração*, por sua vez, seria distinta da *interpretação*. Lobo Torres sustenta que na *interpretação*, o intérprete atua estabelecendo "as *premissas para o processo de aplicação através do recurso à argumentação retórica, aos dados históricos e às valorizações éticas e políticas*", mas

---

[239] *Teoria do Ordenamento Jurídico*. 6ª edição. Brasília: Editora UNB, 1995, p. 132-139.

dentro do *"sentido possível do texto"*, enquanto que na *integração*, haveria o recurso a *"argumentos de ordem lógica, como a analogia e o argumento a contrario, operando fora da possibilidade expressiva do texto da norma"*[240]. Contudo, o professor reconhece que é fluida e sem "fronteira definida" a diferença entre a analogia, como método de integração, e a interpretação extensiva[241], que é o método de interpretação por meio do qual se busca alcançar um sentido do texto, não a partir de seu núcleo de sentido, mas das *" franjas marginais"*[242].

Para Larenz, a analogia teria lugar no caso de *lacuna da lei*, assim compreendida não só uma *omissão normativa* ou *incompletude da lei*, mas uma omissão no caso em que haja uma "intenção reguladora subjacente"[243]. Isto é, há uma lacuna, porque se verifica que um caso não está explicitamente regulado, mas essa omissão é *contrária ao plano regulador*[244]. Com base nessas premissas, Larenz distingue a lacuna do "silêncio da lei"[245], comumente denominado pela doutrina como "silêncio eloquente", inclusive com repercussão jurisprudencial[246]. No silêncio eloquente, a lei deixa de regular um caso, mas não por um defeito da lei, mas simplesmente por não pretender a sua regulação nos moldes lá definidos. Em suma, não há uma *omissão contrária ao plano regulador*.

Do ponto de vista da *lógica do sistema jurídico*, Carlos Alchourrón e Eugenio Bulygin chegam à conclusão de que há lacuna em um dado sistema[247]

---

[240] *Normas de Interpretação...*, p. 33.

[241] *Ibidem*, p. 34.

[242] Karl Larenz, *op. cit.*, p. 501. No Direito Tributário, sustentando semelhante critério v. Ricardo Lodi Ribeiro, *Justiça, Interpretação e Elisão Tributária, op. cit.*, p. 97.

[243] Karl Larenz, *op. cit.*, p. 529.

[244] Nesse sentido, Karl Engish, *op. cit.*, p. 281, para quem "Agora temos de dedicar especial atenção ao momento ou aspecto da incompletude 'insatisfatória', da incompletude *contrária a um plano*".

[245] *Ibidem*, p. 526.

[246] "Distinção entre lacuna da lei e 'silêncio eloquente' desta. Ao não se referir ao art. 114 da Constituição, em sua parte final, aos litígios que tenham origem em convenções ou acordos coletivos, utilizou-se ele do 'silêncio eloquente', pois essa hipótese já estava alcançada pela previsão anterior do mesmo artigo, ao facultar a lei ordinária estender, ou não, a competência da Justiça do Trabalho a outras controvérsias decorrentes da relação de trabalho, ainda que indiretamente. Em consequência, e não havendo lei que atribua competência a Justiça Trabalhista para julgar relações jurídicas como a sob exame, é competente para julgá-la a Justiça comum." (RE 135.637, Rel. Min. Moreira Alves, Primeira Turma, DJ de 16.8.1991).

[247] É preciso ressaltar, no entanto, que a noção de sistema com que trabalham os mencionados autores não é o da totalidade ou integralidade do sistema jurídico. Eles trabalham com a

quando no *universo de casos* existem *casos* que não possuem correspondência no *universo de soluções*[248], verificando-se uma incompletude no sistema. E distinguem essas lacunas, que chamam de "*normativas*", das "*lacunas axiológicas*", como denominam aquelas situações em que o intérprete entende que o sistema, ao delimitar um determinado universo de casos, a partir de certas *propriedades relevantes*, não leva em consideração certas propriedades relevantes que *deveriam* ter sido consideradas[249].

No Direito Tributário, a polêmica em torno da aplicação da analogia coloca-se, sobretudo, no campo da aplicação da norma de incidência tributária. Mas, de certa forma, por uma questão de congruência, pode ser vislumbrada também no que tange à aplicação das normas de desoneração. Tradicionalmente, a doutrina entende ser *vedada* a analogia gravosa no Direito Tributário. No entanto, recentemente, observa-se que alguns tributaristas renomados vem flexibilizando essa ideia e admitindo a analogia, ainda que com algumas limitações. Adiante, analisaremos esses novos posicionamentos doutrinários.

2. Os argumentos a favor da utilização da analogia no Direito Tributário

Os argumentos a favor da aplicação da *analogia gravosa* no Direito Tributário são basicamente dois: uma alegada necessidade de ponderação dos princípios da capacidade contributiva e da igualdade com a legalidade e uma imprecisão, no que tange à fronteira entre a analogia e a interpretação extensiva.

Iremos analisar de uma forma um pouco mais detida os argumentos daqueles que sustentam a possibilidade da *analogia* no Direito Tributário para, em seguida, expormos o nosso posicionamento a respeito do tema.

---

noção de *micro-sistemas*. O exemplo no qual se baseiam os autores para estruturar sua teoria é o da possibilidade de reivindicação de bens imóveis contra o terceiro possuidor regulado pelo Código Civil argentino.

[248] "Cuando en la línea correspondiente a un caso no aparece ninguna solución, se dirá que ese caso es una laguna (normativa). Un sistema normativo es incompleto si, y sólo si, tiene por lo menos una laguna. Un sistema que no tiene lagunas es completo." (*Introducción a la metodologia de las ciências jurídicas y sociales*, edição eletrônica disponível na internet em <http://www.cervantesvirtual.com>, acesso em 13.1.2013).

[249] *Idem, ibidem*. ("En el caso de la laguna axiológica, la solución existente se considera axiologicamente inadecuada porque no toma en cuenta la propiedad conceptuada relevante, es decir, porque el sistema no hace un distingo que debe hacerse").

FORMA E SUBSTÂNCIA NO DIREITO TRIBUTÁRIO

Aqueles que argumentam a favor da analogia *gravosa* geralmente partem da premissa de que as Constituições não vedam a analogia no Direito Tributário e, geralmente, essa proibição é vislumbrada pela doutrina, a partir de uma interpretação do princípio da legalidade. No Direito Tributário brasileiro, de fato, não há qualquer vedação expressa à analogia no plano constitucional, mas essa proibição consta do artigo 108, § 1º do CTN. No entanto, argumentam esses autores, a legalidade não seria o único princípio existente em matéria tributária. Outros princípios, como a capacidade contributiva, a igualdade e a solidariedade social deveriam ser considerados na interpretação do Direito Tributário.

Para essa doutrina, a denominada lacuna não seria necessariamente um espaço de não incidência tributária, mediante a aplicação de uma *norma geral exclusiva*, porque a *capacidade contributiva* atuaria como norma geral inclusiva. "*Vale dizer, apesar de não estar expressamente previsto o caso, mas por manifestar capacidade contributiva tributada pela lei, então estará alcançado pela incidência tributária*"[250]. Isso porque a capacidade contributiva é princípio constitucional de mesma hierarquia do que a legalidade; "*se a proteção ao patrimônio é decorrência do princípio da liberdade, a capacidade contributiva é expressão da solidariedade social*"[251]. Assim, no caso de uma *lacuna* da lei, "*não há uma solução única para as hipóteses de lacuna em matéria tributária. A ponderação deverá ocorrer no caso concreto e à vista dela a decisão quanto à norma geral a aplicar* [se norma geral exclusiva ou inclusiva]"[252].

Tipke, que defende expressamente a possibilidade de analogia gravosa no Direito Tributário, assenta seu raciocínio também em uma concepção ampla de capacidade contributiva, como pedra fundamental do Direito Tributário, a ponto de tratar antes dela e só depois da legalidade, na parte dos princípios de Direito Tributário, em sua obra clássica com Joachim Lang, sobre Direito Tributário (*Steurrecht*)[253]. Para Tipke, a "*justiça se garante primordialmente mediante a igualdade perante a lei, e no Direito tributário mediante a igualdade na repartição da carga tributária*"[254].

---

[250] Marco Aurélio Greco, *op. cit.*, p. 161, embora o autor termine por concluir que não defende a analogia, enquanto vigorar o artigo 108 do CTN.

[251] *Loc. cit.*

[252] *Idem, ibidem*, p. 162

[253] Klaus Tipke; Joachim Lang, *Direito Tributário*. Tradução da 18ª edição alemã, totalmente refeita, de Luiz Dória Furquim. Porto Alegre: Sergio Antonio Fabris, 2008.

[254] No original em Espanhol: "La Justicia se garantiza primordialmente mediante la igualdad ante la ley, en El Derecho tributário mediante la igualdad en el reparto de la carga tributaria

Nesse norte, se a lei tributária grava um determinado número de situações A, B, C e D, mas não grava A' que é semelhante a A e denota a mesma capacidade contributiva, é possível estender-se a A' o tratamento tributário previsto na lei, sob pena de desprezar-se a capacidade contributiva da situação A' e conferir-se um tratamento diferente a A', que deveria ser tratado da mesma forma que A.

O segundo argumento dos defensores de uma relativização da vedação da analogia no Direito Tributário repousa, como se disse, na dificuldade de uma delimitação precisa entre *interpretação* e *integração* ou, mais propriamente, entre *interpretação extensiva* e *analogia*.

Para Tipke, não há violação ao princípio da legalidade se o aplicador da lei simplesmente expurga as "incompletudes do *texto legal contrárias ao plano, falhas de texto que frequentemente desconsideram, sob a pressão da política do dia, a legislação tributária estável*"[255]. Nesse sentido, a colmatação de lacunas pela analogia seria uma concretização do princípio da democracia, na medida em que realiza a "*vontade expressa, verbalmente incompleta, do legislador democrático*"[256]. Tipke compreende a lacuna, que autoriza a integração pela via da analogia, como a incompletude contrária ao plano do legislador. Diferencia a lacuna do espaço livre do direito, que é o "*espaço conscientemente não apanhado pelo legislador (exemplos: os gatos não estão sujeitos ao tributo canino; limitação de favorecimentos fiscais a determinados investimentos)*"[257].

Segundo Tipke, na analogia, o aplicador estaria apenas *retocando* a intenção do legislador, razão pela qual não haveria violação à separação dos Poderes. Arrola ainda uma série de situações em que a analogia teria sido utilizada pela jurisprudência no Direito Tributário. A uniformidade de interpretação que equiparou as despesas operacionais contra o teor literal da lei aos custos geradores de renda, segundo o princípio da causalidade, bem como o desenvolvimento pretoriano de um direito do balanço fiscal para a sociedade de pessoas, enquanto a lei regulava apenas a averiguação de lucro, seriam exemplos da aplicação da analogia em matéria tributária. Nessa toada, a analogia teria o condão de aperfeiçoar dogmaticamente o Direito Tributário, resolvendo certos déficits de regulação[258].

(Klaus Tipke, *Moral Tributaria del Estado y de los contribuyentes*. Traducción Pedro M Herrera Molina. Madrid: Marcial Pons, 2002, p. 30.

[255] *Direito Tributário, op. cit.*, p. 313.

[256] *Loc. cit.*

[257] *Idem, ibidem*, p. 312.

[258] *Loc. cit.*

Carlos Palao Taboada se manifesta no sentido de uma identidade material entre interpretação e analogia. Segundo Taboada, a subsunção possui natureza analógica e, baseando-se nas doutrinas de Arthur Kaufmann e Karl Engisch, entende que há sempre uma comparação do caso concreto com aquele caso previsto na hipótese legal. Por isso, a proibição da analogia seria uma ordem absurda e impossível de cumprir[259].

Marco Aurélio Greco não defende propriamente o emprego da *analogia*, mas da *consideração econômica*, assim definida: *"Na consideração econômica, parte-se da lei, constrói-se o conceito legal para saber-se qual o tipo, vai-se para o fato, constrói-se o conceito de fato considerando os seus aspectos jurídicos, econômicos, mercadológicos, concorrenciais etc.; enfim, todos os aspectos relevantes para construí-lo e volta-se para a lei para saber se ele está enquadrado ou não"*[260]. Para Greco, não se trataria, nesse caso, propriamente de uma interpretação analógica, que parte de um caso particular para outro caso particular, nem de interpretação econômica, que *"parte do fato e pelas características econômicas, vamos buscar a lei de incidência"*[261].

Mas, segundo o professor paulista, o primado do princípio da legalidade no Direito Tributário teria dado origem a uma situação de "inflação normativa", que tornaria exageradamente complexo o *sistema tributário*[262]. Os defensores da analogia gravosa entendem que ela poderia suprir esse papel, permitindo uma atualização das normas tributárias, especialmente no caso de leis mais antigas que ela seja estendida a novos casos pela via da integração[263].

3. A vedação à analogia gravosa
3.1. A colocação do problema
Com todo respeito que merecem as teorias mencionadas acima, não nos parece que a *vedação à analogia gravosa* no Direito Tributário seja uma opção do legislador *infraconstitucional,* mas um desdobramento da própria estrutura do sistema tributário brasileiro. Como demonstrado anteriormente, a legalidade tributária impõe reserva absoluta de lei para os elementos essenciais da norma de incidência tributária. Essa legalidade qualificada

---

[259] *La aplicación de las normas tributarias y la elusión fiscal, op. cit.* p. 77
[260] Marco Aurélio Greco, *op. cit.*, p. 150-151
[261] *Loc. cit.*
[262] *Ibidem*, p. 120-121.
[263] Carlos Palao Taboada, *op. cit.*, p. 81-82.

é reforçada pelas demais normas constitucionais que estabelecem regras de competência para a lei complementar e para os entes políticos. Interpretado nesse contexto normativo, o princípio da legalidade tributária sinaliza no *sentido* da vedação da analogia gravosa no Direito Tributário. Dessa forma, não se podem criar incidências tributárias diversas daquelas previstas na lei, não porque o CTN assim dispõe, mas como decorrência da *rigidez* e *exaustividade* do sistema constitucional tributário.

Isso não significa que haja uma determinação plena e prévia da lei tributária que a torne insuscetível à interpretação e à concretização, tampouco que sejam possíveis violações da *igualdade* pela lei tributária. Vamos tratar desses pontos, antes de abordarmos os argumentos acima expostos sobre a possibilidade da analogia no Direito Tributário, porque entendemos que um aclaramento inicial dessas ideias permitirá uma melhor compreensão do que diremos acerca dos argumentos específicos a respeito da analogia.

Afastar a analogia gravosa no Direito Tributário significa interpretar o sistema de modo que a lei – e apenas a lei – possa criar hipóteses de incidência ou de desonerações tributárias. Não o regulamento, nem a decisão judicial. Contudo, daí não se extrai que os elementos essenciais da norma tributária serão plenamente determinados, sem que apresentem características inerentes à linguagem normativa, como a ambiguidade, a vagueza e a textura aberta, consoante explicitamos acima. Raciocinar dessa forma é se valer de um absolutismo conceptualista, que dificilmente tem guarida na metodologia do Direito hodierna.

Também não significa que a igualdade entre os contribuintes possa ser violada. Embora não tenhamos espaço neste trabalho para aprofundar a questão da isonomia tributária, entendemos que o que a igualdade veda são discriminações ou privilégios odiosos por parte do legislador, assim entendidos como aqueles que não estão fundados em uma justificativa plausível, compatível com a Constituição. Mas, a igualdade é, no sistema tributário constitucional delineado pela CF/1988[264], um *direito do contribuinte*, uma *limitação constitucional do poder* de tributar para que contribuintes que estejam em uma situação equivalente, não sejam tributados de forma diferente, na forma do artigo 150, inciso II da CF/1988. No entanto, a igualdade não é ela mesma uma fonte de tributação. Ela serve para coibir abusos por parte do Estado e não para expandir a tributação.

---

[264] Sobre o tema da *isonomia*, cf. a teoria desenvolvida por Humberto Ávila em seu *Teoria da Igualdade Tributária*, São Paulo: Malheiros, 2008.

FORMA E SUBSTÂNCIA NO DIREITO TRIBUTÁRIO

Se A está sendo tributado e B, que está em situação equivalente a A, não está sendo tributado, e não há qualquer justificativa plausível para essa desequiparação, há uma inconstitucionalidade da norma que prevê esse critério de discriminação. Pode ser que haja um privilégio odioso: um tratamento melhor para B do que para a generalidade dos contribuintes, sem que haja razoabilidade. Ou pode ser que haja uma discriminação odiosa: um tratamento pior para A do que para a generalidade dos contribuintes, sem que haja razoabilidade. A questão da inconstitucionalidade, no entanto, se resolve pela declaração da norma eventualmente inconstitucional, e não pela *tributação por analogia*[265]. Por outras palavras, se retira do sistema, pelo procedimento próprio, a norma inconstitucional que previa uma discriminação ou o privilégio odioso; não se acrescenta, por interpretação analógica, uma norma para equiparar os contribuintes.

3.2. A crítica aos argumentos a favor da analogia gravosa
Uma vez feitas essas considerações preliminares, podemos passar a examinar os argumentos pró-analogia, baseados na *capacidade contributiva* e nas *dificuldades de se isolar* a analogia como forma de interpretação.

A questão da capacidade contributiva é um dos pontos fundamentais desse trabalho. Por isso, dela trataremos com profundidade mais adiante, notadamente para se analisar a questão da sua alegada eficácia positiva, defendida por alguns. Por ora, cabe acentuar que a capacidade contributiva opera, no sistema tributário, não de forma alheia à legalidade. A capacidade contributiva aponta uma finalidade a ser alcançada, em síntese: que o sistema tributário seja justo e que os gastos públicos sejam distribuídos de acordo com a capacidade econômica das pessoas. Ocorre que o sistema tributário prevê um *meio* (forma) para que isso se dê e esse meio é necessário e indispensável: a *lei*. Por isso, sem *lei* não há que se cogitar da existência da capacidade contributiva "isoladamente" como forma de se autorizar a tributação. A lei é que seleciona as manifestações de capacidade contributiva passíveis de tributação. Se não há lei, pode haver até manifestação de riqueza. Mas, ela será apenas isso, uma manifestação de riqueza, e não uma hipótese de incidência tributária.

---

[265] Humberto Ávila, *op. cit.*, p. 438-439 (*"Uma vez constatada a lacuna por meio do princípio da igualdade, a lei regulamentada pode ser declarada nula pela jurisprudência"*).

A ANALOGIA GRAVOSA NO DIREITO TRIBUTÁRIO

Não obstante, mesmo naqueles casos em que a lei existe, ela pode não gravar todas as hipóteses que ela poderia tributar (ex: legislador tem competência para tributar as situações A, B, C e D, mas tributa apenas A, B e C, não tributando D) ou pode tributar de formas diferentes as situações A, B, C e D. No caso de não tributação, haverá o não exercício pleno da competência legislativa, que, em princípio, não importa qualquer violação à norma jurídica[266]. Isso porque a regra que outorga competência não significa uma obrigação definitiva de seu exercício pleno. No caso de tratamentos diferenciados por parte da lei, não havendo qualquer tratamento discriminatório ou qualquer violação a outras normas constitucionais, também se está dentro da margem de discricionariedade do legislador. Não cabe, portanto, nesses casos o recurso à analogia, com base na capacidade contributiva.

Não há, nesses termos, uma *colisão* entre capacidade contributiva e lei que justifique a "*ponderação*" entre legalidade e capacidade contributiva. Os tributos *devem* estar previstos em lei; seus elementos essenciais devem constar da norma de incidência tributária. Esse não é um *mandamento* que permita distintos *graus de otimização* para nos utilizarmos da terminologia de Robert Alexy[267]. Sob essa ótica, em uma ponderação entre *legalidade* e *capacidade contributiva*, a relação de precedência será absoluta em prol da legalidade[268], pois a legalidade estabelece que a tributação *por meio de lei* é *obrigatória*, não sendo *permitida* a tributação *por meio da capacidade contributiva*.

---

[266] Nesse sentido, Roque Antonio Carrazza: "Noutro dizer, a competência tributária é a habilitação ou, se preferirmos, a faculdade potencial que a Constituição confere a determinadas pessoas, para que tributem (...). O que queremos dizer é que quem pode tributar, pode também aumentar o tributo, minorá-lo, isentá-lo, no todo ou em parte, ou não tributar, observadas, sempre, obviamente, as diretrizes constitucionais" (*ICMS*. 11ª ed. São Paulo: Malheiros, 2006, p. 31). Esse não exercício pleno da competência constitucional é compreendido por Luís Cesar Souza de Queiroz como um fenômeno distinto da isenção, que denomina "*criação normativa reduzida*", assim compreendida "*o fenômeno representativo do fato de o próprio sujeito competente para produzir a norma tributária, por livre opção, estabelece o conteúdo do critério do antecedente ou do consequente da norma tributária de modo menos amplo que lhe possibilita a respectiva norma de produção normativa*" (*Imposto sobre a renda...* , p. 111-118).

[267] *Teoria dos Direitos Fundamentais*. Tradução: Virgílio Afonso da Silva. São Paulo: Malheiros, 2008, p. 86-90.

[268] Alexy explica que a colisão não é uma relação de precedência absoluta ou incondicionada, mas sim de relações de precedências condicionadas, porque um princípio pode prevalecer sobre o outro a depender das condições fáticas e jurídicas.

Nessa formulação, a legalidade se apresenta como uma *regra*, segundo a definição de Alexy, porque representa uma determinação que é satisfeita ou não é satisfeita, não admitindo a dimensão de peso[269]. Não se trata, por exemplo, de uma colisão, como a que ocorre entre o princípio que garante o direito à informação e o que garante a proteção da honra, que podem colidir em certas situações, gerando relações de precedência condicionada. No caso, o princípio da capacidade contributiva não pode operar sem a legalidade, à margem da lei. Não se trata de comprimir um princípio para se expandir outro. Um interesse não é sacrificado como meio para se promover outro interesse, de acordo com a fórmula de peso proposta por Alexy[270]. Se a legalidade é violada, o núcleo do direito fundamental à lei como forma de criação de tributos resta atingido[271].

O que muitas vezes se pretende com a invocação do argumento da capacidade contributiva é equiparar situações que são *economicamente equivalentes*, embora juridicamente distintas. É o caso do *leasing* e da compra e venda a prazo de um bem. O *leasing* permitiria a dedução das parcelas pagas como despesa para fins de IRPJ e CSLL, enquanto que a compra e venda a prazo permitiria apenas a depreciação do valor do bem para fins de IRPJ e CSLL. No entanto, economicamente, tanto no caso do *leasing*, quanto no

---

[269] Não se exclui aqui a possibilidade de se interpretar a legalidade como *princípio*, que determinaria um estado ideal de coisas a ser atingido, com elevado grau axiológico, de *segurança, certeza, previsibilidade, cognoscibilidade, determinabilidade* e *estabilidade*. O que se pretende enfatizar é que, sob um aspecto normativamente relevante, o mandamento segundo o qual os tributos devem ser previstos em lei. A legalidade é uma regra sem exceções e não um princípio.

[270] A explicação da fórmula do peso demandaria uma série de considerações que escapariam ao escopo desse trabalho. Mas, em linhas gerais, o que Robert Alexy busca demonstrar é que quando dois princípios colidem no caso concreto é preciso a partir das máximas de proporcionalidade verificar qual preponderará no caso. Essa resposta é obtida a partir da verificação da adequação e da necessidade da adoção da medida que promove um dos princípios, ao mesmo tempo afeta o outro. E, além disso, a partir de um exame da proporcionalidade em sentido estrito, de modo que quanto maior o grau de afetação de um princípio, tanto maior deverá seu a importância de satisfação do outro. Essas formulações e as principais críticas a elas apresentadas são expostas por Alexy no posfácio da *Teoria dos Direitos Fundamentais.*

[271] Cf. as críticas de Alberto Xavier, *op. cit.*, p. 127, que também entende que sob a ótica de Alexy, a legalidade tributária seria compreendida como uma regra e a capacidade contributiva, como um princípio, concluindo que *"Desta diversidade de natureza e de grau de imperatividade resulta que – ainda que o conflito existisse – nunca a solução do mesmo poderia sacrificar uma 'regra', categórica e definitiva, como a da tipicidade, a um 'princípio', tendencial e submetido à reserva do possível, como a capacidade contributiva".*

A ANALOGIA GRAVOSA NO DIREITO TRIBUTÁRIO

caso da compra e venda a prazo, o contribuinte tem a possibilidade de se utilizar do bem na sua atividade econômica, arcando com a manutenção e os riscos inerentes a essa fruição. Isto é, a realidade econômica nesses dois casos é a mesma, embora seja diverso o tratamento tributário conferido a uma e a outra situações.

O sistema tributário está repleto de exemplos desse gênero. Afinal, tanto o legislador constituinte, ao definir regras de competência tributárias, quanto o legislador ordinário, ao criar normas de incidência, trabalham com recortes da realidade. Fazem, para nos valermos mais uma vez da expressão de Schauer, *generalizações probabilísticas entrincheiradas*. E, invariavelmente, ao generalizar para criar regras diferentes, podem estar tratando de forma distinta manifestações de riqueza economicamente equivalentes. Como bem preceitua Sampaio Dória: *"O Direito pressupõe para sua realização um mínimo irredutível de formas, porque estas também integram a realidade da vida, e só reduzindo as estruturas reais a categorias formais é que o Direito pode adequada e eficientemente discipliná-las"*[272].

Por exemplo, quando o serviço de transporte interestadual e intermunicipal é inserido na competência tributária dos Estados e do Distrito Federal para ser tributado pelo ICMS e esse mesmo serviço, quando realizado dentro de um Município, é inserido na competência tributária municipal do ISS, temos uma mesma realidade econômica – o serviço de transporte – sendo tributada de forma diversa[273]. Se tivermos que olhar para a realidade econômica subjacente a cada atividade para definirmos a sua tributação, teríamos a *realidade* conformando o Direito e não o contrário. Teríamos que estruturar a própria incidência tributária a partir dessa ideia. Manifestações de riqueza mais intensas deveriam ser tributadas de forma mais onerosa, manifestações de riqueza menos intensas de forma menos onerosa. Essa seria uma regulação segundo os *fatos* e não segundo as *normas*. A segurança, a cognoscibilidade e a previsibilidade inerentes a um sistema normativo ficariam comprometidas.

É evidente que o exame dos fatos é relevante, assim como também é importante verificar a existência de eventuais distorções ou interpretações

---

[272] *Elisão e Evasão Fiscal*. São Paulo: Livraria dos Advogados, 1971, p. 68.
[273] Nesse sentido, Luís Cesar Souza de Queiroz, "Limites do planejamento Tributário". In: SCHOUERI, Luís Eduardo. *Direito Tributário – homenagem a Paulo de Barros Carvalho*, São Paulo: Quartier Latin, 2008.

abusivas do Direito, das quais trataremos mais tarde. No entanto, não nos parece que a solução possa estar em apreciar economicamente a realidade e, a partir dela, interpretar o sistema tributário, sob pena de subversão das etapas da atividade hermenêutica.

O segundo grupo de razões pró-analogia gravosa estaria situado justamente em uma discussão em torno do emprego da analogia no campo hermenêutico. De plano, cumpre ressaltar que estamos tratando aqui do emprego da analogia gravosa, assim entendida a ampliação das normas de incidência para hipóteses não previstas em lei[274]. Na prática, a analogia gravosa implica acrescer, aos elementos essenciais previstos na norma de incidência tributária (fato gerador, sujeito ativo, sujeito passivo, base de cálculo e alíquota), elementos ali não previstos. Isso não significa que a interpretação não permita compreender, aprofundar, detalhar e realçar elementos constantes do texto normativo. Tampouco significa que a analogia seja vedada, por exemplo, para integração de outras normas do Direito Tributário, como na compreensão do alcance de normas gerais tributárias, que, por exemplo, disciplinam o crédito e o processo tributário.

Nesse sentido, um ponto relevante a respeito ao raciocínio analógico, mais propriamente à identificação de lacunas, refere-se à distinção que Alchourrón e Bulygin fazem no que tange às lacunas de *conhecimento* e de *reconhecimento*, que eles diferenciam das lacunas normativas[275]. Muitas vezes, essas diferentes espécies de lacunas são baralhadas nos debates em torno da analogia gravosa no Direito Tributário. Ambas são dificuldades que se apresentam no momento de aplicação de normas, notadamente no caso de subsunção do conceito particular ao caso genérico[276].

Lacunas de conhecimento ocorrem quando há dificuldades de informação sobre os *fatos* de um caso. São, fundamentalmente, um problema de prova. Por exemplo, o contribuinte efetua uma dedução de despesa médica da base de cálculo do imposto sobre a sua renda, mas há dificuldades em se saber se houve ou não a despesa médica que dá suporte à dedução fiscal em questão. Outro tipo de lacuna são as lacunas de reconhecimento. Nas *lacu-*

---

[274] O mesmo raciocínio, contudo, pode ser aplicado às normas de desoneração.

[275] *Idem, ibidem*, p. 66.

[276] Comentando essa distinção sobre outras perspectivas, Juan Jose Moreso, "*A Brilliant Desguise*: entre Fuentes y Lagunas". In: F. Atria; E. Bulygin; J. J. Moreso; P. E. Navarro; J. L. Rodriguez; J.J Manero, *Lagunas en el Derecho: una controversia sobre el derecho y la función judicial*. Madrid: Marcial Pons, 2005.

nas de reconhecimento, o problema reside na vagueza ou na indeterminação semântica das propriedades relevantes, com base nas quais se estrutura o universo de casos. Por exemplo, não se consegue precisar se a despesa com a intervenção cirúrgica que o contribuinte fez para corrigir o seu desvio de septo nasal e respirar melhor é uma despesa médica com saúde (dedutível para fins fiscais) ou estética (não dedutível para fins fiscais).

Dito de outra maneira, nas *lacunas de conhecimento*, temos casos individuais que não sabemos se pertencem a um caso genérico, porque não temos *conhecimento* das propriedades que identificam o caso individual. Nas *lacunas de reconhecimento*, temos casos individuais que não conseguimos identificar se correspondem ou não aos casos genéricos ante a falta de determinação semântica que permita reconhecer, com exatidão, as propriedades do caso genérico.

Esses tipos de lacuna se diferenciam da lacuna normativa, porque nesta não há propriamente uma solução expressa, a partir das normas jurídicas *prima facie* identificadas no sistema, regulando o caso genérico identificado de acordo com as propriedades relevantes eleitas pelo legislador para regular um determinado universo de ações.

Quando por vezes há referência a uma lacuna no Direito Tributário, trata-se não de lacunas normativas, mas sim de *lacunas de conhecimento* ou *de reconhecimento*. Em alguns casos, isso ocorre porque o negócio praticado pelo contribuinte, embora aparentemente não se enquadre na hipótese de incidência tributária (*v.g.* o contribuinte diz ser uma locação), corresponde essencialmente a uma outra forma de negócio que se enquadra na hipótese de incidência tributária (*v.g.* tem as características essenciais de uma compra e venda).

É inegável que a subsunção sempre envolve alguma dose de comparação entre *fato* e *norma*, *fato imponível e hipótese de incidência*, *fato gerador concreto* e *fato gerador abstrato*, *caso individual* e *caso genérico*. Por vezes, essa comparação pode ser mais complexa pelas dificuldades em se saber qual norma deve ser aplicada, qual a definição do alcance da norma aplicável; se ocorreu ou não o fato mencionado na norma e, se ocorrido, se o fato deve ser qualificado deste ou daquele modo[277].

---

[277] Esses são os critérios para distinção entre casos difíceis e fáceis ou claros, propostas por Neil MacCormick, *Retórica e Estado de Direito*. Tradução: Conrado Hübner Mendes e Marcos Paulo Veríssimo. São Paulo: Elsevier, 2008, p. 65-69.

Contudo, nos parece um tanto exagerado sustentar que, dada a existência de uma atividade *comparativa* no raciocínio jurídico, este se basearia fundamentalmente na analogia. Embora possa haver certa zona cinzenta entre analogia e interpretação extensiva na Teoria Geral do Direito, como mencionamos acima, isso não significa que não exista distinção entre elas.

Até porque a ideia de um *plano do legislador, i.e.*, de uma finalidade subjacente à regulação, como critérios para se identificar uma lacuna, são um tanto frágeis no Direito Tributário. Não há uma relação *natural* ou *lógica* no que diz respeito à seleção de situações na formulação de normas de incidência tributária. Para retomar o exemplo utilizado acima, a lei tributária pode gravar pelo ICMS a *prestação do serviço de transporte interestadual e intermunicipal* e, pelo ISS a *prestação do serviço de transporte intramunicipal*. Pode tributar a propriedade territorial rural pelo ITR e a propriedade territorial e predial urbana pelo IPTU. Pode tributar *veículos automotores* pelo IPVA, mas não tributar outros meios de transporte por esse imposto (ex: bicicletas, animais de tração, veleiros). Em suma, a formulação de normas tributárias tem um quê de arbitrariedade e convenção, *i.e.*, de autoridade formal, como mencionamos anteriormente, que a distingue, por exemplo, da regulação a respeito da entrada de cães em um restaurante. Como acentua Heinrich-Wilhelm Kruse *"não existe uma lógica objetiva de vinculação ao imposto"*[278].

Normas de incidência tributária não tem por finalidade regular a realidade, mas arrecadar recursos e distribuir a carga fiscal entre os cidadãos. Nesse sentido, são relevantes as considerações de Klaus Vogel para quem *"a finalidade fiscal não pode estruturar a interpretação de uma lei tributária, pois não traz uma medida em si; uma interpretação segundo a finalidade fiscal equivaleria a estender cada vez mais os deveres fiscais"*[279].

Se há uma lacuna axiológica, isto é, se uma situação não tributada, semelhante a uma situação tributada, deveria, por razões de justiça, eficiência ou política fiscal, passar a ser tributada, essa manifestação positiva compete ao legislador, e não ao aplicador da norma. *"Novas atividades ou novos objetos inexistentes no momento da elaboração da lei, ou atividades e objetos*

---

[278] "Steuerspezifsche Gründe und Grenzen der Gesetzesbindung". In: Klaus Tipke (ed.) *Grenzen der Rechesfortbildung apud* Carlos Palao Taboada, *op. cit.*, p. 74.

[279] "Vergleich und Gesezmäßigkeit der Verwaltng im Steurrecht". In: *Der offene Finanz-und Steuerstaat.* Heidelberg: C.F. Muller, 1991, pp. 312 ss. *aped* Humberto Ávila, *op. cit.*, p. 437.

não mencionados expressamente em uma lei 'taxativa' devem ser tributadas expressamente por lei. (...) Não sendo esse o caso, o tributo não pode ser criado"[280].

Não nos parece que seja *democrático* tributar onde não haja lei ou mesmo onde haja uma lei "defeituosa". Na verdade, nos parece que tributar nessas hipóteses é justamente a antítese da democracia, pois se vislumbra no aplicador da lei, que não é eleito e que não goza de legitimidade democrática, a função de ser o "melhor" formulador da lei. Como bem destaca Ricardo Lodi, *"(...) reconhecendo a dificuldade prática de diferenciá-la da interpretação extensiva, somos de opinião que a analogia gravosa, por extrapolar os limites oferecidos pela literalidade da lei, se afasta da solução estabelecida com base no pluralismo político"*[281]. Eventuais "defeitos", "falhas" e "insuficiências" da lei tributária podem ser sanadas por meio do dialogo institucional entre os Poderes[282] e resolvida pelo instrumento adequado que é a lei. No sistema tributário brasileiro, o processo legislativo é até relativamente simplificado, ante a admissão de medida provisórias em matéria tributária. Aliás, boa parte da legislação tributária tem seus "defeitos", "falhas" e "insuficiências" corrigidos por meio de medidas provisórias, muitas vezes aprovadas, infelizmente, sem uma rigorosa apreciação e devida deliberação sobre a urgência e relevância, o que potencializa o surgimento de novos "defeitos", "falhas" e "insuficiências".

De toda forma, não é por meio da analogia gravosa que nos parece que eventuais falhas da legislação tributária devam ser corrigidas, sob pena de se desequilibrar a separação de Poderes, que pressupõe uma nítida especialidade funcional em matéria tributária.

O STF tem rejeitado a analogia gravosa em matéria tributária[283]. Ao interpretar a lista anexa de serviços a que alude a CF/1988 no artigo 156, inciso III, a Corte tem entendido que a lista ali referida possui caráter *taxa-*

---

[280] Humberto Ávila, *op. cit.*, p. 439.

[281] *Limitações Constitucionais...* , p. 54.

[282] Uma profunda análise dos diálogos institucionais pode ser vista em Rodrigo Brandão, *op. cit.*.

[283] RE 361829, Segunda Turma, Relator: Carlos Velloso, j. 13.12.2005: "*É taxativa, ou limitativa, e não simplesmente exemplificativa, a lista de serviços anexa à lei complementar, embora comportem interpretação ampla os seus tópicos*". AgRg no RE nº 464844, Segunda Turma, Relator: Ministro Eros Grau, j. 1.4.2008 "*O Supremo Tribunal Federal, estabelecida a compreensão de que a lista de serviços anexa à LC n. 56/87 é taxativa, fixou jurisprudência no sentido de que os itens nºs. 44, 46 e 48, da citada lista, excluíram da tributação do ISS determinados serviços praticados por instituições autorizadas a funcionar pelo Banco Central*".

tivo, não sendo possível agregar a ela outros serviços que não aqueles constantes do rol de itens lá previstos. O STF faz, inclusive, a distinção entre a analogia e a interpretação extensiva, ao admitir que os itens que descrevem serviços sejam interpretados para abranger as espécies do gênero de serviço tributado, a denominada *interpretação horizontal da lista*. Todavia, não admite a ampliação da lista, por meio da agregação de novos gêneros e de novas espécies de serviços não arrolados, vedando a sua *integração vertical*.

Não nos parece, tampouco, que os exemplos acima apontados por Tipke correspondam propriamente a casos de utilização de analogia gravosa em Direito Tributário. Embora não tenhamos nos aprofundado a respeito das especificidades das questões trazidas, *grosso modo*, em nenhuma das hipóteses mencionadas parece ter havido expansão da zona de incidência da norma tributária. Talvez tenha ocorrido justamente o contrário. A equiparação dos conceitos de "despesas operacionais" e dos "custos profissionais", na legislação alemã sobre o imposto sobre a renda, a partir da existência de um elemento em comum entre eles, que é a sua motivação, assim entendido o nexo causal com "uma atividade profissional que é exercida com a intenção de obter rendimentos"[284], "apesar do diferente sentido literal da lei"[285], não nos parece um raciocínio analógico. Até porque existe uma regulação acerca dos "custos profissionais", inexistindo propriamente uma lacuna. O que se verifica, na prática, então, seria uma espécie de *correção normativa*[286]. Por sua vez, no caso de transposição do "balanço fiscal" para a sociedade de pessoas, também não há analogia gravosa, pois, ao que tudo indica, apenas se utiliza de uma metodologia racional já existente e delineada para um tipo societário para se aferir os rendimentos de outro tipo societário. Não se criou um novo fato gerador abstrato de um tributo.

3.3. A vedação da analogia gravosa e suas consequências

Uma objeção frequente à vedação à analogia gravosa em matéria tributária é que ela resulta em uma *inflação normativa*. De fato, se as normas de incidência tributária devem ter seus elementos essenciais definidos em lei e essas leis devem ser certas, estritas, específicas, com o maior grau de

---

[284] Klaus Tipke; Joachim Lang, *op. cit.*, 576-577.

[285] *Idem, ibidem*, p. 580

[286] No sentido de se construir uma norma em sentido diferente do literal, a partir de um princípio subjacente, comum tanto aos conceitos de despesa operacional, quanto de custo profissional.

A ANALOGIA GRAVOSA NO DIREITO TRIBUTÁRIO

determinabilidade possível, então, não resta dúvida de que a demanda normativa é maior. E, quanto maior o número de detalhes e especificidades na lei, maiores as possibilidades de lacunas, imperfeições e defeitos. Na excelente imagem de Ávila[287]:

> Incorporou-se ao jargão comum afirmar-se que o legislador deveria pensar como um filósofo, mas escrever como um camponês. No entanto, atualmente, em virtude dos processos de especificação social e normativa, termina ocorrendo o contrário: o legislador pensa como um camponês desorientado e escreve como um filósofo neurótico.

No entanto, parece-nos que a inflação normativa é uma decorrência da *complexidade* das relações sociais e da *diversidade* de *finalidades* a serem tuteladas pelo Direito Tributário. Por outras palavras, o Direito Tributário é complexo, porque precisa regular uma miríade de relações jurídicas distintas, desde singelas operações de compra e venda de um bem a complexas operações de "compra e venda" de todo um conglomerado econômico. Além disso, precisa fazer isso de modo justo, buscando igualar situações equivalentes e dar tratamento especial a situações específicas, que possuem peculiaridades.

Por mais que se busque um ideal de *simplificação* das obrigações tributárias, não se pode ingenuamente supor que o regulamento de imposto de renda terá um único artigo dispondo que "aquele que auferir renda, deverá pagar o imposto". Isso não contribuiria para reduzir a complexidade da legislação do imposto de renda. Contribuiria para trazer insegurança e transferir toda a complexidade decisória para "o caso concreto". Acontece que, se tudo se resolve diante do "caso concreto", nada está, na verdade, resolvido, mas problematizado e o Direito perde em *segurança, racionalidade, previsibilidade, sistematicidade* e *estabilidade*.

No "mundo sem regras"[288], há um decisionismo, que é irracional, uma espécie de "*justiça de Cádi*", como se referiu Max Weber[289] aos juízes do Oriente que eram investidos de um poder supranatural e julgavam os conflitos a partir de revelações proféticas inspiradas na religião ou na tradição

---

[287] Humberto Ávila, *op. cit.*, p. 48.
[288] A expressão é de Francisco Laporta ("mundo sin reglas"), *op. cit.*, 107-126.
[289] Max Weber, *Economia e sociedade: fundamentos da sociologia compreensiva*. Vol. II. Tradução de Regis Barbosa e Karen Elsabe Barbosa. Brasília: Editora UNB, 1999, p. 213.

FORMA E SUBSTÂNCIA NO DIREITO TRIBUTÁRIO

sagrada. Esses julgamentos não são formais, no sentido de que não pressupõe uma aplicação racional do Direito, com base em conceitos jurídicos previamente definidos. Conquanto a legitimidade desses julgamentos repouse mais na autoridade de quem os profere do que na racionalidade das premissas, Carl Schmitt os atribui ao *Führer*[290]. E o resultado histórico dessa orientação jusfilosófica é bastante conhecido[291].

Pode soar um tanto exagerado associar um movimento contrário à inflação normativa ao decisionismo. No entanto, o que se verifica, na prática, é que a jurisprudência sobre planejamento tributário está longe de ser previsível, sistemática e estável. Alguns conceitos como "prevalência da substância (ou essência) sobre a forma", "propósito negocial", "fraude", "fraude à lei", "simulação", "artifícios", "meios ardilosos", "desconsideração" são utilizados como razões para se decidirem casos, sem que muitas vezes o sentido em que esses conceitos estão sendo utilizados sejam explicitados. O que por vezes se vê é um uso retórico desses termos, sem que seja possível identificar precisamente o tratamento jurídico que se está dando ao caso concreto, a verdadeira razão para se decidir. Não se trata apenas de uma questão de precisão terminológica, *i.e.*, de se chegar a um consenso como se denominar este ou aquele fenômeno, mas sim de problemas *metodológicos*, *i.e.*, identificar-se que premissas estão sendo adotadas para se chegar à conclusão pretendida. Essa dificuldade se manifesta tanto no plano da justificação *interna* quanto *externa*.

Por isso, entendemos que a analogia gravosa não deve ter lugar no Direito Tributário e, mais do que isso, que eventuais abusos na interpre-

---

[290] "Los fallos serían una suerte de movimientos epilépticos sin conexión entre si, ni fundamento prévio alguno; su contenido, segun Schmitt, la pura decisión. Para él, sin embargo, la decisión sería, por definición correcta o justa. Ello sin duda tiene que ver con la calidad especial que atribuye Schmitt a aquel que, por defición ha de emitir esos fallos: el Führer" (Francisco Laporta, *op. cit*, p. 114).

[291] Daí se vê que a associação do positivismo ao regime nazista, tão frequentemente feita no Brasil, não é correta do ponto de vista histórico. A teoria jurídica que dá suporte ao regime nacional-socialista, notadamente a teoria da decisão de conflitos, está muito mais próxima ao decisionismo inspirado em princípios gerais do regime do que em regras estritas. "The whole of German Law today (...) must be governed solely and exclusively by the spirit of National Socialism (...) Every interpretation must be an interpretation according to National Socialism" e " (...) every judge must 'place the vital interests on the nation unconditionally above what is formally the Law" (Ingo Muller, *Hitler's Justice: The Courts of the Third Reich*. Translated by Deborah Lucas Schneider, New York: Harvard Press, 1992, p. 60 e 52).

tação do Direito Tributário não devem ser solucionados pela via da analogia gravosa. Até porque, consoante será destacado adiante, no mais das vezes, no caso de planejamentos tributários reputados ilegítimos, o que o contribuinte faz é manipular *formas jurídicas*, criando negócios artificiais, sem causa ou com causa distorcida, para poder não ser enquadrado em uma dada norma de incidência tributária, ou ser enquadrado em normas tributárias menos gravosas, ou mesmo em normas de desoneração tributária, conforme demonstraremos mais adiante na última parte deste estudo.

Dito de outra maneira, a lei tributária grava uma determinada forma A e contribuinte aparentemente estrutura o ato ou o negócio por uma forma A'. Ocorre que a forma A' é, na verdade, uma estruturação artificiosa que corresponde efetivamente à forma A. O raciocínio seguido pelo contribuinte é: "A forma A está gravada pela lei tributária. A forma A' não está prevista na lei tributária. Logo A' não pode ser tributada por analogia". Ocorre que o contribuinte é que buscou uma analogia, estruturando um negócio supostamente não tributado ou tributado de forma menos gravosa, mas que, na verdade, implica uma *dissimulação de* A.

O mesmo raciocínio pode dar-se no caso de uma norma de desoneração tributária prevista para a situação B. O contribuinte que se encontra em uma situação B' busca estruturar os seus negócios de modo a se enquadrar na situação B, e aqui pode também, de forma distorcida, criar, aparentemente, uma situação B, mas que foi concebida por meio de uma interpretação abusiva para se chegar a ela, dissimulando uma situação B'.

Os conceitos de *simulação e dissimulação* serão mais bem explicitados adiante, na última parte do nosso estudo. Mas, para os fins aqui pretendidos de demonstrar que não é necessário o recurso à analogia para se coibir certos planejamentos tributários abusivos, trataremos rapidamente dessas figuras.

Em linhas gerais, entendemos que a *simulação* e a *dissimulação* podem ser compreendidas em dois sentidos. No primeiro sentido, na simulação e na dissimulação há um conflito entre a declaração das partes e a realidade, isto é, há uma "invenção" ou uma "mentira" por parte do contribuinte. Vale dizer, o contribuinte diz que realizou A', mas na verdade praticou A; declara estar na situação B, mas efetivamente encontra-se na situação B'. No segundo sentido, a *simulação e a dissimulação* consistem na prática de um ato ou um negócio artificioso, sem causa ou de causa distorcida. O ato ou o negócio praticados pelo contribuinte possuem a mesma finalidade daquele ato ou negócio previsto na norma tributária de incidência ou uma finalidade diversa do ato ou do negócio previsto na norma tributária de desoneração.

Como ressaltado, voltaremos a essa questão adiante, mas para aclarar essas noções com casos concretos. Podemos exemplificar o primeiro sentido de *dissimulação* com uma situação de um contrato de compra e venda firmado entre *A* e *B* de um bem móvel que oculta uma doação, para evitar o pagamento do ITD. No primeiro sentido, de uma "dissimulação-mentira", *A* vende o imóvel para *B*, mas, em seguida, *B* devolve o dinheiro da compra e venda para *A*. A compra e venda é fictícia, porque ao final, não se tem uma onerosidade ínsita à compra e venda, mas uma gratuidade que caracteriza uma doação. Nesses casos, costuma-se requalificar o ato praticado pelo contribuinte, em vez de uma *compra e venda*, tem-se uma *doação*, com a incidência do ITD.

Já na segunda acepção de dissimulação – a "dissimulação-artifício" – temos o caso célebre de uma pessoa jurídica que se subdividiu em várias pessoas jurídicas, a fim de reduzir a sua receita bruta para enquadrar cada uma das pessoas jurídicas cindidas dentro do limite previsto na legislação do IRPJ para apuração do imposto na modalidade do lucro presumido[292]. O que o contribuinte fez não foi propriamente *simular* ou *dissimular*, no sentido de "inventar" ou "mentir" sobre a existência de uma ou mais sociedades. Essas sociedades, de fato, foram regularmente constituídas. O ponto nodal é que nada foi alterado com a constituição dessas sociedades. Elas continuaram tendo o mesmo local de funcionamento, os mesmos empregados, o mesmo objeto social, tudo idêntico ao da sociedade anterior. Aqui houve uma *distorção* da forma prevista na lei tributária.

Ao fixar um limite de faturamento para usufruir de um tratamento fiscal simplificado, a lei tinha por finalidade permitir que apenas pessoas jurídicas que auferissem receitas até esse limite, dele se beneficiem. Pessoas jurídicas com uma receita mais elevada e com um porte maior, não poderiam se beneficiar da norma em questão. Ocorre que a estruturação societária realizada pelo contribuinte não teve a finalidade de constituir efetivamente empresas distintas, autônomas e com propósitos diversos, seguindo a finalidade prevista na *forma* delineada pelo legislador. Na ver-

---

[292] O denominado "Caso Grendene", TFR, AC nº 115.478, 6ª Turma, Relator: Ministro Américo Luz, DJ 18.2.1987.

dade, o contribuinte segregou uma mesma sociedade, cuja receita ultrapassava o limite legal, em diversas supostas sociedades "no papel", com receitas compatíveis com esse limite. Por esse raciocínio, toda e qualquer empresa poderia ser cindida em tantas quantas empresas bastassem para se enquadrar no lucro presumido. Nesse caso, houve a requalificação do ato praticado pelo contribuinte, para considerar que as empresas não poderiam ser enquadradas no *lucro presumido*.

Em nenhum desses casos, contudo, é necessário o recurso a analogia para corrigir essas distorções. Até porque, não se verifica, nessas hipóteses, *lacunas* ou *deficiências* da lei tributária, contrárias ao plano regulador subjacente. A norma tributária, gravando a doação, já existia, assim como a norma tributária que permitia a adoção do lucro presumido para a empresa, cuja receita ultrapassasse um certo limite. O que houve, nesses casos, foi uma tentativa do contribuinte de tentar não se enquadrar nas situações previstas nessas normas, ocultando uma operação realizada na primeira situação e criando uma situação artificiosa, que distorcia a finalidade da forma legal prevista no segundo caso. O próprio contribuinte criou, de forma *dissimulada*, respectivamente, uma situação para não se enquadrar na norma de incidência do ITD e uma situação para enquadrar-se na norma que permitia apuração do IRPJ pelo lucro presumido.

O que se dá nesses casos é, respectivamente, o recurso à "contra-analogia" ou a "redução teleológica", explicitados por Ricardo Lobo Torres[293].

A contra-analogia opera no sentido oposto ao da analogia pretendida pelo contribuinte. Isto é, o contribuinte se vale de uma analogia distorcida para buscar uma zona de não tributação ou de tributação menos gravosa. A "contra-analogia", então, requalifica o ato praticado pelo contribuinte, situando-o dentro dos limites de incidência da norma tributária. É o que ocorre no primeiro caso mencionado, em que a compra e venda é requalificada para uma doação.

No caso da "redução teleológica", o que o contribuinte busca é enquadrar-se em uma norma de desoneração tributária, por vezes buscando uma interpretação que, embora seja compatível com o sentido literal do texto, distorce o seu espírito, *i.e.*, a finalidade da norma. A redução teleológica, então, promove uma redução dos sentidos literais possíveis do texto, de modo a que o ato praticado pelo contribuinte seja requalificado

---

[293] *Planejamento Tributário: elisão abusiva e evasão fiscal*, Rio de Janeiro: Elsevier, 2012, p. 53

e excluído da norma que previa o referido benefício. É o que acontece, no segundo caso tratado acima, em que o conjunto de empresas é requalificado como uma única empresa, para impedir que o contribuinte possa apurar o imposto pelo lucro presumido[294].

Nos casos de contra-analogia e redução teleológica, o intérprete não está atuando à margem da legalidade tributária, mas, muito pelo contrário, no âmbito da legalidade tributária, concretizando o escopo da norma de incidência ou de desoneração tributária.

---

[294] "No exemplo da Grendene, que antes utilizamos, o Tribunal Federal de Recursos empregou a redução teleológica. Concluiu no sentido de que o texto da lei do imposto de renda, que outorgava certo tratamento tributário às empresas de pequeno porte, não alcançaria as sociedades que, sem nenhuma finalidade econômica ou negocial, viessem a ser criadas com o único intuito de pagar menos imposto." (*Idem, ibidem*, p. 53).

Terceira Parte
A Capacidade Contributiva

Capítulo 7
A Capacidade Contributiva Multidimensional

1. A capacidade contributiva: uma norma em busca de sua definição
O princípio da capacidade contributiva é um dos princípios mais estudados e mais frequentemente mencionados nos estudos sobre tributação.

Os antigos gregos já enxergavam seu embrião na justiça distributiva[295]. Na Idade Media, o princípio da capacidade contributiva era relacionado como um dos elementos do tributo justo[296]. No liberalismo-econômico de Adam Smith, a capacidade contributiva encontrava-se lastreada no princípio da equidade e da justiça, que, juntamente, com os princípios da certeza, da comodidade e da economia no recolhimento do tributo, estruturavam a teoria tributária do autor de A Riqueza das Nações[297]. Na Declaração

---

[295] Nesse sentido: Regina Helena Costa, *Princípio da Capacidade Contributiva*. 3ª edição. São Paulo: Malheiros, 2003, p. 15.

[296] "Posteriormente, em 1215, a *Magna Charta* inglesa registraria no seu artigo 12 que as prestações coercitivas deveriam ser 'moderadamente fixadas' e a evolução do pensamento filosófico na Idade Media registraria a orientação tomista de que cada um devia pagar os tributos *secundum facultem* ou *secundem equalitem proportionis*, razão pela qual São Tomás de Aquino e outros teólogos distinguiam entre *impostos justos* e *impostos injustos*. Constituía pecado não satisfazer os primeiros; quanto aos últimos, não deveria ser pagos, pois correspondiam a um procedimento arbitrário dos soberanos". (José Marcos Domingues de Oliveira, *Capacidade Contributiva: conteúdo e eficácia do princípio*. Rio de Janeiro: Renovar, 1998, p. 22.)

[297] "The subjects of every state ought to contribute towards the support of the government, as nearly as possible, in proportion to their respective abilities; that is, in proportion to the revenue which they respectively enjoy under the protection of the state." (Adam Smith, *An Inquiry Into the Nature and Causes of The Wealth of Nations*. v. II. Oxford: Clarendon Press, 1836, p. 414).

dos Direitos do Homem e do Cidadão de 1789, a capacidade contributiva foi positivada e erigida como um dos pilares do sistema moderno de tributação[298]. No utilitarismo de Stuart Mill[299], a capacidade contributiva foi acoplada à idéia de utilidade marginal do capital e associada à técnica da progressividade dos impostos. Foi catapultada à última potência, pela Escola de Pavia[300], que a concebeu como "a causa do tributo". Com o agigantamento do Estado Social e da noção de tributo com finalidade *extrafiscal*, o princípio foi relegado a um segundo plano, como princípio insuscetível de se adaptar a essa sistemática tributária[301]. Mas, com a reabilitação do discurso prático[302], a reaproximação entre Direito e Moral[303] e a compreensão atual da eficácia normativa dos princípios, o princípio da capacidade contributiva reaparece como uma das idéias chave da justiça tributária[304].

---

[298] "Art. 13º Para a manutenção da força pública e para as despesas de administração é indispensável uma contribuição comum que deve ser dividida entre os cidadãos de acordo com suas possibilidades."

[299] "O fundamento teórico da progressividade forneceu-o Stuart Mill, com a idéia da *utilidade marginal do capital*, que é um conceito utilitarista a significar que o capital, além de certa faixa, apresenta menor utilidade social, o que justifica a cobrança progressiva do imposto" (Ricardo Lobo Torres, *op. cit.*, p. 314).

[300] "A problemática do fundamento da capacidade contributiva entende com a justificativa ética e jurídica do pagamento do imposto de acordo com a riqueza de cada qual. A da *causa* procurava radicar a capacidade contributiva no motivo jurídico e econômico da obrigação tributária. A teoria do causalismo se desenvolveu extraordinariamente na Itália nas décadas de 30 a 50 do séc. XX e projetou influências diversas sobre a doutrina brasileira." (Ricardo Lobo Torres, *op. cit.*, p. 295-296.)

[301] "Ao depois tem-se o momento da crise dessa concepção, à vista dos fins extrafiscais dos tributos, cada vez mais presentes. Com o abandono da ideia de que a capacidade contributiva representava o conteúdo material do princípio da igualdade, passou-se a atributos aos dois princípios funções distintas" (Regina Helena Costa, *op. cit.*, p. 19)

[302] Antonio Maia, "Habermas, Alexy e o Discurso Prático", Revista de Direito do Estado – RDE nº 22. Rio de Janeiro, Renovar, 2012.

[303] "As relações entre ética e direito se intensificaram sobremodo apos o que se convencionou chamar de 'virada kantiana' (...) A 'virada kantiana' traz as seguintes novidades principais: inclusão da regra da justiça, ao lado da de liberdade, no imperativo categórico; a positivação jurídica da norma ética abstrata; o equilíbrio entre justiça e direitos humanos; a projeção da ética tributária para as dimensões cosmopolita, internacional, nacional e local; a efetividade do mínimo ético; a perspectiva orçamentária do justo tributário." (Ricardo Lobo Torres, *op. cit.*, p. 3-5)

[304] "Supera-se, deste modo, a busca infrutífera do conteúdo da capacidade contributiva, na qual se perderam as teorias do fundamento e da causa, preocupadas com a legitimidade da

A CAPACIDADE CONTRIBUTIVA MULTIDIMENSIONAL

No entanto, essa ubiquidade do princípio da capacidade contributiva nas milenares discussões sobre a justiça tributária contrasta com a falta de uma concepção uniforme do instituto ou mesmo com a ausência de um consenso sobre a sua aplicabilidade sistêmica e o seu alcance. A capacidade contributiva ora é vista como um princípio fundamental do Direito Tributário, que, juntamente com a igualdade, confere unidade ao ordenamento tributário[305], ora sua positivação é encarada como a "constitucionalização do equívoco"[306]. Para uns, é vista como a verdadeira "causa" do tributo[307]. Para outros, um princípio ambíguo e vazio[308]. Há quem entenda que o princípio seria aplicável a todos os tributos[309]. Para outros, só aos impostos[310] e

tributação. Procura-se agora a legitimação do ordenamento tributário e dos seus princípios de justiça e liberdade" (Ricardo Lobo Torres, *op. cit.*, p. 292)

[305] "El principio de capacidad econômica és el único princípio fundamental que respeta todos los derechos fundamentales de las Constituciones del Estado Social de Derecho" (Klaus Tipke, *La Moral Tributaria del Estado y de los Contribuyentes*. Trad. Pedro Herrera Molina. Madrid: Marcial Pons, p. 34).

[306] "A velhice do princípio e a ambiguidade da locução 'capacidade contributiva' mergulharam filósofos, financistas e juristas e alucinante balbúrdia e para que a confusão ficasse total, as modernas constituições canonizaram o princípio da capacidade contributiva, convertendo-o em *regra constitucional*, do Estado. É a constitucionalização do equívoco" (Alfredo de Augusto Becker, *Teoria Geral do Direito Tributário*. 4ª ed. São Paulo: Noeses, 2007, p. 514-515.)

[307] Benvenuto Griziotti, "Intorno al concetto di causa nell diritto finanziario", *in Riv. Dir. SC. Fin.*, 1939 *apud* Aliomar Baleeiro, *Limitações Constitucionais ao Poder de Tributar*. 7ª ed. Rio de Janeiro: Forense, 2006, p. 715.

[308] Os efeitos nocivos da locução 'capacidade contributiva' são de tal amplitude e virulência que SCOTTO concluiu ser aquela expressão um genuíno 'passe-partout' que, quando utilizado com habilidade dialética, pode justificar ou explicar tudo o que se quiser". (Alfredo de Augusto Becker, *op. cit.*, p. 513).

[309] "Estabelecidos os contornos do princípio da capacidade contributiva, entendemos que a limitação constitucional de que se trata incide genericamente sobre todas as exações tributárias" (José Marcos Domingues de Oliveira, *op. cit.*, p. 77). "Ou seja, o princípio da capacidade contributiva é aplicável a todas as espécies tributárias. No tocante aos impostos, o princípio é aplicável em toda a sua extensão e efetividade. Já no caso dos tributos não vinculados, é aplicável restritivamente, devendo ser respeitados apenas os limites que lhe dão os contornos inferior e superior, vedando a tributação do mínimo vital e a importância tributária que tenha efeitos confiscatórios." (José Maurício Conti, *Princípios Tributários da Capacidade Contributiva e da Progressividade*. São Paulo: Dialética, 1999, p. 65).

[310] "O princípio da capacidade contributiva se aplica apenas aos impostos, entendidos como "o tributo corado sem vinculo com qualquer atividade estatal específica". O próprio art. 145, § 1º, da CF limita o princípio". (Ricardo Lobo Torres, *op. cit.*, p. 309).

ainda assim, aos pessoais[311]. Há quem equipare a capacidade contributiva à igualdade e a vincule à progressividade fiscal[312]. Há quem rejeite essa ideia[313]. Uns entendem que a extrafiscalidade dos tributos afasta a sua aplicabilidade[314], enquanto outros sustentam que mesmo nessas situações ela deve ser observada[315].

Essas divergências causam, no mínimo, uma dificuldade no que tange à definição e ao alcance da capacidade contributiva. Isso é um grave problema. Talvez, o pior problema que uma norma jurídica possa ter é não se saber qual o seu conteúdo, o que ela obriga, proíbe ou permite, quem são seus sujeitos, quando, como e de que forma ela se aplica. Se não há uma mínima cognoscibilidade e segurança sobre essas questões, pode-se ter muitas coisas, mas não uma verdadeira norma jurídica.

---

[311] "No sistema tributário nacional é o IPTU inequivocamente um imposto real. Sob o império da atual Constituição, não é admitida a progressividade fiscal do IPTU, quer com base exclusivamente no seu art. 145, § 1º, porque esse imposto tem caráter real que é incompatível com a progressividade decorrente da capacidade econômica do contribuinte, quer com arrimo na conjugação desse dispositivo constitucional (genérico) com o art. 156, § 1º (específico). A interpretação sistemática da Constituição conduz inequivocamente à conclusão de que o IPTU com finalidade extrafiscal a que alude o inciso II do § 4º do art. 182 é a explicitação especificada, inclusive com limitação temporal, do IPTU com finalidade extrafiscal aludido no art. 156, I, § 1º. Portanto, é inconstitucional qualquer progressividade, em se tratando de IPTU, que não atenda exclusivamente ao disposto no art. 156, § 1º, aplicado com as limitações expressamente constantes dos § 2º e § 4º do art.182, ambos da CF." (RE 153.771, Rel. Min. Moreira Alves, DJ 5.9.1997). Anote-se, porém, que em precedente recente, analisando a possibilidade da progressividade do ITBI, a Corte reviu essa posição de aplicação da progressividade aos ditos "impostos reais".
[312] "A tributação progressiva é a forma de tributação que melhor obedece ao princípio da capacidade contributiva, pois visa igualar o sacrifício dos contribuintes e obter, assim, a equidade vertical." (José Maurício Conti, *op. cit.*, p. 98).
[313] "Estabelecer uma progressão, simples ou graduada, não faz senão agravar a exação sobre uma riqueza tributada, mediante um critério que considera apenas a questão monetária. Não leva em conta a capacidade de contribuir para o custeio do Estado. Mesmo que extrafiscal, a progressão deve estar acompanhada de motivação, razoável e claramente definida na legislação. (Fernando Aurélio Zilveti, *Princípios de Direito Tributário e a Capacidade Contributiva*. São Paulo: Quartier Latin, 2004, p. 187).
[314] "O princípio da capacidade contributiva é o critério comparativo para *normas de fim fiscal (s. Rz 20); para normas de fim social valem princípios, que são apropriados para justificar derrogações do princípio da capacidade contributiva*" (Klaus Tipke; Joachim Lang, *op. cit.*, p. 203).
[315] "Não obstante desvinculada da capacidade contributiva, a extrafiscalidade deve respeitar esse princípio, bem como o da igualdade tributária, quando da sua aplicação instrumental na atividade de arrecadação do Estado (Fernando Aurélio Zilveti, *op. cit.*, p. 197).

A CAPACIDADE CONTRIBUTIVA MULTIDIMENSIONAL

Com efeito, uma má compreensão do conteúdo e do alcance do princípio da capacidade contributiva faz com que ele se torne mais um princípio retórico do que propriamente um princípio jurídico. Se todos falam do princípio, exortam a sua importância, mas sua aplicabilidade é feita de forma incerta e insegura, então, sua qualificação jurídica resta prejudicada. A aplicação é incerta se não se sabe o que se está aplicando (v.g. um princípio? uma regra? o que obriga? o que proíbe? o que permite?). A aplicação é insegura se não se sabe a que hipóteses se pode aplicar (a todos os tributos? apenas aos impostos? sempre? sempre que possível?).

Pretendemos estudar, de forma sistemática, a capacidade contributiva como uma norma jurídica capaz de produzir efeitos sobre o sistema tributário brasileiro disciplinado pela Constituição Federal de 1988.

Em primeiro lugar, o que se pretende, de antemão, com o presente estudo é compreender o princípio da capacidade contributiva como um dos fundamentos do sistema tributário nacional, como uma norma que confere substância a esse sistema. Com efeito, enquanto o princípio da legalidade se ocupa primordialmente da forma do Direito Tributário, operando como uma norma de competência que estabelece um procedimento para que determinados sujeitos insiram normas de conduta no ordenamento jurídico, o princípio da capacidade contributiva preenche com conteúdo a legalidade, estabelecendo o que pode e o que não pode ser alcançado pelo tributo e em que medida isso deve ser feito.

Uma segunda premissa que utilzamos no presente trabalho é a não adoção de um conceito pleno, categórico e fechado de capacidade contributiva. Na verdade, como ficará mais claro adiante, entendemos que a capacidade contributiva não opera de uma única forma, encerrando um único comando jurídico no sistema tributário nacional. Com efeito, vislumbramos a capacidade contributiva como uma norma *multidimensional*, o que quer dizer que abrange uma pluralidade de comandos jurídicos com conteúdos diversos.

Todavia, se procuramos não adotar um conceito pleno, categórico e fechado de capacidade contributiva, ao menos, para construir uma base inicial do nosso estudo, buscaremos definir um núcleo mínimo da ideia de capacidade contributiva. Encontramos esse núcleo, a partir dos dois conceitos chave contidos na capacidade contributiva, o de "capacidade" e o de "contribuir".

Em Direito, a "capacidade" é uma aptidão que o sistema jurídico reconhece na pessoa para uma determinada finalidade. Na Teoria Geral do

Direito Civil, a capacidade é segregada em *capacidade de direito*, que é aquela aptidão para ser titular de direitos e obrigações, que é inerente à personalidade, e a *capacidade de fato*, que é aquela conferida a quem tem a plena possibilidade de *exercer* esses direitos ou contrair obrigações, de forma autônoma, livre de representação ou assistência.

O conceito de contribuição, por sua vez, é um conceito que possui uma relação até mesmo etimológica com a tributação. Com efeito, a palavra "contribuir" tem seu radical derivado do verbo latino *tribuere*, que significa dar, conceder, permitir, tendo como uma de suas declinações o vocábulo *tribûtum*. Esses vocábulos, por sua vez, têm origem em comum com o vocábulo *tribus*, que, em Latim, designa uma das divisões originais do povo romano. Assim, há quem atribua ao termo "tributo" o sentido original de dar/dividir pela tribo, em uma alusão ao fato de o tributo ser a forma de repartir os custos da sociedade pelos indivíduos. Partindo dessa origem etimológica do termo *tribuere* que, em Português, gerou palavras como atribuir, retribuir e contribuir, é possível vislumbrar que a contribuição significa uma co-participação do indivíduo na divisão de uma coisa de todos, de uma *res publica*. No plano jurídico, essa relação aproxima o termo contribuição das ideias de igualdade e solidariedade, que balizam a capacidade contributiva.

Assim, conjugando-se essas ideias é possível chegar ao núcleo mínimo da capacidade contributiva como sendo uma aptidão do indivíduo para concorrer com os gastos públicos, aptidão essa que é inserida no sistema tributário de diversas formas e nas múltiplas dimensões que passaremos a analisar.

Em terceiro lugar, antes de partirmos para o exame de cada um dos comandos normativos emanados da capacidade contributiva, é preciso ressaltar qual o propósito principal deste trabalho: estudar e sistematizar as dimensões e a força normativa que a capacidade contributiva tem no sistema tributário brasileiro atualmente em vigor. Assim, longe de um escorço histórico ou de um estudo sobre as teorias da capacidade contributiva existentes, o que pretendemos é, de forma muito mais simples e objetiva, focar na validade da capacidade contributiva como uma norma multidimensional relevante para a tributação no sistema tributário nacional.

De plano, já antecipamos que o enfoque aqui adotado é crítico de teorias que concebem a capacidade contributiva como um princípio amplo, genérico e excessivamente abrangente. Isto é, discordamos daqueles que defendem que a capacidade contributiva é uma espécie de "genoma" do Direito Tributário, um conceito de onde se possa derivar todo o sistema tributário, como uma espécie de bússola que orienta toda a interpretação jurídica desse ramo do Direito, ao menos do Direito Tributário brasileiro. Vemos com reservas também as teorias que se valem da capacidade contributiva, ou, melhor dizendo, que interpretam a falta de sua incidência de uma forma mais plena e direta, como um sinal de inconstitucionalidade de tributos positivados em certos sistemas tributários[316]. Como trataremos adiante, tampouco entendemos que a capacidade contributiva é capaz de operar como um princípio interpretativo capaz de dilatar o alcance da norma tributária para outras situações não previstas, com base em uma consideração econômica do Direito Tributário, a partir de uma concepção segundo a qual situações que exibem uma mesma capacidade contributiva devem ser tributadas de uma mesma forma[317].

Em nossa visão, como deixaremos mais claro adiante, a capacidade contributiva tem um papel extremamente relevante no sistema tributário nacional, mas bem menos ambicioso do que aquele pretendido por essas teorias.

2. Primeira Dimensão: "O sistema tributário deve ser justo".

A asserção acima relaciona-se diretamente à capacidade contributiva. A justiça tributária é alcançada de diversas formas. Algumas delas estão relacionadas à promoção da segurança, por meio da legalidade, da irretroatividade e da anterioridade. Com efeito, um sistema tributários cujos tributos não são formulados democraticamente, de forma cognoscível, previsível e sem surpreender os contribuintes, não pode ser considerado um sistema tributário justo.

No entanto, a observância desses critérios formais pode levar a uma situação de justiça formal ou meramente procedimental, em que há previsibilidade, igualdade e uniformidade no tratamento dos indivíduos. Mas, se o conteúdo dessas regras tributárias, que observam a legalidade, a irretro-

---

[316] Cf. a esse respeito os comentários de Tipke sobre a inconstitucionalidade dos tributos sobre transações imobiliárias e seguros na Alemanha por conta da falta de relação desses impostos com a capacidade contributiva: "El Fisco se aprovecha de esta situación y comvierte ambas as partes contratantes en deudores solidarios del impuesto. *If it moves, tax it!*', reza una antigua regla inglesa de prudencia tributaria. (*Moral Tributaria...* , p. 45).

[317] Nesse sentido, Marco Aurélio Greco, Planejamento Tributário, p. 351-353.

FORMA E SUBSTÂNCIA NO DIREITO TRIBUTÁRIO

atividade e anterioridade for injusto, por exemplo, porque são tributados fatos que não tem repercussão econômica ou porque a tributação é feita de forma que não permite a preservação da propriedade e da liberdade, o sistema tributário será injusto.

A pretensão de correção dos sistemas jurídicos, idealizada por Robert Alexy[318], é uma imposição para o sistema e não para cada uma de suas regras. Segundo o jusfilósofo alemão, ou o Direito tem uma pretensão de justiça ou, então, não se trata de Direito. A justiça, enxergada por Ricardo Lobo Torres[319], como um dos valores que orientam o Direito, projeta-se na capacidade contributiva para que a tributação seja justa. Tipke é enfático no sentido de que a carga impositiva global deve ser repartida com justiça, não sendo cabível no âmbito do Direito Tributário considerar Direito uma norma arbitrária[320].

Sistemas tributários que almejem apenas a obtenção de receitas para o erário podem fazê-lo das mais variadas formas, como se verifica ao longo da milenar história da tributação. As capitações ou tributo per capta, por exemplo, eram tributos pagos em valores fixos, por indivíduo, sem considerações a respeito da capacidade contributiva de cada um. Tinham o dever de pagá-lo tanto o rico como o pobre, quando não se concediam privilégios a certas classes, mesmo a despeito de manifestarem capacidade contributiva, desobrigando-as do pagamento do tributo.

Por sua vez, pode-se figurar um sistema tributário extremamente autoritário, em que bastaria apenas a previsão do tributo em um determinado ato da autoridade instituída para que ele pudesse ser exigido. Os sistemas tributários devem respeitar os direitos humanos. Um sistema que não prevê qualquer limite ao conteúdo do que pode ser tributado, que não prevê qualquer critério ou medida para a tributação, que sequer estabelece um limite para o grau de tributação. Paga-se o tributo pelo simples dever de pagá-lo. É evidente que essa é uma situação absurda e limite de flagrante injustiça. Mas, é a esse cenário que se chega quando se elimina a capacidade contributiva do sistema tributário. Pode-se até dizer que há um sistema tributário, mas não um sistema tributário justo.

---

[318] Cf. sobre os textos de Robert Alexy e as críticas a ele formulados por Eugenio Buligyn, compilados na obra *La Pretensión de Corrección del Derecho – la Polemica sobre la Relación entre Derecho y Moral*, Bogotá: Universidad Externado de Colombia, 2005.

[319] *Tratado...*, p. 287.

[320] *Moral Tributaria...*, p. 28.

A CAPACIDADE CONTRIBUTIVA MULTIDIMENSIONAL

Nesse sentido de orientar a tributação na direção da justiça fiscal, a capacidade contributiva é um vetor aplicável a todos os tributos, embora a forma e a intensidade em que ela se aplicará a cada espécie tributária distinta possa variar, como demonstraremos adiante.

Dizer que a capacidade contributiva como pressuposto da tributação conduz o sistema tributário à justiça tributária, porém, não significa dizer que o sistema tributário não pode se valer de outros critérios para a tributação e de que não existam outras formas justas de se tributar que não a partir da capacidade contributiva. Na verdade, todas essas questões dependem do sentido em que se está utilizando o termo "capacidade contributiva" e das diversas acepções de justiça[321]. Com efeito, a se adotar o conceito de capacidade contributiva como o único e exclusivo critério para se graduar a tributação, de acordo com a riqueza do indivíduo, não é possível se explicar com precisão como, em determinadas situações, notadamente nos casos de tributos com finalidade extrafiscal, é justificável a utilização de outros critérios que não a capacidade contributiva para se graduar a tributação. Por exemplo, como é aceitável e justo que sejam adotados o grau de produtividade do imóvel para fins de cálculo do ITR ou o lapso temporal sem que o imóvel cumpra sua função social, para fins da progressividade do tempo do IPTU? Não obstante, adotando-se o conceito de capacidade contributiva, com um sentido mínimo adotado neste trabalho, de "aptidão do indivíduo para concorrer com os gastos públicos", pode-se, com certa margem de segurança, dizer que onde quer que exista tributação, mas não haja aptidão do indivíduo para concorrer com o gasto público, verifica-se uma situação de injustiça.

3. Segunda Dimensão: "Os tributos devem incidir sobre fatos econômicos (capacidade econômica)"

O campo de incidência dos tributos deve estar restrito a fatos econômicos[322].

---

[321] A Filosofia Política e Moral apresenta diversas concepções de justiça: comutativa, distributiva, utilitária, liberal, marxista, libertarianista, feminista, comunitarista, dentre outras. Boa parte dessas concepções encontra-se exposta de forma bastante didática na obra de Will Kylmlica, *Filosofia Política Contemporânea*. São Paulo: Martins Fontes, 2006.

[322] Amílcar de Araújo Falcão, *Fato Gerador...*, p. 80. Não necessariamente "riqueza disponível", como defende Molina, *op. cit.*, p. 116, pois isso restringiria o princípio da capacidade contributiva necessariamente aos impostos, que são os tributos baseados na riqueza do contribuinte.

FORMA E SUBSTÂNCIA NO DIREITO TRIBUTÁRIO

Em um sentido fraco, essa dimensão da capacidade contributiva impõe a intributabilidade absoluta de fatos sem relevância econômica (ex: respirar, admirar estrelar, usar barba e bigode), impedindo-se, por exemplo, as capitações e os "poll taxes", como tributos cobrados "por cabeça", dissociados de qualquer relação econômica direta com o fato tributado[323].

Na doutrina brasileira, essa dimensão da capacidade contributiva é relacionada à figura do fato gerador com o fato signo presuntivo de riqueza ou capital[324]. Em alguma medida, todos os tributos previstos no sistema tributário nacional devem atender esse requisito, razão pela qual pode ser considerado *um pressuposto do tributo*[325].

Na CF/1988, o delineamento das competências tributárias dos entes, no que diz respeito aos impostos, se faz a partir de fatos econômicos do contribuinte (v.g. auferir renda, realizar uma operação de circulação de mercadorias, prestar serviço etc), vislumbrando-se uma clara vinculação do fato econômico com o tributo.

No entanto, outras espécies tributárias também devem observar essa dimensão da capacidade contributiva. Taxas, por exemplo, que são tributos vinculados, comumente associados ao "princípio do custo-benefício" e vistos de forma dissociada da capacidade contributiva, uma vez que sua mensuração não se relaciona, em tese, com propriedades da riqueza do contribuinte, têm como fatos geradores fatos com relevância econômica. Com efeito, as taxas podem ter como hipótese de incidência o exercício do poder de polícia ou a prestação de serviços públicos específicos e divisíveis, fatos que possuem relevância econômica, gerando inclusive alguma espécie de benefício ao contribuinte que justifica a sua remuneração pelo tributo.

Revela-se, dessa forma, também nesses outros tributos, certa aptidão do contribuinte para pagamento do tributo, ainda que não por um fato inerente à sua condição subjetiva, mas por uma atividade, uma prestação ou uma utilidade colocada à sua disposição pelo Poder Público, que tem relevância econômica. Nesse contexto, a capacidade contributiva resta atendida, uma vez que o objeto da tributação não é um fato sem relevân-

O que não significa que no caso dos impostos, não se imponha a exigência de uma *riqueza disponível* para se legitimar a tributação, como defendemos na acepção forte dessa dimensão do princípio apontada abaixo.

[323] Luciano Amaro, *Direito Tributário Brasileiro*. 11ª edição. São Paulo: Editora Saraiva, 2005, 138.

[324] Alfredo de Augusto Becker, *op. cit.*, p. 518.

[325] José Marcos Domingues, *op. cit.*, 12.

A CAPACIDADE CONTRIBUTIVA MULTIDIMENSIONAL

cia econômica, mas um fato que justifica, do ponto de vista, inclusive, da justiça fiscal, o pagamento do tributo.

Ainda que, nesses casos, o elemento que mensura a tributação não seja a capacidade contributiva do contribuinte, assim entendida como uma manifestação de riqueza, a capacidade contributiva se faz presente como um *pressuposto da tributação*[326] ou, como preferem alguns, segundo a denominada "capacidade contributiva objetiva".

Sob certo ponto de vista, entendemos inadequado falar-se em capacidade contributiva objetiva. Isso porque há situações em que pode haver esse fato com relevância econômica, *i.e.*, a chamada "capacidade contributiva objetiva", mas pode não haver, afinal, capacidade contributiva (*v.g.*, porque há uma violação ao patrimônio mínimo e a cobrança do tributo, naquele caso, não atende outra dimensão da capacidade contributiva). Por isso, nos parece mais lógico e coerente tratar essa dimensão como um "pressuposto" do tributo, porquanto se verifica que a existência de um fato com relevância econômica é uma condição necessária, ainda que não suficiente, para a existência de capacidade contributiva.

No entanto, embora a capacidade contributiva, nessa acepção de "fato com relevância econômica", seja um pressuposto do tributo, nem todos os fatos econômicos são passíveis de tributação. No sistema tributário brasileiro, a CF/1988 pré-seleciona alguns desses fatos ao delinear as regras de competência tributária. A partir desse corte constitucional, apenas esses fatos econômicos selecionados pela CF/1988 são passíveis de tributação. Um segundo corte é feito pelo legislador que, dentro do âmbito de competência da regra constitucional e a partir da primeira seleção, realiza uma segunda seleção qualificando os fatos econômicos a serem tributados[327].

Sob a perspectiva da *forma* e da *substância*, podemos vislumbrar em um primeiro momento, pré-constitucional, vários fatos com substância econômica, passíveis de tributação. Com a CF/1988 e a instituição das regras de competência tributárias, verificamos que o sistema ganha um viés formal e se juridiciza com a seleção de alguns fatos *com relevância econômica*, que passam a ser formalmente passíveis de tributação. Posteriormente, essa formalização se intensifica e se concretiza com a instituição do tri-

---

[326] José Marcos Domingues, *op. cit.*, p. 12.
[327] Nesse sentido, Luís Eduardo Schoueri, "O Desafio do Planejamento Tributário". In: Luís Eduardo Schoueri (coord.), *Planejamento tributário e o "propósito negocial"*. São Paulo: Quartier Latin, 2010, p. 14.

buto pelo trabalho do legislador ordinário e pela elaboração das hipóteses de incidência tributária.

Daí se dizer que, embora haja vários fatos que revelem capacidade econômica, a capacidade contributiva opera dentro do sistema tributário, a partir dos fatos pré-selecionados pelo constituinte e pelo legislador, nas demais dimensões aqui posteriormente desenvolvidas. Embora correto, esse entendimento não se mostra suficiente para explicitar por que motivo, em casos de espécies tributárias cujas regras constitucionais de competência não apontam explicitamente para fatos econômicos (ex: os empréstimos compulsórios e certas contribuições especiais, casos em que, respectivamente, a CF/1988 determina situações excepcionais que autorizam a sua cobrança e indica finalidades a serem alcançadas) essa exigência se impõe. Vale dizer, é a partir da compreensão dessa dimensão da capacidade contributiva aqui tratada que se pode vislumbrar uma obrigatoriedade de que *todos* os tributos gravem fatos econômicos, mesmo aqueles cujo perfil constitucional não expressamente se refira a fatos econômicos.

Em um sentido mais forte, é possível compreender a capacidade contributiva ainda vinculando o tributo a fatos econômicos, mas com a exigência adicional de que o tributo só pode ser exigido quando houver a concretização do fato econômico para fins de se legitimar a tributação. Dito de outra forma, o fato econômico deve representar efetivamente alguma riqueza ou alguma atividade estatal referível ao contribuinte, sob pena de não estar presente a capacidade contributiva.

Essa é uma ideia mais complexa e demanda uma concepção mais refinada de capacidade contributiva, na medida em que relaciona a capacidade contributiva com a própria materialidade tributável. No entanto, discussões relativas à (i) possibilidade de se deduzir perdas, da base de cálculo do IRPJ por conta de créditos não recebidos; (ii) exigência de COFINS sobre receitas não auferidas; (iii) à cobrança de IPI e de ICMS sobre operações não aperfeiçoadas por conta de roubo de cargas; (iv) exigência de ICMS sobre prestações de comunicação pelas operadoras de telefonia, que resultaram da clonagem de linhas e fraudes na contratação do serviço, dentre outras, apontam para a necessidade de desenvolvimento de uma nova visão sobre a capacidade contributiva, que permita lidar com esses casos em que se exige o tributo com base em uma *presunção* de riqueza que é *contrária à realidade*[328].

---

[328] Aprofundar essa questão desbordaria dos limites desse trabalho. Sobre o tema há relevantes artigos doutrinários (Humberto Ávila, ICMS como imposto sobre o consumo. Inocorrência

4. Terceira Dimensão: "A carga tributária deve ser repartida entre as pessoas, de forma racional e justa, segundo as espécies tributárias previstas no sistema tributário nacional"

Ao adotarmos um núcleo mínimo da capacidade contributiva como indicado anteriormente, compreendendo-a como a aptidão para arcar com os gastos públicos, não vinculamos a capacidade contributiva a uma determinada espécie tributária, como faz, por exemplo, uma parte considerável da doutrina, que considera a capacidade contributiva um critério aplicável apenas aos impostos. É bem verdade que quem adota esse tipo de consideração o faz a partir de outras definições mais específicas e menos abrangentes da capacidade contributiva. No entanto, ao optarmos por um núcleo mínimo conceitual e expandirmos a capacidade contributiva para múltiplas dimensões, podemos aplicar a capacidade contributiva a todas as espécies tributárias. Isso *não* significa que a capacidade contributiva se aplique exatamente da mesma forma e com os mesmos resultados a todas as espécies tributárias.

Com efeito, neste tópico, defenderemos que não é isso que ocorre. A capacidade contributiva se aplica de uma forma aos impostos, de outra forma às taxas, de uma terceira forma às contribuições e sua aplicação aos empréstimos compulsórios se dá de outra forma.

Isso se deve ao fato de que essas espécies tributárias são constituídas de diferentes formas no âmbito do sistema tributário nacional e com diferentes finalidades. Vale destacar que essa é uma estruturação que se dá a partir da própria CF/1988. Por isso, nos parece que o exame da capacidade

---

de prestação onerosa de serviço de comunicação no caso de inadimplemento do consumidor. *Revista Dialética de Direito Tributário*, São Paulo: Dialética, n. 186; Igor Mau ler Santiago, Não-incidência do ICMS sobre os serviços de comunicação obtidos mediante fraude de subscrição. Disponível na internet em: <http://sachacalmon.com.br/wp-content/uploads/2011/10/Não-incidência-do-ICMS-sobre-serviços-de-comunicação-obtidos-mediante-fraude-de-subscrição.pdf>, acesso em 29.4.2012; e Hamilton Dias de Souza; Hugo Funaro, "ICMS e a fraude nos serviços de comunicação". In: Antônio Reinaldo Rabelo Filho e Daniela Silveira Lara (coord.). *Tributação nas Telecomunicações. São Paulo*: MP editora, 2007) e até mesmo um precedente relevante do STJ, afastando a incidência do ICMS no caso de energia elétrica furtada (RESP nº 1306356, Segunda Turma, Relator: Ministro Castro Meira, DJ 4.9.2012), bem como entendendo pela não incidência de IPI no caso de carga roubada (RESP nº 1203236, Segunda Turma, Relator: Ministro Herman Benjamin, DJ 30.8.2012). Contra, entendendo pela incidência da COFINS sobre receitas decorrentes de vendas inadimplidas, STF, RE 586482, Plenário, Relator: Ministro Dias Toffoli, j. 23.11.2011.

contributiva no sistema constitucional não se deve fazer de forma isolada, descurada das regras de competência dos entes que regulam as espécies tributárias, que, no sistema tributário brasileiro, diferentemente de outros sistemas, se situa no plano constitucional.

As regras de competência que tratam da instituição de impostos se referem a fatos econômicos praticados pelo contribuinte[329] (*v.g.* auferir renda, importar bens, praticar operações de circulação de mercadorias, prestar serviços) e visam a financiar despesas gerais do Estado (artigo 167, inciso IV, da CF/1988).

As regras constitucionais de competência que tratam da instituição de taxas referem-se ao exercício do poder de polícia ou a prestação de um serviço público específico e divisível por parte do Poder Público[330]. As taxas devem remunerar o custo do poder de polícia ou do serviço público. A capacidade contributiva opera definindo que aqueles que foram beneficiados efetiva ou potencialmente devem remunerar o custo desse exercício do poder polícia ou da prestação do serviço público. No entanto, as taxas não podem ter base de cálculo própria de impostos, por expressa dicção constitucional, na forma do artigo 145, § 2º, da CF/1988.

Como bem leciona Luís Cesar Souza de Queiroz, o critério material do antecedente da norma tributária, no caso da taxa de policia, é o que "informa a conduta de (o Estado atuante) exercer poder de polícia suscitado por alguém (sujeito suscitante)"[331]; no caso da taxa de serviço, é o que "informa a conduta de (o Estado, sujeito atuante) prestar ou colocar à disposição o serviço público específico e divisível em benefício de alguém (sujeito beneficiário)"[332].

Por sua vez, a regra de competência que trata da contribuição de melhoria especifica um fato híbrido, em parte vinculado a uma atividade estatal e em parte não vinculado a uma atividade estatal: *realização de obra pública* com *valorização do imóvel*. A capacidade contributiva manifesta-se no binômio *acréscimo especial ao valor do imóvel* decorrente de *obra pública*. A obra já teria um valor em si. Mas, a CF/1988 exige que haja uma *melhoria* da situação *patrimonial* do contribuinte. No limite global e no limite individual

---

[329] Humberto Ávila, *Sistema Constitucional...*, p. 247.
[330] *Idem, ibidem*, p. 245_
[331] "Norma Tributária....", p. 311.
[332] *Loc. cit.*

A CAPACIDADE CONTRIBUTIVA MULTIDIMENSIONAL

das contribuições de melhoria se verifica a concretização desse binômio (caráter contributivo e comutativo) e a aplicação do princípio da capacidade contributiva a essa espécie tributária

Nesse sentido, acentua Luís Cesar Souza de Queiroz, que o critério material do antecedente da norma tributária de contribuição de melhoria "é o que informa a conduta de (o Estado, sujeito atuante) realizar a obra pública, causando a valorização do patrimônio imobiliário de certa pessoa (sujeito beneficiário)"[333].

As regras de competência que tratam das contribuições especiais indicam apenas determinadas finalidades que devem ser financiadas pelo Estado por meio dos recursos arrecadados[334]. Em alguns casos, a própria CF/1988 elege ainda as situações gravadas a partir de fatos que denotam manifestações de riqueza do contribuinte (*folha de salários, receita bruta ou faturamento, lucro líquido*).

No caso dos empréstimos compulsórios, a CF/1988 define determinadas situações excepcionais[335] que autorizam sua instituição dotando-os da característica da *restituibilidade*. Os empréstimos compulsórios podem ser instituídos para (i) atender a despesas extraordinárias, decorrentes de calamidade pública, de guerra externa ou sua iminência; e (ii) realizar investimento público de caráter urgente e de relevante interesse nacional. O caráter excepcional dos empréstimos compulsórios é reforçado pela atribuição de competência privativa à União Federal para instituição desse tributo, pela exigência de *lei complementar*, demandando maioria absoluta do Congresso Nacional para sua instituição, e pela estrita vinculação entre os recursos com ele arrecadados e a despesa que fundamentou a sua instituição.

Sob o ângulo da capacidade contributiva compreendida como uma aptidão do indivíduo para arcar com os gastos públicos, o que se verifica é que a própria CF/1988, diferentemente de outras Constituições menos analíticas, já pré-selecionou nas regras de competência para instituição de tributos, algumas *formas* para atingimento dessas finalidades substanciais.

Para financiar as despesas gerais do Estado, dotou os entes políticos (União, Estados, Municípios e Distrito Federal) da competência para insti-

---

[333] *Loc. cit.*
[334] *Idem, ibidem*, p. 247.
[335] *Idem, ibidem*, p. 266.

FORMA E SUBSTÂNCIA NO DIREITO TRIBUTÁRIO

tuição de impostos, cobrados sobre *fatos econômicos* que expressam a riqueza dos contribuintes. Mais do que isso, a CF/1988 determinou que os impostos, sempre que possível, terão caráter pessoal e serão graduados conforme a capacidade contributiva.

Nos impostos, por excelência, o constituinte determina ao legislador que busque repartir o ônus fiscal de acordo com a riqueza dos contribuintes, manifestada na regra de competência constitucional. Esses signos de riqueza são fatos que demonstram diferentes acepções econômicas de riqueza (patrimônio, renda e consumo), cada qual atribuída a *impostos* distintos, que são individualizados por sua materialidade própria. Como são as *despesas gerais* do Estado que estão sendo repartidas, a CF/1988 determinou que isso se fizesse, de acordo com as manifestações gerais de riqueza, presentes em toda a sociedade.

Ademais, nos impostos, a *capacidade contributiva* atua também como critério para *graduar a tributação*. A partir de um dado de riqueza pré-selecionada pela CF/1988 (ex: renda, propriedade de veículos automotores, propriedade territorial e predial urbana), a capacidade dos contribuintes é medida, sendo a tributação calibrada conforme o grau de manifestação maior ou menor desse elemento. A capacidade contributiva é, nesse sentido, no caso dos impostos, o critério utilizado para comparar contribuintes e calibrar a tributação[336].

Essa função, notadamente no caso dos impostos, faz com que a capacidade contributiva, por vezes, apareça baralhada com o princípio da isonomia. Contudo, não reconhecemos uma identidade entre esses princípios, senão uma zona de intersecção entre eles. A capacidade contributiva pode se apresentar como um critério para graduar a tributação. Isto é, funciona como uma *forma* de comparar contribuintes, a partir de um determinado elemento (ex: renda) visando uma determinada finalidade. Dessa forma, com base nesse critério, de reconhecida justeza, os contribuintes poderão ser tratados de forma igual ou diferenciada, mas sempre com respeito à isonomia.

No entanto, capacidade contributiva não se confunde com a igualdade, pois se pode respeitar a igualdade, violando-se a capacidade contributiva

---

[336] "Isso importa dizer que a medida de aplicação da igualdade entre os contribuintes com a finalidade de pagar impostos é a sua própria capacidade contributiva" (Humberto Ávila, *Teoria da Igualdade...* , p. 160).

(ex: tributação *consfiscatória* de dois contribuintes por conta de sua elevada renda) ou vice-versa, comprometendo-se a igualdade, mesmo que se observe a capacidade contributiva (ex: cobrando-se uma taxa mais elevada de um contribuinte com maior renda do que aquela cobrada do contribuinte que tem menos renda para remunerar mesmo serviço público, que não tem qualquer relação com a renda).

No caso das taxas, como elas visam remunerar uma despesa específica do Estado, gerada em função do exercício de poder de polícia ou da prestação de um serviço público, quis o legislador constituinte que esse gasto fosse suportado por aquele que lhe deu ensejo. Isto é, a capacidade contributiva, nesse caso, é daquele que tem aptidão para arcar com esse gasto, em princípio, daquele que gera a necessidade do exercício do poder de polícia ou é beneficiado pela prestação do serviço público.

No entanto, *graduar* as taxas de acordo com a manifestação de riqueza individual de cada contribuinte não se mostraria razoável, notadamente pela ausência de congruência entre o *fato econômico* que se pretende mensurar (*exercício de poder de polícia ou serviço público*) e a manifestação de riqueza do contribuinte. Dito diretamente, não se verifica, em princípio, qualquer relação direta entre a despesa que o Estado tem com o exercício de poder de polícia e a prestação de um serviço público e o grau de riqueza do contribuinte beneficiado por essas atividades estatais. Por isso, a *capacidade contributiva*, em seu sentido mínimo, isto é, a aptidão de o contribuinte arcar com as despesas públicas é, por uma questão de *congruência*, fixada a partir do custo-benefício representado pela atividade estatal.

Esse é uma questão constitucional que, por vezes, não fica muito clara, principalmente em face do artigo 145, § 2º, da CF/1988, que veda que as taxas tenham base de cálculo própria de impostos. O caso emblemático que reflete essa dificuldade foi o exame da constitucionalidade, pelo STF, da taxa de fiscalização, cobrada pela Comissão de Valores Mobiliários[337]. A referida taxa pelo exercício de polícia da CVM sobre as empresas foi instituída pela Lei nº 7.940/1989 e variava em faixas fixadas conforme o patrimônio líquido das sociedades. Os contribuintes alegavam que a referida taxa era inconstitucional, pois o tributo vinculado não poderia ter como base de cálculo elemento do patrimônio do contribuinte. O STF entendeu constitucional a taxa, reputando aplicável ao caso o princípio da capacidade contributiva.

---

[337] No RE nº 177835, Plenário, Relator: Ministro Carlos Veloso, DJ 25.5.2001.

Uma leitura atenta do acórdão, na busca da verdadeira *ratio decidendi* da Corte, verifica que o Tribunal não entendeu que a taxa poderia ser, simplesmente, cobrada sobre elementos subjetivos, que denotem a riqueza do contribuinte. O que se verifica, na verdade, é que a Corte reputou que a atividade de fiscalização, ou, mais precisamente, o dimensionamento do valor econômico dessa prestação estatal, poderia variar conforme o patrimônio líquido do contribuinte. Isto é, em princípio, um contribuinte com patrimônio líquido maior, demandaria uma atividade de fiscalização mais intensa e complexa por parte da CVM, a justificar a elevação da taxa. Como bem colocado pelo Ministro Ilmar Galvão: "Se a CVM tem a função de fiscalizar a situação da empresa, parece óbvio que a sua atividade aumenta na ordem direta da dimensão da empresa fiscalizada, justificando-se, pois, a variação da taxa em função do patrimônio". A mesma *ratio* animou a edição da Súmula Vinculante nº 19, que reputou constitucional a taxa cobrada em razão dos serviços de coleta, remoção e tratamento de lixo, cuja mensuração se fazia baseada na variação da metragem do imóvel.

Essa é uma questão bastante relevante no que diz respeito à aplicação do princípio da capacidade contributiva às taxas. A capacidade contributiva, no caso das taxas, deve estar vinculada à mensuração do dispêndio com a atividade estatal. A simplesmente se proclamar a aplicação livre e indiscriminada desse princípio às taxas, corre-se o risco de se perder a referência da mensuração desse tributo. O relevante para a aplicação da taxa não é um dado *subjetivo* do destinatário do serviço público ou do poder de polícia, mas dados *objetivos* relacionado à prestação. Dito diretamente, a riqueza ou a pobreza[338] do contribuinte não deveria influenciar diretamente na cobrança da taxa, a menos que esses elementos se mostrem *congruente e justificadamente* vinculados à prestação remunerada por esse tributo. O relevante nesse caso, como bem acentua Ricardo Lodi Ribeiro, é a relação de *comutatividade*[339].

Como explica Luís Cesar Souza de Queiroz, a taxa é pautada pelo princípio da *retributividade*, na medida em que o "quanto" a ser pago, informado pelo critério material do consequente da norma tributária, relaciona-se

---

[338] Salvo, nesse caso, quando se tratar de uma questão de violação de dignidade humana e patrimônio mínimo, como será abordado adiante.

[339] O Princípio da Capacidade Contributiva nos Impostos, nas Taxas e nas Contribuições Parafiscais, disponível na internet em <http://www.e-publicacoes.uerj.br/index.php/rfduerj/article/download/1371/1161>, acesso em 15.2.2013.

A CAPACIDADE CONTRIBUTIVA MULTIDIMENSIONAL

"necessariamente, com um custo da atuação estatal (...). Eis o caráter de ressarcimento da taxa."[340].

No caso das contribuições de melhoria, a CF/1988 permite que os entes políticos, que realizaram *obras públicas* que valorizaram os bens imóveis dos contribuintes, obtenham o retorno desse investimento, cobrando tributos dos contribuintes que foram especialmente beneficiados por uma atividade estatal a qual, em princípio, beneficiaria toda a coletividade. Todavia, a CF/1988 cuidou de autorizar essa *forma de tributação* com um cuidado especial à riqueza manifestada pelo contribuinte, não permitindo apenas que a tributação se dê uma vez que se verifique a simples ação estatal. Por se tratar de uma *contribuição de melhoria* está implícita a ideia de que a obra pública tenha efetivamente promovido uma melhora na situação patrimonial do indivíduo, por meio da valorização de seu imóvel.

Tanto é assim que, na definição dos limites *individuais* e *totais* do valor da contribuição de melhoria, o legislador se ocupou de levar em conta o caráter distributivo da despesa, permitindo que *todos os beneficiados pela obra pública arquem com ela*, mas *até o limite desse benefício*, isto é, até o quanto cada contribuinte se beneficiou individualmente com essa valorização.

Luís Cesar Souza de Queiroz, nesse sentido, acentua que no caso das normas que tratam da contribuição de melhoria, o critério material do consequente da norma tributária relaciona-se "necessariamente, com um duplo aspecto: *a)* o custo da atuação estatal (obra pública); e *b)* o montante da valorização imobiliária que certa pessoa obtém"[341].

No caso das contribuições especiais, a CF/1988, de uma forma geral, fixou apenas certas finalidades relevantes a serem *financiadas* por meio desses tributos. É certo que, em alguns casos, a própria CF/1988 incluiu na regra de competência as bases materiais sobre as quais recairão essas contribuições. No entanto, o que se verifica é que essas finalidades relevantes estão relacionadas a alguns *grupos determinados de indivíduos*, mais ou menos abrangentes (ex: toda a *sociedade* no caso das contribuições sociais do artigo 195, *caput*, da CF/1988, os participantes da cadeia econômica do petróleo e do gás, no caso da CIDE-combustíveis, prevista no artigo 177 da CF/1988, os profissionais e os agentes econômicos de certa categoria profissional ou econômica, na hipótese do artigo 149, *caput*, da CF/1988).

---

[340] "Norma Tributária...", p. 318.
[341] "Norma Tributária....", p. 319.

Assim, a capacidade contributiva também é o critério utilizado para graduar contribuições especiais, notadamente aquelas que têm por base determinadas manifestações de riqueza do contribuinte. No entanto, a relação das atividades financiadas pelas contribuições com a forma de sua mensuração ou até mesmo a legitimidade de sua cobrança no caso de tredestinação ou contingenciamento das receitas arrecadadas por esses tributos, ainda é um desafio do Direito Financeiro e Tributário, que vem sendo objeto das mais variadas teorias nos últimos anos[342]. No centro dessas teorias, encontra-se o problema da aplicação da capacidade contributiva a um tributo *sui generis*, marcado pelo seu caráter híbrido. Como bem colocado por Ricardo Lodi, os critérios da justiça distributiva, classicamente presente nos impostos, e da justiça comutativa, usualmente atribuído às taxas, conjugam-se no caso das contribuições especiais. As contribuições especiais são, ao mesmo tempo, legitimadas constitucionalmente pelas finalidades constitucionais que elas se destinam a financiar, ao passo que são suportadas pela capacidade econômica do grupo de contribuintes que devem recolhê-las.

No caso dos empréstimos compulsórios, a CF/1988 prevê situações extraordinárias, que geram despesas, as quais devem ser financiadas por meio dos empréstimos compulsórios a serem instituídos por lei complementar. A CF/1988 não define se esses empréstimos compulsórios terão por fato gerador manifestações de riqueza do contribuinte ou se serão vinculados a alguma atividade estatal. No entanto, dadas as especificidades das regras de competência dos outros tributos fixados constitucionalmente, parece-nos que caberia aos empréstimos compulsórios recair apenas sobre determinadas manifestações de riqueza do contribuinte[343], sob pena de, ao incidirem sobre atividades estatais, essas atividades ficarem desprovidas de fonte de custeio com a restituição dos valores arrecadados com os empréstimos compulsórios. Na prática, isso atrai também para os empréstimos compulsórios a aplicação do princípio da capacidade contributiva.

---

[342] Sobre o tema, cf., dentre outros, Luís Cesar Souza de Queiroz, __"Critério Finalístico e o Controle das Contribuições",. In: Alberto Macedo *et al. Sistema Tributário Brasileiro e a Crise Atual*. São Paulo: Noeses, 2009; José Marcos Domingues, *Direito Tributário e Meio Ambiente*. 3ª ed. Rio de Janeiro: Forense, 2007; e; Marco Aurélio Greco, Contribuições (uma figura sui generis). São Paulo: Dialética, 2000.

[343] Nesse sentido, "A partir daí, o empréstimo compulsório federal, poderá eleger, como fato gerador da obrigação do particular, manifestação de capacidade contributiva (...)" (STF, RE nº 121.336, Plenário, Relator: Ministro Sepúlveda Pertence, DJ 26.6.1992.

A CAPACIDADE CONTRIBUTIVA MULTIDIMENSIONAL

Como se vê, a CF/1988, por meio de regras de competência, delineou *formalmente* a consecução de uma finalidade *substancial* que é atingir a *capacidade contributiva* dos cidadãos. Impostos, taxas, contribuições de melhoria, contribuições especiais e empréstimos compulsórios se sujeitam ao princípio da capacidade contributiva nessa dimensão.

Não se trata, contudo, de uma dimensão vazia ou tautológica, que se esgote nas próprias regras de competência tributária. Isso porque há uma imposição de *justiça* e de *racionalidade* na concretização do princípio da capacidade contributiva delineada nas regras de competência.

A *justiça* se impõe no sentido de uma equidade na imposição do tributo, de modo que o legislador não crie desigualdades sem justificação, para distinguir entre contribuintes que manifestam a capacidade contributiva que está sendo gravada. A *racionalidade* exige coerência e consistência por parte do legislador no que tange à regulação do tributo, de modo que não descaracterize a capacidade contributiva ou que deixe de observar a natureza das coisas.

5. Quarta dimensão: "Os tributos não podem gravar o mínimo existencial"

A capacidade contributiva pressupõe uma aptidão do indivíduo para contribuir com os gastos públicos. No entanto, essa aptidão só pode ser verificada após ser garantido ao indivíduo condições materiais mínimas que assegurem a sua *liberdade*, no âmbito do Estado Social Democrático, estabelecido pela CF/1988[344]. Esse patamar básico de riqueza não pode estar sujeito ao tributo, sob pena de se comprometer a própria liberdade. Apenas depois de satisfeitas essas condições de liberdade é que é possível falar-se em *capacidade contributiva* e no surgimento do poder de tributar. Antes de satisfeitas essas condições, o tributo atenta contra as liberdades fundamentais. Ou seja, trata-se de um *limite negativo*, abaixo do qual não existe capacidade contributiva.

Essa proteção do patrimônio mínimo, consubstanciada na imunidade tributária do mínimo existencial[345], é um dos desdobramentos constitu-

---

[344] "La capacidad econômica para contribuir a los gastos públicos comienza una vez que se ha cubierto el mínimo necesario para a la existencia." (Pedro Manuel Herrera Molina, *op. cit.*, p. 21).
[345] Ricardo Lobo Torres, *Direito ao Mínimo Existencial*. Rio de Janeiro: Renovar, 2009; Luís Queiroz, *Imposto sobre a renda...*, p. 88-92; Ricardo Lodi Ribeiro, *Limitações...*, p.155-164; Humberto Ávila, *Sistema Constitucional...*, p 317-321.

FORMA E SUBSTÂNCIA NO DIREITO TRIBUTÁRIO

cionais da proteção à dignidade da pessoa humana no campo dos tributos, protegendo, nesse patamar, de forma universal, tanto o rico quanto o pobre. Corresponde ao que Ricardo Lobo Torres[346] denomina de *status negativus libertatis*, assim compreendidas as *limitações constitucionais* que visam a preservar as liberdades individuais, notadamente os direitos fundamentais.

A imunidade do mínimo existencial é classificada como uma imunidade implícita, tendo em vista que, embora não expressa no texto constitucional, é possível construí-la, com fundamento nos dispositivos constitucionais que tutelam a dignidade da pessoa humana (artigo 1º, III, da CF/1988); que protegem a liberdade e a propriedade (artigo 5º da CF/1988); que tratam do caráter não exaustivo, *i.e.*, exemplificativo, das limitações constitucionais ao poder de tributar (artigo 150, *caput*, da CF/1988) e que estabelecem a *capacidade contributiva* como critério de graduação dos impostos (artigo 145, § 1º da CF/1988).

A imunidade do mínimo existencial se manifesta de variadas formas na legislação tributária, seja sob a denominação de isenção do imposto sobre a renda para aqueles que ganham até um determinado valor; seja sobre a forma de isenção de ICMS para produtos integrantes da cesta básica; seja por meio das regras constitucionais que vedam a cobrança de taxas para realização do registro civil de nascimento, para a lavratura da certidão de óbito e para o acesso à justiça[347]. Daí essa dimensão da capacidade contributiva se aplicar também, a todos os tributos, não apenas os impostos, não podendo haver tributação onde haja restrição da liberdade a ponto de se atingir seu núcleo essencial.

Em todos esses casos, o mínimo existencial funciona como uma espécie de delimitação inferior da capacidade contributiva no sentido vertical, isto é, no escalonamento que vai do ponto onde não se pode tributar pela insuficiência de recursos do indivíduo, até o ponto máximo, limite superior, em que a tributação transforma-se em uma excessiva restrição ao direito de propriedade, em patamares confiscatórios, consoante será abordado adiante.

---

[346] "O *status negativus* do mínimo existencial se afirma, no campo tributário, através das imunidades fiscais: o poder de imposição do Estado não pode invadir a esfera de liberdade mínima do cidadão representada pelo direito à subsistência." (Ricardo Lobo Torres, *Direito ao Mínimo Existencial*. Rio de Janeiro: Renovar, 2009, p. 184.

[347] Ricardo Lobo Torres, *op. cit.*, p. 186-235.

A CAPACIDADE CONTRIBUTIVA MULTIDIMENSIONAL

A delimitação quantitativa da capacidade contributiva, no sentido vertical, distingue-se da denominada capacidade contributiva no sentido horizontal, que, a nosso ver, muito mais se relaciona ao princípio da igualdade, na medida em que estabelece uma vedação, tanto à discriminação desarrazoada, quanto ao privilégio odioso. Isto é, nessa acepção horizontal, a capacidade contributiva atuaria, segundo os ditames da igualdade, impedindo que indivíduos que se encontram em situação que representa igual aptidão para contribuir (*v.g.* indivíduos que recebam um mesmo salário) sejam discriminados injustificadamente (*v.g.* tenham que pagar mais imposto de renda do que a generalidade dos contribuinte por pertencerem a um determinado grupo religioso), ou venham a gozar de privilégios odiosos (*v.g.* tenham que pagar menos imposto de renda que a generalidade dos contribuintes por exercerem determinada função)[348].

A capacidade contributiva, enquanto proteção do mínimo existencial, relaciona-se também ao que a doutrina comumente denomina de "capacidade contributiva subjetiva ou relativa"[349]. Nesse sentido, a capacidade contributiva orientaria o legislador a levar em conta aspectos *pessoais* do contribuinte para graduar a tributação, sob pena de a tributação interferir na autonomia individual. Não se trata de um aspecto quantitativo, mas qualitativo da tributação. Assim, a tributação deve, além de levar em conta os requisitos essenciais para uma vida digna, considerar o montante de *riqueza disponível*.

Isso significa que, por força da norma constitucional da capacidade contributiva, os aspectos da norma de incidência tributária a serem formulados pelo legislador devem ser ajustados de modo que a carga tributária suportada pelas pessoas seja graduada segundo critérios pessoais[350]. É evidente que não se trata da proposição de uma tributação individualizada, feita sob

---

[348] Nesse sentido, Ricardo Lobo Torres, *op. cit.*.

[349] "Por outro lado, fala-se em **Princípio da Capacidade Contributiva Subjetiva ou Relativa** como sendo aquele que dispõe sobre a necessidade de, ao se determinar a carga de tributos a ser suportada por alguém, levar-se em consideração as respectivas características pessoais, a fim de que a participação de cada um no financiamento do Estado se perfaça de forma justa." (Luís Cesar Souza de Queiroz, *op. cit.*, p. 75).

[350] "A liberdade de configuração, desse modo, não atinge primariamente a definição da medida de comparação, mas especialmente, o elemento indicativo para a sua fixação (....). Dentre os elementos indicativos que mantiverem uma relação fundada e conjugada com a medida de comparação compatível com a finalidade, o Poder Legislativo tem o poder de decidir qual deles é o mais adequado" (Humberto Ávila, *Teoria da Igualdade...* p. 169-170).

medida para cada indivíduo[351], mas uma exigência para que o legislador tributário leve em consideração a generalidade dos aspectos existentes na sociedade, isto é, uma média valorativa das necessidades, das carências e das disponibilidades das pessoas, no momento de formulação das leis tributárias, de forma coerente com cada tributo[352], ainda que esses padrões utilizados pelo legislador estejam sujeitos a testes de razoabilidade[353].

6. Quinta dimensão: "O tributo não pode ser usado com efeito de confisco (parcial ou global)

No extremo superior da capacidade contributiva em sentido vertical situa-se mais uma das dimensões da capacidade contributiva, em que reside o seu *limite positivo*, isto é, a capacidade contributiva existe até uma determinada fronteira, em que o tributo passa a gravar excessivamente a riqueza do contribuinte – por maior que ela seja – e o tributo se torna confiscatório. A doutrina costuma apontar que o tributo confiscatório, vedado pelo artigo 150, inciso IV, da CF/1988 é aquele que absorve parte considerável do direito de propriedade do indivíduo a ponto de esvaziá-lo. A tributação confiscatória atinge o núcleo do direito fundamental e sua proibição pode ser enxergada como uma das manifestações da teoria da *vedação do excesso* no Direito Tributário, por implicar uma delimitação máxima de restrição do direito de propriedade e da livre iniciativa, uma vez que o tributo não deixa de ser uma restrição ao direito de propriedade e à livre

---

[351] "Todos esses motivos demonstram que a Constituição de 1988 atribuiu preferência ao tratamento particularizado (...) essas características particulares, no entanto, podem deixar de ser analisadas se, por ser impossível ou extremamente onerosa a fiscalização de tributos, as particularidades dos contribuintes e dos casos não puderem ser verificadas, porque sua consideração causaria – pela falta de previsão, controle, coordenação, modicidade e conhecimento – mais generalização do que individualização. Nesse momento entra em cena a generalização por meio da criação de padrões legais" (Humberto Ávila, *op. cit.* p. 88).

[352] "A individualização de um pressuposto econômico como manifestação determinada de capacidade contributiva serve para verificar duas exigências que podem ser reconduzidas à racionalidade da tributação: – que haja um vínculo efetivo entre a prestação imposta e o pressuposto econômico considerado; – que as múltiplas hipóteses de incidência contempladas pela lei tributária sejam coerentes com esse pressuposto, isto é, não sejam uma simples mixórdia de casos empíricos (Enrico de Mita, "O princípio da capacidade contributiva". Trad. de Roberto Ferraz. In: Roberto Ferraz, Princípios e limites da tributação. São Paulo : Quartier Latin, 2005, p. 223-256.

[353] Humberto Ávila, *Teoria da Igualdade...* , p. 160.

iniciativa, ainda que legitimado constitucionalmente para consecução de fins públicos.

No entanto, em patamares confiscatórios, o tributo ultrapassa as raias da legitimidade constitucional e torna-se inconstitucional, porque não mais se cuida de garantir um sistema de direitos fundamentais, mas de se violar o núcleo essencial desses direitos, malferindo o direito de propriedade e de livre iniciativa e comprometendo-se, em última análise, a própria dignidade humana.

Em alguns países, há manifestações doutrinárias e até jurisprudências sobre um percentual específico, acima do qual o tributo se tornaria confiscatório[354]. Mas, no Brasil, a Constituição veda apenas o *confisco* de uma maneira *substancial*, sem a fixação de limites *formais*.

Contudo, o que se verifica é que a doutrina e a própria jurisprudência entendem que a vedação ao confisco não diz respeito ao exame isolado de um único tributo específico, mas pode projetar-se também nas múltiplas e concorrentes incidências tributárias sobre uma determinada manifestação de riqueza ou mesmo pode referir-se ao sistema tributário como um todo, quando este compromete o patrimônio, a renda ou o consumo por parte dos contribuintes. No julgamento, pelo Plenário, do STF, da ADI-MC 2010, Relator: Ministro Celso de Mello. DJ 12.4.2002, a Corte entendeu que a incidência da contribuição previdenciária, calculada com base em alíquotas progressivas, sobre o vencimento dos servidores públicos, conjugada com a incidência do IRPF também sobre esses valores, geraria um efeito confiscatório. Naquela oportunidade, o STF ressaltou que "a identificação do efeito confiscatório deve ser feita em função da totalidade da carga tributária" *vis-a-vis* ao "grau de insuportabilidade econômico-finaceira" imposto ao contribuinte.

7. A Chamada Eficácia Positiva do Princípio da Capacidade Contributiva

As dimensões apontadas acima, de variadas formas, orientam o sistema tributário impondo limites às normas tributárias. A primeira dimensão esta-

---

[354] Na Argentina, por exemplo, a Corte Constitucional reputou inconstitucional o imposto imobiliário que consumia mais de 33% da renda calculada segundo o rendimento normal médio de uma correta e adequada exploração da propriedade, bem como o imposto sobre heranças e doações que excedesse 33% dos valores recebidos; já na Alemanha, com base na própria dicção constitucional, a doutrina sustenta que um tributo superior a 50% da riqueza seria confiscatório (Luís Eduardo Schoueri, *op. cit.*, p. 319).

belece um comando geral de *justiça* para o sistema tributário. A segunda dimensão restringe os fatos que podem ser objeto da tributação: fatos com relevância econômica. A terceira dimensão identifica a relação entre a capacidade contributiva e as espécies tributárias previstas constitucionalmente no sistema tributário nacional, dispondo como a capacidade contributiva opera dentro das normas constitucionais de competência tributária como critério para *se graduar* a tributação. A quarta e a quinta dimensões, denotam, respectivamente, os limites mínimo (mínimo existencial) e máximo (confisco) do tributo, no âmbito do sistema tributário nacional. Em linhas gerais, essas dimensões da capacidade contributiva conferem a ela um viés de *regrar, delimitar* ou *bloquear* a tributação.

Por outras palavras, se imaginarmos que a tendência do Estado é, como forma de maximizar as suas necessidades financeiras, expandir o campo da tributação, as dimensões mencionadas acima tendem a comprimir e regrar esse viés expansivo.

No entanto, há quem sustente que a capacidade contributiva teria um viés *positivo*, de modo a se conjugar com o princípio da igualdade, na aplicação da lei tributária[355]. Sob esse ponto de vista, situações que representem uma mesma manifestação de capacidade contributiva deveriam ser submetidas a uma mesma tributação[356].

Em breve síntese, nessa acepção positiva, a capacidade contributiva (i) seria um princípio constitucional que se espraiaria por todo o ordenamento, atuando no momento de criação, de execução e de interpretação da lei[357]; (ii) iluminaria os tipos previstos na lei, de modo a se atingir todas as manifestações de capacidade contributiva que a vontade da lei determina que devam ser atingidas[358]; e (iii) traria uma determinação no sentido de eficácia integral da lei tributária, sendo inconstitucional por ofender a igualdade e a capacidade contributiva, a lei que não onera situações que deveriam ser oneradas por manifestarem capacidade contributiva; por exemplo, seria inconstitucional uma lei que, do universo de onze situa-

---

[355] Nesse sentido, Marco Aurélio Greco, *Planejamento...* , p. 341-346, entendendo que a capacidade contributiva não é uma limitação constitucional ao poder de tributar, mas sim um dos vetores gerais da tributação.

[356] *Idem, ibidem,* p. 353.

[357] *Idem, ibidem,* p. 340-341.

[358] *Idem, ibidem,* p. 349-351.

ções passíveis de tributação por manifestarem capacidade contributiva, tributar apenas dez situações e deixar uma sem tributar[359].

Entendemos que, embora original e talvez passível de aplicação em outros ordenamentos jurídicos, a tese da eficácia positiva da capacidade contributiva não se revela compatível com o sistema tributário nacional e se mostra até pouco relevante para os fins de combater eventual descumprimento direto ou indireto da norma tributária por meio do uso de expedientes artificiosos por parte do contribuinte.

A incompatibilidade da tese da eficácia positiva do princípio da capacidade contributiva com o sistema constitucional tributário reside no fato de que a *capacidade contributiva* não pode operar para além das normas de competência tributária, como se existissem "zonas de capacidade contributiva" além daquelas definidas constitucionalmente. As regras de competência tributárias definem especificamente as situações que podem ser tributadas pelo legislador. O princípio da capacidade contributiva não pode, assim, atuar, no plano constitucional, alargando os espaços delimitados pelo legislador constituinte por meio de regras. Isso seria utilizar a Constituição para invalidar a própria Constituição, na medida em que as regras constitucionais de competência tributária, dado o seu caráter específico e delimitador, não devem ser superadas com base em uma ideia geral de capacidade contributiva. Isto é, a capacidade contributiva se insere e atua dentro das zonas de tributação fixadas regras constitucionais de competência, não cabendo cogitar-se da aplicação da capacidade contributiva fora desse campo.

Mesmo dentro do âmbito constitucional da norma de competência tributária, no campo da lei tributária, a capacidade contributiva não tem o condão de expandir a previsão geral e abstrata contida no antecedente da norma de incidência tributária para capturar outras situações *semelhantes* ou com mesmo conteúdo econômico das situações previstas na norma, sob pena de se produzir uma analogia gravosa, que não é admitida no sistema tributário nacional, como demonstrado anteriormente.

Não se "tributa" por isonomia, mas por lei. A isonomia é instituída como uma limitação constitucional ao poder de tributar e não deve ser utilizada como um fundamento para a tributação, especialmente onde a lei não prevê a tributação. A regra de competência tributária e o princí-

---

[359] *Idem, ibidem*, p. 351-353.

FORMA E SUBSTÂNCIA NO DIREITO TRIBUTÁRIO

pio da legalidade não impõem ao legislador um dever de exercício pleno da competência. O não exercício de uma competência tributária, por si só, não implica violação à isonomia. A isonomia veda que se criem discriminações desarrazoadas ou privilégios odiosos, isto é, comportamentos *positivos* e não *negativos*, por parte do legislador. Eventuais "injustiças" que possam existir no sistema tributário – e, no sistema tributário brasileiro, as injustiças fiscais não parecem ser exatamente um problema de "falta" de tributação – devem ser reparadas pelo meio constitucionalmente próprio para isso: a lei fiscal, isto é, por ato do legislador e não da administração fiscal ou do juiz.

Por sua vez, como mencionamos acima, não se revela adequada a aplicação da tese da eficácia positiva da capacidade contributiva, para se combater eventuais artificialismos por parte do contribuinte no plano da interpretação tributária e da qualificação dos fatos. Se o contribuinte incorre em *simulação, dissimulação, fraude à lei* e *abuso de direito*[360], não é a capacidade contributiva que está atuando de forma positiva para se requalificar o ato e tributá-lo, mas a própria legalidade que, em última análise, está sendo violada e seu comando deve ser restabelecido.

Como explica Ávila, é possível violar a legalidade tanto na *interpretação da norma* quanto na *qualificação do fato*[361]. No caso da interpretação da norma, há violação da lei, quando o intérprete estende uma norma tributária de incidência para abranger situações por ela não gravadas (interpretação extensiva), ou quando, no caso de uma norma tributária de desoneração, são criados requisitos para sua aplicação nela não previstos (interpretação restritiva). Já com relação à *qualificação* dos fatos, há violação à legalidade, quando o aplicador da lei estende a sua aplicação para outro fato, sob o argumento de que eles são semelhantes (analogia) ou quando, em vez de analisar os fatos sob a "perspectiva da lei tributária e das formas de Direito Privado efetivamente utilizadas pelo contribuinte sem o afastamento de seus requisitos essenciais, qualificá-los sob a perspectiva da sua mera substância econômica (interpretação econômica)"[362].

Sob outro prisma, o contribuinte pode violar a lei, como mencionado acima, realizando o fato gerador e buscando ocultá-lo do Fisco, ou preten-

---

[360] Analisaremos, adiante, com detalhe essas figuras no Capítulo 9.
[361] Humberto Ávila, "Legalidade como mediação...", p. 395.
[362] *Loc. cit.*

dendo uma interpretação desarrazoada da lei, ou mesmo uma conferindo uma qualificação abusiva do negócio jurídico que deturpa a sua natureza. Nesses casos, também se está diante de uma violação da lei e a "eficácia positiva", nesse caso, não deve ser a da capacidade contributiva, mas a da própria legalidade.

A aplicação de uma eficácia "positiva" da capacidade contributiva, a pretexto de se alcançar uma sociedade *justa e solidária*, tal como preconizado como objetivo constitucional no artigo 3º, inciso I, da CF/1988, acaba por violar precisamente o primeiro objetivo constitucional mencionado no referido dispositivo, que é a liberdade. A liberdade é a condição de possibilidade de uma sociedade *justa e solidária*[363]. Não há espaço para a *justiça* e para a *solidariedade*, sem a *liberdade*. E a *legalidade* é que deve servir como parâmetro do equilíbrio entre *liberdade* e *igualdade* no campo tributário. Fora dela, pode até haver espaço para boas intenções, mas também há campo para os mais terríveis arbítrios.

---

[363] John Rawls eleva a liberdade ao primeiro princípio de justiça, considerando que é aquele princípio que deve ser fixado no plano constitucional (John Rawls, *Uma Teoria da Justiça*, p. 64-69 e 211-218).

Quarta Parte
O Planejamento Fiscal

Capítulo 8
Os Marcos Fundamentais para uma Teoria do Planejamento Fiscal

1. A complexidade teórica e a falta de uniformidade prática

O planejamento fiscal talvez seja um dos temas mais complexos do Direito Tributário.

No entanto, essa complexidade corre o risco de se transformar em incompreensão, ou, dito diretamente, em "confusão", se não se compreende, de forma adequada o papel que os princípios da legalidade e da capacidade contributiva desempenham no sistema tributário. Como alertamos no Capítulo 3, item 4, só é possível construir uma teoria do planejamento fiscal, a partir desses fundamentos constitucionais primordiais. Por isso, nos capítulos anteriores, após estudarmos, de uma maneira geral, o modo como a dicotomia entre forma e substância se insere no Direito Tributário, analisamos a função da legalidade tributária e da capacidade contributiva no sistema tributário nacional.

Nesta última parte do trabalho, nossa intenção é aplicar todas aquelas referências ao tema do planejamento fiscal. É evidente que uma teoria do planejamento fiscal não é um mero desdobramento da legalidade tributária e da capacidade contributiva. O debate em torno do planejamento fiscal demanda uma série de considerações adicionais específicas, inclusive infraconstitucionais, que buscaremos expor nessa última parte.

A partir de referências diferentes das anteriores, pode-se chegar a outras teorias sobre o planejamento fiscal. No entanto, sem as referências anteriores, corre-se o risco de se construir uma teoria do planejamento fiscal às avessas, como, por vezes, vem se fazendo na doutrina nacional, em que se elabora uma teoria sobre planejamento fiscal, ou melhor, parte-se de uma distinção entre "evasão" e "elisão", para depois se "testar" essa teoria à luz da Constituição. Como dito anteriormente, esse não é o caminho que pretendemos trilhar neste trabalho.

Dessa maneira, procuramos acentuar na parte do trabalho relativa à legalidade tributária, (i) o papel destacado que a lei possui para a construção das normas tributárias, dentro do sistema rígido de discriminação constitucional de competências da CF/1988; (ii) o delineamento estrutural das normas tributárias; e (iii) a impossibilidade da analogia gravosa em matéria fiscal. Por sua vez, na parte do trabalho dedicada à capacidade contributiva, analisamos o modo como ela pode ser compreendida como uma norma multidimensional, examinando cada uma dessas dimensões e destacando as dificuldades de se conceber uma chamada eficácia positiva para o princípio da capacidade contributiva, que permita uma tributação, sem lei, apesar da lei, ou além da lei.

Essas considerações são essenciais para a sequência deste trabalho. É a partir delas que, nos próximos capítulos, discutiremos algumas questões fundamentais para o tema do planejamento fiscal, desde a sua definição à fixação dos seus limites normativos. No entanto, como se disse acima, essa, definitivamente, não é uma tarefa fácil, porém das mais difíceis, porque o tema é um dos mais complexos do Direito Tributário.

É complexo porque é difícil tratar dele de forma abstrata, isto é, definir, em sentido amplo, o que é legítimo ou não fazer para economizar tributos, de acordo com um único critério ou alguns critérios abrangentes, de forma dissociada do caso concreto. É complexo porque, ainda que se consiga infirmar um ou alguns desses critérios abrangentes, a dificuldade desloca-se para o caso concreto na aplicação desse(s) critério(s) abrangente(s) para definir se o que o contribuinte fez, na prática, é legítimo ou não.

É complexo porque a legislação tributária é igualmente complexa, pela profusão de normas, pelo amplo escopo dessas normas e pelas relações diversas que existem entre elas (*hierarquia, lacuna, antinomia* e *imbricação*). É complexo porque o tema envolve a atividade de interpretação da legislação tributária, com suas diferentes *técnicas, finalidades* e *limitações*. É complexo porque o planejamento tributário abrange um universo infinito de situações fáticas distintas, desde uma simples transação entre particulares a uma complexa transação societária estruturada internacionalmente.

OS MARCOS FUNDAMENTAIS PARA UMA TEORIA DO PLANEJAMENTO FISCAL

É complexo porque encerra um dilema relativo aos direitos fundamentais. Os contribuintes buscam, pelas mais variadas formas, minimizar o seu ônus fiscal, organizando seus negócios de forma a reduzir ao máximo a carga tributária sobre eles. E fazem isso fundados no direito de propriedade e em liberdades constitucionais, como a liberdade de iniciativa, a liberdade para contratar e a liberdade dos tipos e das formas de contratar, sem que exista "sempre um imposto"[364] ou um "dever patriótico"[365] de estruturar os seus negócios de forma a pagar o máximo de tributo possível. Por sua vez, o Estado situa-se no polo oposto, buscando, também pelas mais variadas formas, maximizar suas receitas, que são necessárias para financiar atividades essenciais e relevantes para a sociedade de uma forma geral, visando impedir que sejam erodidas as bases fiscais da arrecadação e que reste comprometida a sua atividade financeira.

Essa complexidade se verifica na quantidade de estudos e de obras a respeito do tema, no Brasil e no exterior. As posições doutrinárias são as mais ricas e variadas possíveis. Discute-se a conceituação de *evasão* e *elisão fiscal* e, mais recentemente, de *elusão*[366]. Debate-se qual o sentido da legalidade tributária e da capacidade contributiva e como elas podem ser harmonizadas. Diverge-se a respeito da natureza do artigo 116, parágrafo único, do

---

[364] "Em síntese, não existe sempre um imposto. Enquanto tributos forem exigidos, haverá negócios em que o imposto será mais oneroso em determinada modalidade de celebração do quem em outra, ou em que aquela modalidade estará acima da dúvida que ensombra esta." (Randolph E. Paul, *Studies in Federal Taxation*, Chicago, 1937, p. 19 *apud* Antônio Roberto Sampaio Dória, *op. cit.*, p. 86.). Nesse sentido também, Klaus Tipke: "No es contraria a la ley la actuación de quien no realiza el hecho imponible y evita así el nacimiento de la obligación tributaria. Toda persona puede organizar su actividad con vistas al menor pago de impuestos possible. La elusion fiscal consciente y planificada es una modalidad legal de Resistencia fiscal. No es inmoral. Esto se reconece en todos los Estados de derecho que respetan la libertad."(*Moral Tributaria...*, p. 110).

[365] Johanna Hey, Spezialgesetzliche missbrauchsgesetzgebung aus Steuersystematischer, verfassungs – und Europa-rechtlicher sicht. *Steuer un Wirtschaft* 2008 (2): 169 *apud* Ricardo Lobo Torres, *Planejamento Tributário: elisão abusiva e evasão fiscal*. Rio de Janeiro: Elsevier, 2012, p. 10.

[366] Registre-se que Alfredo de Augusto Becker já se referia à *elusão*, no seu clássico Teoria Geral do Direito Tributário ("Nada altera a circunstância de estes efeitos econômicos serem análogos ou idênticos aos efeitos econômicos que seriam irradiados pelo outro negócio jurídico que foi evitado a fim de se evadir (eludir) o tributo", *op. cit.*, p. 146). No entanto, a referência à "elusão" como uma elisão fiscal *abusiva* ou *ilícita* se acentua a partir da obra de Heleno Torres, *Direito Tributário e Direito Privado*, já neste século.

CTN, instituído pela LC nº 104/2001. A norma que dele se extrai é constitucional ou inconstitucional? É uma norma geral anti-evasiva? antielisiva? ou antielusiva? Sua aplicação depende ou não de regulamentação? Todas essas são questões debatidas na doutrina, com reflexos diretos nas decisões administrativas e judiciais que tratam do tema.

Há mesmo discussões a respeito do que é ou do que não é planejamento tributário. Por exemplo, utilizar um incentivo fiscal é planejamento tributário? Adotar a opção de tributação pelo lucro presumido quando ela se torna menos onerosa do que o lucro real é uma forma de planejamento tributário? Para uns sim[367], para outros não[368]. Também há ricas exposições sobre os critérios que são adotados para se traçar a fronteira entre o que é legítimo e o que ilegítimo fazer para economizar tributos: sonegação, fraude, conluio, dolo, simulação, dissimulação, negócio jurídico indireto, fraude à lei, abuso de direito, propósito negocial, prevalência da substância sobre a forma são conceitos frequentemente utilizados nessas discussões. E cada um desses termos pode ter sentidos e alcances distintos, que variam conforme a concepção de cada doutrinador.

A jurisprudência reflete o ecletismo teórico. Decisões administrativas e judiciais, que têm que lidar com a valoração dos planejamentos tributários, seguem as mais diversas orientações. Das mais formalistas às mais substancialistas. Por exemplo, o contribuinte celebra um contrato de seguro dotal com uma seguradora (pagando o prêmio com recursos obtidos por meio de um empréstimo junto a essa seguradora), efetua uma dedução fiscal do valor do prêmio da base de seu imposto de renda, permitido pela legislação fiscal em vigor, e, logo em seguida, cancela o seguro, recebendo da seguradora restituição quase integral do valor do prêmio pago. Olhando apenas para a jurisprudência do STF, verificamos que a Corte qualificou essa mesma operação de três formas distintas[369]: *elisão lícita*[370], *simulação*[371]

---

[367] Marco Aurélio Greco, *op. cit.*, p. 87.

[368] Marcus Abraham, *O Planejamento Tributário e o Direito* Privado. São Paulo: Quartier Latin, 2007, p. 278-282.

[369] Nesse sentido, Ricardo Lobo Torres, *Planejamento Tributário, op. cit.* p. 136-138.

[370] RE nº 36.344, Primeira Turma, Relator: Ministro Cândido Motta, Redator p/ acórdão: Ministro Ari Franco, j. 19.6.1958: "É possível que seja uma fraude: fez-se o seguro e ele imediatamente foi tornado sem efeito. Mas era uma fraude que estava protegida por uma lei, tanto que veio uma lei posterior e proibiu esta fraude.".

[371] RMS 16.605, Pleno, Relator: Ministro Luiz Gallotti, DJ 17.8.1966: "Seguro com que se visa a sonegação do imposto. Fraude à lei. A fraude à lei muitas vezes consiste, como assinalam

e *fraude à lei*[372]. Isso ocorreu em meados das décadas de 50 e 60, quando boa parte dessas discussões sobre planejamento tributário sequer haviam atingido o grau de complexidade existente no debate atual.

Ocorre que grande parte das complexidades mencionadas acima – aliás, a maioria delas – é difícil, senão impossível de eliminar. No entanto, se há algo que pode ser feito para tentar reduzir a complexidade do debate ou, ao menos, torná-lo menos confuso, é revisitar alguns desses mecanismos utilizados pela doutrina e pela jurisprudência para controle da evasão e da elisão fiscal, tentando dar-lhes contornos mais sólidos e verificando sua utilidade à luz do sistema tributário brasileiro.

Isso porque, malgrado o planejamento fiscal seja uma questão universal, que se faz presente em todos os sistemas fiscais do mundo, assim como acontece com muitas questões econômicas, políticas, sociais, morais difíceis e controversas que se projetam no plano internacional (*v.g.* a necessidade de um desenvolvimento sustentável, a questão do espaço das minorias em democracias constitucionais, a liberdade sexual e o reconhecimento de uniões homoafetivas, a liberdade reprodutiva da mulher e o aborto), não nos parece que seja possível construir uma *teoria* normativa do controle da evasão e da elisão fiscal a partir da singela importação de teorias estrangeiras.

As experiências estrangeiras a respeito do planejamento tributário, sem dúvida, ajudam a enriquecer o debate, tornam mais amplo o escopo da discussão, possibilitando o contato com diversas formas de lidar com um problema semelhante. No entanto, assim como ninguém em sã consciência defenderia que se deve aplicar uma lei estrangeira para qualificar e punir um homicídio ocorrido no Brasil, não parece que seja prudente simplesmente utilizar institutos jurídicos desenvolvidos à luz de outros sistemas tributários para se aferir a legitimidade de planejamentos tributários realizados no Brasil, com base no sistema tributário brasileiro.

---

os mestres, em abrigar-se alguém na literalidade de um texto para fazê-lo produzir efeitos contrários ao seu espírito.".

[372] RMS nº 16.050, Segunda Turma, Relator: Ministro Aliomar Baleeiro, DJ 17.8.1966: "Imposto sobre a renda – Dedução do prêmio de seguro de vida – Se dotal, a prêmio único, pago por empréstimo da seguradora, restada apólice no ano seguinte, caracteriza-se a simulação fraudulenta contra o Fisco – Interpretação econômica da lei fiscal – aplicação da teoria da simulação dos atos jurídicos.".

Como ressalta Richard Posner[373], a referência a leis, a teorias ou a decisões *estrangeiras* por parte de decisões judiciais nacionais[374] padece de quatro males, além do fato óbvio de não se tratarem de leis, de teorias ou de decisões baseadas no sistema jurídico nacional.

Em *primeiro lugar*, essa importação abre a porta para uma certa "*promiscuidade*" no que diz respeito à autoridade que têm essas leis, teorias e decisões. De onde elas saíram? Estão em vigor? Como são aplicadas? Não existem críticas a seu respeito? Essas questões nem sempre – ou quase nunca – são respondidas quando se trata da referência estrangeira. Por exemplo, fala-se muito da *fraude à lei* como um mecanismo de combate ao planejamento fiscal abusivo pela legislação espanhola, mais precisamente do artigo 24 da *Ley General Tributaria* de 1963. Mas, nem sempre essa referência vem acompanhada da informação de que, após uma série de duras críticas ao dispositivo[375], ele foi revogado e, na *Ley General Tributaria* de 2003, foi substituído por outro mecanismo diverso da *fraude à lei*, denominado "conflicto en la aplicación de la norma tributaria", contemplado no artigo 15 do referido diploma legal[376].

Em *segundo lugar*, há um problema que diz respeito ao contexto social, histórico, político e jurídico em que essas leis, teorias ou decisões são produzidas. O que levou à edição de uma determinada lei, teoria ou decisão? Que fatos especificamente motivaram que um caminho e não outro fosse trilhado? Pode-se muitas vezes conhecer a lei, teoria ou decisão, mas o desconhecimento desse pano de fundo pode gerar dificuldades para sua exata compreensão. E, salvo raras exceções, a experiência estrangeira dificilmente é apreendida na íntegra, com toda sorte de detalhes que a cir-

---

[373] "No thanks. We already have our own laws", Legal Affairs, July-August, 2004.

[374] Na verdade, Posner trata mais especificamente das referências às *decisões* de cortes estrangeiras por cortes norte-americanas, mais precisamente pela Suprema Corte dos EUA. No entanto, entendemos que as referências feitas por ele, sob o prisma de um sistema de *common law*, podem ser também estendidas às *leis* e às *teorias* sobre planejamento tributário.

[375] Ramon Falcón y Tella, professor catedrático da Universidad Complutense de Madrid, questiona o fato de a fraude à lei gravar situações de planejamentos tributários legítimos ("*economía de opción*"). José Juan Ferreiro Lapatza, professor catedrático da Universidade de Barcelona, também entende da mesma forma, argumentando que ou se realiza o fato gerador ou o que existe é um espaço não gravado (cf. um resumo das críticas em Carlos Palao Taboada, *op. cit.*, p. 155-160).

[376] Cesar Garcia Novoa, *La cláusula antielusiva en la nueva Ley General Tributaria*, Madrid: Marcial Pons, 2004.

cundam. Até porque, para que isso seja possível, é necessário muitas vezes vivenciar uma realidade distinta da nossa, o que nem sempre é factível.

A norma que trata do abuso de formas jurídicas no Direito Tributário alemão é um desses exemplos. Sua redação inicial[377], na Ordenação Tributária de 1919 ("RAO"), em pleno período de recessão da República de Weimar, teve a influência da interpretação econômica, em repúdio à decisão dos tribunais considerada formalista no caso MITROPA[378]. Posteriormente, com a edição da Lei de Adaptação Tributária de 1934, verifica-se a influência de caráter autoritário do regime nacional socialista sobre a legislação tributária, a ponto de se ter positivado que *"As leis tributárias devem ser interpretadas de acordo com a perspectiva mundial do nacional-socialismo"*. No entanto, essa legislação sofreu reformas posteriores. Logo após a Segunda Guerra Mundial, foi suprimida a referência ao regime nacional-socialista. No entanto, a referência ao abuso de formas se manteve, tanto com a entrada em vigor da Ordenação Tributária de 1977[379], quanto com a nova redação do dispositivo dada pela reforma de 2008[380]. Contudo, por conta daquela referência ao regime nazista, feita pela Lei de Adaptação Tributária de 1934, há quem faça um vínculo indissociável entre a norma que trata do abuso de formas e o autoritarismo, sem que ela se configure verdadeira do ponto de vista histórico[381].

Em *terceiro lugar*, há um quê de anti-democrático na importação dessas leis, teorias e decisões. Busca-se com elas, por vezes, revogar-se ou superar-se a legislação em vigor no país. A questão que se coloca é se seria legítimo

---

[377] Segundo a qual "§ 4º Na interpretação das leis tributárias deve ser considerado sua finalidade, seu significado econômico e o desenvolvimento das circunstâncias", seguida de um dispositivo que previa uma vedação ao abuso de formas jurídicas, prevendo que "§ 5º A obrigação tributária não pode ser eludida ou reduzida mediante o emprego abusivo de formas e formulações de direito civil". (Luís Eduardo Schoueri, *op. cit.*, p. 615-625.)

[378] Em linhas gerais, a sociedade Mitropa, que inicialmente tinha por objeto a atividade de mineração, teve seu objeto social e sede alterados por sucessivas assembleias de acionistas. Segundo o Fisco, esses atos implicavam a criação de uma nova sociedade, sujeita ao imposto do selo. No entanto, os tribunais entenderam que a legislação do selo não tinha um preceito que impedisse a realização dos atos realizados, que proporcionaram a economia fiscal pretendida (*Idem, ibidem*, p. 616).

[379] *Idem, ibidem*, p. 619.

[380] V. Ricardo Lobo Torres, *op. cit.*, p. 30-31.

[381] Chamando a atenção para esse equívoco histórico, v. Ricardo Lobo Torres, *op. cit.*, p. 28 e Luís Eduardo Schoueri, *op. cit.*, p. 617.

FORMA E SUBSTÂNCIA NO DIREITO TRIBUTÁRIO

trazer e aplicar, para avaliar planejamentos tributários realizados no Brasil, leis, teorias e decisões que não gozam de autoridade, ou mesmo legitimidade democrática, à luz do sistema tributário nacional. Será que os legisladores, doutrinadores e juízes americanos, alemães, espanhóis, franceses e ingleses são capazes de formular leis, teorias ou decisões judiciais tão perfeitas, tão funcionais e tão flexíveis que são capazes de serem utilizadas no Direito Tributário brasileiro, sem quaisquer problemas? Não nos parece que isso seja verdade. Mas, muito pelo contrário, essas leis, teorias e decisões invariavelmente padecem de problemas e de críticas internas, nos países em que foram concebidas, mas, invariavelmente, esses percalços não são trazidos à tona.

Isso nos leva, em *quarto lugar*, ao problema dessa importação que Posner chama de "fig-leafing". Uma curiosa expressão idiomática que significa, literalmente, utilizar uma "folha de figueira", em alusão ao objeto utilizado, nos tempos bíblicos de Adão e Eva, para se esconder certas partes que não se pretendia revelar. A importação de muitas dessas teorias estrangeiras no campo do planejamento tributário pode-se revelar problemática justamente porque se *seleciona* apenas alguns pontos que se pretende importar e oculta-se aquilo que não é tão interessante para ser mostrado.

Por exemplo, cultua-se a construção jurisprudencial norte-americana do "business purpose", do "substance over form" e do "step transaction", desenvolvida a partir do precedente *Gregory v. Helvering*[382] da Suprema Corte. Contudo, não se menciona que essas teorias são objeto de críticas agudas, na própria doutrina americana, a respeito da sua inadequação, imprecisão e impropriedade[383]. Tampouco se revela que, após diversas tentativas[384], a "economic substance doctrine" foi codificada, recentemente, em 2010[385], por meio da inclusão da Seção 7701(o) no Internal Revenue Code de 1986[386]. Nem se comenta que, embora os Estados Unidos tenham

---

[382] Estudado na primeira parte deste trabalho.

[383] Cf. a esse respeito, Joseph Isenbergh, *op. cit.*

[384] Bruce Givner; Ken Barish, Economic Substance Doctrine: The Curious Case of Codification, Journal of Tax Practice & Procedure, 2010, disponível na internet em <http://documents.jdsupra.com/ad30ff84-8b4a-41f5-a771-ebd28a71c037.pdf>, acesso em 23.1.2013.

[385] A Seção 1409 do Health Care and Education Reconciliation Act of 2010 efetuou essas alterações. Há uma versão disponível da íntegra da lei na internet em: <http://www.gpo.gov/fdsys/pkg/PLAW-111publ152/pdf/PLAW-111publ152.pdf>, acesso em 23.1.2013.

[386] Bret Wells, Economic Substance Doctrine: how codification changed decided cases, 10 Florida Tax Review, 411 2009-2011.

um sistema jurídico de *common law*, o Direito Tributário é altamente positivado em lei. Os mais de 9 mil artigos do Internal Revenue Code, sendo 1.500 deles apenas atinentes ao imposto sobre a renda, revelam essa característica. Além disso, é frequente na legislação americana o estabelecimento das chamadas normas antielisivas específicas, como as que tratam de *"transfer pricing"*, *"controlled foreing corporation"*, *"thin capitalization rules"*. E elas não se resumem a um único dispositivo legal, mas sim a uma série de dispositivos. Muitos deles trazem expressamente os denominados *safe harbors*, portos seguros, na tradução literal, em que se indicam expressamente situações que estão fora do âmbito das normas antielisivas, isto é, em que há uma presunção de legitimidade da operação, que não deve ser submetida aos escrutínios estritos desses testes jurisprudenciais.

Por isso, entendemos ser relevante estruturar uma teoria da elisão e da evasão fiscal, menos a partir de referências estrangeiras, e mais a partir da legislação existente no Brasil. Esse já é, aliás, um cenário extremamente complexo e multifacetado. Todavia, nos parece que há espaço para uma redução dessa complexidade. Mais do que acrescentar novos conceitos ou teorias, nos parece que o tema está a merecer justamente o oposto. Talvez seja o caso de se retirar o excesso, verificando que conceitos efetivamente se revelam precisos e úteis para a análise de planejamentos tributários, deixando de lado aqueles que podem estar mais *complicando* do que efetivamente *funcionando*, quando se trata de distinguir o que é possível e o que não é possível fazer, à luz do sistema tributário nacional, para se economizar tributos.

Antes, porém, entendemos que é relevante analisar como se chegou a essa diversidade teórica, revisando as principais teorias que foram construídas sobre elisão e evasão ao longo das últimas décadas na doutrina do Direito Tributário brasileiro, acompanhando também a evolução legislativa e jurisprudencial a respeito do tema.

2. Uma breve história do debate doutrinário sobre o planejamento tributário e os seus modelos teóricos no Brasil

2.1. Referências para uma demarcação histórica

O debate teórico em torno do tema do planejamento fiscal na doutrina do Direito Tributário brasileira é bastante rico. Vários foram os autores que trataram do tema e muitas são as obras a respeito desse assunto. Contudo, é possível identificar duas obras bastante emblemáticas e difundidas, que cuidaram específica e exclusivamente do tema, e que retratam teorias bem distintas – quiçá opostas em alguns aspectos – a respeito do planejamento tributário. Essas obras são, respectivamente, *Elisão e Evasão Fiscal* de Antônio Roberto Sampaio Dória, cuja primeira edição é de 1971, e *Planejamento Tributário* de Marco Aurélio Greco, cuja primeira edição é de 1998. Elas são referências marcantes porque estudaram sistematicamente o tema e firmaram conceitos seminais, notadamente a respeito da *elisão* e da *evasão fiscal* que são tratados e ou utilizados como referência pela doutrina, pela jurisprudência e até mesmo pela legislação tributária que lhes sucedeu.

Podemos situar e dividir historicamente a discussão teórica em torno do Direito Tributário no Brasil a partir dessas duas obras, a partir desses dois "momentos" marcantes. É evidente que as ideias desenvolvidas nas suas obras não são produto do mero acaso ou desenvolvidas a partir do nada. Mas, muito pelo contrário, refletem outras teorias e visões do Direito Tributário de suas épocas. No entanto, o que as torna especialmente relevantes é o fato de terem, cada qual a seu modo, "marcado época", influenciando definitivamente o debate sobre o tema, a ponto de podermos distinguir dois modelos teóricos bastante diversos, aos quais foram se agregando outras ideias desenvolvidas, a partir dos fundamentos por elas lançados.

Embora essas obras sejam conhecidas, entendemos que, para os fins que aqui nos prestamos, parece relevante destacar os pontos principais de cada uma delas. No entanto, para uma melhor compreensão dessas obras e do contexto em que se situam, entendemos ser interessante fazer um breve escorço histórico sobre o tema do planejamento tributário na doutrina de Direito Tributário no Brasil.

Em que pese o primeiro marco histórico que tenhamos selecionado para tratar do tema date de 1971, já era possível, antes dessa data, verificar a existência de estudos teóricos sobre o tema, abordando, pontual ou incidentalmente, a questão do planejamento tributário. Isto é, não eram *obras* inteiramente dedicadas a tratar de *planejamento tributário*, mas escritos pontuais sobre o assunto ou textos que, tratando, por exemplo, de uma determinada questão tributária, mencionavam *incidentalmente* o tema do planejamento.

Para fins de aclarar nossa exposição, podemos dividir essa trajetória histórico-doutrinária do debate sobre o planejamento tributário em três fases.

A primeira fase compreende um período de meados da década de 50 até o início da década de 70 do século XX e abrange a doutrina clássica do Direito Tributário brasileiro – trabalhos de autores como Bilac Pinto, Aliomar Baleeiro, Rubens Gomes de Souza, Alfredo de Augusto Becker e Amílcar de Araújo Falcão – que antecedeu o livro de Sampaio Dória sobre evasão e elisão fiscal. Trata-se de um período de escritos esparsos sobre planejamento tributário, em que os contornos teóricos da evasão e da elisão se encontram em fase embrionária, sem uma definição muito clara e sistemática.

A segunda fase abrange os textos doutrinários da década de 70 até meados da década de 90 do século XX, que desenvolveram o modelo teórico proposto por Dória e estruturaram as bases do que seria lícito ou ilícito fazer para pagar menos tributos. A distinção entre evasão ilícita e elisão lícita, com base no critério *temporal* e no critério da *licitude dos meios utilizados*, é a base dessas teorias. Ela também se assenta no modelo da *tipicidade fechada*, defendido por Alberto Xavier[387]. Fora do campo da *fraude*, da *simulação* e do *conluio*, que caracterizaria a evasão *comissiva* e *ilícita*, segundo essas teorias[388], os atos e negócios praticados pelos contribuintes, se regulares do ponto de sua constituição formal à luz da legislação de Direito Privado, deveriam ser considerados imunes à contestação por parte da Administração Fiscal. O uso de negócios atípicos ou de negócios típicos, mas com efeitos diversos dos regular e normalmente produzidos por eles, que resultassem em economia fiscal, encontrou amparo na teoria do negócio indireto e do negócio fiduciário sob a égide dessas teorias[389].

Por fim, a terceira fase do debate sobre planejamento tributário na doutrina brasileira se inicia em meados da década de 90 do século passado e se estende até os dias de hoje. Entendemos que um marco inicial dessa fase é a primeira edição da obra *Planejamento Tributário* de Marco Aurélio Greco. Essa fase compreende um universo extenso de textos específicos e obras dedicadas ao tema e é marcada por uma divisão bastante acirrada da doutrina em torno dos critérios de definição para se avaliar o que é lícito e o que não é lícito fazer em termos de planejamento tributário. O que se verifica, no mais das vezes, é o embate entre as teorias defendidas na fase

---

[387] Analisado anteriormente no Capítulo 4.

[388] Todos conceitos explicitados por essas teorias estão, em alguma medida, amparados nos artigos 71, 72 e 73 da Lei nº 4.502/1964, que traz as definições de *sonegação*, *fraude* e *conluio*.

[389] Alberto Xavier, A evasão fiscal legítima: o negócio jurídico indireto em direito fiscal. Revista de Direito Público, São Paulo: Revista dos Tribunais, ano VI, n. 23, p. 236-253, jan./mar. 1973.

FORMA E SUBSTÂNCIA NO DIREITO TRIBUTÁRIO

anterior com as novas teorias sobre o planejamento tributário desenvolvidas nessa fase.

O debate em torno do tema é renovado por múltiplos fatores. O seu grande catalisador foi a edição da LC nº 104/2001, que inseriu o parágrafo único no artigo 116 do CTN, conferindo competência à autoridade administrativa para "desconsiderar" atos ou negócios realizados pelos contribuintes com a finalidade de "dissimular a ocorrência do fato gerador do tributo ou a natureza dos elementos constitutivos da obrigação tributária", observando-se os "procedimentos a serem estabelecidos em lei ordinária". Como veremos com mais detalhe a seguir, passou-se a verificar uma divergência doutrinária entre aqueles que consideraram o dispositivos em questão uma "norma geral antielisiva", perfeitamente válida e aplicável, e aqueles que reputaram-na inconstitucional, por violar o princípio da legalidade tributária, ou que entenderam que ela seria uma "norma geral antievasiva", no sentido de coibir a *simulação*, mais precisamente a denominada "simulação relativa" ou dissimulação.

A terceira fase também é marcada por intensos debates sobre o conteúdo dos princípios da legalidade tributária e da capacidade contributiva. A teoria da tipicidade aberta defendida por Ricardo Lobo Torres é um dos fundamentos dessa terceira fase. Há um questionamento geral sobre a validade e a utilidade dos critérios *temporal* e da *licitude dos meios* como critérios para se distinguir entre o que é licito ou ilícito fazer em termos de planejamento tributário[390]. Novas categorias jurídicas passam a ser mencionadas como critérios úteis para essa finalidade, como a fraude à lei tributária, o abuso do direito, o propósito negocial, a prevalência da substância sobre a forma, dentre outros[391]. Há até mesmo uma revisão da dicotomia *elisão* e *evasão*, com a idealização de uma terceira categoria: a *elusão fiscal*[392].

Adiante, procuraremos fazer um breve apanhado e uma síntese desses textos e obras. É evidente que, ante a farta bibliografia sobre o tema, seria impossível dar conta de tratar individualmente de tudo que foi escrito, ou mesmo, expor, didaticamente, toda a rica diversidade de ideias sobre o planejamento tributário nessas três fases. Optamos, portanto, por tratar

---

[390] Hermes Marcelo Huck, *Evasão e elisão: rotas nacionais e internacionais de planejamento tributário*. São Paulo: Saraiva, 1997, p. 30.

[391] Marco Aurélio Greco, *op. cit.*, p. 194-247.

[392] Ou ainda "elisão abusiva" ou "elisão ilícita", como mencionado anteriormente.

de algumas das principais referências teóricas, que normalmente são as mais citadas quando se trata do tema, o que não quer dizer que eventuais omissões signifiquem a pouca relevância ou falta de profundidade de outros textos sobre o assunto. Trata-se de um problema da mais absoluta falta de espaço para abordar tudo. Deve-se reconhecer a necessidade dessa limitação porque o nosso objetivo não é fazer uma compilação de grandes escritos sobre planejamento tributário na doutrina brasileira, mas destacar alguns conceitos e ideias chave dessas três fases, para que possamos, em seguida, formular algumas proposições teóricas a respeito do tema do planejamento tributário.

2.2. A Primeira Fase – Os Antecedentes Históricos[393]
2.2.1. Bilac Pinto – critério jurídico e conteúdo econômico na qualificação do fato imponível

Um dos primeiros escritos, na doutrina nacional, de que temos notícia sobre o tema é o do célebre juspublicista Bilac Pinto. Em parecer escrito na década de 50 do século passado, o autor assim se manifestou sobre a discussão em torno da interpretação da lei tributária e dos critérios para se aferir a legitimidade da economia fiscal:

> Isenção fiscal – fato imponível ou gerador do imposto – isenções pessoais e reais – realidade econômica contra forma jurídica – evasão fiscal.
>
> Não pode existir um imposto a cobrar sem que tenha previamente ocorrido um fato imponível.
>
> Se um fato imponível é, pela lei de isenção, excluído do ônus fiscal, este perde desde logo essa categoria para transformar-se em fato não sujeito à imposição.
>
> *A substituição do critério jurídico pelo conteúdo econômico na qualificação do fato imponível no processo de sua atribuição a uma pessoa física ou jurídica, implica trocar o princípio da legalidade por cânones de insegurança e de arbítrio*, incompatíveis com o sistema constitucional brasileiro[394].

---

[393] Esse breve histórico se vale muito da criativa e valiosa iniciativa de Renato Lopes Becho de tratar do tema do planejamento tributário revisitando a obra de doutrinadores clássicos do Direito Tributário brasileiro, como Bilac Pinto, Aliomar Baleeiro, Rubens Gomes de Souza, Alfredo de Augusto Becker e Amílcar de Araújo Falcão, no artigo "O planejamento tributário na doutrina tradicional" (Revista Dialética de Direito Tributário nº 176. São Paulo: Dialética, 2010).
[394] "Parecer", Revista Forense. Rio de Janeiro: Forense, novembro de 1950, p. 67 e s. *apud* Renato Lopes Becho, O planejamento tributário na doutrina tradicional, Revista Dialética

FORMA E SUBSTÂNCIA NO DIREITO TRIBUTÁRIO

Como se depreende da ementa do parecer transcrita acima, a questão nodal ali debatida dizia respeito à denominada aplicação da interpretação econômica no Direito Tributário, tema que marcava o debate doutrinário internacional à época, sobretudo inspirado na doutrina alemã. Já se observa também a referência ao termo "evasão", relacionado a uma economia ou não pagamento de tributos.

Todavia, cabe ressaltar que a demarcação dos conceitos de *evasão* e de *elisão*, respectivamente, como uma economia *ilícita e lícita* de tributos, do modo como é comumente tratado hoje na doutrina, se dará, sobretudo, a partir da obra de Sampaio Dória. Daí um dos motivos da relevância teórica de sua obra. Até então era comum a utilização de expressões como "evasão lícita", "evasão ilícita" ou até mesmo de "fraude protegida por lei"[395].

No entanto, desde os seus primórdios, o debate sobre planejamento tributário envolvia, em alguma medida, os conceitos de *forma jurídica* e *substância econômica* aqui estudados. Já também nesse início, a doutrina brasileira, mesmo reconhecendo a relevância do conteúdo econômico para o Direito Tributário, já se pautava na *legalidade* como o critério relevante e definitivo para distinguir o que é lícito do que não é lícito fazer para se economizar tributos.

2.2.2. Aliomar Baleeiro – A teoria da evasão lícita e ilícita

As expressões "evasão lícita" e "evasão ilícita" são encontradas na obra de Aliomar Baleeiro, *Uma Introdução à Ciência das Finanças*, cuja primeira edição é de 1955. A questão da "evasão" é tratada em um capítulo denominado de a *"Teoria da repercussão e das outras reações dos contribuintes"*[396]. Nele, Baleeiro procura tratar das "diferentes reações econômicas e psicológicas" que os contribuintes têm frente à tributação. Denomina "evasão" a reação que se opera quando o contribuinte "se nega ao sacrifício fiscal", podendo ser lícita ou ilícita. É lícita, quando não implica em violação à lei,

de Direito Tributário nº 176. São Paulo: Dialética, 2010, p. 136. Não grifado no original.

[395] Como se lê no excerto do voto vencedor proferido no RE nº 36.344, Primeira Turma, Relator: Ministro Cândido Motta, Redator p/ acórdão: Ministro Ari Franco, j. 19.6.1958: "É possível que seja uma fraude: fez-se o seguro e ele imediatamente foi tornado sem efeito. Mas era uma fraude que estava protegida por uma lei, tanto que veio uma lei posterior e proibiu esta fraude".

[396] Aliomar Baleeiro, *Introdução à Ciência das Finanças*. Atualizador: Dejalma de Campos. 16ª ed. Rio de Janeiro: Renovar, 2008, p. 166-175.

e, ilícita, quando ocorre essa violação legal. Como exemplos de "evasão lícita", Baleeiro cita o caso do contribuinte que deixa de fumar para não pagar tributo sobre o cigarro, ou do caso do contribuinte que transforma sua firma em sociedade por ações, com a emissão de ações ao portador, deixando de distribuir lucros e acumulando-os em reservas, para, assim, abster-se de pagar grande parte do imposto de renda. Como exemplo de evasão ilícita, cita a ocultação de títulos ao portador, no caso de liquidação de heranças, se no país não há imposto sub-rogatório daquele tributo. Baleeiro menciona, ainda, que a "evasão lícita" pode ser "*intencionalmente desejada pelo legislador, quanto pretende, através do imposto, exercer o poder de polícia ou uma finalidade extrafiscal*"[397].

Para o professor baiano, o termo "elisão" designaria não uma prática do contribuinte visando à economia fiscal, mas uma prática econômica de distribuir, ou melhor, de difundir, a carga dos impostos na cadeia econômica. Citando o financista italiano Jannaccone, define elisão como "*qualquer processo pelo qual o custo de produção das mercadorias venha a ser reduzido, em todo ou em parte, pelo volume do imposto*"[398]. Contudo, Baleeiro reconhece que, embora tanto a evasão lícita quanto a ilícita sobrecarreguem os demais contribuintes, as "leis tributárias, em geral, têm lacunas ou *loopholes*, como as designam os americanos. Por elas, passam incólumes vários contribuintes, havendo até especialistas na arte de orientá-los nesses pontos fracos do Direito positivo"[399].

Da leitura desses excertos de *Uma introdução à Ciência das Finanças*, que é um dos escritos mais antigos sobre o tema no Direito Tributário brasileiro, já é possível extrair o embrião de alguns conceitos, como a divisão entre os *meios lícitos* e *ilícitos* de realizar uma *mesma* finalidade: economizar tributos. Como meios lícitos, Baleeiro aponta: (i) abster-se de praticar um determinado ato que é fato gerador de tributo (exemplo do cigarro); (ii) a organização dos negócios por formas alternativas não tributadas ou sujeitas a uma tributação menor (exemplo da sociedade por ações ao portador); (iii) a utilização de incentivos fiscais (exemplo do poder de polícia ou estímulo extrafiscal) e; (iv) o uso de lacunas das leis tributárias. Por sua vez, como meios ilícitos, Baleeiro aponta a ocultação de informações do Fisco

---

[397] *Idem, ibidem*, p. 164.
[398] *Idem, ibidem*, p. 169.
[399] *Idem, ibidem*, p. 164.

sobre determinados elementos que compõe a base de cálculo do tributo (exemplo dos títulos ao portador na liquidação da herança).

Possivelmente, a utilização do termo "evasão", nesse momento, se dá em função do significado dessa palavra na linguagem comum, no sentido de "fugir" e "escapar", como ocorre com o termo latino "evasio"[400] e "evasione" em italiano. A alusão à "elisão" na obra de Baleeiro é uma referência pontual ao livro de Pasquale Jannaccone, *"Sulla Elisione dell'Imposta"*[401] e não tem associação com o que posteriormente se passou a denominar "elisão tributária", entendida como uma economia lícita de tributos, sobretudo, a partir da obra de Sampaio Dória.

2.2.3. Rubens Gomes de Souza – A evasão, a fraude fiscal e o critério temporal

Rubens Gomes de Souza, um dos precursores do Direito Tributário brasileiro e co-autor do projeto do CTN, também se debruçou incidentalmente sobre o tema. Tratou dele em um artigo intitulado "O Imposto de Renda e o Seguro Dotal"[402]e depois em seu *Compêndio de Legislação Tributária*[403].

No primeiro artigo, abordou o tratamento tributário dos chamados seguros dotais, cujo prêmio, a legislação tributária, à época, permitia que fosse deduzido da base de cálculo do imposto de renda da pessoa física. Isso levou à pratica, a que nos referimos anteriormente no item 1 *supra*, de contratar o seguro para se obter a dedução fiscal e cancelá-lo logo depois, com a restituição quase que integral do prêmio pago.

Na busca dos parâmetros para se aferir a licitude ou ilicitude dessa conduta, Gomes de Souza ressalta que a solução do caso perpassa pela aplicação do princípio da legalidade, o qual, segundo ele, permitiria duas aplicações, uma *rudimentar* e outra *sutil*. Na aplicação *rudimentar*, a lei autorizaria o contribuinte a "adotar legitimamente mais de uma linha de conduta"[404]. Daí porque seria lícita a adoção da via menos onerosa fiscalmente. Já a aplicação *sutil* do princípio da legalidade "ocorre quando a lei não faculte uma

---

[400] Dicionário Houaiss, *op. cit.*.

[401] A referência ao livro de Janaccone em questão é feita inclusive, por meio de citação indireta, a partir da obra de Mauro Fasiani, *Principii di Scienza delle Finanze,* 2. ed., Turim, Giappichelli, conforme se verifica na nota de rodapé no livro de Baleeiro.

[402] Revista de Direito Administrativo n. 27, jan.-mar. 1952, pp. 12-33.

[403] São Paulo: Resenha Tributária, 1975.

[404] "O Imposto de Renda e o Seguro Dotal" *apud* Renato Lopes Becho, *op. cit.*, p. 147.

OS MARCOS FUNDAMENTAIS PARA UMA TEORIA DO PLANEJAMENTO FISCAL

alternativa de linha de conduta"[405], *i.e.*, não há na própria lei uma permissão expressa para adotar-se uma ou outra alternativa. A *sutileza* consiste, então, que a redução ou exclusão do pagamento do tributo deve ser exercida tendo por pedra de toque *a ocorrência do fato gerador do tributo*.

A partir desse critério, Gomes de Souza distingue entre a *evasão por omissão*, que é abstenção da prática do fato (como no exemplo do cigarro de Baleeiro) e a *evasão por intenção* em que se realiza o fato, mas "*regulando essa ocorrência na forma, na medida ou no tempo*"[406]. A evasão por omissão seria sempre legítima, mas a evasão por intenção abrangeria também a *fraude*. E caberia aí uma última distinção que seria entre as *fraudes delituosas e não delituosas*, ponto mais sensível da discussão. Para o tributarista, o critério para essa distinção não deveria ser *subjetivo*, associado à vontade do agente, dadas as dificuldades de se perquerí-la e o caráter objetivo da infração fiscal, mas *objetivo*. O critério objetivo, adotado por Gomes de Souza, é o *cronológico*, relativo ao tempo da prática dos fatos que geram a economia do tributo. Se o contribuinte realiza suas condutas *antes da ocorrência* do fato gerador da obrigação tributária, ele terá realizado uma evasão lícita. Se, porém, as condutas forem realizadas após a ocorrência material do fato gerador, haverá "sempre uma fraude", punível administrativa e criminalmente.

Daí a concluir, em seu artigo, que no caso dos seguros dotais, atendidos os pressupostos "da sua efetividade, legalidade e licitude objetivas" e, uma vez "praticados anteriormente à ocorrência do fato gerador", devem ser considerados "uma evasão legítima, porém nunca uma fraude fiscal"[407].

No seu *Compêndio de Legislação Tributária*, Rubens Gomes de Souza segue mantendo o critério cronológico para distinguir entre evasão e fraude. Define *fraude fiscal* como "*toda ação ou omissão tendente a retardar o pagamento de um tributo devido ou a pagar tributo menor que o devido*". Para Gomes de Souza, a evasão também seria uma ação ou omissão destinada a evitar, retardar ou reduzir o pagamento de um tributo. Mas, a fraude fiscal constituiria infração à lei, sendo punível, enquanto a evasão fiscal não constituiria infração à lei e não seria punível. Como em ambas as hipóteses a intenção do agente seria a mesma, pois sempre visaria "evitar, retardar ou

[405] *Loc. cit.*
[406] *Loc. cit.*
[407] *Idem, ibidem,* p. 148.

reduzir o pagamento do tributo", Gomes de Souza acentua que o critério válido para distinguir entre "fraude" e "evasão" deve ser o temporal[408]:

> (...) o único critério seguro é verificar se os atos praticados pelo contribuinte, para evitar, retardar ou reduzir o pagamento foram praticados antes ou depois da ocorrência do respectivo fato gerador (§ 23): na primeira hipótese, trata-se de evasão; na segunda, trata-se de fraude fiscal.

A obra de Gomes de Souza é relevante porque o seu critério temporal ou cronológico de distinção entre evasão e fraude será adotado posteriormente por outros doutrinadores quando tratarem do assunto. O critério *temporal* ou *cronológico*, adotado por Rubens Gomes de Souza, é um *critério jurídico*, pois situa a demarcação entre o que é lícito e o que é ilícito fazer, em termos de planejamento tributário, tendo por base a ocorrência concreta de um fato abstratamente *previsto em lei*. Embora o jurista fosse largamente influenciado pelas ideias da interpretação econômica do Direito Tributário, a ponto de seu *Compêndio* incluir, dentre os princípios interpretativos do Direito Tributário, a prevalência da interpretação dos "efeitos econômicos" sobre a "forma jurídica"[409], quando se trata de *diferenciar* a "evasão" lícita de tributos de "fraude fiscal", Rubens Gomes de Souza se pautava por um critério *jurídico* – não *econômico* – para extremar a "evasão" da "fraude": a ocorrência ou não do *fato gerador*.

2.2.4. Alfredo de Augusto Becker – O repúdio às teorias da interpretação econômica e do abuso do direito

Alfredo de Augusto Becker foi um profundo crítico da *interpretação econômica* no Direito Tributário e da utilização do abuso do direito como cate-

---

[408] *Idem, ibidem*, p. 138.

[409] Sobre o tema, cabe citar os seguintes princípios listados no seu *Compêndio*: "(...) B) Os atos, fatos, contratos ou negócios previstos na lei tributária como base de tributação devem ser interpretados de acordo com os seus efeitos econômicos e não de acordo com a sua forma jurídica; este é o princípio básico e dele decorrem os restantes C) Os efeitos tributários dos atos, contratos ou negócios são os que decorrem da lei tributária e não podem ser modificados ou alterados pela vontade das partes, ao contrário do que acontece no direito privado, em que as partes, pelo menos em certos casos, podem alterar ou modificar os efeitos jurídicos dos atos, contratos ou negócios, mudando lhes a forma embora sem lhes alterar a substância; D) Por conseguinte, os atos, contratos ou negócios cujos efeitos econômicos sejam idênticos devem produzir efeitos tributários também idênticos, muito embora as partes lhes tenham atribuído forma jurídicas diferentes (...)." (*Idem, ibidem*, p. 79-80.)

OS MARCOS FUNDAMENTAIS PARA UMA TEORIA DO PLANEJAMENTO FISCAL

goria adequada para identificar eventual economia ilegítima de tributos. Em sua obra *Teoria Geral do Direito Tributário* e, posteriormente, em seu livro *Carnaval Tributário*, vê-se praticamente uma sátira a essas concepções. Como se depreende de sua obra, Becker era largamente influenciado pelas ideias de Hans Kelsen, o que se depreende em diversas passagens nas quais se denota uma persistência em expurgar da análise do "cientista do direito", da teoria geral do direito, a influência de outras ciências, como a economia, a política e a sociologia. Daí apontar, em capítulo intitulado "diagnóstico da demência", que *"o maior equívoco no Direito Tributário é a contaminação entre princípios e conceitos jurídicos e princípios e conceitos pré-jurídicos (econômicos, financeiros, políticos, sociais, etc.)"*[410], ao ponto de asseverar que "esta contaminação prostitui a *atitude mental jurídica*, fazendo com que o juiz, a autoridade pública, o jurista, o advogado e o contribuinte desenvolvam (sem que disto se aperceberem) um raciocínio pseudojurídico"[411].

Na linha de Rubens Gomes de Souza, Becker distingue entre "evasão fiscal" e "fraude fiscal"[412].

O primeiro conceito, a "evasão fiscal", *"é aspiração naturalíssima e intimamente ligada à vida econômica de se procurar determinado resultado econômico com a maior economia (...)"*[413]. Para Becker, *"todo indivíduo, desde que não viole regra jurídica, tem a indiscutível liberdade de ordenar seus negócios de modo menos oneroso, inclusive tributariamente"*. Compreende, com apoio em Albert Hensel, que a obrigação tributária está condicionada a uma hipótese de incidência, e não a se visar a um determinando efeito econômico. Por isso, entende que a evasão é a possibilidade de o indivíduo atingir um mesmo efeito econômico adotando outro caminho que não tenha elemento integrante de hipótese de incidência tributária ou que tenha elemento relativo a uma hipótese de incidência de outra regra tributária menos gravosa.

Por sua vez, o segundo conceito, a "fraude fiscal", verifica-se quando, para o contribuinte atingir um determinado efeito ou resultado econô-

---

[410] *Teoria Geral do Direito Tributário*. 4ª ed. São Paulo: Noeses, 2007, p. 42.

[411] *Loc. cit.*

[412] Becker chega mesmo a utilizar o termo "elusão" como sinônimo de evasão em algumas passagens: "Nada altera a circunstância de estes efeitos econômicos serem análogos ou idênticos aos efeitos econômicos que seriam irradiados pelo outro negócio jurídico que foi evitado a fim de se evadir (eludir) o tributo" (*Idem, ibidem*, p. 146) e "É muito interessante notar-se que evasão (elusão e evasão fiscal) pode ser até mesmo *intencionalmente desejada pelo legislador* (...)" (*Ibidem*, p. 147.)

[413] *Idem, ibidem*, p. 143-144.

mico, ele viola "regra ou eficácia jurídica"[414], sendo que a regra ou eficácia jurídica violada pode ter natureza tributária, civil, comercial, etc. Becker também adota, como Rubens Gomes de Souza, o critério cronológico ou temporal, em relação à ocorrência do *fato gerador*, para aferir se o que houve foi *evasão* ou foi *fraude fiscal*. Considera a evasão "perfeitamente lícita, pois não foi violada nenhuma regra ou eficácia jurídica e, por conseguinte, a estrutura jurídica dos atos e contratos deve ser respeitada pelo intérprete da lei tributária"[415]. Em uma de suas passagens mais citadas, Becker defende que o relevante, para o Direito Tributário, é a forma jurídica e não a substância econômica, argumentando que: "Se o intérprete abstrai da estrutura jurídica para se fixar na realidade econômica, *quem pratica ato ilícito é o intérprete* (e não o contribuinte que evadiu o tributo), pois não existe regra jurídica autorizando tal abstração"[416].

Becker ainda dedica diversas páginas de sua célebre obra para tratar da aplicação da teoria do "abuso do direito" ao Direito Tributário. Após analisar detidamente os diferentes fundamentos das teorias que tratam do abuso do direito, Becker conclui pela inviabilidade de aplicação da teoria do abuso do direito como forma de impedir o que denomina de "evasão fiscal", compreendida como uma economia lícita de tributos. Para o jurista gaúcho, o "uso imoral do Direito" seria o único e verdadeiro critério que permitiria distinguir o abuso do direito como categoria específica. No entanto, Becker sustenta a necessidade de uma distinção bem nítida entre Moral e Direito, entendendo que os juízes ou os tribunais só poderão se valer da moral, quando ela for incorporada à legalidade. Se ao juiz ou ao aplicador da regra jurídica for dado adotar um critério moral, estará criando uma regra jurídica nova, inclusive com efeitos retroativos. A "moralização do direito", entende Becker, é uma nobre tarefa, mas deve caber ao Poder Legislativo, não ao Poder Executivo, nem ao Poder Judiciário.

A obra de Becker deve ser lida e compreendida dentro de seu tempo. Trata-se de uma elogiável tentativa de sistematizar o Direito Tributário e também a teoria da evasão e da fraude fiscal, a partir da perspectiva da teoria jurídica, em meados do século passado, no Brasil. Proceder ao exame

---

[414] Becker esclarece que "eficácia jurídica são os efeitos jurídicos (relação jurídica e seu conteúdo: direito e dever, pretensão e obrigação, ação e coação decorrentes da incidência da regra jurídica sobre sua hipótese imponível.)" (*Loc. cit.*)

[415] *Idem, ibidem*, p. 146.

[416] *Loc. cit.*

crítico dessas passagens à luz da "jurisprudência dos valores"[417] e em tempos de "leitura moral da Constituição"[418] é descontextualizar a obra e não atentar para o que ela trouxe de positivo dentro da sua perspectiva teórica. Até porque, a preocupação de Becker em torno dos problemas metodológicos da aplicação da teoria do abuso do direito ao Direito Tributário ainda se revela bastante atual para a discussão contemporânea do planejamento tributário, como teremos a oportunidade de apontar adiante.

2.2.5. Amílcar de Araújo Falcão – A Interpretação Econômica e a Forma Jurídica

As proposições teóricas de Amílcar de Araújo Falcão a respeito da questão da interpretação da lei tributária, em especial, no que diz respeito às possibilidades de alterações das formas jurídicas, são bastante peculiares e destoam das proposições, defendidas à época, por outros autores clássicos do Direito Tributário brasileiro.

Em *Introdução ao Direito Tributário*[419], tratando da interpretação da lei tributária, Amílcar Falcão ressalta a relevância da realidade econômica subjacente aos conceitos legais. Para o autor, quando a *"lei tributária indica um fato, ou circunstância, como capazes de, por sua configuração dar lugar a um tributo, considera esse fato em sua consistência econômica e o toma como índice de capacidade contributiva. A referência é feita, sempre, à relação econômica"*[420]. Nesse contexto, argumenta Falcão que a referência léxica do legislador a um determinado conceito jurídico é uma maneira de, por questões de utilidade e de simplicidade, *"reportar-se à fórmula léxica através da qual aquela relação econômica vem sempre traduzida em Direito"*[421]. Por exemplo, *"quando se alude como fato gerador à venda, a referência é meramente léxica, ou melhor, ela tem em vista uma fórmula elíptica, através da qual se está considerando a relação econômica que, normalmente, tem lugar sob a forma de venda"*[422].

---

[417] Ricardo Lobo Torres, "A jurisprudência dos valores". In: Daniel Sarmento. (coord.), Filosofia e teoria constitucional contemporânea, Lumen Juris, 2009.

[418] Ronald Dworkin, *O Direito da liberdade : a leitura moral da constituição norte-americana*, São Paulo: WMF, 2006.

[419] A edição em que nos basearemos é a *Introdução ao Direito Tributário*. 6ª ed. Rio de Janeiro: Forense, 1999. A primeira edição da obra foi lançada em 1959.

[420] *Idem, ibidem*, p. 75-76

[421] *Loc. cit.*

[422] *Idem, ibidem*, p. 79.

Nesse ponto, Amílcar Falcão invoca a "fraude à lei" como a possibilidade de se desprezar as *"combinações jurídicas, as fórmulas jurídicas, enfim, ainda que lícitas, empregadas com o objetivo de obter um resultado em desacordo com a intenção do legislador"*[423].

Em sua obra posterior e mais conhecida, *Fato Gerador da Obrigação Tributária*[424], embora Falcão defenda a célebre tese de que o fato gerador é um "fato econômico de relevância jurídica", é possível vislumbrar um certo arrefecimento da posição inicial mais voltada à interpretação econômica. Em vez da vinculação necessária da lei tributária à realidade econômica, Amílcar Falcão defende, sob forte influência da doutrina alemã, que, no Direito Tributário, "quando o contribuinte comete um abuso de forma jurídica ("Missbrauch Von Formen un Gestaltungsmöglichkeiten des bürgerlichen Rechts)"[425], está o intérprete autorizado a "desenvolver considerações econômicas para a interpretação da lei tributária e o enquadramento do caso concreto em face do comando resultante não só da literalidade do texto legislativo, mas também do seu espírito da *mens* ou da *ratio legis*"[426].

Denotando a sensível alteração do posicionamento, até então mais radical em prol da interpretação econômica, Amílcar Falcão extrema a "evasão tributária" – que conceitua como um caso particular de *"fraus legis"* – da "economia fiscal". O professor ressalta que *"nem toda vantagem fiscal alcançada pelo contribuinte constitui uma evasão. Para tanto é indispensável que haja um distorção da forma jurídica, uma atipicidade ou anormalidade desta última (...)"*[427]. De forma clara, assevera que *"pode ocorrer que o contribuinte disponha de seus negócios de modo a pagar menos tributos. Nada o impede, desde que não ocorra aquela manipulação do fato gerador, no que toca ao seu revestimento jurídico."*[428].

No entanto, para Falcão, a interpretação não pode alterar, por considerações subjetivas, o conceito adotado pelo legislador, isto é, implicar uma *"interpretatio abrogans"*, como acentua na seguinte passagem ilustrativa:

> Se, *verbi gratia*, o legislador tributou empréstimos e isentou vendas, por exemplo, não se toleraria que, por meio de interpretação econômica, o exe-

---

[423] *Idem, ibidem*, 80-81.
[424] A obra que utilizaremos para fins deste estudo é *Fato Gerador da Obrigação Tributária*. 6ª ed. Rio de Janeiro: Forense, 2002. O texto original, todavia, foi em meados da década de 1960.
[425] *Idem, ibidem*, p. 32-33.
[426] *Loc. cit.*
[427] *Idem, ibidem*, p. 34
[428] *Loc. cit.*

OS MARCOS FUNDAMENTAIS PARA UMA TEORIA DO PLANEJAMENTO FISCAL

geta concluísse que, nas vendas à prestação, a relação econômica é semelhante à que se configura através do empréstimo, para, na generalidade dos casos, concluir pela exclusão destas do conceito de venda e seu enquadramento na incidência prevista quanto aos empréstimos.

O que em tal hipótese ocorreria fora, não uma interpretação da lei, mas uma *emendatio legis*, uma alteração do seu comando, uma *interpretatio abrogans*, à luz de considerações políticas eminentemente subjetivas, que o intérprete desenvolvesse em matéria de justiça fiscal, coisa que não é consentida.[429]

A partir da obra de Amilcar Falcão e, posteriormente, com o seminal trabalho de Sampaio Dória, o termo "evasão tributária" passa a ser mais comumente utilizado nos trabalhos doutrinários para designar uma supressão ilícita de tributo, ao contrário do que ocorria até então, como se depreende dos textos anteriores citados de Aliomar Baleeiro, Rubens Gomes de Souza e Alfredo de Augusto Becker, em que o termo "evasão" é utilizado para exprimir uma economia lícita de tributos.

Ademais, a atualidade do texto de Falcão impressiona, em especial a sua posição peculiar com relação à "fraude à lei", ao "abuso de formas jurídicas" e à "consideração econômica", que são conceitos frequentemente abordados – e não raro tidos como "inovadores" – nas discussões que vêm se desenvolvendo nos últimos anos em torno do tema do planejamento fiscal.

Em suma, o grande legado da obra de Amílcar de Araújo Falcão, a respeito desse tema, nos parece ser a viva preocupação com a díade "*forma e substância*" no Direito Tributário, notadamente no que diz respeito à interpretação dos conceitos adotados pelas leis tributárias e a possibilidade de o contribuinte eventualmente se valer de certos artifícios *formais* para deixar de pagar, para pagar menos ou para retardar o pagamento de tributos.

2.3. A Segunda Fase

A obra *Elisão e Evasão Fiscal*[430] de Sampaio Dória é um marco importante dessa segunda fase do debate acadêmico sobre planejamento no Direito Tributário por três principais motivos. Em primeiro lugar, por ser um dos primeiros escritos no Direito Tributário brasileiro exclusivamente dedi-

---

[429] *Idem, ibidem*, p. 36.
[430] Antônio Roberto Sampaio Dória, *Elisão e Evasão Fiscal*, São Paulo: Livraria dos Advogados Editora Ltda. – LAEL, 1971.

FORMA E SUBSTÂNCIA NO DIREITO TRIBUTÁRIO

cado ao tema do planejamento tributário, não tratando apenas pontual e incidentalmente dessa questão, mas se preocupando em estabelecer certos conceitos e sistematizá-los, notadamente fazendo a distinção entre o que denominou "elisão" e "evasão" fiscal. Em segundo lugar, coube a Sampaio Dória desenvolver um novo critério para distinguir entre elisão e evasão, o qual diz respeito à *licitude dos meios* utilizados para economia fiscal, que se difundiu e goza de grande prestígio até hoje, tanto na doutrina, quanto na jurisprudência. Em terceiro lugar, porque Sampaio Dória dedicou-se a defender esse critério e a demonstrar a legitimidade da elisão fiscal, analisando e refutando os principais argumentos então difundidos em sentido contrário.

O trabalho de Sampaio Dória resulta de uma apresentação em um congresso de estudos tributários[431]e pode ser dividido, sistematicamente, em três partes. Na primeira parte, o autor dedica-se a tratar de uma forma geral do tema da elisão e da evasão, definindo esses conceitos e traçando as distinções entre eles. Na segunda parte, Dória cuida de argumentar em torno da legitimidade da elisão. Na terceira parte, trata da aplicação dos seus conceitos a casos concretos, em especial examinando precedentes jurisprudenciais em que essa distinção entre elisão e evasão veio à tona, apontando critérios para solução dessas controvérsias.

Considerando as divergências de sentido que havia nos textos doutrinários da época, em relação ao termo "evasão", que poderia variar desde uma economia lícita a uma economia ilícita de tributos, Sampaio Dória parte, inicialmente, de um conceito amplo de evasão fiscal, definindo-a como *"toda e qualquer ação ou omissão tendente a elidir, reduzir ou retardar o cumprimento de obrigação tributária"*[432].

Depois de abordar algumas das causas da evasão em sentido amplo – que a associa à histórica e à intuitiva busca do ser humano de maximizar receitas e reduzir despesas – e de tratar dos efeitos da repressão à evasão fiscal, Dória busca sistematizar as espécies de evasão fiscal. Divide a eva-

---

[431] Trata-se da tese apresentada nas IV Jornadas Luso-Hispano-Americanas de Estudos Tributários, realizadas em Estoril, em Portugal, em 1970. Posteriormente, em 2008, nas XXIV Jornadas Latino-americanas de Direito Tributário, do Instituto Latino-americano de Direito Tributário ("ILADT"), realizadas na Isla Margarita, voltou-se a esse tema e, recapitulando as resoluções aprovadas em Estoril, definiram-se novas resoluções a respeito do tema, às quais faremos referência mais adiante.

[432] *Idem, ibidem*, p. 9.

são em dois grandes grupos, conforme se trate de um comportamento *omissivo* (intencional ou não) ou *comissivo* do contribuinte (sempre intencional), dentro do seguinte esquema:

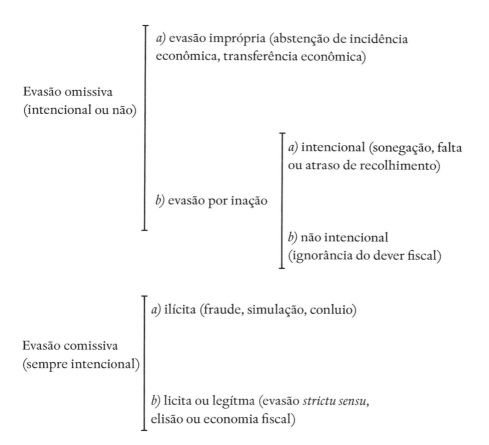

Uma vez delineado esse quadro geral, o professor paulista começa a tratar detidamente de cada uma das espécies de "evasão". A distinção mais relevante que faz é entre a "evasão ilícita" ou "fraude em sentido genérico" e a "evasão lícita", que denomina "elisão". Na evasão ilícita ou fraude, o devedor se vale de "meios ilícitos" para "eliminar, reduzir ou retardar o pagamento do tributo efetivamente devido"[433]. Na prática, "atinge-se o

---

[433] Idem, ibidem, p. 20.

resultado econômico colimado", mas o contribuinte "a meio caminho de sua exteriorização formal ou após esta, se vale de artifício doloso para, distorcendo-a, produzir as consequências tributárias acima indicadas", de modo a afastar aquelas consequências que, segundo a lei, a realidade econômica deveria provocar. Já na evasão lícita ou elisão, o contribuinte visa obter certo resultado econômico, mas para "elidir ou minorar a obrigação fiscal que lhe está legalmente correlata, busca, por instrumentos lícitos, outra *forma de exteriorização* daquêle resultado dentro do feixe de alternativas válidas que a lei lhe ofereça"[434], tendo em vista que a lei oferece para "fenômenos econômicos substancialmente análogos, regimes tributários diferentes, desde que diferentes as roupagens jurídicas que os revestem"[435].

Essa questão da distinção entre elisão e fraude é retomada posteriormente no trabalho de Sampaio Dória, na parte em que o professor esclarece que há dois aspectos em que a elisão e a evasão se diferenciam: no que diz respeito à *natureza dos meios eficientes* – lícitos, na elisão, e ilícitos, na evasão – e ao *momento da utilização dos meios* – na elisão, o agente age sobre a realidade antes que ela se revista da forma delineada no pressuposto de incidência da lei tributária e, na fraude, há uma distorção na realidade econômica "no instante em que ou depois que ela já se manifestou sob a forma jurídica descrita na lei como pressuposto de incidência"[436].

Ao tratar da questão terminológica, Dória critica a confusão existente no emprego do termo "evasão", reputando mais adequado o uso dessa palavra apenas para os casos de uso de *meios ilícitos* para suprimir o pagamento de tributos, optando pelo termo "*elisão tributária*" para exprimir um "*ato legal como é o de evitar, por meios lícitos, ônus tributário*". Segundo o autor, a palavra *evasão* carrega um tom negativo, denotando um desvalor, "já vem matizada, em sua acepção moderna, de certas conotações que a tornam particularmente inadequada para exprimir um ato legal"[437].

Sampaio Dória divide a elisão em algumas espécies. Trata da "elisão induzida por lei", que se dá quando o legislador permite ou induz a prática de certas modalidades de negócios com uma tributação menos gravosa, ou mesmo excluindo certos fatos do "círculo de incidência", como

---

[434] *Idem, ibidem*, p. 21.
[435] *Loc. cit.*
[436] *Idem, ibidem*, p. 32-33.
[437] *Idem, ibidem*, p. 24.

acontece nos casos de incentivos fiscais ou de isenções condicionadas a alguma contrapartida do contribuinte. Outra espécie de elisão seria aquela decorrente de "lacunas da lei", esclarecendo que *o legislador, que não pode ser oniprevidente, deixa malhas e fissuras no sistema tributário (...) por onde escapam à tributação determinados fatos moldados juridicamente pela inesgotável engenhosidade dos contribuintes*[438].

Ao aprofundar o estudo das espécies de evasão fiscal, trata da simulação, da fraude fiscal propriamente dita e do conluio, abordando as fragilidades da teoria da utilidade negocial ("business purpose theory").

Já na segunda parte do seu trabalho, Sampaio Dória defende a legitimidade jurídica da elisão.

Destaca, inicialmente, o instrumental lícito utilizado pelo contribuinte e a inocorrência de fato gerador. Caracteriza a elisão como um "negócio jurídico indireto", com apoio nas lições de Köhler e Ascarelli, por entender que, muitas vezes, as partes recorrem a esquemas negociais para atingir fins diversos dos que são peculiares a uma certa estrutura típica. Mas, como não há simulação ou fraude no negócio jurídico indireto, sendo ele o juridicamente válido, deveria produzir as consequências pretendidas pelas partes.

Três principais críticas comumente feitas à elisão são refutadas. Em primeiro lugar, Sampaio Dória aborda a impossibilidade de adoção da *interpretação econômica* do Direito Tributário. Nesse ponto, Dória destaca a relevância da *forma* para o Direito e as dificuldades de se operar apenas com base em fatos e na sua substância econômica, asseverando que *"A forma é suscetível de definição e nitidez de contôrnos, ao passo que a massa crua dos fatos é quase sempre imprecisa, fugidia, cambiante e rebelde à sistematização e unificação conceptuais, enquanto assim permanece"*[439]. Entende que uma das enunciações mais vagas do Direito fiscal é aquele que trata da "identidade do conteúdo ou efeitos econômicos". Nesse contexto, defende que se o legislador se valeu de uma estrutura jurídica determinada (ex: venda) para delinear um pressuposto de incidência de uma lei tributária e não uma situação econômica genérica (ex: "circulação de mercadorias"), não seria lógico ou razoável pretender aplicar a lei ao gênero e não à espécie.

---

[438] *Idem, ibidem*, p. 30.
[439] *Idem, ibidem*, p. 68.

FORMA E SUBSTÂNCIA NO DIREITO TRIBUTÁRIO

Em segundo lugar, Dória analisa a teoria do abuso ou adaptação das formas jurídicas. Enxerga nessa teoria uma dose de imprecisão, notadamente porque a elisão, no seu entendimento, acaba, por vezes, acarretando na prática de atos que contém um "quê de insólito, uma aparência desusada dos meios"[440], até porque "se uma dada situação de fato se exterioriza segundo seus moldes correntios (...), das duas uma: ou essa situação é normalmente tributável ou ela escapa à tributação, porque beneficiada, nessa formulação correntia, por uma elisão induzida pelo legislador (...)"[441]. Não obstante, ciente de que muitas vezes as formas jurídicas podem ser manipuladas[442], Dória entende que a *simulação* e não a teoria do abuso das formas deve ser o instrumento utilizado para resolver o problema da incompatibilidade dos negócios realizados pelo contribuinte com seu objeto e a realidade existente[443].

Em terceiro lugar, Sampaio Dória examina a crítica de que a legitimidade da elisão frustraria a capacidade contributiva e a igualdade tributária. Para o autor, "*o problema da divisão equitativa das despesas públicas, conforme as possibilidades econômicas de cada um, compete ao legislador e não ao juiz*"[444]. Sustenta também haver um princípio utilitário geral que governa os indivíduos, de modo que não caberia se falar de um dever moral de pagar tributos, se a própria lei possibilitaria essa "opção de não pagar", no sentido de que não há uma obrigação de organização das atividades do contribuinte da forma fiscalmente mais onerosa. O pressuposto do tributo seria a *tipificação legal*. Isto é, "o interesse tributário do Estado só existe nos precisos limites da lei (...) não existe sempre um imposto (There is not always a tax)"[445].

---

[440] *Idem, ibidem*, p. 74.

[441] *Loc. cit.*

[442] "A rejeição da teoria do abuso das formas não deve, entretanto, deixar juridicamente irremediados os graves desvirtuamentos que certas categorias jurídicas sofreram nas mãos de contribuintes inescrupulosos e que, por certo, impressionaram seus autores, como todos os que dêles tomaram conhecimento." (*Idem, ibidem*, p. 75).

[443] "Num sistema jurídico como o brasileiro, onde, a par das vantagens apontadas, a simulação fiscal é figura expressamente consagrada no direito positivo, a problemática da elisão, sob o ângulo da licitude dos meios e formas empregados, no que tange à sua efetividade e compatibilidade com seu objeto, deve resolver-se segundo os princípios informadores da simulação e não segundo a teoria dos abusos da forma (normalidade, anomalia ou puro e simples abuso das categorias formais do direito privado)" (*Idem, ibidem*, p. 77-78).

[444] *Idem, ibidem*, p. 79.

[445] *Idem, ibidem*, p. 86.

OS MARCOS FUNDAMENTAIS PARA UMA TEORIA DO PLANEJAMENTO FISCAL

Por fim, na terceira e última parte de sua obra dedicada ao tema, Sampaio Dória examina alguns casos concretos à luz das perspectivas desenvolvidas anteriormente, tratando da posição da jurisprudência brasileira na resolução dessas questões.

Analisa o célebre caso da dedução fiscal do prêmio do seguro dotal, qualificando como "simulação" a prática de alguns contribuintes de simplesmente celebrarem o contrato de seguro para se valerem da dedução, quando esse negócio é realizado para "não ter eficácia ou para ser anulado em seguida"[446].

Por sua vez, reputa plenamente admissível – classifica como elisão – a *incorporação de imóveis que se faz com a alienação do terreno e empreitada de construção.* Nesse caso, em vez de o incorporador e dono do terreno prometer à venda a fração ideal do terreno e do imóvel a ser construído, sujeitando-se à imposição do imposto sobre a transmissão *inter vivos* dos dois imóveis, e ao imposto de renda sobre o lucro imobiliário, no caso de pessoa física, substituía-se a promessa de compra e venda da futura unidade construída, por um contrato de empreitada. Dessa forma, ao final do pagamento do contrato de empreitada, a unidade imobiliária já era de propriedade do "dono da obra", evitando-se a incidência do imposto de transmissão *inter vivos* e do imposto sobre o lucro imobiliário na alienação deste imóvel. Dória revela que a jurisprudência admitiu esse planejamento, conforme entendimento consolidado nas Súmulas STF nºs 110[447] e 470[448].

Trata, por último, da distribuição não tributada de dividendos por meio da amortização de ações. Com base na lei das sociedades por ações então em vigor, a companhia poderia, sem diminuição do capital, pagar aos acionistas, somas de dinheiro a título de antecipação do valor que seria devido em sua eventual liquidação, transformando essas ações em "ações de gozo ou de fruição". Como não se tratava, do ponto de vista jurídico, de um pagamento de "dividendos", que eram então tributados pelo imposto de renda, mas de uma espécie de "restituição de capital", apesar de importar

---

[446] *Idem, ibidem,* p. 90.

[447] "O imposto de transmissão 'inter vivos' não incide sobre a construção, ou parte dela, realizada pelo adquirente, mas sobre o que tiver sido construído ao tempo da alienação do terreno."

[448] "O imposto de transmissão "inter vivos" não incide sobre a construção, ou parte dela, realizada, inequivocamente, pelo promitente comprador, mas sobre o valor do que tiver sido construído antes da promessa de venda."

FORMA E SUBSTÂNCIA NO DIREITO TRIBUTÁRIO

em uma disponibilidade de riqueza ao acionista, seria defensável entender que essa operação não estaria sujeita ao IR[449].

Com esses exemplos, Dória conclui sua obra, reafirmando a legitimidade da elisão, que se distingue da evasão, por esta envolver a prática de atos *ilícitos*, defendendo a sua juridicidade e entendendo que "a utilização das formas de direito privado para obtenção de vantagens tributárias deve ser analisada, em sua legitimidade jurídica, à luz dos conceitos informadores da figura da simulação, e não segundo a teoria dos abusos da forma"[450].

Embora o trabalho de Dória date de mais de quarenta anos, grande parte de suas concepções se revelam impressionantemente atuais e são dotadas de enorme lucidez. Talvez, por isso, tenham desfrutado, e ainda desfrutem, de enorme prestígio acadêmico[451] e jurisprudencial. No entanto, diversas críticas vêm sendo feitas ao longo dos últimos anos a esse que é considerado um modelo "formalista" de tratamento do tema do planejamento tributário, no sentido de que não leva em consideração determinados aspectos "substancialistas", desenvolvidos ao longo das últimas décadas, notadamente o papel normativo dos princípios, a aproximação do Direito com relação à Economia, a mudança do paradigma constitucional, a função da solidariedade social, as novas concepções de hermenêutica jurídica, dentre outras questões.

Como teremos a oportunidade de esclarecer mais adiante, entendemos que em vez de esquecidas ou consideradas simplesmente "ultrapassadas", talvez seja o caso de atualizar e refinar as ideias defendidas por Sampaio Dória, levando em conta as evoluções dogmática, legislativa e jurisprudencial ocorridas ao longo dos últimos anos. Da mesma forma, muitas das críticas a ele feitas em relação aos argumentos contrários à elisão fiscal devem ser rememoradas em uma época de grandes incertezas e insegurança, no que tange à legitimidade do planejamento fiscal.

2.4. A Terceira Fase

A terceira fase tem como importante marco teórico a primeira edição da obra *Planejamento Tributário*, de Marco Aurélio Greco, inicialmente intitu-

---

[449] *Idem, ibidem*, p. 92.

[450] *Idem, ibidem*, p. 94.

[451] Cf., a esse respeito, as conclusões do congresso de Direito Tributário realizado em 1988, sobre o tema, quase vinte anos após a publicação do livro de Sampaio Dória, compilada na obra coletiva coordenada por Gilberto de Ulhôa Canto. *Elisão e evasão fiscal*. Caderno de pesquisas tributárias, São Paulo: Revista dos Tribunais, v. 13, 1988.

lada "Planejamento Fiscal e Interpretação da Lei Tributária", data de 1998. É um livro de menos de 200 páginas, anterior à edição da LC 104/2001, mas que já questiona alguns pontos até então relativamente pacíficos, desde a obra de Sampaio Dória. Na verdade, Greco, juntamente com Hermes Marcelo Huck, que à época lançara seu livro *Evasão e Elisão: rotas nacionais e internacionais de planejamento tributário*, problematizam a distinção entre *elisão* e *evasão* baseada no critérios *cronológico* e *da licitude dos meios empregados*, defendidos por Sampaio Dória.

Naquele período – meados da década de 90 do século passado – o Brasil vivenciava uma época de relativa estabilidade econômica. O descontrole inflacionário da década anterior desestimulou o investimento produtivo e fez com que se perdesse completamente a referência do valor do dinheiro no País, no final dos anos 80 e início dos anos 90. No entanto, a partir da segunda metade da década de 90, a economia brasileira volta a crescer. O processo de globalização, então, ganhava corpo, assim como a internacionalização da economia brasileira. A abertura econômica e os investimentos eram estimulados pelas privatizações das empresas públicas e pelos planos de desestatização da economia. No campo do Direito Tributário, havia recentes e relevantes alterações na legislação federal, especialmente em matéria de tributação sobre a renda. Dentre outras medidas, houve a extinção da correção monetária de balanço, a introdução do princípio da tributação da renda em bases mundiais ("world wide income"), a instituição das regras de preços de transferência e a criação do instituto dos juros sobre capital próprio.

A carga tributária iniciava uma curva ascendente[452] e a temática do planejamento tributário passava a despertar cada vez mais interesse, tanto por parte dos contribuintes, quanto por parte do Fisco. Os contribuintes, passaram a se interessar pelas possibilidades abertas por uma legislação tributária cada vez mais complexa e por uma pressão fiscal cada vez maior. O Fisco, a seu turno, buscava evitar uma queda de arrecadação por conta da possibilidade de migração de capitais no processo de globalização e tentava impedir que se consolidasse a ideia geral de um "tributo dos bobos"

---

[452] A carga tributária teve um acentuado crescimento nos últimos vinte anos, saltando de cerca de 25% do PIB em 1993 para mais de 35% do PIB em 2011, conforme estudos do IBGE, divulgados na página da Receita Federal do Brasil na internet em <http://www.esaf.fazenda.gov.br/esafsite/premios/stn/STN2012/Resultados/Tema%202%20%201º%20Lugar%20-%20 Rodrigo%20Octávio%20Orair%20-%20072.pdf>, acesso em 3.3.2013.

("Dummensteurn")[453], a ser pago apenas por aqueles que não dispusessem de uma assessoria fiscal competente.

Para se ter uma ideia de como o tema do planejamento ganhou em complexidade e relevância, a última edição da obra *Planejamento Tributário*, de Marco Aurélio Greco, lançada em 2011, mais do que triplicou de tamanho e é um livro de quase 700 páginas. Embora tenha ampliado o escopo inicial do seu trabalho, incluindo assuntos não abordados na primeira edição, a espinha dorsal da argumentação desenvolvida por Marco Aurélio Greco não se alterou e pode ser vislumbrada já naquela primeira edição. Em síntese, a teoria de Greco sobre o planejamento tributário está apoiada nos seguintes pontos.

O primeiro ponto defendido por Greco é uma alteração paradigmática na relação entre Estado, Direito e Direito Tributário. De um Estado Liberal, baseado no voto censitário, do tributo visto como uma "agressão" ao patrimônio do particular, sustenta Greco que teríamos migrado para um Estado Constitucional de Direito, em que a sociedade civil funda e legitima o Estado, que necessita dos recursos provenientes do tributo para se manter, realizar suas finalidades e, inclusive, alcançar os objetivos constitucionais de uma sociedade livre, justa e solidária[454].

Essa mudança de paradigma leva ao segundo ponto, defendido por Greco, que é uma revisão geral dos princípios tributários, por meio de um equilíbrio maior entre legalidade e capacidade contributiva, entre tipicidade e isonomia e, de maneira mais ampla, por um equacionamento da liberdade com a solidariedade[455].

Dentro deste ponto, Greco diferencia a regulação condicional de alguns tributos da regulação finalística de outros. Trata do conteúdo econômico das leis tributárias e da sua amplitude, abordando também o papel dos princípios no Direito Tributário.

O autor revisita os princípios da legalidade e da tipicidade tributária. Greco entende que, em vez de uma "tipicidade 'congelada' fechada"[456], é possível que o legislador se valha de uma forma mais "flexível" de descre-

---

[453] Gerd Rose, "Über die Entsehung vin Dummensteuern und ihre Vermeidun". In: *Festschrift für K. Tipke*, 1995, p. 153 ss. *apud* Klaus Tipke, *Moral Tributaria del Estado y de los Contribuyentes*, p.117.
[454] *Planejamento Fiscal e Interpretação da Lei Tributária*. São Paulo: Dialética, 1998, p. 13-32.
[455] *Loc. cit.*
[456] *Idem, ibidem*, p. 68.

ver a realidade, mesmo porque a linguagem seria naturalmente imprecisa, comportando uma faixa de *indefinição*. Greco sustenta o caráter ambíguo, vago e indeterminado da linguagem e a relevância da atividade interpretativa. Para o autor, a abertura da linguagem e o pluralismo ensejariam uma revisão da ótica bivalente do "lícito" e do "ilícito", dando lugar ao reconhecimento de uma *gradualidade* na interpretação em lugar de zonas de certeza[457].

A capacidade contributiva, por sua vez, passa a ter uma eficácia central no plano constitucional, sendo reconhecido como um critério de "distribuição da carga tributária"[458] e não uma limitação constitucional ao poder de tributar. Juntamente com a isonomia e com a solidariedade, elas temperariam as "liberdades individuais" dos contribuintes[459]. Greco defende o que chama de "eficácia positiva" do princípio da capacidade contributiva[460], consistente em "atingir todas as manifestações de capacidade contributiva que a vontade da lei indica devam ser atingidas"[461]. Nesse ponto, a capacidade contributiva iluminaria a interpretação, trazendo à lume a realidade concreta a ser tributada pela lei, mais do que o seu "desenho formal"[462]. Segundo esse raciocínio, duas manifestações iguais de capacidade contributiva, devem estar sujeitas a mesma tributação, pois "quebra-se a isonomia – por haver tratamento desigual – tanto quando o imposto é exigido quando não existe ou de quem não manifesta capacidade contributiva, como quando não se exige quando ela existe e alguém a manifesta"[463].

---

[457] *Idem, ibidem*, p. 35.

[458] *Idem, ibidem*, p. 148

[459] *Idem, ibidem*, p. 147.

[460] Já comentada no Capítulo 7, item 7.

[461] *Idem, ibidem*, p. 47.

[462] "Quando digo que a capacidade contributiva vai iluminar a interpretação significa que ao interpretar determinado artigo da lei, não devo fazê-lo isoladamente, nem apenas como elemento que está conectado dentro de um conjunto formal. É preciso verifica qual manifestação de capacidade contributiva ele quer alcançar. A pergunta a fazer é se a previsão legal está qualificando o nome do contrato ou o perfil do contrato. Assim, da perspectiva da capacidade contributiva, quando a lei estiver se referindo a compra e venda pode ser que ela não esteja se referindo ao nome "compra e venda", mas ao tipo de manifestação de capacidade contributiva que se dá através da compra e venda". (*Planejamento Tributário*. 3ª edição. São Paulo: Dialética, 2011, p. 341).

[463] *Idem, ibidem*, p. 353.

FORMA E SUBSTÂNCIA NO DIREITO TRIBUTÁRIO

O terceiro ponto fundamental da teoria de Greco funda-se na aplicação do abuso de direito em matéria de planejamento tributário. Na obra original, Marco Aurélio Greco defende a aplicação da figura do abuso de direito no Direito Tributário. Em edições posteriores, trata também da *fraude à lei*, da simulação a partir da ótica do motivo ou do propósito negocial e do abuso de formas jurídicas, no que denomina de outras "patologias" existentes nos negócios entabulados pelos contribuintes. Mas, focando na questão do "abuso de direito" – que parece ser o principal critério defendido por Greco para detecção de planejamentos tributários de legitimidade questionável – é possível verificar que a sua teoria parte da premissa de que o direito dos contribuintes de "auto-organização não é absoluto".

Buscando fundamento nos primeiro e segundo pontos acima abordados, que tratam das alterações na estrutura do Estado e do próprio Direito, Greco defende que o abuso do direito implica em um "limite funcional do direito". Vale dizer, o abuso de direito estaria configurado quando, um titular de um direito, no exercício desse direito, realiza práticas que distorcem o equilíbrio no relacionamento entre as partes *"(i) seja pela utilização de um poder ou de um direito em finalidade diversa daquela para qual o ordenamento assegura sua existência, (ii) seja pela sua distorção funcional, por implicar inibir a eficácia da lei incidente sobre a hipótese sem uma razão suficiente que a justifique"*[464].

O abuso de direito teria surgido no âmbito do Direito Privado para mitigar uma concepção individualista de direitos absolutos e ilimitados, sendo considerado um ato ilícito pelo artigo 187 do Código Civil de 2002. Nesse sentido, poderia ser aplicado ao Direito Tributário, para recusar a tutela daqueles atos praticados com abuso de direito, até porque, em se tratando de ato ilícito, desapareceria a sua qualificação como um ato elisivo, transformando-se em um ato evasivo. Para Greco, porém:

> (...) a atitude do Fisco no sentido de desqualificar e requalificar os negócios privados somente poderá ocorrer se se puder demonstrar de forma inequívoca que o ato foi abusivo por ter sido distorcido seu perfil objetivo ou extrapolados seus limites, o que pode, em tese, configurar-se, inclusive se tiver por única ou principal finalidade conduzir a um menor pagamento de imposto.[465]

---

[464] *Idem, ibidem*, p. 203.
[465] *Idem, ibidem*, p. 203.

Abordaremos a questão do abuso de direito de uma forma mais detida adiante. Por ora, cabe apenas destacar que Greco entende que, no Direito Tributário, o abuso de direito ocorre naqueles casos em que o contribuinte, que tem o direito de organizar os seus negócios da forma fiscalmente menos onerosa, comete um *excesso*, praticando o ato com uma "finalidade predominantemente fiscal"[466]. Isto é, o ato não teria outro propósito que não a economia de tributo. Nesse caso, para Greco, seria o caso de se recusar a tutela desse ato por parte do ordenamento jurídico, o que equivaleria a dizer que ele não é "oponível a terceiros" e, mais precisamente, não produz efeitos perante o Fisco, que pode, então, desqualificar o ato[467] e requalificá-lo conforme a natureza do ato realmente praticado.

Aprofundando mais seu raciocínio, o professor entende que o abuso de direito em matéria tributária estaria relacionado à falta de um "motivo" que justifique a prática do ato que leva à economia fiscal. Para Greco, não se trataria necessariamente de um "propósito negocial", nos moldes da teoria americana do "business purpose", mas de um motivo "extratributário" que justifique o ato ou negócio praticado, que pode ser uma "razão familiar, política, de mudança de regime jurídico das importações, de alteração do quadro referencial que se posicionava a atividade da empresa etc". Isto é, não bastaria ao contribuinte, em defesa do ato, alegar a sua simples validade à luz do ordenamento jurídico, mas também, perquirir, a fim de verificar se houve ou não abuso, se: "1) havia motivo extratributário? 2) qual era este motivo? 3) o motivo era suficiente ou insuficiente?"[468]. O próprio autor reconhece que, com isso, "estamos lidando com variáveis nebulosas; na minha opinião, acabou a matemática dos conceitos, não estou dizendo 'zero ou um' estou dizendo 'suficiente ou insuficiente' com uma gama de nuances no meio"[469].

Greco também aborda outros assuntos caros ao planejamento tributário em sua obra, que vêm se expandindo progressivamente ao longo dos anos, com uma visão rica, crítica e profícua a respeito do tema. Na última edição do seu livro, trata da teoria dos "atos anormais de gestão", traz um panorama internacional a respeito do planejamento tributário, cuida de

---

[466] *Idem, ibidem*, p. 208.
[467] *Idem, ibidem*, p. 210-212.
[468] *Idem, ibidem*, p. 237.
[469] Loc. cit.

temas de tributação internacional e do que chama de "operações preocupantes", assim entendidas aquelas que chamam a atenção pelo seu caráter inusitado e que devem ser analisadas com atenção por poderem representar práticas abusivas. Greco também se dedica ao tema da prova, no âmbito do processo, para lidar com a legitimidade de planejamentos tributários e igualmente se refere às sanções em matéria tributária. Cuida, ainda, dos efeitos do Novo Código Civil sobre a temática do planejamento tributário.

Com relação o artigo 116, parágrafo único, do CTN, que foi introduzido pela LC nº 104/2001, após a primeira edição da obra de Greco, o autor destaca a sua relevância para o tema do planejamento tributário, dedicando diversas páginas das edições posteriores de seu livro ao referido dispositivo. No entendimento de Greco, as patologias dos atos ou negócios dos contribuintes expostas em sua obra já seriam suficientes para desqualificar o negócio por elas inquinado e requalificá-lo, com seus efeitos fiscais próprios. Para ele, "simulação, fraude à lei, e abuso de direito sofrem reações do ordenamento tributário, independente do artigo 116, parágrafo único e comportam lançamento de ofício". Na sua visão, o referido dispositivo teria o condão de tornar "a figura da elisão uma categoria tributária não dependente das patologias; ainda que os negócios jurídicos não padeçam de qualquer vício, o dispositivo abre espaço para aferir a sua conformidade ao princípio da capacidade contributiva", o que justificaria, inclusive, a necessidade de procedimentos especiais para tanto. Em suma, para Greco, o artigo 116, parágrafo único, do CTN traria uma verdadeira norma "antielisiva".

A obra de Marco Greco exerceu uma enorme influência sobre a doutrina, bem como sobre a jurisprudência a respeito do tema do planejamento tributário, em especial no âmbito administrativo das decisões do então Conselho de Contribuintes do Ministério da Fazenda e atual Conselho Administrativo de Recursos Fiscais. A primeira edição de seu livro lançou uma nova luz sobre o debate em torno do planejamento tributário e abriu caminho para o surgimento do artigo 116, parágrafo único, do CTN. Sua obra marca o ressurgimento de um acalorado debate a respeito da matéria.

A partir daí, vários foram os autores que passaram a se dedicar a uma revisão das ideias então sedimentadas na doutrina sobre o tema. Boa parte da produção científica brasileira em matéria de Direito Tributário, nas décadas seguintes, passou a ser dedicada a esse tema. Ricardo Lobo Torres tratou do artigo 116, parágrafo único, do CTN inicialmente

OS MARCOS FUNDAMENTAIS PARA UMA TEORIA DO PLANEJAMENTO FISCAL

em artigo doutrinário[470] e evoluiu suas ideias a respeito do tema a ponto de dedicar-lhe uma obra: *Planejamento Tributário: elisão abusiva e evasão fiscal*[471]. Ricardo Lodi Ribeiro dedicou sua dissertação de mestrado ao tema da *Justiça, Interpretação e Elisão Tributária*[472]. Marcus Abraham trata dessa questão em sua tese de doutorado sobre o *Planejamento Tributário e o Direito Privado*[473]. Heleno Taveira Tôrres, dentro da mesma temática, elabora sua tese de livre docência sobre *Direito Tributário e Direito Privado*[474]. Marciano Seabra Godoi escreve sua tese de doutorado na Espanha sobre a Fraude à Lei e a Elusão Tributária[475]. João Dácio Rolim, com interessantes aportes do direito tributário inglês, publica seu livro dedicado às *Normas Antielisivas Tributárias*[476]. Douglas Yamashita também escreve sua tese de doutorado tratando da *Elisão e Evasão de Tributos – Limites à Luz do Abuso do Direito e da Fraude à Lei*[477]. Mais recentemente, Luis Eduardo Schoueri coordena um abrangente e analítico estudo de casos sobre *Planejamento Tributário e o "Propósito Negocial"*[478]. Não se trata, evidentemente, de um rol exaustivo de obras, mas da referência a algumas das obras mais citadas a respeito do tema, que trouxeram novas perspectivas doutrinárias sobre o assunto.

No entanto, o que se verifica atualmente na doutrina é um intenso debate em torno do tema da evasão e da elisão. E, se são muitas as ideias novas a respeito do assunto, igualmente numerosos também são os trabalhos de destaque que cuidam de analisar e criticar essas novas ideias. Alberto Pinheiro Xavier revigora sua teoria da tipicidade tributária e formula suas críticas às normas gerais antielisivas, em seu *Tipicidade da Tributação, Simulação e Norma Geral Antielisiva*[479]. Sacha Calmon Navarro Coêlho também aduz críticas contundentes à ideia de uma norma geral antielisiva em seu *Evasão e Elisão Fiscal. O parágrafo único do art. 116, CTN e o Direito*

---

[470] "Normas Gerais Antielisivas". In: Ricardo Lobo Torres. (Org.). *Temas de Interpretação do Direito Tributário*. Rio de Janeiro: Renovar, 2003, p. 261-330.

[471] Rio de Janeiro: Elsevier, 2012.

[472] Rio de Janeiro: Lumen Juris, 2003.

[473] São Paulo: Quartier Latin, 2007.

[474] São Paulo: Revista dos Tribunais, 2003.

[475] Um resumo dessas ideias foi divulgado em seu artigo A figura da fraude à lei tributária prevista no parágrafo único do art. 116 do Código Tributário Nacional. Revista Dialética de Direito Tributário, São Paulo, v. 68, p. 101-123, 2001.

[476] São Paulo: Dialética, 2001.

[477] São Paulo: Aduaneiras, 2005.

[478] São Paulo: Quartier Latin, 2010.

[479] São Paulo: Dialética, 2002.

Comparado[480]. Paulo de Barros Carvalho, a partir da dicotomia "forma e conteúdo", interpreta o artigo 116, parágrafo único, do CTN como uma norma anti-simulação, em artigo intitulado *"Entre a forma e o conteúdo na desconstituição dos negócios jurídicos simulados"*[481]. Luís Cesar Sousa de Queiroz trata dessa diversidade de teorias sobre o tema em *"Controle Normativo da Elisão Tributária"*[482] e *"Limites do Planejamento Tributário"*[483]. Humberto Bergmann Ávila também trata dos critérios de legitimidade do planejamento tributário de forma abstrata, em *"Planejamento Tributário"*[484] e, à luz de um caso concreto, no parecer *"Ágio com fundamento em rentabilidade futura. Empresas do mesmo grupo. Aquisição mediante conferência em ações. Direito à amortização. Licitude formal e material do planejamento"*[485]. Cesar Guimarães também publica sua dissertação de mestrado a respeito da *Elisão Tributária e Função Administrativa*[486]. Edmar Oliveira de Andrade Neto aborda o tema em seu livro *Planejamento Tributário*[487], rejeitando as principais ideias desenvolvidas a respeito da aplicação, ao Direito Tributário, das figuras do abuso de direito, fraude à lei e propósito negocial.

O debate, no entanto, longe de uma importância apenas teórica, tem uma inestimável relevância prática. Nesse ponto, a jurisprudência do CC do MF e, posteriormente, do CARF, passa a reverberar essas discussões. Casos que, no passado, eram decididos a partir de uma ótica mais *formalista*, isto é, analisando-se apenas a regularidade formal dos atos praticados, atualmente, são submetidos a um escrutínio mais *substancialista*, no que tange às finalidades subjacentes ao ato praticado.

Exemplo emblemático é o planejamento denominado "incorporação às avessas"[488], que consiste em uma sociedade superavitária *A* ser incor-

---

[480] Rio de Janeiro: Forense, 2006.

[481] Revista Diálogo Jurídico, Salvador, nº. 18, 2012. Disponível na internet em: <http://www.direitopublico.com.br>. Acesso em: 20.1.2013.

[482] In: Aires Fernandino Barreto et al. *Segurança Jurídica na Tributação e estado de direito*. São Paulo: Noeses, 2005.

[483] In: Luís Eduardo Schoueri (Coord.). *Direito Tributário: Homenagem a Paulo de Barros Carvalho*. Quartier Latin, 2008.

[484] Revista de Direito Tributário, v. 98, p. 74-85, 2006.

[485] Revista Dialética de Direito Tributário, v. 205, p. 163-184, 2012.

[486] São Paulo: Dialética, 2001.

[487] São Paulo: Saraiva, 2009.

[488] Frise-se que não estamos tratando aqui da operação envolvendo a denominada utilização de "empresas-veículo" para aproveitamento fiscal de ágio, em reorganizações societárias, tendo em vista que essa questão demandaria considerações que desbordariam do presente estudo.

porada por uma sociedade deficitária *B*, que, não possui qualquer patrimônio ou bem relevante, mas apenas e tão somente um prejuízo fiscal que era utilizado para abater com o lucro de *A*. Até o início deste século, essas operações eram geralmente analisadas pelo CC do MF do ponto de vista apenas formal, isto é, analisando-se apenas a regularidade dos atos de incorporação praticados, sem qualquer tipo de consideração a respeito dos motivos que levaram à prática do ato. Confira-se:

> "IRPJ – SIMULAÇÃO NA INCORPORAÇÃO. Para que se possa materializar, é indispensável que o ato praticado não pudesse ser realizado, fosse por vedação legal ou por qualquer outra razão. *Se não existia impedimento para a realização da incorporação tal como realizada e o ato praticado não é de natureza diversa daquela que de fato aparenta, não há como qualificar-se a operação de simulada.* Os objetivos visados com a prática do ato não interferem na qualificação do ato praticado.
>
> Portanto, se o ato praticado era lícito, as eventuais conseqüências contrárias ao fisco devem ser qualificadas como casos de elisão fiscal e não de 'evasão ilícita'."[489]

O que se vê, nos últimos anos, é uma alteração dessa posição, como se verifica do seguinte julgado, que trata da mesma operação de "incorporação às avessas", mas a partir de um enfoque diverso:

> "INCORPORAÇÃO ATÍPICA – NEGÓCIO JURÍDICO INDIRETO – SIMULAÇÃO RELATIVA
>
> A incorporação de empresa superavitária por outra deficitária, embora atípica, não é vedada por lei, representando um negócio jurídico indireto, na medida em que, subjacente a uma realidade jurídica, há uma realidade econômica não revelada. Para que os atos jurídicos produzam efeitos elisivos, além da anterioridade à ocorrência do fato gerador, necessário se faz que revistam forma lícita, aí *não compreendida hipótese de simulação relativa, configurada em face dos dados e fatos que instauram o processo* (...)."[490]

---

[489] Ac. nº 101-94.127, Primeira Câmara do Primeiro Conselho, Relatora: Sandra Faroni, Sessão de 28.02.2003. Não grifado no original.
[490] Ac. nº 103-21.046, Terceira Câmara do Primeiro Conselho, Relator Márcio Machado Caldeira, Sessão de 16.10.2002. Não grifado no original.

FORMA E SUBSTÂNCIA NO DIREITO TRIBUTÁRIO

Na verdade, o que se nota na jurisprudência é uma progressiva *substancialização*, no que tange à análise dos planejamentos tributários realizados. A referência nos acórdãos a expressões como "propósito negocial"[491], "abuso de direito"[492] e "abuso de forma"[493] bem denotam a repercussão dessas "novas ideias" difundidas a partir da obra de Marco Aurélio Greco. Pode-se concordar com elas, pode-se discordar delas, mas o fato é que um quadro teórico relativamente sedimentado na doutrina, desde a década de 1970, passa, a partir da década de 90 do século anterior, por uma profunda revisão e ebulição doutrinária.

Embora nosso foco seja o debate sobre planejamento tributário no Brasil, não se pode deixar de anotar que, curiosamente, passados quase quarenta anos do Congresso do ILADT de Estoril, em Portugal, evento que ensejou a elaboração do trabalho de Sampaio Dória acerca da distinção entre elisão e evasão, em 2008, foi realizado um novo congresso do ILADT sobre o tema. E, após serem revistas as resoluções dos congressos anteriores a respeito da matéria, foi assentada como primeira resolução do Congresso de 2008, a seguinte conclusão:

> Primera. La elusión es un comportamiento del obligado tributario consistente en evitar el presupuesto de cualquier obligación tributaria, o en disminuir la carga tributaria a través de un medio jurídicamente anómalo, por

---

[491] "O fato de ser um negócio jurídico indireto não traz a consequência direta de tornar eficaz o procedimento da interessada, pois essa figura não é oponível ao fisco quando, como é o caso concreto, sem propósito negocial algum, visto de seu todo, visar apenas à mera economia de tributos. No caso concreto, houve por conseguinte fraude à lei do imposto de renda que comanda a tributação do ganho de capital na alienação de bens do ativo permanente através da utilização de norma de cobertura." (CARF, Ac. nº 1401-00.582 1a. Seção, 1a. Turma da 4a. Câmara, em 29/06/2011).

[492] "A constituição de empresa da espécie é um cristalino abuso de direito, que tem o único fim de perseguir uma tributação menos gravosa em face daquela que incidiria sobre os rendimentos do trabalho. O que une tais sócios não é a prestação de uma atividade econômica, mas uma pretensa redução de carga tributária. Assim, é tributada como rendimento de pessoa física a remuneração por serviços prestados, de natureza não comercial e personalíssima, com ou sem vínculo empregatício, independentemente da denominação que lhe seja atribuída" (CARF, Ac. n° 2102-00.447 – 2ª Seção, 1ª Câmara, 2ª Turma Ordinária, Sessão de 4.12.2009).

[493] "IOF. CRÉDITO SOBRE MÚTUO. ABUSO DE FORMA.
Provado o abuso, deve o Fisco desqualificar o negócio jurídico original, exclusivamente para efeitos fiscais, requalificando-o segundo a descrição normativo-tributária pertinente à situação que foi encoberta pelo desnaturamento da função objetiva do ato." (Ac. nº 204-02.895, 2º Conselho de Contribuintes, 4a. Câmara, Sessão de 21.11.2007).

ejemplo: el abuso de la norma, de la forma o la vulneración de la causa típica del negocio jurídico, sin violar directamente el mandato de la regla jurídica, pero sí los valores o principios del sistema tributario.[494]

Trata-se de uma significativa alteração dos critérios de definição dessa distinção e da postura adotada com relação ao planejamento tributário, o que só evidencia a necessidade de continuar se estudando e se desenvolvendo o debate acadêmico em torno desse que é talvez um dos temas mais ricos, complexos e multifacetados do Direito Tributário.

Sem, evidentemente, a pretensão de esgotar o assunto, passamos a tratar abaixo de uma proposta de distinção entre elisão e evasão fiscal, à luz do sistema tributário nacional, iniciando por definir o que entendemos por planejamento tributário.

---

[494] Disponível na internet em: <http://www.iladt.org/FrontEnd/ResolutionDetailPage.aspx>, acesso em 20.1.2013.

Capítulo 9
Uma Teoria do Planejamento Fiscal

1. Uma definição de planejamento tributário

Até agora temos nos referido genericamente a "planejamento tributário", mas sem precisar exatamente de que fenômeno estamos tratando. Entendemos que é relevante explicitar, para prosseguirmos em diante, o que compreendemos por "planejamento tributário". Para isso é necessário construir uma *definição*, isto é, uma delimitação mais segura do que estamos querendo dizer quando utilizamos essa expressão.

O *planejamento*, de uma forma geral, consiste em um *plano*, em um *projeto*, em uma *estratégia*, fundados em certas premissas técnicas e empíricas para se chegar a um determinado resultado[495]. Normalmente, quando se diz que alguém fez um planejamento é porque este alguém idealmente programou *certos elementos* em uma *ordem*, segundo uma *série de razões*, para se alcançar uma determinada *finalidade*.

Para usar um exemplo trivial, vejamos como funciona, analiticamente, o planejamento de uma viagem. Inicialmente, a pessoa define os *elementos* planejados, que vão constituir a própria viagem. Esses elementos incluem, por exemplo, ir a algum lugar, transportar-se de um lugar a outro, realizar refeições e hospedar-se em um determinado local.

---

[495] Embora estejamos definindo o planejamento como um plano, isto é, um "processo", é relevante destacar que, enquanto permanece apenas no plano da abstração, o planejamento é indiferente para o Direito. Apenas no momento em que é executado, isto é, quando se torna um "produto" é que o planejamento passa a ser relevante juridicamente. A seguir, faremos essa distinção entre "planejamento-processo" e "planejamento-produto".

Outro aspecto do planejamento é a *ordenação*. A marca do planejamento é precisamente essa *ordenação* de elementos. Caso contrário, o que se tem são acontecimentos aleatórios e em qualquer ordem, sem que se tenha definido uma forma de organização básica que caracterize um plano, e não apenas uma sucessão randômica de eventos. Voltando ao exemplo da viagem, se alguém pretende fazer uma viagem, mas não sabe aonde vai, como vai se transportar, como vai fazer suas refeições e onde irá se hospedar, pode-se até dizer que ela fará uma viagem, mas não uma viagem planejada.

O planejamento deve seguir uma *série de razões*. Para que haja planejamento, além de uma ordenação, é preciso que haja uma lógica, uma racionalidade, uma concatenação de premissas em que se baseia o planejamento. No exemplo da viagem, a pessoa deve ter como premissa básica o fato de que, para viajar, "devo sair de onde estou". E, a partir daí, a ordem dos elementos é feita segundo as mais variadas premissas, como, por exemplo, "devo viajar de avião", "devo me hospedar em um hotel", "não devo gastar muito", "posso acordar mais cedo". Veja-se que a *ordenação* dos elementos é feita a partir dessas razões. São elas que orientam a ordenação.

Mas, essa *ordenação racional* deve ter uma *finalidade*, uma meta, um resultado ideal que se pretende alcançar para que seja cabível falar em um planejamento. Há um objeto do planejamento e, mais do que isso, um objetivo do planejamento. A finalidade, no caso da viagem, pode ser, por exemplo, o *lazer* ou os *negócios*. Nesses casos, a *finalidade* exerce um papel diretivo sobre os *elementos* selecionados no planejamento, *a ordenação* que é dada e até mesmo a *razão* ou a série de razões que será(ão) seguida(s) nesse planejamento. No planejamento de uma viagem a lazer, por exemplo, escolhe-se ir à praia e não a uma reunião de trabalho, diferentemente do que ocorre em uma viagem de negócios. A ordem dos elementos do planejamento também é influenciada pela finalidade. Em uma viagem de negócios, é possível escolher, por exemplo, sair do aeroporto e ir direto ao escritório onde ocorrerá a reunião, em vez de passar no hotel antes para, só depois, sair em direção a uma atração turística que se pretende visitar, conforme ocorre na viagem de lazer. E isso acontece, porque a finalidade afeta as *razões* do planejamento, fazendo com que a *lógica* que rege uma viagem de negócios (*v.g.*, "Não devo me atrasar para a reunião" e "Devo resolver os problemas existentes no menor tempo possível") seja distinta daquela que rege uma viagem a lazer (*v.g.*, "Não devo me preocupar com horários" e "Devo relaxar e aproveitar o passeio").

UMA TEORIA DO PLANEJAMENTO FISCAL

Vimos que um planejamento é uma *programação*, porque consiste, inicialmente, em um plano de ação e não propriamente na execução desse plano. Em suma, um plano em que são ordenados elementos, segundo uma série de razões, para se atingir uma finalidade.

O *planejamento tributário* é precisamente essa programação ordenada de certos elementos com a finalidade de se *economizar tributos*. Os elementos do planejamento tributário compreendem as pessoas, seus bens e ações em sentido amplo que podem ser delineados. As ordenações de que trata o planejamento tributário são as relações construídas entre esses elementos. A série de razões que orienta a ordenação, no caso do planejamento tributário, é extraída do sistema jurídico. E a finalidade, quando se trata de planejamento tributário, é se *otimizar-se* a carga fiscal.

Comecemos a analisar essa definição pela decomposição de cada uma de suas partes. Os *elementos* do planejamento tributário são as pessoas, os bens e as ações em sentido amplo. Vale dizer, para fins de planejamento tributário, podemos selecionar *pessoas*, isto é, pessoas físicas, pessoas jurídicas, ou estruturas híbridas a que se atribui capacidade tributária (*v.g.* condomínio, consórcio, sociedade em conta de participação). Também selecionamos bens dos mais variados tipos: móveis, imóveis, semoventes, tangíveis e intangíveis, etc. E, por fim, também arranjamos ações em sentido amplo, isto é, fatos, atos, negócios como uma aquisição patrimonial, um testamento, um contrato de compra e venda, uma incorporação de sociedades, etc.

O passo seguinte é a *ordenação* desses elementos. Por exemplo, a pessoa física A realiza um contrato de compra e venda com a pessoa física B do imóvel α. Ou, faz-se outra ordenação, em que a pessoa física A celebra com a pessoa física B um contrato de sociedade em que a sociedade C é constituída e o capital social dela é integralizado pelo imóvel α de A e pelo dinheiro de B.

A série de razões que permeia o planejamento tributário é a *racionalidade* do sistema de normas que governa os tributos. Se A e B fizerem x, A está obrigado a pagar o tributo T1. Se A e B fizerem y, B está obrigada a pagar o tributo T2. Se A e B, fizerem z, nem A nem B estão obrigados a pagar T1 ou T2. O que orienta o planejamento tributário, isto é, as premissas que são utilizadas nessa estruturação, são premissas normativas, ou seja, as normas tributárias que prevêem situações fáticas abstratas e a elas imputam determinadas consequências jurídicas. Quem faz um planejamento tributário necessita compreender essa racionalidade para alcançar a finalidade última que é a economia tributária.

A *finalidade última* de quem faz um planejamento é economizar tributos[496]. Todavia, é evidente que não se faz planejamento tributário como uma atividade de *especulação* ou de *deleite técnico* para se economizar tributo. A programação ordenada de elementos visa atender certas pretensões humanas, chegando-se a um estado de coisas almejado pela parte que se vale do planejamento. A pessoa física A quer transferir o bem imóvel α à pessoa física B. Para tanto, elas podem se planejar praticando os atos x, y ou z, cada qual com as suas respectivas consequências tributárias. Assim, há uma *finalidade direta (ou não tributária)* do planejamento tributário, que é atender à(s) pretensão(ões) não tributárias do(s) envolvidos no planejamento e a *finalidade última (ou tributária)*, que consiste em uma *otimização da carga fiscal* para se alcançar a *finalidade direta (ou não tributária)*.

As *finalidades diretas* do planejamento podem ser as mais variadas possíveis, *v.g.*, realizar uma atividade econômica, transferir um bem, usufruir de determinados benefícios financeiros etc. Já a finalidade última consiste em uma economia fiscal global, isto é, em uma otimização da carga tributária, que pode importar (i) o não pagamento de tributo, (ii) uma redução no pagamento de tributo; ou (iii) o pagamento de tributo em condições mais favoráveis.

No fim, quem busca um *planejamento tributário* almeja uma otimização fiscal global ("all things considered"). Por outras palavras, quando se faz um planejamento tributário, o que se pretende é chegar a uma situação geral, ideal e ótima em termos de carga tributária para uma pessoa ou uma série de pessoas relacionadas[497].

---

[496] Poderíamos adotar uma finalidade ainda mais ampla para definir planejamento tributário, abrangendo não apenas a economia de tributos, isto é, o cumprimento da denominada "obrigação tributária principal", mas também a redução dos custos em geral envolvidos no pagamento de tributos e aí abrangeríamos também a redução das denominadas "obrigações tributárias acessórias". Vale dizer, além de o contribuinte buscar a redução do quanto deve de tributo, ele pode também reduzir os denominados "compliance costs", que são aqueles custos indiretos relacionados ao cumprimento de certos deveres administrativos estabelecidos no interesse da arrecadação e fiscalização de tributos. No entanto, embora o planejamento tributário também compreenda o ato ou série de atos praticada pelo contribuinte também com essa finalidade, para simplificar o estudo, trataremos apenas da economia dos tributos propriamente ditos.

[497] O planejamento tributário pode ser estruturado não a partir da perspectiva de um único contribuinte, mas de vários contribuinte se pensarmos, por exemplo, em um grupo econô-

UMA TEORIA DO PLANEJAMENTO FISCAL

Quanto mais abrangente e mais intensa for a finalidade de se alcançar a economia fiscal, tanto maior deverá ser o universo de elementos analisados, de ordenações possíveis examinadas e de razões consideradas. É possível, por exemplo, estruturar-se uma ordenação entre os elementos pessoas físicas *A* e *B* para a finalidade de transferir um bem imóvel α, olhando apenas as normas que governam a incidência de um determinado tributo, *v.g.*, o imposto sobre a transmissão de bens imóveis, de modo a se otimizar a incidência, ou melhor, a não incidência desse imposto. Contudo, é possível, que ao se trabalhar com um espectro finalístico tão limitado, isto é, a economia de um único tributo, estejam sendo desconsideradas outras razões, vale dizer, outras normas tributárias relativas a outros tributos e, até mesmo, outros sistemas tributários, que acabem fazendo com que o atingimento dessa finalidade restrita – economia de um tributo – acabe comprometendo uma otimização fiscal global. Na prática, uma vez executado o planejamento tributário, é possível que se alcance uma economia desse único tributo, no caso, do imposto de transmissão, mas que haja, em contrapartida, um incremento de outro(s) tributo(s), por exemplo, do imposto sobre a renda.

Daí porque, na maioria das vezes, o planejamento tributário opera *pro tanto*, no âmbito do *razoável*, por meio da consideração de um universo relativamente limitado de (i) elementos; (ii) ordenações; (iii) série de razões; e (iv) finalidade(s) *direta(s) e última(s)* almejada(s).

Essa definição de planejamento é uma definição *formal*, no sentido de que trata apenas de uma estrutura geral ordenada para uma certa finalidade. Essa definição trata de explicitar *como se estrutura* um planejamento tributário, qual o *procedimento* que ele envolve, o modo pelo qual ele é *formulado*, mas não trata de cada um dos componentes materiais dessa estrutura, do conteúdo material que preenche cada uma dessas partes integrantes da definição. Dito diretamente, trata-se de um modelo formal, e não *substancial* de planejamento tributário.

Para se conferir substância a esse planejamento, é necessário preencher esses componentes. Indicar os elementos que serão *ordenados,* qual a *ordem* pela qual eles serão estruturados, o sistema normativo a partir do qual ele está sendo estruturado e as finalidades diretas e últimas que se preten-

---

mico como um todo, em que algumas empresas podem até pagar mais tributos à luz de um determinado sistema fiscal para que, ao final, se alcance uma vantagem tributária *global* maior.

dem atingir, o que equivale a definir qual(is) a(s) pretensão(ões) que se pretende(m) atender e qual(is) o(s) tributo(s) que se pretende economizar.

Contudo, embora esse modelo *formal* não diga diretamente o que se *deve fazer* em cada caso para se realizar um planejamento tributário, entendemos que ele se mostra relevante para estudar o que é relevante analisar para se fazer um planejamento tributário. Daí a utilidade desse modelo, porque ele permite vislumbrar que o planejamento é um *processo*[498] e, a partir desse processo, podem ser concebidos diferentes *produtos*.

O produto obtido ao final desse processo, isto é, por meio dessa programação ordenada de elementos, com base em uma série de razões, para se alcançar a finalidade de otimização fiscal, também é denominado "planejamento fiscal". É dizer, há um "planejamento-processo" e um "planejamento-produto". Enquanto permanece no plano das ideias, evidentemente, o planejamento tributário não possui qualquer repercussão jurídica. No entanto, a partir do momento que o planejamento é executado, o que se vê, ao final, é uma determinada ordenação de elementos, que é exposta pelo contribuinte e o tratamento fiscal a ela atribuído. Esse "produto" costuma ser qualificado pela doutrina de modos diversos, como veremos adiante.

2. Planejamento tributário como produto
2.1. A evasão e a elisão fiscal

A priori, a partir do modelo formal, para realização de um planejamento tributário, é possível selecionar quaisquer elementos, por meio das mais variadas ordenações, para se alcançar a pretendida *economia fiscal*. No entanto, a série de *razões* existentes no sistema jurídico opera trazendo consequências distintas para as diferentes programações ordenadas de elementos realizadas. Os sistemas jurídicos possuem normas que, por exemplo, determinam que elementos devem estar presentes para que se alcance uma determinada finalidade. Por exemplo, normas que indicam que procedimentos são necessários para que as pessoas possam transferir a propriedades de certo bem. Sem que essas normas sejam seguidas, não se alcança o resultado pretendido, isto é, não há a transferência de propriedade do bem. Há normas também que *obrigam* ou *proíbem* certas ordenações de determinados elementos. Por exemplo, o artigo 496 do Código Civil proíbe a cele-

---

[498] Aplicando a dicotomia processo-produto ao planejamento tributário, cf. Heleno Taveira Tôrres, *Direito Tributário e Direito Privado: autonomia: simulação: elusão tributária*. São Paulo: Revista dos Tribunais, 2003, p. 175.

UMA TEORIA DO PLANEJAMENTO FISCAL

bração de um contrato de compra e venda entre ascendente e descendente, sem o consentimento dos outros descendentes e do cônjuge do alienante, tornando o ato anulável. Há normas também que proíbem determinadas finalidades; por exemplo, não se pode ter a finalidade de ocultar do Fisco informações relativas ao preço real, pelo qual uma determinada mercadoria é comercializada.

É a partir das normas de cada sistema tributário que é possível programar elementos segundo uma ordem para se obter a economia fiscal pretendida. A maneira como as normas desse sistema são cumpridas e/ou descumpridas ao longo deste processo geram *produtos* diversos. Esses produtos são tradicionalmente classificados pela doutrina nacional, como vimos anteriormente, desde a sistematização proposta pela obra de Sampaio Dória, como *evasão* ou *elisão tributária*. Nesse último caso, também se utiliza o termo "planejamento tributário" para designar essa categoria. Aliás, costuma-se empregar o termo "planejamento tributário", mais para se referir ao "produto", resultado de uma economia lícita de tributos, do que ao planejamento tributário "processo", do qual vínhamos tratando acima. Por outras palavras, por planejamento tributário, costuma-se designar um *resultado*, qualificado por ser lícito, não o *procedimento* que se utiliza para se chegar até ele.

Elisão e evasão são, portanto, as denominações dadas a esses *produtos*, a esses *resultados* a que se chega, segundo uma programação ordenada de elementos, com base em uma série de razões, para se atingir uma finalidade. Embora os critérios para distinguir a evasão da elisão fiscal possam ter variado muito na doutrina, dois critérios bastante relevantes e comumente citados são o *temporal* e o da *natureza dos meios utilizados*.

2.1.1. A análise do critério temporal

Como já vimos, o critério temporal consiste em verificar se os atos praticados pelo contribuinte para economizar o tributo são realizados antes ou depois da ocorrência do fato gerador da obrigação tributária, caracterizando-se, conforme o caso, respectivamente, a *elisão* ou a *evasão*.

Do ponto de vista do modelo formal tratado anteriormente, podemos vislumbrar o seguinte. A ordenação dos elementos no planejamento tributário deve seguir algumas razões, para que se alcance uma economia lícita de tributos. Os elementos devem ser ordenados de modo que a situação hipotética prevista no antecedente da norma tributária não ocorra na realidade. Se ela tiver ocorrido, configura-se a obrigação do pagamento do tributo. Assim, eventuais atos praticados *a posteriori* não terão a eficácia de extinguir esse dever jurídico, essa vinculação legal. Se o contribuinte procura, por qualquer meio, ocultar essa ocorrência, não estará caracterizada a *elisão*, mas sim a *evasão* tributária. Vale dizer, o dever de pagar o tributo se mantém e o contribuinte pode ser, até mesmo, punido pelo descumprimento dessa obrigação.

O critério *temporal* estrutura-se em conformidade com uma *razão* bastante relevante para saber se é legítima ou não a economia tributária obtida pelo contribuinte, que é a ocorrência ou não, na realidade, do chamado *fato gerador concreto*. A partir da subsunção do fato gerador concreto ao fato gerador abstrato, surge o dever de pagar o tributo. Se esse fato não ocorre no tempo, isto é, se o contribuinte ordena uma série de elementos para evitar que esse *fato* ocorra, tem-se, em princípio, uma inexistência do dever de pagar o tributo. Já se o fato ocorre, há, em princípio, esse dever e quaisquer atos que o contribuinte realize, a partir de então, para não pagar o tributo, caracterizariam a *evasão*.

Contudo, o critério temporal, visto de forma isolada, falha por considerar como legítimas, situações ilícitas, como o clássico exemplo do contribuinte que, antes de vender a mercadoria, preenche um documento fiscal com valor inferior àquele pelo qual ela realmente vai ser vendida, quando sair do seu estabelecimento e se aperfeiçoar o fato gerador do tributo[499].

Além disso, o critério temporal não considera uma série de outras razões relevantes para se ter uma economia de tributos, que pode ser ilícita ou mesmo lícita. Imagine-se que o contribuinte, simplesmente, simula uma ordenação de elementos; por exemplo, simula um contrato de prestação de serviços, que gera uma despesa dedutível, em 31 de dezembro de um ano, deduzindo a despesa da base de cálculo do seu IRPJ e, em 1º de janeiro do ano seguinte, efetua um distrato desse contrato, sem que tenha havido a prestação do serviço. O fato gerador do IRPJ terá ocorrido, mas não é lícita essa economia tributária gerada pela despesa "simulada".

O critério temporal também não proporciona uma definição muito relevante no que diz respeito à própria ocorrência ou não do fato gera-

---

[499] "(...) o contribuinte que deixa de emitir uma nota fiscal ou que altera o valor da operação tributável, pratica o subfaturamento, e promove, em seguida, a saída da mercadoria de seu estabelecimento comercial ou industrial, comete a evasão tributária, violando dispositivo de lei, sem embargo de ter praticado a fraude anteriormente à ocorrência do fato gerador ou imponível" (Hermes Marcelo Huck, *op. cit.*, p. 30).

dor concreto. Isso porque uma das grandes dificuldades, quando se trata de distinguir entre o que é licito e o que é ilícito fazer em termos de planejamento tributário, tem a ver com identificar se o caso individual é ou não uma instância do caso genérico. Por outras palavras, como explicitado acima, quando tratamos dos chamados "*hard cases*", há dificuldades de se subsumir o fato à lei, concluindo se há ou não o dever de pagar tributo naquele caso. As dificuldades podem recair sobre a identificação do fato, a qualificação do fato, a identificação da norma aplicável e a própria extensão da norma. Por exemplo, a transação realizada pelo contribuinte, dado o valor reduzido atribuído ao bem, deve ser qualificada como uma venda, não sujeita ao ITCMD, ou como uma doação, sujeita ao referido imposto? Ocorreu ou não o fato gerador do ITCMD nesse caso? O critério temporal se mostra insuficiente para lidar com essas hipóteses, pois não oferece nenhum tipo de propriedade relevante para definir se o que foi feito é válido ou não.

O critério temporal tampouco é capaz de fornecer subsídios para lidar com situações como a ocorrência de atos posteriores à ocorrência do fato gerador, que podem *licitamente* conduzir à economia fiscal. A adesão a uma lei de remissão e anistia pode levar à redução do crédito tributário e, ao final, a uma economia de tributo, sem que isto importe em ilicitude.

2.1.2. A análise do critério da natureza dos meios utilizados

A demarcação entre elisão e evasão fiscal, com base na *natureza dos meios* utilizados pelo contribuinte, revela-se mais relevante e precisa do que aquela realizada de acordo com o critério temporal. Isso porque, a partir do modelo formal de *planejamento fiscal*, é possível identificar que há uma série de razões, isto é, determinadas normas, que, em certas situações, *proíbem, obrigam ou permitem* certas condutas das pessoas, vale dizer, vedam, determinam ou facultam certas ordenações de elementos.

Grosso modo, o descumprimento das condutas prescritas como obrigatórias ou proibidas, caracterizam-se, na Teoria Geral do Direito, como *ilícitos*; esse descumprimento leva a consequências jurídicas, consequências essas previstas em outras normas, cujo antecedente descreve precisamente essa situação de descumprimento das normas que obrigam ou proíbem, imputando-lhe sanções[500].

---

[500] "Em reescritura reduzida, num corte simplificado e abstrato, a norma jurídica apresenta composição dúplice: norma primária e norma secundária. Na primeira, realizada a hipótese

Nesse cenário, o critério da *natureza dos meios* opera como uma espécie de *filtro* que seleciona algumas condutas que podem ser realizadas, isto é, certas ordenações de elementos que podem ser feitas, gerando o resultado pretendido de economia lícita de tributos. Segundo esse critério, os *meios utilizados* pelo contribuinte *devem ser lícitos* para que se tenha legitimamente uma elisão tributária. Dito diretamente, meios lícitos, geram planejamentos lícitos.

A questão sensível é que a teoria que se constrói a partir de critério não estabelece apenas que "os meios devem ser lícitos". Ela vai além e cria um elenco de meios *ilícitos*: a *fraude*, a *simulação* e o *conluio*. Fora dessas hipóteses, segundo essa teoria, estar-se-ia no terreno da licitude.

O critério da natureza dos meios utilizados pelo contribuinte é interessante porque toca no ponto essencial para se definir que um planejamento tributário é lícito: ele deve-se utilizar de *meios lícitos*. Vale dizer, as ordenações de elementos precisam ser estruturadas de forma que a série de *razões* ínsitas ao planejamento não aponte para condutas proibidas, ou melhor, para condutas que não tenham o condão de implicar o descumprimento da obrigação de pagar o tributo.

Se o contribuinte incorre em proibições prescritas pelo sistema normativo ou no descumprimento de uma obrigação prevista pelo sistema normativo, então, terá havido uma ilicitude e a economia fiscal não terá sido lícita.

No entanto, se o contribuinte pratica um ato que não é tributado ("lacuna"), vale-se de uma desoneração tributária ("elisão por indução") ou pratica um ato que é expressa ou implicitamente permitido pelo ordenamento jurídico, gerando uma tributação menos gravosa ("economia de opção"), tem-se uma economia fiscal lícita[501].

Contudo, visto *isoladamente*, isto é, sem um detalhamento do que são essas ilicitudes, o critério da natureza dos meios *utilizados* pelo contribuinte

---

fáctica, i.e., dado um fato sobre o qual ela incide, sobrevém, pela causalidade que o ordenamento institui, o efeito, a relação jurídica com sujeitos em posições ativa e passiva, com pretensões e deveres (para nos restringirmos às relações jurídicas em sentido estrito). Na segunda, a hipótese fática, o pressuposto é o não-cumprimento, a inobservância do dever de prestar, positivo ou negativo, que funciona como fato jurídico (ilícito, antijurídico) fundante de outra prestação, a de exigir coativamente perante órgão estatal a efetivação do dever constituído na norma primária (...)" (Lourival Vilanova, *Causalidade e Relação no Direito*. 4ª edição. São Paulo: Revista dos Tribunais, p. 188).

[501] V., por todos, César Garcia Novoa, *op. cit.*, p. 107-121.

é vazio ou tautológico. Dentro de um modelo binário do lícito e do ilícito, isoladamente considerado, o critério da natureza dos meios diz apenas: "Se os meios utilizados pelo contribuinte forem lícitos, o planejamento tributário é lícito; se os meios utilizados pelo contribuinte forem ilícitos, o planejamento tributário é ilícito". Isto equivale a dizer, tautologicamente que: "se algo é lícito, então ele é lícito; se não é lícito, é ilícito". Evidentemente, que, sob esse ponto de vista, não se sai do lugar, nem se chega a lugar algum.

No entanto, não é apenas isso que propõe a teoria do critério da natureza dos meios. Ela acrescenta os meios que levam à evasão e os meios que levam à elisão. Para Sampaio Dória, a evasão comissiva corresponde à fraude, à simulação e ao conluio. Esses são, segundo essa teoria, os meios *comissivos ilícitos* de se economizar tributos, ao passo que os *meios lícitos* de economizar tributos – meios elisivos – seriam caracterizados pela adoção de certas condutas às quais o legislador expressamente atribui uma vantagem fiscal ("elisão induzida pela lei", na terminologia de Sampaio Dória) ou pela realização de atos ou negócios não previstos pela legislação tributária ("elisão resultante das lacunas da lei"), segundo Sampaio Dória).

O grande mérito do critério da natureza dos meios é que ele toca no ponto nodal que diferencia a elisão da evasão, que é a distinção entre o *lícito* e o *ilícito*. Mais do que isso, a teoria que se funda, a partir desse critério, também tem como grande trunfo a identificação da série de razões relevantes para se identificar o que é lícito do que é ilícito para fins de planejamento tributário. Dito de forma mais específica, a teoria em questão é estruturada a partir das normas que existem no sistema tributário e que proíbem certas condutas. Embora isso possa parecer trivial, não é. Uma grande dificuldade que se encontra em algumas teorias que propõe critérios para distinguir a legitimidade da ilegitimidade de planejamentos tributários é, por vezes, a adoção de critérios alheios a normas do sistema, ou de critérios que, embora possam ser úteis para tratar de outras questões jurídicas, não foram erigidos, com base em normas do sistema tributário, para se aferir a ocorrência ou não de descumprimento da obrigação tributária, ou mesmo de critérios que existem em outros sistemas tributários, mas não no sistema tributário brasileiro.

Daí a relevância da demarcação das normas aplicáveis quando se trata de examinar um planejamento tributário. Malgrado, ultimamente, haja uma preferência da doutrina e da jurisprudência pelo "caso concreto",

FORMA E SUBSTÂNCIA NO DIREITO TRIBUTÁRIO

pelos fatos, pelas peculiaridades de cada situação, entendemos que as definições sobre a legitimidade dos planejamentos tributários não devem ser extraídas dos fatos, mas sim das normas. Deve-se ressaltar esse ponto. Como veremos mais adiante, por vezes, dedica-se uma boa dose de argumentação a se debater se houve ou não intenção exclusiva de pagar menos tributo ("motivo extratributário"), se há um "propósito negocial" na operação realizada pelo contribuinte, se a transação realizada possui ou não "substância econômica". Mas, a norma, o ponto essencial e de referência para a aplicação do Direito, tem a sua relevância diminuída, quando não é completamente ignorada.

Casos como o da "incorporação às avessas", em que a sociedade superavitária incorpora a sociedade deficitária para fins de compensação de prejuízo fiscal, são geralmente decididos sem que haja um exame central das normas que tratam da matéria. Por vezes, as decisões que trataram desse planejamento encobrem ou mantêm apenas implícitos fundamentos da *ratio decidendi*, que são peças-chave, essenciais para se chegar à conclusão a que essas decisões chegaram. No caso da "incorporação às avessas", houve uma revogação da regra que permitia a compensação de prejuízos fiscais da incorporadora pela incorporada (artigo 64, § 5º, do DL 1.598/1977) e a instituição de uma regra nova que proibia expressamente compensação de prejuízos fiscais da incorporadora pela incorporada (artigo 33, do DL 2.343/1987). Os contribuintes passaram, então, a proceder às denominadas incorporações às avessas, nas quais, em vez de *formalmente* a incorporadora superavitária incorporar a incorporada deficitária, ocorria justamente o oposto. Mas, o que acontecia em alguns dos casos é que a empresa deficitária não era propriamente uma empresa ativa, que permanecia operando após a incorporação. Era uma empresa que possuía apenas o prejuízo fiscal, nada mais. Na prática, essa empresa é que era extinta e a empresa superavitária incorporada é que prosseguia as suas atividades, sendo ela a efetiva "incorporadora".

Fazia-se isso porque a vedação da norma não atingia expressamente essa situação. Vedava apenas a compensação fiscal do prejuízo da empresa incorporada com o lucro da empresa incorporadora, mas não impedia que o prejuízo da incorporadora fosse utilizado para abater com o lucro da incorporada. Ocorre que a existência dessa vedação e a razão subjacente a essa regra são extremamente relevantes para se considerar se ela deve ou não ser aplicada à situação da "incorporação às avessas" e isso, por vezes, não foi devidamente enfatizado pelas decisões que trataram do tema.

Em suma, o critério da natureza dos meios acerta quando foca nas normas, *i.e.*, no sistema jurídico, para buscar as propriedades relevantes para se distinguir o que é lícito do que é ilícito fazer para economizar tributos.

No entanto, o que talvez não tenha sido suficientemente esclarecido pela teoria baseada nesse critério é o alcance exato das normas que estabelecem as balizas dessa licitude.

Com efeito, a teoria em questão se baseia em algumas normas gerais, que se aplicam na multiplicidade dos casos que envolvem planejamento tributário, ao se referir à ilicitude que decorre da fraude, da simulação e do conluio. Isso é relevante, mas talvez não seja suficiente. Há outras categorias gerais previstas na legislação. O artigos 71[502], 72[503] e 73[504] da Lei nº 4.502/1964 tratam, respectivamente, da *sonegação, da fraude e do conluio*. O artigo 44, § 1º, da Lei nº 9.430/1996[505], com a redação atual, se refere a eles para agravar a multa imposta em casos de lançamento de ofício de tributos e contribuições federais. O CTN, em seu artigo 149, VII[506], dis-

---

[502] Art. 71. Sonegação é tôda ação ou omissão dolosa tendente a impedir ou retardar, total ou parcialmente, o conhecimento por parte da autoridade fazendária:

I – da ocorrência do fato gerador da obrigação tributária principal, sua natureza ou circunstâncias materiais;

 II – das condições pessoais de contribuinte, suscetíveis de afetar a obrigação tributária principal ou o crédito tributário correspondente.

[503] Art. 72. Fraude é tôda ação ou omissão dolosa tendente a impedir ou retardar, total ou parcialmente, a ocorrência do fato gerador da obrigação tributária principal, ou a excluir ou modificar as suas características essenciais, de modo a reduzir o montante do impôsto devido a evitar ou a diferir o seu pagamento.

[504] Art . 73. Conluio é o ajuste doloso entre duas ou mais pessoas naturais ou jurídicas, visando qualquer dos efeitos referidos nos arts. 71 e 72.

[505] Art. 44. Nos casos de lançamento de ofício, serão aplicadas as seguintes multas: (Redação dada pela Lei nº 11.488, de 2007)

I – de 75% (setenta e cinco por cento) sobre a totalidade ou diferença de imposto ou contribuição nos casos de falta de pagamento ou recolhimento, de falta de declaração e nos de declaração inexata; (Redação dada pela Lei nº 11.488, de 2007)

(...)

§ 1o O percentual de multa de que trata o inciso I do caput deste artigo será duplicado nos casos previstos nos arts. 71, 72 e 73 da Lei no 4.502, de 30 de novembro de 1964, independentemente de outras penalidades administrativas ou criminais cabíveis. (Redação dada pela Lei nº 11.488, de 2007)

[506] Art. 149. O lançamento é efetuado e revisto de ofício pela autoridade administrativa nos seguintes casos:

(...) VII – quando se comprove que o sujeito passivo, ou terceiro em benefício daquele, agiu com dolo, fraude ou simulação.

põe sobre a revisão do lançamento, nos casos de *dolo, fraude ou simulação*, determinando, inclusive, a aplicação de um prazo decadencial mais dilatado (artigo 150, § 4º). E, segundo o relatório apresentado por Rubens Gomes de Souza à Comissão Especial que cuidou da elaboração do projeto do CTN, o dispositivo em questão tratava das "hipóteses penais"[507]. A Lei nº 8.137/1990 prevê os crimes contra a ordem tributária, tipificando, nos artigos 1º e 2º, os crimes praticados por particulares, distinguindo-os daqueles praticados por funcionários públicos, dispostos no artigo 3º do referido diploma legal.

Todas essas normas tipificam comportamentos ilícitos, isto é, tratam especificamente de ações do contribuinte que implicam, de alguma forma, o descumprimento direto de normas de incidência tributária. No entanto, as normas mencionadas no parágrafo anterior têm por característica tratar dessa situação de descumprimento em seu antecedente, regulando, no seu consequente, as específicas prescrições e os efeitos que decorrerão da ocorrência dessa situação regulada no antecedente.

Isso reforça a "natureza dos meios" de que trata a teoria em questão. No caso desses *ilícitos típicos*, está caracterizada a evasão, com a consequente persistência do dever de pagamento do tributo que se pretendeu economizar, com eventuais acréscimos moratórios, penalidades pecuniárias específicas e até mesmo repercussões na esfera criminal.

Todavia, a *norma* introduzida no CTN, pela Lei Complementar nº 104/2001, introduzindo o parágrafo único do artigo 116 do CTN, trouxe algumas dificuldades para essa diferenciação tão estanque entre *elisão e evasão*. A doutrina passou a se dividir entre aqueles que consideraram-na uma norma "antievasão", no sentido de regulamentar os efeitos tributários da *dissimulação*, isto é, da *simulação relativa*[508] e aqueles que entende-

---

[507] O artigo 149, inciso VII, do CTN corresponde ao artigo 111, VI do projeto do CTN e pouco foi modificado. No projeto, o dispositivo anterior ao inciso VI, o inciso V do artigo 111, correspondente ao atual artigo 149, V, do CTN, tratava das hipóteses de ação ou omissão sujeitas às penalidades pecuniárias. Sobre esses dispositivos do projeto, assim se manifestou Rubens Gomes de Souza no aludido relatório: "As alíneas V e VI, omissas no Anteprojeto, relacionam-se com as hipóteses penais. A primeira delas é decorrência do art. 105 e, indiretamente, do art. 80 (...). A segunda das alíneas em exame é complementar das demais do dispositivo, referindo genericamente às hipóteses de dolo, fraude ou simulação por parte do contribuinte ou de terceiro em seu benefício." (Trabalhos da Comissão Especial do Código Tributário Nacional. Rio de Janeiro: Ministério da Fazenda, 1954, p. 207 e 208).

[508] V., por todos, Alberto Xavier, *op. cit.*, p. 51-81.

UMA TEORIA DO PLANEJAMENTO FISCAL

ram que a norma possuía uma finalidade distinta, não propriamente de se combater comportamentos evasivos, mas de se combater a elisão fiscal abusiva[509], como veremos adiante. Para alguns doutrinadores, isso implicou na criação de uma categoria intermediária entre evasão e elisão, para compreender esses atos que podem não importar em descumprimento direto, frontal e chapado[510] de normas tributárias, como veremos adiante. Por ora, é relevante notar que o critério da natureza dos meios, tal como formulado pela teoria tradicional, pode não tratar de todas as formas de *ilicitude*, isto é, de todas as formas pelas quais se pode descumprir a legislação tributária.

Por mais que haja algumas normas gerais que denotam esses *ilícitos*, haverá sempre normas específicas, aplicáveis em cada caso concreto, que poderão estar sendo descumpridas, direta ou indiretamente, fazendo com que um planejamento tributário se torne ineficaz e não gere os resultados pretendidos.

2.2. A elusão fiscal[511]
2.2.1. A elusão fiscal e os seus contornos
Como visto no item anterior, *elisão* e *evasão* não são propriamente institutos definidos pelo Direito para aplicação de normas jurídicas. Vale dizer, diferentemente de *"norma"*, *"contrato"*, *"pessoa jurídica"*, *"tributo"*, elisão e evasão não configuram, elas próprias, conceitos jurídicos com funções próprias no Direito. Não há, por exemplo, uma norma definindo que, em caso de *elisão*, deve ocorrer x e, no caso de evasão, deve ocorrer y; tampouco existe uma norma definindo que se ocorrer x, deverá ser elisão; se ocorrer y, deverá ser *evasão*.

---

[509] V., por todos Ricardo Lobo Torres, *op. cit.*, p. 45-55.

[510] O termo "chapado" é aqui utilizado com o mesmo sentido que se verifica na expressão "inconstitucionalidade chapada", a que se refere o STF, quando entende haver uma incompatibilidade flagrante entre a norma legal e a Constituição. A expressão foi cunhada pelo eloquente Ministro Sepúlveda Pertence e se integrou ao jargão da Corte, como sagazmente observado por Saul Tourinho Leal, em seu *Controle de Constitucionalidade Moderno*. Niterói: Impetus, 2010, p. 45.

[511] Iremos adotar o termo "elusão" neste estudo por nos referir, com uma única palavra, sem a necessidade de empregar uma expressão (como "elisão ilícita ou abusiva" ou "requalificação jurídica" ou mesmo "pseudo-elisão"), a um fenômeno que representa o ato de "eludir", que, segundo definem os léxicos, significa "evitar (algo) de modo astucioso, com destreza ou com artifício (...) escapar, esquivar-se a; faltar ao prometido; zombar; insultar (...)" (*Dicionário Houaiss da Língua Portuguesa, op. cit.*).

Evasão e elisão não são conceitos, por assim dizer, *prescritivos*, mas *descritivos*. Eles foram construídos doutrinariamente para descrever certas situações jurídicas em que determinadas normas são aplicadas. A doutrina acabou estabelecendo, por convenção, que, na presença de algumas situações, se estaria diante de uma *elisão* e de outras, de uma *evasão fiscal*[512].

É possível fazer um paralelo, por exemplo, do uso das expressões *elisão* e *evasão*, com as expressões "dia ensolarado" e "dia chuvoso". Essas expressões são utilizadas para *qualificar* certos fenômenos meteorológicos que ocorrem em um certo período de tempo. Não há um objeto definido que se designe por "dia ensolarado" ou "dia chuvoso". Essas denominações são utilizadas para qualificar a presença de certos elementos em uma determinada situação. Se a previsão do tempo diz que certo dia será ensolarado, está querendo se referir a um dia que apresenta certas propriedades: há sol, existem muito poucas ou nenhuma nuvem no céu, não irá chover, etc. Da mesma forma, quando a previsão diz que haverá um "dia chuvoso", está se referindo a outras propriedades distintas: não há sol, há muitas nuvens, haverá chuva, etc.

Mutatis mutandis, é o que acontece com as expressões *evasão* e *elisão*. Elas designam fenômenos jurídicos distintos, quiçá, diametralmente opostos. Na elisão, para a doutrina predominante, há uma economia lícita de tributos, o que equivale a dizer que o contribuinte, à luz do sistema jurídico em vigor: (i) não tem o dever de pagar o tributo; (ii) pode pagar menos tributo; ou (iii) pode pagar o tributo em condições mais vantajosas. Por sua vez, na evasão, segundo a doutrina predominante, não há apenas o puro e simples descumprimento da obrigação tributária, mas uma economia ilícita, em que o contribuinte se vale de meios ardilosos como o *dolo, a sonegação, a fraude, a simulação* e o *conluio*, para um grave descumprimento da legislação tributária. Diante da gravidade dessas situações, o que se verifica, no mais das vezes, é a aplicação de sanções específicas para esses casos, nos diferentes campos do Direito, que podem variar da nulidade no Direito Civil, a aplicações de multas tributárias agravadas e, até mesmo, podem culminar na responsabilidade criminal, com a cominação de penas restritivas de liberdade.

---

[512] Esse critério convencional do uso dos termos "elisão" e "evasão" resulta bastante claro por meio da análise da perspectiva histórico-doutrinária dessas categorias. Doutrinadores diversos utilizavam esses mesmos termos para se referir a fenômenos completamente distintos.

Assim, certas condutas são qualificadas como *elisivas*, quando geram uma legítima economia de tributos, como, por exemplo: o estabelecimento de uma empresa em uma zona fiscalmente incentivada ("elisão induzida pela lei"[513]); a opção pela apuração do IRPJ pelo lucro presumido em vez do lucro real, quando a empresa tem margem de lucro superior à presumida pela lei ("elisão por opção fiscal explícita"[514]) e a celebração de um contrato de *leasing* para permitir a dedução fiscal de despesas em vez da realização da compra e venda do bem ("elisão por opção fiscal implícita"[515]). E, a seu turno, certas condutas são qualificadas como *evasivas*, quando consubstanciam a economia ilegítima de tributos, como, por exemplo, a não emissão de nota fiscal, a emissão de nota fiscal de venda com o valor inferior ao real, a dedução fiscal de juros de um empréstimo fictício, a atribuição à escritura de um valor inferior ao efetivamente pago pela compra e venda do imóvel, dentre outros.

A questão que se coloca é: será que em meio a essas categorias jurídicas – evasão e elisão fiscal – haveria uma terceira? É dizer, será que entre os dias ensolarados e os dias chuvosos, há dias nublados? Entendemos que existem argumentos para dizer que sim.

Alguns notáveis tributaristas brasileiros defendem a existência de uma categoria jurídica intermediária entre a *elisão e a evasão*.

Ricardo Lobo Torres, por exemplo, trata da "elisão ilícita ou abusiva"[516], com apoio em Klaus Tipke e Klaus Vogel. Ricardo Lodi Ribeiro também entende que pode haver uma "elisão abusiva"[517]. Humberto Ávila reconhece, a par da *simulação* e da *dissimulação*, a categoria do "abuso de formas"[518] no Direito Tributário. Heleno Tôrres também compartilha da

---

[513] Nesse sentido: Antonio Roberto Sampaio Dória, *op. cit.*, p. 28-29.

[514] Nesse sentido: Cesar Garcia Novoa, *op. cit.*, p. 109.

[515] *Idem, ibidem*, p. 111.

[516] "A jurisprudência dos valores e o pós-positivismo aceitam o planejamento fiscal como forma de economizar imposto, desde que não haja abuso de direito. Só a elisão abusiva ou o planejamento inconsistente se tornam ilícitos" (Ricardo Lobo Torres, *op. cit.*, p. 15).

[517] "A elisão fiscal abusiva, desde as últimas décadas do século XX, vem sendo atacada, não só por uma nova interpretação no direito tributário, realizada a partir da valorização dos princípios da capacidade contributiva e da isonomia, como já examinado, mas também pelo trabalho da doutrina e da jurisprudência, tendo como base a teoria do abuso do direito, há muito utilizada em outros ramos da ciência jurídica." (Ricardo Lodi Ribeiro, *op. cit.*, p. 140).

[518] "Quando o contribuinte se utilizar de negócios jurídicos – portanto, de formas jurídicas dadas pelo legislador – se ele 'usar' das formas jurídicas, sem, no entanto, 'abusar' delas, nós

FORMA E SUBSTÂNCIA NO DIREITO TRIBUTÁRIO

ideia de uma categoria intermediária entre a *evasão* e a *elisão* e a denomina de "elusão", com base na nomenclatura utilizada pela doutrina italiana[519]. Marco Aurélio Greco, embora não crie propriamente uma denominação para essa zona intermediária, defende, nesse espaço, a desconsideração de atos praticados pelo contribuinte, com base no recurso à fraude à lei e ao abuso de direito[520]. Marciano Seabra de Godoi também reconhece essa zona intermediária e enxerga na *fraude à lei tributária* o mecanismo para combate do que também chama de "elusão"[521]. Ricardo Mariz de Oliveira[522] propõe, inclusive, uma regulamentação para o que denomina de "norma geral antielusão", contida no artigo 116, parágrafo único, do CTN.

temos que manter a validade do negócio jurídico, inclusive para efeitos tributários (...). Mas o que é, então 'abusar da forma jurídica'? Ora, é fazer uma compra e venda, que tem vários elementos essenciais, como preço e desnaturar o preço (...) É fazer uma compra e venda por meio da formação de uma sociedade, sociedade, essa, que não pratica operação social alguma, que é criada num dia e extinta no outro (...)" (Humberto Ávila, Planejamento Tributário, Revista de Direito Tributário nº 98, 2009).

[519] "Os critérios de qualificação usados pelos vários ordenamentos para identificar formas de evasão ou mesmo os atos de simulação, de um modo geral, não destoam muito. Adensa-se em dificuldade, contudo, a tentativa de isolar os limites entre a legítima economia de tributos e a elusão tributária, cuja importância é crucial para a análise de legitimidade dos instrumentos de controle sobre tais atos. Por isso, destacar o conceito de elusão dista de ser questão de interesse meramente doutrinário, tendo relevância prática e técnica imediata." (Heleno Tôrres, *op. cit.*, p. 174).

[520] "Com matizes diferentes e variando em função das diversas maneiras pelas quais o direito positivo de cada País regula a matéria, encontra-se, como tema recorrente, a preocupação com a figura do 'abuso' (...)". (Marco Aurélio Greco, *op. cit.*, p. 397).

[521] "Construir legislativamente a figura da fraude à lei tributária e prever instrumentos para seu combate (e nos parece que é isso que fez o art. 116, parágrafo único do CTN) significa encontrar uma técnica que combata o planejamento tributário 'artificioso' (mas não elimina a elisão tributária em sim mesma) sem os inconvenientes da perigosa corrente da interpretação econômica e sem necessidade de lançar mão da analogia para estender o âmbito da hipótese de incidência" (Marciano Seabra de Godoi, A figura da "fraude à lei tributária" prevista no art. 116, parágrafo único do CTN. Revista Dialética de Direito Tributário, nº. 68) .

[522] "Ocorre que muitas vezes as câmaras administrativas defrontaram-se com abusos reais ou com planejamentos agressivos, mas recorreram a alegações como aquelas, ou por incapacidade de detectar algum vício jurídico efetivamente existente ou porque realmente não havia um vício jurídico a ser comprovado e declarado. É exatamente nesta última situação – aquela em que os atos e negócios jurídicos são perfeitos e eficazes no plano privado – que a falta de uma norma antielusão convalida, para efeitos fiscais, o procedimento que foi realizado." (Ricardo Mariz de Oliveira, Norma Geral Antielusão, Direito Tributário Atual nº 25, 2010, p. 135-136).

UMA TEORIA DO PLANEJAMENTO FISCAL

Luís Eduardo Schoueri[523], embora reconheça que a "norma antiabuso" em questão tenha a sua eficácia condicionada à edição de lei ordinária que regulamente o procedimento para *desconsideração dos atos*, aventa, em tese, qual o espaço que ela poderia ter no Direito Tributário brasileiro. Paulo Caliendo, a partir de uma análise econômica do Direito Tributário, também reconhece o fenômeno da "elusão" e analisa os critérios em que se baseia o que denomina de "manipulação artificiosa de negócios"[524].

No plano internacional, são muitas as referências a essa categoria de atos ou negócios que, embora possam ser lícitos e válidos à luz de outros ramos do Direito, como o Direito Privado, podem ser desconsiderados para fins tributários, isto é, não produzem os efeitos desejados pelo contribuinte perante o Fisco por importarem uma interpretação abusiva da legislação tributária, com violação indireta às suas normas tributárias, qualificando-se como *ilícitos atípicos*[525].

A OCDE possui diversos estudos sobre os planejamentos tributários agressivos ("agressive tax planning")[526]. Nos Estados Unidos, na Inglaterra, no Canadá e na Austrália, utiliza-se o termo "anti-avoidance rules" para se referir às normas legais ou às construções jurisprudenciais que visam evitar esses meios ilegítimos de economia fiscal, empregando-se também as expressões "abusive tax schemes"[527], "abusive tax shelters", "abusive tax

---

[523] "A desconsideração apenas cabe em casos abusivos. Como a norma antiabuso se justifica pelo princípio da igualdade, somente cabe falar em abuso quando o efeito do planejamento tributário resultar em tratamento anti-isonômico, não justificado por qualquer valor constitucional. A norma geral antiabuso não é um cheque em branco. Importa a autoridade administrativa demonstrar a presença de seus requisitos, em especial, a de *dissimular a ocorrência do fato gerador do tributo ou a natureza dos elementos constitutivos da obrigação tributária*." (Luís Eduardo Schoueri, Planejamento Tributário: limites à norma antiabuso, Direito Tributário Atual, nº 24, 2010, p. 370).

[524] "O conteúdo da elusão é a manipulação artificiosa da estrutura negocial, ou seja, trata-se da alteração dos vínculos estruturais entre os elementos básicos do negócio jurídico." (Paulo Caliendo, *Direito Tributário e Análise Econômica do Direito: uma visão crítica*. Rio de Janeiro: Elsevier, 2002, p. 242).

[525] Trataremos mais adiante da natureza dos denominados *ilícitos atípicos*, estudados em obra específica pelos jusfilósofos espanhóis Manuel Atienza e Juan Juiz Manero, *Ilícitos atípicos*, 2ª. ed., Madrid: Trotta, 2006.

[526] Alguns deles disponíveis para consulta em página específica da OCDE dedicada ao assunto na internet em: <http://www.oecd.org/ctp/aggressivetaxplanning>, acesso em 31.1.2013.

[527] Como consta do relatório do General Accounting Office enviado ao Senado americano em 2003 e elaborado a partir das informações obtidas pelo Internal Revenue Service denominado

avoidance" ou "unnacceptable tax avoidance", para diferenciá-la da "tax evasion"[528]. Na Alemanha, a positivação do "abuso de forma" ou, mais literalmente, do "abuso das possibilidades de configuração oferecidas pelo Direito" ("Missbrauch von Formen und Gestaltungsmöglichkeiten"), coíbe a distorção das formas de Direito Privado para contornar a norma de incidência tributária[529]. Na Espanha, a doutrina utiliza o termo *"elusión"* para tratar da economia ilegítima de tributos, em contraste com a chamada "economia de opción", que pressupõe a economia lícita de tributos. Originalmente, a norma geral antielusiva espanhola baseava-se na "fraude à lei tributária" constante da *Ley General Tributaria*, mas esse diploma foi reformado recentemente, com a inclusão do denominado "conflicto en la aplicación de la norma tributaria"[530]. Em Portugal, a doutrina trata da "cláusula geral anti-abuso" contida Lei Geral Tributária[531]. Na França, a "répression dês abus de droit" é o mecanismo de combate à elusão tributária, positivado no *Livre des Procédures Fiscales*[532]. Na Itália, também se emprega o termo "elusione" para designar a economia tributária ilegítima, havendo a utilização de normas preventivas e corretivas da conduta elisiva, em especial o artigo 37-bis do Decreto do Presidente da República nº 600/1973, com grande escopo, abrangendo uma série de operações societárias[533].

Contudo, como mencionamos anteriormente, mais do que um estudo *comparativo* desse fenômeno nos diferentes sistemas tributários, nossa pre-

"Challenges Remain in Combating Abusive Tax Schemes" (Disponível na internet em: <http://www.gao.gov/new.items/d04104t.pdf.>, acesso em 20.3.2013.)

[528] "The distinction between tax evasion and tax avoidance is well recognized, it is the difference between working outside the Law and working within the Law (though against its spirit)" (Chris Evans, "Containing Tax Avoidance: Anti-avoidance Strategies". In: Richard Abel Musgrave; John G. Head; Richard E. Krever, *Tax Reform in the 21st Century: a volume in memory of Richard Musgrage*. The Netherlands: Kluwer Law Internationa, 2009, p. 530).

[529] Klaus Tipke; Joachim Lang, *op. cit.*, p. 333-339 e Ricardo Lobo Torres, O princípio da proporcionalidade e as normas antielisivas no Código Tributário da Alemanha, Revista de Direito da Procuradoria do Estado do Rio de Janeiro, nº 65, 2010.

[530] Cesar Garcia Novoa, *op. cit.*, p. 277-377; Carlos Palao Taboada, *op. cit.*, p. 175-198.

[531] J. L. Saldanha Sanches. *Os limites do planejamento fiscal: substância e forma no Direito Fiscal Português, Comunitário e Internacional*, Coimbra: Coimbra, p. 165-197.

[532] Cf. o relatório de Hervé Lehérissel, inserido nos relatórios do Congresso da IFA em Oslo em 2002, publicado no *Cahiers de Droit Fiscal International*, Form and substance in Tax Law. Volume LXXXVIIa, The Netherlands: Kluwer, 278-283.

[533] Cf. o relatório de Antonello Lupo, inserida na mesma obra mencionada na nota de rodapé acima, e Heleno Torres, *op. cit.*, p. 255-259.

UMA TEORIA DO PLANEJAMENTO FISCAL

tensão é de estabelecer uma definição do campo da *elusão*, no Direito Tributário brasileiro, o que, por si só, já é bastante complexo. Conforme também já destacamos, "evasão", "elisão" e agora "elusão" não são propriamente conceitos jurídicos, no sentido de que não são expressões utilizadas com finalidade *prescritiva*, senão que *descritiva*. A caracterização da *elusão*, portanto, se dará diante de um universo de situações que é marcado por algumas características próprias. Essas características podem estar presentes em maior ou menor grau e detectam a configuração da elusão. São elas: (i) a penumbra normativa e o conflito de qualificação; (ii) o caráter transparente dos atos ou negócios praticados; e (iii) a violação indireta da norma tributária que caracteriza um ilícito atípico.

2.2.2. A penumbra normativa ou o conflito de qualificação

Compreendemos a elusão como uma zona fronteiriça entre a *elisão* e a *evasão*. Como vimos, o que marca a evasão é a ilicitude dos meios utilizados pelo contribuinte para economizar tributos. Nas situações de elusão, invariavelmente, se está em uma situação em que não há certeza plena acerca da caracterização do dever de pagar o tributo. É dizer, os atos ou negócios praticados pelo contribuinte não se mostram, *prima facie*, plena e indiscutivelmente enquadráveis na moldura legal. Situam-se em uma zona cinzenta ou de penumbra.

É dizer, a norma de incidência tributária prevê, em seu antecedente, as propriedades a, b e c, para que surja a obrigação de pagar o tributo $T1$. O contribuinte pratica o negócio x e há dificuldades em se precisar se x possui as propriedades a, b e c. O contribuinte, a partir de uma interpretação da legislação entende que x não apresenta as propriedades a, b, e c. O Fisco, também com base em uma interpretação da legislação, entende que x apresenta as propriedades a, b e c. Há um conflito com relação à qualificação desse negócio.

Um exemplo extremo e outro não tão extremado ajudam a compreender a distinção. O contribuinte A pretende transferir o bem móvel α ao contribuinte B e não pretende que se caracterize a doação sujeita ao ITCMD. No exemplo extremo, A e B celebram, então, um contrato de compra e venda em que A se obriga a transferir o bem para B e B a pagar o preço de mercado pelo bem a A. Ocorre que, ocultamente, B simplesmente devolve o dinheiro a A. Nesse caso, não resta dúvida de que A e B simularam uma compra e venda e dissimularam uma doação. Havendo a doação em questão, é devido o ITCMD sobre essa operação. Mas, no exemplo não tão extremado, se em vez do preço de mercado, *A* e *B* pactuam um preço equivalente à metade do preço de mercado? Será que continua sendo possível dizer que houve doação dissimulada, e não uma compra e venda, apenas pela falta de *comutatividade* entre as prestações do comprador e do vendedor? O que caracteriza uma doação e do que ela se difere de uma compra e venda para fins tributários nesse caso? Essa é tipicamente uma zona de incerteza, fronteiriça, de penumbra, enfim, uma zona que, no limite, pode ser considerada uma zona de elusão.

Um caso concreto retirado da jurisprudência administrativa permite vislumbrar bem essa zona de penumbra que caracteriza a *elusão*[534]. Trata-se de um planejamento tributário efetuado por concessionárias de veículos, junto a instituições financeiras, visando à redução de IOF no financiamento para a aquisição de automóveis, por parte de pessoas físicas. Ao tempo da realização desse planejamento, a legislação tributária[535] dispunha que as operações de crédito, destinadas a pessoas jurídicas, estariam sujeitas ao IOF a uma alíquota de 1,5% ao ano e, quando o mutuário fosse pessoa física, a uma alíquota dez vezes maior, de 15% ao ano.

No caso examinado pelo Conselho de Contribuintes, ocorreu o seguinte: (i) a concessionária de veículos obteve, perante a instituição financeira, um empréstimo com a finalidade de capital de giro, instrumentalizado pela emissão de uma Cédula de Crédito Comercial ("CCC") , que tinha por garantia o penhor cedular de um veículo; (ii) no mesmo dia ou em dias próximos, o veículo em questão era objeto de um contrato de compra e venda celebrado entre uma pessoa física e a concessionária; (iii) a CCC era, então, aditada e o adquirente do veículo passava a constar como *avalista* da referida CCC, isto é, passava a figurar como devedor solidário do título, ficando estipulado que deveria pagar diretamente ao banco o valor dos empréstimos constantes da CCC; e (iv) a garantia anterior, o penhor do veículo, é substituída pela alienação fiduciária do mesmo, sendo a pessoa física adquirente do veículo nomeada fiel depositária do bem.

Diante desse cenário, o Fisco entendeu que o mutuário não era propriamente a pessoa jurídica que constava como devedora originária da CCC, mas a pessoa física que figurava como avalista e destinatária do financia-

---

[534] CC do MF, Processo nº 16327.001352/99-71, Ac. 202-13.072, 2º Conselho, 2ª Câmara, Relator: Marcus Vinicius Neder, DJ 28.11.2002.

[535] Artigo 7º do Decreto nº 2.219/1997.

mento, que deveria pagar o empréstimo à instituição financeira. Conse-quentemente, o IOF deveria ser retido, na operação, à alíquota de 15%, em vez de 1,5%. Por sua vez, a instituição financeira, que foi autuada por ter alegadamente retido IOF a menor, aduzia que o mutuário era a pessoa jurí-dica, pois era ela quem era a tomadora do financiamento e devedora prin-cipal da CCC e a legislação tributaria, que definia a alíquota aplicável de IOF, tratava apenas do mutuário, sem mencionar eventuais co-obrigados. Por conseguinte, o IOF teria sido retido corretamente, pela utilização da alíquota aplicável à pessoa jurídica.

Como se vê, independentemente, de se discutir o acerto ou o erro da decisão final do Conselho de Contribuintes, que foi favorável ao Fisco e, por maioria de votos, entendeu ser aplicável a alíquota majorada do IOF para pessoas físicas[536], verifica-se que a hipótese em questão situa-se em uma zona de penumbra, de incerteza, no que diz respeito à qualificação do mutuário da operação de crédito, para fins de IOF: se esse mutuário era pessoa jurídica, que constava como obrigada originária na CCC, ou se o mutuário era a pessoa física, que efetivamente se beneficiou do crédito para a aquisição do veículo, mas constava apenas como avalista da CCC.

Esse é, fundamentalmente, o campo da elusão fiscal. Há normas espe-cíficas e normas gerais que pretendem lidar com essas situações, como veremos adiante. Essas normas visam, essencialmente, buscar critérios de valoração mais específicos para tentar reduzir essa zona de incerteza[537]. Contudo, embora essa zona de incerteza possa ser reduzida, ela invaria-velmente persistirá.

---

[536] "IOF – OPERAÇÃO DE CRÉDITO – Mesmo diante de negócio jurídico indireto, que utiliza um tipo contratual para alcançar os efeitos práticos de um tipo diverso, o conjunto probatório dos autos permite o convencimento do julgador no sentido de que o mutuário da operação de crédito, a que se refere a norma, é a
pessoa física. Aplicação do Ato Declaratório nº 03/98. Cabível a exigência do imposto que deixou de ser recolhido pela instituição financeira, em razão de interpretação equivocada da norma."

[537] No caso do exemplo acima, a Secretaria da Receita Federal editou o Ato Declaratório nº 3/1998, inserindo um critério de avaliação adicional justamente para tratar desses casos, envolvendo CCCs, definindo, em linhas gerais, que no caso das operações com CCCs que tiverem como "beneficiárias do financiamento pessoas físicas que intervêm na operação como principais pagadoras, coobrigadas garantidoras ou avalistas da pessoa jurídica", a alíquota de IOF aplicável seria a prevista para mutuário pessoa física, sobre o valor do crédito "utilizado pela pessoa física".

Nessas hipóteses, há, por assim dizer, um conflito entre *forma* e *substância*. No caso do exemplo citado, uma interpretação mais formalista procuraria buscar um conceito mais restritivo e literal de *mutuário*, para fins de IOF, como aquele devedor principal de uma operação de crédito. Já uma interpretação mais substancialista, pode trabalhar com um conceito mais amplo e finalístico de *mutuário*, como sendo o destinatário efetivo do crédito.

Em suma, no campo da elusão fiscal, os atos praticados pelo contribuinte se situam em uma zona fronteiriça, de incerteza, mas que *certa* e *seguramente* não implica o descumprimento direto da legislação tributária, com o recurso ao dolo, à fraude, à simulação, à sonegação ou ao conluio.

Diferentemente do que ocorre na evasão, no caso de um conflito de qualificação, não se verifica aqui o elemento *doloso* por parte do contribuinte, assim entendida a intenção deliberada de infringir a legislação tributária e enganar o Fisco. Isto é, o contribuinte pratica um determinado ato ou negócio, atribuindo a ele uma certa qualificação jurídica em conformidade com uma interpretação possível da legislação tributária. O Fisco discorda dessa qualificação jurídica por entender que ela não se ajusta à melhor e mais adequada interpretação da legislação tributária. No caso da evasão, o contribuinte tem a consciência de que está violando a legislação tributária, ao passo que no caso em que há essa conflito de qualificação, o contribuinte entende que os atos por ele praticados são aceitáveis diante do ordenamento jurídico.

Talvez a distinção entre elusão e evasão incorra na mesma dificuldade de se distinguir, no Direito Penal, o dolo eventual da culpa consciente. Enquanto, no primeiro caso, o agente sabe da ilicitude do ato e, mesmo não desejando o resultado, assume os riscos da sua ocorrência, no segundo caso, o agente pratica ato, mas crê, sinceramente, que evitará os resultados danosos.

Transpondo esse raciocínio para o Direito Tributário, na evasão, o contribuinte sabe da ilicitude e mesmo assim pratica o ato, no caso da elusão, o contribuinte sabe que o ato praticado encontra-se em uma zona cinzenta e a qualificação jurídica por ele atribuída pode não ser aceita pelo Fisco, mas entende haver argumentos para respaldar a sua posição.

Essa peculiaridade nos leva à segunda característica da *elusão*, que é a transparência dos atos praticados pelo contribuinte.

2.2.3. A transparência dos atos ou dos negócios praticados

Outra marca da elusão diz respeito à efetiva configuração dos atos ou negócios praticados, sem que o contribuinte se utilize de expedientes para ocultar fatos ocorridos. É dizer, há uma "transparência" com relação aos atos ou negócios praticados[538], no sentido de que não há atos sigilosos, mas, muito pelo contrário, a realidade é toda exposta pelo contribuinte.

Essa característica distingue a elusão da evasão. Nesta última categoria, o contribuinte age ou deixa de agir, buscando *ocultar* fatos que denotem a ocorrência do fato gerador da obrigação tributária. Pode fazer isso de diversas formas. Omite ou presta informações inverídicas ao Fisco, falsifica ou adultera documentos, aponta a ocorrência de situações que não condizem com a realidade, seja porque foram "inventadas" e inexistem, seja porque se apresentam de uma forma diversa, daquela revelada pelo contribuinte.

Nas condutas evasivas, como o próprio nome já leva a crer, o contribuinte procura "fugir" da obrigação tributária, daí o ato ou a série de atos que se seguem para não transparecer a realidade negocial para o Fisco.

Nos casos de evasão, diferentemente do que ocorre nos casos de elusão, o que se tem é uma dificuldade com relação à prova da ocorrência do fato gerador, *i.e.*, saber se ele ocorreu ou não, porque os elementos fornecidos pelo contribuinte podem não se apresentar suficientes para saber *o que* ocorreu na realidade. Daí outra distinção que se faz com a *elusão*, porque nela a dificuldade não reside na *prova de fatos*, mas sim na *qualificação jurídica*[539]. Vale dizer, os fatos realizados pelo contribuinte estão comprovados, não há a ocultação de informações. O que se revela especialmente problemático é definir se esses fatos devem ser qualificados de uma maneira ou de outra.

---

[538] Nesse sentido, cf. Heleno Torres, *op. cit.*, p. 188: "Desse modo, a *elusão* é sempre um fenômeno transparente. O procedimento elusivo nunca é oculto, na medida em que contribuinte revela-se ao Fisco, pela consecução dos atos ou negócios jurídicos próprios, atendendo aos requisitos formais e materiais dos procedimentos com os quais pretende alcançar o regime tributário mais vantajoso".

[539] "Mas há ainda diferenças relevantes a considerar: na simulação e na fraude contra a lei o fingimento e a manipulação acontecem após a ocorrência do fato gerador, enquanto na elisão abusiva e na fraude à lei a desinterpretação é anterior; *naquelas discute-se sobretudo a respeito da matéria de fato, ao passo que na elisão a controvérsia gira em torno da questão de direito*; conseguintemente, naquelas a prova é o seu ponto nevrálgico e incumbe ao Fisco produzi-la, ao contrário da elisão abusiva, na qual não se abre a instância de prova (...)." (Ricardo Lobo Torres, *op. cit.*, p. 129. Não grifado no original).

Exemplificando: uma questão é saber se foi caracterizada a *doação* para fins da exigência do ITCMD em uma situação em que os contribuintes, às claras, pactuam uma compra e venda com ajuste de preço de mercado do bem e, posteriormente, de forma oculta, um deles devolve o dinheiro transferido. Outra questão é saber se um contrato pode ser desqualificado como *compra e venda* e qualificado como uma *doação*, porque o *preço* fixado é incompatível com o valor de mercado do bem. No primeiro caso, há uma ocultação dos fatos, no segundo, não, os fatos são aparentes.

2.2.4. A violação indireta à lei tributária: a ilicitude atípica

Para a doutrina que defende a existência de uma zona intermediária entre a *elisão* e a *evasão* fiscal, como a "elusão", uma particularidade que marca essa zona é a caracterização de uma violação *indireta à legislação tributária*.

Essa noção de violação indireta já pode ser percebida em alguns escritos de Direito Romano, que faziam a distinção entre a letra da lei, isto é, sua expressão literal (*"dictum"* ou *"verba legis"*) e o seu espírito (*"sententia"* ou *"mens legis"*). Daí a clássica máxima de Paulo, do Digesto, de que age contra a lei aquele que faz o que a lei proíbe e, em fraude à lei, aquele que, pondo a salvo a letra da lei, viola o seu esprírito (*"Contra legem facit qui id facit quod lex proibit – in fraudem vero legis qui salvis verbis legis senteniam eius circumvenit"*)[540]. Esta é a distinção entre "fraude contra a lei" e "fraude à lei", exposta por José Carlos Moreira Alves, com base nas categorias civilistas: "Temos portanto, que a fraude à lei é uma espécie do gênero *violação à lei*. Quando é *contra legem*, há violação direta; quando é *in fraudem legis*, temos violação indireta"[541].

Diz-se que a *elusão* importa descumprimento *indireto* da legislação, porque o contribuinte não pratica simplesmente o fato gerador do tributo e se abstém de fazer o pagamento ou busca impedir a apuração e o recolhimento do tributo, mediante expedientes que violam *diretamente* a legislação tributária, *v.g.*, deixando de emitir notas fiscais, emitindo documentos com incorreções, adulterando livros fiscais. Na verdade, os atos praticados pelo contribuinte envolvem uma manipulação artificiosa dos elementos do

---

[540] Joaquim Carlos Salgado, *A idéia de justiça no mundo contemporâneo: fundamentação e aplicação do direito como máximo ético*. Belo Horizonte: Del Rey, 2007, p. 190

[541] Figuras correlatas: abuso de forma, abuso de direito, dolo, negócios jurídicos simulados, fraude à lei, negócio indireto e dissimulação. In: *Anais do Seminário Internacional sobre Elisão Fiscal*. Brasília: ESAF, 2002, p. 69.

antecedente ou do consequente da norma tributária para que, a partir de uma interpretação mais literal, formalista e apegada ao texto da lei tributária, seja possível ladear o cumprimento da obrigação tributária ou obter uma redução ou um diferimento do montante de tributo a pagar. Como bem resume Ricardo Lobo Torres, sobre o que denomina de elisão abusiva: "Na elisão, afinal de contas ocorre um abuso na subsunção do fato à norma tributária. Como lembra Paul Kirchhof, a elisão é sempre uma subsunção malograda (...)"[542].

Na elusão, os atos ou negócios praticados pelo contribuinte, por vezes, não descumprem regras cogentes no Direito Privado, isto é, os atos ou negócios apresentam os requisitos formais e materiais para sua existência, validade e eficácia. Ocorre que esses atos e negócios invariavelmente se mostram como uma *forma distorcida* das *formas idealizadas pela* legislação tributária. Por exemplo, o legislador tributário veda que a empresa incorporadora aproveite o prejuízo fiscal da empresa incorporada. O contribuinte, então, efetua a denominada "incorporação às avessas", e em vez de a controladora superavitária incorporar a empresa controlada deficitária, é a empresa controlada e deficitária, isto é, com prejuízo fiscal, que incorpora a controladora superavitária. Ocorre que essa incorporação reversa se dá apenas de direito, isto é, *formalmente*, porque, de fato, a empresa ativa, que possui patrimônio, empregados e atividade social é a empresa superavitária que foi incorporada. A empresa incorporadora detém apenas o prejuízo fiscal e nada mais.

Ora, quando o legislador se valeu da incorporação, referiu-se a um determinado modelo de operação, em que a empresa incorporada é "extinta" de fato e de direito, subsistindo apenas a empresa incorporadora. No caso da chamada "incorporação às avessas", embora a operação possa cumprir os requisitos previstos no Direito Privado para a sua consecução, do ponto de vista tributário, não parece que ela esteja alinhada com o modelo de incorporação, ou melhor, com a *forma* de que se valeu o Direito Tributário para vedar uma determinada operação. Por outras palavras, se o contribuinte se vale de uma *forma* que é uma incorporação às avessas, mas de uma forma distorcida, porque a finalidade dessa operação é ser justamente uma incorporação convencional, para a qual havia legislação específica vedando o aproveitamento de prejuízo fiscal, fica caracterizada uma *violação indireta* da legislação tributária.

[542] *Op. cit.*, p. 48.

No caso, o contribuinte pode não ter descumprido as regras societárias previstas pela legislação societária, pode ter observado todos os deveres de informação e registro exigidos pela legislação tributária, mas está em desarmonia com a finalidade, com o espírito da vedação da norma tributária, que é precisamente impedir o resultado obtido com esse tipo de operação.

Contudo, a compreensão do que seja essa violação indireta à legislação tributária merece uma reflexão mais detida. Não se trata de equiparar finalidades. Não se trata de interpretação econômica. Não se trata de impedir o planejamento tributário. Mas, muito pelo contrário, trata-se, sim, de se verificar aqueles casos de manifesto abuso e artificialidade[543], em que há uma incompatibilidade da *forma* adotada pelo contribuinte, com a *forma* delineada pela lei tributária, impedindo-se que claras *distorções* da forma possam ser qualificadas como *elisivas*. O que não significa que esses casos devam ser tratados como evasão fiscal.

Voltando ao tema da ilicitude indireta ou *atípica*, cabe destacar que essa questão foi objeto de um conhecido estudo dos jusfilósofos espanhóis Manuel Atienza e Juan Juiz Manero, denominado *Ilícitos Atípicos*, cujas conclusões se mostram interessantes para o presente trabalho.

Atienza e Manero conceituam, genericamente, atos ilícitos como atos contrários a uma norma reguladora mandatória[544], isto é, a uma norma que proíbe ou obriga uma determinada conduta[545]. Na concepção desses autores, caso essas normas desrespeitadas sejam *regras,* estará caracterizado um *ilícito típico* e, caso sejam *princípios, ilícitos atípicos*. É preciso destacar que esses autores adotam uma distinção "forte" entre regras e princípios, cujo detalhamento desbordaria dos limites deste trabalho. Porém, de uma forma geral, para os fins aqui pretendidos, é possível dizer que Atienza e Manero entendem que os ilícitos típicos estão definidos com base na

---

[543] "Dada la libertad de configuración de formulas negociales, sólo las situaciones extremas de manifesta inadecuación de la forma escogida con el fin económico pretendido podrían justificar la habilitación de una cláusula antielusoria" (César Garcia Novoa, *op. cit.*, p. 374).

[544] "Un ilícito se puede definir como un acto contrario a una norma regulativa de conducta" (Manuel Atienza; Juan Juiz Manero, *Ilícitos Atípicos*. 2ª ed. Madrid: Editorial Trotta, 2006, p. 23).

[545] Sob essa perspectiva, atos violadores de regras de competência não se qualificam como ilícitos, para os autores. Essas regras de produção normativa apenas trariam requisitos para criação, modificação ou extinção de relações jurídicas, que se inobservadas, acarretam ou não determinadas consequências por elas previstas.

UMA TEORIA DO PLANEJAMENTO FISCAL

contrariedade a regras, as quais estão fundadas em pautas que se caracterizam por serem as mais específicas possíveis, ao passo que os ilícitos atípicos seriam contrários a princípios, que estabelecem que certas ações ou estados ideais de coisas devem ser permitidos, proibidos, obrigados ou concretizados, na maior medida possível.

Nessa toada, ilícitos atípicos podem ser de duas modalidades. Em uma primeira modalidade, estão caracterizados aqueles ilícitos que decorrem da extensão *analógica* da ilicitude estabelecida em regras (*analogia legis*) ou do resultado de uma ponderação de princípios relevantes, cujo equilíbrio gere uma nova regra proibitiva (*analogia iuris*). Outra modalidade de ilícito atípico é aquela derivada da "inversão de uma regra", isto é, existe *prima facie* uma regra que permite a conduta, mas, em razão da oposição de algum princípio ou princípios, essa conduta se converte, uma vez considerados outros fatores, em ilícita[546].

É essa segunda modalidade de ilícito, sustentam os autores, que acontece nos casos estudados ao longo da sua obra: o abuso do direito, a fraude à lei e o desvio de poder. Nessas três figuras (i) existe, *prima facie*, uma ação permitida por uma regra; (ii) mas, verifica-se a produção de um dano como consequência intencional dessa ação; (iii) esse dano é *injustificado* à luz da ponderação de princípios relevantes do sistema; (iv) a partir dessa ponderação, é gerada uma regra que limita o alcance da primeira regra, qualificando como proibido o comportamento que, inicialmente, aparecia como permitido pela regra.

No caso do abuso de direito, segundo Atienza e Manera, há uma regra reguladora que concede, *prima facie*, o direito subjetivo a uma determinada pessoa de realizar uma certa ação. Ocorre que, ao praticar essa ação, é causado um *dano injustificado* a outro sujeito, ou porque o direito é exercido sem qualquer finalidade legítima que não a caracterização desse dano, ou porque esse dano é excessivo ou anormal. Diante desse cenário, há uma ponderação de princípios que determina que o exercício do direito, originalmente autorizado, passe a ser vedado em determinadas condições que provocam o dano injustificado[547].

Por sua vez, no caso da fraude à lei, segundo os referidos autores, há uma violação indireta à lei, no sentido de que há a prática de uma conduta

---

[546] *Idem, ibidem*, p. 27.
[547] *Idem, ibidem*, p. 56-57.

que, aparentemente, está em conformidade com uma norma ("norma de cobertura"), mas que produz um resultado contrário a outra norma ou ao ordenamento jurídico em seu conjunto ("norma defraudada")[548]. Ou seja, a norma que permitia, *prima facie*, a realização de um certo estado de coisas deve ceder face a uma ponderação de princípios que demonstra o *dano injustificado* e o *benefício indevido* produzidos[549].

Por fim, no caso de desvio de poder, há uma competência para um órgão público realizar um determinado ato, de modo a se alcançar uma certa finalidade, mas essa competência é utilizada para se produzir uma finalidade censurável e diversa da originalmente pretendida[550].

Mutatis mutandis, é possível transportar o raciocínio desenvolvido por Atienza e Manero para definir o ilícito atípico para caracterizar a *elusão* no Direito Tributário. Um ilícito tributário típico seria praticar o *fato gerador concreto* previsto *abstratamente* no antecedente da norma tributária e não cumprir a obrigação tributária prevista no consequente. Um ilícito atípico, todavia, se caracterizaria por, na prática, buscar descaracterizar, de forma artificiosa, o "fato gerador"[551] concreto, de modo a se evitar o seu enquadramento no "fato gerador" abstrato previsto na norma e, consequentemente, eximir-se da sujeição à obrigação tributária prevista no consequente da norma.

Explica-se melhor. Em síntese, a norma tributária N, em seu antecedente, prevê um fato F para o qual é imputada a consequência C, estabelecida no consequente da norma, consistente no dever de pagar um tributo T. Tanto no antecedente, como no consequente da norma N, estão delineadas certas *formas* que dão contorno a certas unidades jurídicas. Vale dizer, a prática de um determinado fato F, por um sujeito $S1$, em um determinado tempo $T1$, no lugar L, gera o dever de $S1$ de pagar a um sujeito $S2$, um tributo T, de acordo com uma determinada base de cálculo B, à uma alíquota A. Os elementos F, $S1$, $S2$, $T1$, L, T, B e A são forjados por determinadas *formas*. Por exemplo, F pode ser uma operação de circulação de mercadoria, a importação de um produto ou a prestação de um serviço.

---

[548] *Idem, ibidem*, p. 74.

[549] *Idem, ibidem*, p. 78.

[550] *Idem, ibidem*, p. 97.

[551] Fato gerador aqui entendido de forma amplíssima, não apenas contemplando o aspecto material da regra matriz, mas abrangendo todos os elementos que compõe o antecedente da norma tributária.

S1 pode ser um comerciante, um importador, ou um prestador de serviço. *S2* pode ser o Estado, a União ou um Município. E assim, sucessivamente.

Na elusão, o contribuinte procura *planejar* suas ações de modo a evitar a consequência *C* prevista na norma tributária *N1*, ou mesmo pretende que ocorra uma consequência *C'* prevista em outra norma tributária *N2*, de modo que haja um tributo *T'* a ser pago que é menor que *T*, ou, ainda, pretende pagar o tributo, mas em condições mais favoráveis *T''*, nos moldes previstos em uma terceira norma tributária *N3*. O que acontece, na elusão, é que o contribuinte, em vez de simplesmente realizar *F* e não cumprir com a consequência *C*, ou mesmo realizar *F* e buscar ocultar *F* do Fisco, manipula as formas de *F, S1, S2, T1, L, T, B* e *A* para não se enquadrar na norma tributária e não se sujeitar à *C*, ou sujeitar-se a *C'*, pagando *T'* ou mesmo pagar *T''*.

Aqui há uma diferença entre os denominados *tipos estruturais/fatos geradores formais* e *tipos funcionais/fatos geradores causais*[552] [553]. Nos primeiros, os fatos tributáveis são identificados por *referências diretas* a *conceitos de Direito Privado*, como "*doação*" ou "*propriedade*". No segundo, os fatos tributáveis são formulados a partir da referência a uma circunstância de fato, "fato imponível é também a relação econômica; mas assume-se taxativamente como uma determinada relação econômica o negócio jurídico que serve para criá-la ou como aparece de um determinado documento"[554], como ocorre nos impostos que têm por fato gerador a "*operação de circulação de mercadorias*" ou a "*aquisição ou disponibilidade de renda*"[555]. Para que se carac-

---

[552] Hamilton Dias de Souza e Hugo Funaro. "O ICMS e a fraude nos serviços de comunicação". *Tributação nas Telecomunicações*. São Paulo: MP editora, 2007. p. 207-220.

[553] Adotando-se aqui a classificação de Dino Jarach, em *Fato Imponível: teoria geral do direito tributário substantivo*. 2ª ed. trad. Dejalma de Campos. São Paulo: Revista dos Tribunais, 2004.

[554] *Idem, ibidem*, p. 45.

[555] "Assim, nos impostos cujas materialidades não se vinculam a qualquer forma jurídica específica, mas que se referem a um resultado ou a uma situação de fato (que se baseiam em conceitos denominados *funcionais*) – p. ex., o Imposto sobre a renda e proventos de qualquer natureza, cuja materialidade é representada pelo acréscimo patrimonial experimentado por alguém – pode o legislador determinar validamente (o que, aliás, já vem sendo feito) que qualquer que seja a forma, a origem ou a causa desse acréscimo ele será tributado por tal imposto (...). Por outro lado, os impostos cujas materialidades se encontram delimitadas a determinada forma jurídica (que se baseiam em conceitos denominados *estruturais*) são exceção no sistema constitucional tributário brasileiro." (Luís Cesar Souza de Queiroz, "Limites ao Planejamento...", p. 756-757).

FORMA E SUBSTÂNCIA NO DIREITO TRIBUTÁRIO

terize a elusão, no primeiro caso, o contribuinte distorce a forma do ato ou negócio prevista no Direito Privado, buscando arranjos sistemáticos que são aparentemente distintos, mas que possuem os requisitos essenciais para caracterização dos atos ou negócios de Direito Privado; no segundo caso, embora a forma jurídica de Direito Privado não seja determinante, o contribuinte busca descaracterizar, de forma artificiosa, a situação de fato que caracteriza a incidência tributária.

Na elusão, o que se verifica em ambas as hipóteses – nos tipos estruturais ou funcionais – é um comportamento abusivo, artificioso e manifestamente inadequado, no que tange à forma empregada pelo contribuinte, para não se enquadrar na norma tributária mais gravosa ou, por outro ângulo, para se enquadrar em uma norma fiscalmente mais vantajosa. O que caracteriza o abuso, o artifício e a manifesta inadequação? Essa é talvez uma das questões mais difíceis do Direito Tributário, especialmente complexa de ser respondida de forma abstrata e geral, quando são inúmeras as possibilidades de sua caracterização em concreto. O que não significa, contudo, que se deva abrir mão de encontrar critérios objetivos para caracterizá-la.

Na elusão, o que se verifica em ambas as hipóteses – nos tipos estruturais ou funcionais – é um comportamento *abusivo, artificioso* e *manifestamente inadequado*, no que tange à forma empregada pelo contribuinte, para não se enquadrar na norma tributária mais gravosa ou, por outro ângulo, para se enquadrar em uma norma fiscalmente mais vantajosa. O que caracteriza o *abuso, o artifício e a manifesta inadequação*? Essa é talvez uma das questões mais difíceis do Direito Tributário, especialmente complexa de ser respondida de forma abstrata e geral, quando são inúmeras as possibilidades de sua caracterização em concreto. O que não significa, contudo, que se deva abrir mão de encontrar critérios objetivos para caracterizá-la.

É esse o papel das chamadas *normas antielusivas*[556]. Elas atuam de forma diversa das chamadas "normas antievasivas". A evasão é, normalmente,

---

[556] Adotamos o termo "normas antielusivas" e não normas "antielisivas", por partirmos do pressuposto de que a elisão é um produto decorrente de um planejamento tributário sempre lícito e eficaz. Por isso mesmo, não há sentido em se coibir a *elisão*. Isso implicaria em inaceitável cerceamento da liberdade dos contribuintes de organizarem suas atividades da forma fiscalmente mais vantajosa. Como denominamos de "elusão" o fenômeno também conhecido por *elisão ilícita* ou *abusiva*, por uma questão de coerência, chamamos as normas que visam a combater a *elusão* de "*normas antielusivas*", em linha com a denominação utilizada por doutrinadores espanhóis, italianos e também por alguns autores brasileiros (cf. Heleno Taveira

UMA TEORIA DO PLANEJAMENTO FISCAL

combatida por meio de normas que punem aqueles contribuintes que descumprem a legislação tributária, abstendo-se do pagamento do tributo, mas valendo-se de *meios ardilosos*, como a omissão de informações e a adulteração de documentos, isto é, descumprindo os chamados "deveres de cooperação"[557]. As normas que tratam da evasão costumam prever penalidades mais gravosas do que aquelas aplicadas ao puro e simples não pagamento do tributo, culminando na tipificação de crimes contra a ordem tributária. Por sua vez, as normas antielusivas visam evitar que se caracterize o não pagamento do tributo, efetuado por meio de um descumprimento indireto à legislação tributária. Normas antielusivas funcionam, portanto, como cláusulas de reforço à legislação tributária.

Assim, por exemplo, embora pudesse haver alguma controvérsia em torno da possibilidade de a sociedade alienar, para seu sócio, um bem por um preço abaixo do valor de mercado, de modo a gerar um desfalque patrimonial para a pessoa jurídica e uma vantagem patrimonial para o sócio, a legislação do IRPJ considera que, nos casos em que esse preço for *notoriamente inferior ao valor de mercado*, caracteriza-se uma situação de distribuição disfarçada de lucros e a diferença entre esse preço e o valor de mercado deve ser adicionada na apuração do lucro real, nos termos do artigo 464, inciso I c/c artigo 467, inciso I, do RIR. Embora não tenhamos a intenção de aprofundar sobre a questão, há quem defenda que as normas que tratam da *distribuição disfarçada de lucros* ("DDL") têm a natureza de normas que evitam os efeitos tributários negativos decorrentes dos *"atos anormais de gestão"*[558], segundo a qual "não se admitem sejam consideradas, na determinação do lucro tributável da empresa, as despesas que, por princípio, não tem qualquer ligação com o interesse da empresa, ou cujo valor se revele exagerado"[559].

Torres, *Direito Tributário...*, p. 235; Ricardo Mariz de Oliveira, *Norma Geral Antielusão...*, Paulo Caliendo, *Direito Tributário...*, p. 256).

[557] Nesse sentido, Saldanha Sanches: "Falaremos de fraude fiscal sempre que encontrarmos um comportamento que viola um qualquer dever de cooperação do sujeito passivo, ao qual corresponde uma sanção penal ou contraordenacional; e falaremos de fraude à lei fiscal para designar comportamentos que consistem em contornar a lei fiscal sem expressamente a infringir (*fraus legis*)". (*Os Limites do Planejamento Fiscal: substância e forma no Direito Fiscal Português, Comunitário e Internacional*, Lisboa: Coimbra Editora, 2006 p. 21-22).

[558] Luís Eduardo Schoueri, *Distribuição Disfarçada de Lucros*. São Paulo: Dialética, 1996.

[559] *Idem, ibidem,* p. 155

As normas antielusivas não visam *punir* mais gravemente um eventual descumprimento da obrigação tributária, mas apenas *forçar* o cumprimento da legislação tributária, por meio da desconsideração da *qualificação fiscal* menos gravosa, originalmente atribuída pelo contribuinte, *requalificando* o ato praticado, de uma forma fiscalmente mais onerosa[560]. Não se trata, portanto, de anular o ato, que pode até ser lícito e válido do ponto de vista do Direito Privado, mas de se desconsiderar os seus efeitos para fins tributários. Vale dizer, considerando-se a incidência da norma tributária que o contribuinte pretendeu *eludir*, acrescida, se for o caso, de uma penalidade prevista para esse caso.

Portanto, não se deve equiparar a *elusão* à *evasão*, de modo a sujeitá-la a penalidades geralmente mais severas previstas na legislação para as hipóteses de descumprimento direto e mais gravoso da legislação tributária[561]. A *elusão fiscal* é mais bem compreendida como uma tentativa *frustrada* de economia fiscal, na medida em que o contribuinte se vale de meios artificiosos e abusivos que a tornam ineficaz como instrumento para afastar a incidência da norma tributária mais gravosa, ou atrair a incidência da norma fiscalmente mais vantajosa.

No caso da DDL exposto acima, a norma antielusiva em questão qualifica como "indedutível" da base de cálculo do IRPJ, a perda incorrida com a venda de bem por preço notoriamente abaixo do valor de mercado, determinando a adição, ao lucro do exercício, da diferença entre o preço de alienação do bem e o seu valor de mercado. Com isso, a legislação repudia um ato que, embora possa ser válido à luz do Direito Privado – alienação de um bem por valor inferior ao de mercado – revela-se, do ponto de vista do Direito Tributário, uma forma de se violar indiretamente a legislação do imposto sobre a renda, reduzindo-se, de forma artificiosa, o lucro tributável da sociedade por força de uma transação efetuada com pessoa ligada.

---

[560] Marco Aurélio Greco assim resume a questão: "*O cerne do debate tributário é saber se os efeitos tributários gerados por determinada operação realizada pelo contribuinte são oponíveis ao Fisco. Vale dizer, se este deverá aceitá-los ou não. Em última análise, o debate é sobre a eficácia tributária de certa operação.*" (*Planejamento Tributário*. 3ª ed. São Paulo: Dialética, 2011, p. 375).

[561] Nesse sentido, Marco Aurélio Greco, para quem "Diante de uma realidade mais rica – vista em múltiplas cores cada qual com tonalidades distintas a permitir mais de uma descrição – não foi ainda suficientemente compreendido que um sem-número de operações realizadas pelo contribuinte podem ser *lícitas*, mas não serem aceitáveis, da mesma maneira que podem ensejar a exigência de tributos sem que tenha sido cometido um ilícito em sentido estrito." (*Ibidem*, p. 393).

Capítulo 10
Os Limites do Planejamento Fiscal

1. As normas antielusivas específicas

Como mencionamos no capítulo anterior, as normas antielusivas específicas, também denominadas "normas especiais antielisivas"[562], são medidas pontuais de controle da elusão tributária. São normas que funcionam como "cláusulas de reforço" à legislação tributária, na medida em que procuram evitar certos comportamentos *elusivos*, muitas vezes, já identificados pelo legislador, por meio de soluções *sob medida*, previstas para esses casos.

Com efeito, as normas que estipulam casos de DDL acima mencionadas, as normas da legislação de IR que tratam de *preços de transferência*, de *países com tributação favorecida* e com *regime fiscal diferenciado*, da tributação dos *lucros de controladas e coligadas no exterior*[563], de regras de *subcapitalização*[564]; as normas da legislação de IPI e de ICMS que estipulam parâmetros de preços para transferências realizadas entre estabelecimentos interdependentes; as normas de ISS, que preveem a tributação de serviços "congêneres", dentre outras, são exemplos de normas antielusivas específicas.

Não é nosso propósito estudar em detalhe as normas antielusivas específicas, mas apenas destacar que elas são mecanismos para se combater a *elusão* e têm como característica fundamental dirigirem-se a um compor-

---

[562] Ricardo Lobo Torres, *Planejamento...* , p. 57.
[563] Também conhecidas como Controlled Foreign Corporation ("CFC") rules.
[564] Também chamadas de *thin capitalization* ou simplesmente "*thin cap*" rules.

tamento elusivo determinado, delineando *soluções* "sob medida" para esses casos, no que se diferenciam das chamadas normas gerais antielusivas, que possuem muito maior generalidade e abstração, por contemplarem uma gama muito mais ampla de casos e por possuírem uma indeterminação muito maior no que diz respeito ao seu escopo.

Os países costumam combinar normas gerais antielusão com normas antielusão específicas para controlar a *elusão*[565]. Enquanto as primeiras costumam gerar intensa controvérsia no que diz respeito ao seu campo de aplicação, tendo em vista sua elevada generalidade e abstração[566], as normas antielusão específicas costumam ser mais facilmente aceitas pelos contribuintes, sendo menores as controvérsias geradas em torno delas. No Brasil, por exemplo, enquanto a doutrina se digladia em torno da própria constitucionalidade e da natureza antielisiva, antievasiva ou antielusiva da norma geral positivada no artigo 116, parágrafo único, do CTN, as normas antielusivas específicas dificilmente têm sua constitucionalidade questionada[567], salvo quando se revelam claramente desproporcionais e conflitam com mandamentos constitucionais, como parece ser o caso da norma de tributação dos lucros auferidos no exterior por empresas con-

---

[565] Ricardo Lobo Torres, *Planejamento...* , p. 57.

[566] Três exemplos de norma geral antielusiva que são alvo de intenso debate em seus respectivos países são a fraude à lei na Espanha, o abuso de formas na Alemanha e a lei geral antiabuso de Portugal. A primeira era fortemente contestada pela doutrina e pouco aplicada pelos tribunais, a ponto de ter sido alterada por uma reforma legislativa recente que, em seu lugar, erigiu a figura denominada "conflito na aplicação da norma tributária" (cf. Carlos Palao Taboada, *La aplicación de las normas tributarias...*, p. 155-160). O abuso de formas, previsto no Código Tributário alemão, também era alvo de severas críticas de Paul Kirchhof, que ressaltava a insegurança gerada pela sua aplicação e foi objeto de reforma recente (v. César Garcia Novoa, *La clausula antielusiva...*, p. 266). A norma antiabuso portuguesa é também defendida por uns (v. J. L. Saldanha Sanches, *Os limites do planejamento fiscal...* e Patrícia Meneses Leirião, *A cláusula antiabuso e seu procedimento de aplicação*. Porto: Vida Econômica, 2012) e duramente atacada por outros (v. Antônio Fernandes de Oliveira, *A Legitimidade do Planejamento Fiscal, As Cláusulas Gerais Antiabuso e os Conflitos de Interesse*. Coimbra: Coimbra Editora, 2009 e Diogo Leite Campos e Monica Leite de Campos, *Direito Tributário*. 2ª edição. Coimbra: Almedina, 2008).

[567] Embora seja um fervoroso defensor da inconstitucionalidade da norma geral antielusiva, por exemplo, Alberto Xavier comenta, sem maiores sobressaltos, as normas que tratam da tributação mais gravosa das operações com paraísos fiscais: "A matéria relativa aos chamados 'paraísos fiscais' tem sido nos últimos anos objeto da atenção de organizações internacionais com vistas a restringir as suas consequências negativas no que concerne à alegada 'erosão' das receitas fiscais dos países mais industrializados" (*Direito Tributário Internacional...* , p. 318 e seguintes).

troladas e coligadas de empresas residentes no País, positivada no artigo 74 da MP nº 2.158/2001[568].

Normas antielusivas específicas costumam se valer de técnicas como *ficções legais* e *presunções jurídicas* para controle da elusão.

Nas ficções, a lei considera como verdadeiro um fato, ainda que em conflito com a realidade. Nas palavras de Pontes de Miranda: "a ficção enche de artificial o suporte fático"[569]. Este parece ser o caso do artigo 74 da MP 2.158/2001, que considera disponibilizados para a investidora no Brasil e, portanto, aqui tributáveis, os lucros, registrados nos respectivos balanços, por empresas controladas e coligadas no exterior. Trata-se de uma ficção jurídica, porque é a deliberação de acionistas, pela distribuição de lucros, e, posteriormente, o pagamento, a remessa ou o creditamento desse montante, que caracteriza a efetiva disponibilidade do lucro para a sociedade residente no Brasil, e não a apuração e o registro do lucro na sociedade estrangeira[570]. É o que a doutrina vem chamando de "disponibilização ficta" de lucros[571].

---

[568] A discussão em torno da constitucionalidade do artigo 74 da MP nº 2.158/2001 foi iniciada há mais de doze anos no STF, com o ajuizamento da ADI nº 2.588. Discute-se, em linhas gerais, o caráter sobreinclusivo da norma, que considera disponibilizados no Brasil e aqui tributáveis, na empresa investidora brasileira, os lucros auferidos por suas controladas e coligadas no exterior, no momento em que são registrados no balanço dessas últimas empresas, independentemente de qualquer distribuição efetiva dos lucros às controladas e de quaisquer outras considerações a respeito da destinação ou da natureza desses lucros. Mais recentemente, foram incluídos para julgamento em conjunto com a referida ADI nº 2.588, os REs nºs 541.090 e 611.586, admitidos com repercussão geral. Em 10.4.2013, o julgamento desses processos foi concluído. No entanto, dada a diversidade de teses constantes dos votos proferidos pelos Ministros e a alteração substancial da composição da Corte, desde o início do julgamento, acabou prevalecendo na ADI a declaração de inconstitucionalidade apenas da parte do dispositivo que trata das *sociedades coligadas*, salvo quando domiciliadas em países de tributação favorecida. O fato é que diversas questões ficaram pendentes nesse julgamento e existe a expectativa de que a Corte volte a se debruçar sobre o tema.

[569] E complementa o jurista: (...) A ficção abstrai de toda consideração de probabilidade: o legislador mesmo prescindiu de toda exploração do real; pareceu-lhe melhor criar o elemento ou os elementos do suporte fáticos e impô-los, como se fossem reais, ao mundo jurídico" (Pontes de Miranda, *Comentários ao Código de Processo Civil*. Tomo IV Rio de Janeiro: Forense, 1974, p. 235).

[570] V. Humberto Ávila, "O imposto de renda, a contribuição social sobre o lucro e os lucros auferidos no exterior". In: Valdir de Oliveira Rocha. (org.). Grandes Questões Atuais do Direito Tributário. Ied. São Paulo: Dialética, 2003, v. 7, p. 215-240.

[571] Alberto Xavier, *Direito Tributário Internacional do Brasil*. 6ª ed. Rio de Janeiro: Forense, 2007, p. 478-485.

FORMA E SUBSTÂNCIA NO DIREITO TRIBUTÁRIO

As ficções no Direito Tributário, de uma maneira geral, enfrentam grande resistência teórica. Embora possam atender ao princípio da *legalidade tributária*, dada a sua previsão em lei, e venham ao encontro da praticidade tributária, não raro conflitam com o princípio da capacidade contributiva, em sua segunda dimensão, no que tange à tributação de *fatos econômicos*, em especial no que diz respeito à concretização econômica de uma riqueza disponível para o contribuinte, de modo a se legitimar a tributação[572]. No caso específico da tributação dos lucros auferidos no exterior, vislumbra-se esse conflito, uma vez que se considera disponível e, portanto, *renda* passível de tributação, um acréscimo patrimonial *potencial*, sobre o qual não há quer disponibilidade jurídica, quer disponibilidade econômica[573].

Por sua vez, nas presunções legais, o legislador cria uma "verdade normativa"[574]. A partir de um primeiro fato ocorrido e com base na sua ligação provável com a ocorrência de um segundo fato, o legislador *presume* a ocorrência desse segundo fato. Trata-se, portanto, de uma ilação feita pela própria lei. As funções da *presunção jurídica* são, basicamente, duas: fixar uma verdade formal e relevar o ônus da prova do fato presumido da Administração Tributária[575]. Podem ser presunções relativas (*iuris tantum*), que admitem prova em contrário por parte do contribuinte, ou presunções absolutas (*iures et de iure*), que não admitem prova em contrário. Presunções absolutas no Direito Tributário padecem, substancialmente, do mesmo mal que afeta as *ficções*, e conflitam com os princípios da capacidade contributiva[576] e da busca da verdade material, no pro-

---

[572] V. Capítulo 7, item 3.

[573] "Ao utilizar-se do expediente da ficção legal da equiparação do "lucro apurado" a "lucro disponibilizado" o art. 74 da Medida Provisória nº 2.158-35/2001 excedeu a permissão da lei complementar, que se limitava a autorizar a lei ordinária a definir as condições e o momento da disponibilidade, mas não a abstrair do conceito de disponibilidade – ínsito ao próprio conceito constitucional de renda – ou a desconsiderá-lo, substituindo-o por um conceito distinto, como é o de apuração". (*Idem, ibidem*, p. 480).

[574] César García Novoa, *op. cit.*, p. 188-189.

[575] *Idem, ibidem*, p. 188.

[576] Luís Cesar Souza de Queiroz entende que as ficções e que as presunções absolutas, no Direito Tributário são inconstitucionais por violarem os princípios constitucionais da igualdade tributária e da capacidade contributiva. No que tange às presunções relativas, o professor entende que, por força do princípio da praticidade, elas podem existir no Direito Tributário,

OS LIMITES DO PLANEJAMENTO FISCAL

cesso administrativo tributário, que é um dos corolários do princípio da legalidade[577].

As presunções costumam ser utilizadas, nas normas gerais antielusivas, para as mais diversas finalidades. Por exemplo, na legislação sobre preços de transferência, no caso de transações com países de tributação favorecida, os chamados "paraísos fiscais", o artigo 24, *caput*, da Lei nº 9.430/1996 presume, em caráter absoluto, uma potencial artificialidade dos preços e, por conseguinte, determina a aplicação das regras de preços de transferência, independentemente de as operações envolverem partes vinculadas. Na legislação do ICMS, a Lei Complementar nº 87/1996, em seu artigo 20, § 2º, presume alheios a atividade do estabelecimento, salvo prova em contrário, os veículos de transporte pessoal, vedando o creditamento do ICMS incidente na sua aquisição, de modo a se impedir um planejamento fiscal muito comum no passado de aquisição de veículos de transporte utilizado pela pessoa dos sócios e dos administradores em nome da pessoa jurídica, apenas para fins de creditamento do imposto.

Com base no modelo proposto por Frederick Schauer, as normas antielusivas específicas são formuladas a partir de situações ocorridas na prática, em que o legislador verifica que está havendo um comportamento *abusivo* e *injustificado*, por parte dos contribuintes. Por exemplo, constata-se que os preços de compra de insumos praticados entre uma empresa no Brasil e a sua controladora no exterior se revelam inadequados, sendo claramente superiores aos preços de mercado, praticados entre empresas independentes. Essa situação é uma instância concreta de um caso mais geral (*v.g.*, valores artificiais praticados em transações realizadas entre partes que possuem algum tipo de relação próxima que lhes permita manipular valores, de modo a alocar seus lucros no local em que entenderem ser fiscalmente mais conveniente).

O legislador, então, busca selecionar certas propriedades do caso particular que se mostram *causalmente* relevantes para a categoria mais geral. Por exemplo, as regras de preços de transferência são construídas partindo-se da premissa fática de que pessoas situadas em países distintos, que pos-

---

uma vez que admitem a prova em contrário, e, desse modo, podem ser compatibilizadas com a igualdade e com a capacidade contributiva.

[577] Nesse sentido, Alberto Xavier, *Do lançamento: teoria geral do ato, do procedimento e do processo tributário*. Forense: 2002, p. 121.

suem algum tipo de vinculação entre elas, podem manipular esses preços, devendo haver um meio de se controlar os efeitos desses preços a partir de certos parâmetros para se evitar uma erosão da base de cálculo dos tributos sobre a renda. A justificativa, então, determina quais das generalizações devem ser selecionadas para constar do predicado factual da regra. Uma vez feitas essas generalizações probabilísticas, contidas no predicado factual, a regra é entrincheirada. No exemplo das regras de preços de transferência, elas passam a definir o que são "as pessoas vinculadas" e como elas devem ajustar seus preços em transações para fins de cômputo dos custos e/ou receitas, em observância à legislação de IR, seja pelo princípio *arm's length*, seja por meio do uso das margens fixas, instituídas pela legislação brasileira.

Esse entrincheiramento tem por consequência retirar, em princípio, as situações contempladas nas normas antielusivas específicas, do domínio das chamadas normas gerais antielusivas. Isto é, se há um regramento específico para esses casos, com "soluções sob medida", em tese, essas regras *especiais* devem prevalecer sobre normas *gerais*. Por exemplo, se há todo um regramento previsto para preços de transferências, nas transações com partes vinculadas, não parece ser cabível, em princípio, aplicar outras figuras genéricas como a "simulação", o "abuso do direito", a "fraude à lei", a "substância sobre a forma" e o "propósito negocial" como critérios para se analisar a regularidade dos preços praticados nesses casos. É dizer, uma vez observados os preços parâmetros estabelecidos nas regras de preços de transferência, não há que se falar em eventual *elusão*, muito menos em *evasão* tributária.

Essa questão foi recentemente enfrentada pelo CARF[578], em um caso que envolvia operações realizadas por uma empresa fabricante de ônibus, no Brasil, que se valia de suas controladas domiciliadas em paraísos fiscais, como intermediárias, para efetuar a venda de seus produtos para clientes no exterior.

Em linhas gerais, o Fisco alegava a suposta ausência de "propósito negocial" para a realização dessas operações, por meio dessas empresas estrangeiras, uma vez que os bens comercializados eram entregues diretamente

---

[578] Caso "MARCOPOLO", Processo nº 11020.007753/2008-90, Ac. nº 1402-00.753, Primeira Seção, 4ª Câmara, 2ª Turma Ordinária, Relator: Antônio José Praga de Souza, Sessão de 30.9.2011.

OS LIMITES DO PLANEJAMENTO FISCAL

aos clientes da empresa brasileira, sem passar por aqueles países, até porque as empresas intermediárias não possuiriam uma estrutura operacional relevante. O Fisco entendia que houve *subfaturamento* nas vendas e omissão de receitas, exigindo o IRPJ e a CSL sobre a diferença verificada entre o montante faturado pela empresa nas vendas à intermediárias e o valor faturado dessas ao exterior, além da multa qualificada de 150% por alegada simulação. O contribuinte defendeu-se alegando que, nesses casos, deve ser observada a legislação de preços de transferência e que essa regra específica já presumia um controle mais rígido e uma tributação mais gravosa nas transações com empresas domiciliadas em paraísos fiscais. O CARF acolheu a argumentação do contribuinte, afastando a aplicação da multa qualificada, bem como a cancelando a exigência do IRPJ e da CSL.

Em suma, o CARF entendeu, nesse precedente, que a *norma antielusiva específica* – no caso, a regra sobre preços de transferência – afasta a aplicação de uma *norma geral antielusiva*. Vale dizer, reconheceu o entrincheiramento da regra antielusiva e a sua prevalência sobre outras razões para se questionar o planejamento tributário realizado pelo contribuinte.

Outra questão relevante, no que diz respeito às normas específicas antielusivas, tem a ver com a sua distinção em relação às *normas antievasivas*. É dizer, as normas de DDL, de preços de transferência, de CFC, não se prestariam, afinal, a evitar a "evasão" e não a "elusão"? Como dissemos anteriormente, evasão e elusão não são propriamente conceitos *prescritivos*, mas *descritivos*, isto é, rótulos para designar certos fenômenos jurídicos. No entanto, não nos parece que as normas antielusivas específicas, mencionadas acima, possam ser confundidas com normas antievasivas, justamente pelos motivos que nos levam a rotular situações diversas de evasão e de elusão. No primeiro caso, há o descumprimento direto da legislação tributária, *i.e.*, o contribuinte se vale de expediente ardilosos, ocultando fatos e informações do Fisco, incorrendo em ilícitos típicos. Já no segundo caso, verifica-se o descumprimento indireto da legislação tributária, sendo utilizados meios artificiosos e abusivos para se ladear o cumprimento da legislação tributária, em uma espécie de ilícito atípico.

Dito de forma direta e concreta, uma coisa é, por exemplo, emitir uma "nota fiscal calçada", registrando uma venda por um preço inferior ao real, outra coisa é efetuar uma venda por um preço notoriamente inferior ao de mercado, como forma de incorrer em uma das hipóteses arroladas de distribuição disfarçada de lucros. As normas antievasivas visam evitar a primeira hipótese, por meio de punições administrativas ou criminais mais gravosas para essas condutas, sem prejuízo da cobrança do tributo, enquanto que as normas antielusivas visam coibir esse segundo comportamento, por meio de mecanismos que permitam evitar esse descumprimento indireto da legislação tributária, sem maiores agravamentos de penalidades e consequências penais.

Não se deixa de reconhecer, entretanto, que há casos em que pode haver uma zona cinzenta entre normas antievasivas e antielusivas, como bem anota Saldanha Sanchez[579]:

> Se, em alguns casos, temos uma situação inequívoca e com contornos claros de fraude à lei fiscal sem que haja violação de qualquer dever de cooperação, noutros, a situação é menos clara, particularmente quando cabe ao sujeito passivo proceder a uma quantificação que, na sua essencial, tem por base uma avaliação – avaliação que cabe necessariamente ao sujeito passivo, sem que este tenha a possibilidade de uma escolha com uma certa margem de decisão (...).
>
> Com efeito, nestes casos, tanto podemos estar perante um comportamento em que existe uma clara intenção de falsear dados fiscalmente relevantes (uma fraude fiscal), como perante um mero uso desviante do poder de proceder a uma avaliação (um comportamento abusivo). Em ambas as situações estamos em zonas de risco, dadas as dificuldades objectivas de obtenção de uma quantificação ou qualificação exacta dos factos fiscalmente relevantes (...).
>
> Consideremos, por exemplo, os preços de transferência, se duas empresas estão sujeitas a uma direcção comum, os preços que praticam entre si podem ser um instrumento de transferência de lucros entre elas, o que pode acontecer porque o preço foi mal definido, porque se verificou a aplicação errada de uma certa regra de experiência ou por essa intenção deliberada de quem possui o domínio do acto, sendo também preciso distinguir entre um desvio ligeiro em relação ao preço devido e um desvio flagrante que nenhum erro no juízo de avaliação poderá justificar.

Em suma, parece-nos, como mencionado acima, que há uma distinção *conceitual* entre as chamadas normas antielusivas e antievasivas, embora, na prática, essa divisão possa ficar um tanto nebulosa e tornar-se uma questão

---

[579] *Ibidem*, p. 24-25.

de *gradação*[580]. Até porque pode se tornar igualmente fronteiriço o terreno entre a elisão abusiva ou elusão e a própria evasão.

De todo modo, há que se distinguir essas normas antielusivas específicas das normas gerais antielusão, que serão tratadas no tópico seguinte.

2. As normas gerais antielusão

Se as normas antielusivas específicas são normas, como o próprio nome já sugere, pontuais, especiais para certas situações, feitas "sob medida" para se atingir um determinado número de situações descritas de forma relativamente precisa e detalhada em seu suporte fático, as normas gerais antielusão caracterizam-se justamente pela grande amplitude, pelo caráter altamente abrangente no que tange ao universo de situações contempladas, e, por uma elevada abstração e indeterminação, no que toca aos mecanismos de controle da elusão.

É dizer, valendo-se do modelo das regras adotado por Schauer, as normas gerais antielusivas têm suas propriedades relevantes selecionadas, não a partir de um determinado fato específico e concreto, como ocorre nas normas antielusivas específicas, mas a partir de um universo de casos muito amplo, quiçá irrestrito.

Vale dizer, o legislador tenta buscar, indutivamente, um elemento corrente, uma propriedade relevante universal, um mínimo denominador comum que esteja presente nas mais variadas situações em que se reputa ilegítimo o planejamento do contribuinte. Daí as normas gerais antielusivas, geralmente, se valerem de expressões de grande abrangência e abstração, que abarcam, não uma situação determinada, mas um universo de situações. São expressões comuns nessas previsões normativas genéricas os "negócios artificiosos", o "abuso de formas", os "atos anormais de gestão", os "meios manifestamente inadequados", a "ausência de propósito negocial", a "fraude à lei tributária", a "dissimulação", dentre outros termos ou expressões com uma elevada carga de indeterminação.

Embora nem todos os países tenham positivado uma norma geral antielusão, também denominada de "general anti-avoidance rule" ou simplesmente "GAAR", o que se tem verificado é uma tendência internacional

---

[580] O elemento doloso, no entanto, pode ser um critério relevante para estabelecer essa distinção, tendo em vista que no caso da evasão, o contribuinte sabe ou deveria saber que o ato em questão não está sujeito à carga fiscal por ele proposta.

FORMA E SUBSTÂNCIA NO DIREITO TRIBUTÁRIO

de adoção de alguns parâmetros abrangentes para controle da elusão. No Congresso da IFA de 2002, sobre "Forma e Substância", a conclusão do relator geral foi a de que praticamente todos os países que enviaram relatores para o congresso possuíam, à época, alguma norma geral antielusão, seja positivada na legislação ("statute-based"), seja por construção jurisprudencial ("court-based")[581]. O estudo também concluiu que os países que não contam com uma norma geral positivada ou consagrada na jurisprudência, geralmente, adotam um conceito elastecido de "simulação" ("sham/simulation") para controle da elusão.

Parece ser este, em parte, o caso do Brasil[582]. Uma vez reacendido o debate na doutrina em torno do tema do planejamento tributário na década de 1990, o Código Tributário Nacional foi alterado pela LC 104/2001, que incluiu o parágrafo único do artigo 116 do CTN, com a seguinte redação:

> Artigo 116. (...)
> Parágrafo único. A autoridade administrativa poderá desconsiderar atos ou negócios jurídicos praticados com a finalidade de dissimular a ocorrência do fato gerador do tributo ou a natureza dos elementos constitutivos da obrigação tributária, observados os procedimentos a serem estabelecidos em lei ordinária.

As posições em torno da interpretação do dispositivo em tela foram as mais diversas. Praticamente todos os doutrinadores nacionais têm uma posição peculiar a respeito do tema, que repercute sobre o sentido e o alcance do artigo 116, parágrafo único, do CTN. Catalogar cada uma dessas posições e explorar cada uma dessas nuances não deixaria de ser uma tarefa válida e relevante, mas demandaria um esforço, cujos resultados talvez não se mostrassem profícuos para os fins aqui pretendidos. Por isso, procuramos trabalhar aqui com uma divisão bastante abrangente, dividindo a doutrina em dois grandes grupos, a partir das ideias comuns que os autores inseridos nesses grupos têm, independentemente das particularidades que possam existir no pensamento de cada um.

---

[581] Frederick Zimmer, "General Report", *Cahiers de Droit Fiscal International*..., p. 37-38.

[582] O relator do Brasil para o tema no Congresso da IFA foi o professor Ricardo Lobo Torres que bem expôs o embate na doutrina nacional entre os autores mais formalistas (*"formalist authors"*), que defenderiam "the priority of form over content" e autores ligados à jurisprudência dos valores ("valuation jurisprudence"), que defenderiam um "balance between form and substance" (*Cahiers de Droit Fiscal International...* , p. 183-184).

OS LIMITES DO PLANEJAMENTO FISCAL

O primeiro grupo de autores defende, em linhas gerais, a inconstitucionalidade do artigo 116, parágrafo único, do CTN, ao menos se interpretado como uma "norma geral antielisiva". O princípios da legalidade estrita e a rigidez constitucional, no que tange à repartição de competências, impediriam a existência de uma dita norma. Sob essa ótica, os princípios da igualdade e da capacidade contributiva, bem como os institutos do abuso de direito, da fraude à lei e da analogia não poderiam constituir expedientes para a tributação de fatos não previstos em lei. Nesse norte, para ser compatível com a CF/1988, o referido dispositivo deveria ser interpretado como uma norma "anti-simulação", isto é, "antievasiva", porque permitiria, nos termos do procedimento a ser previsto em lei, a Administração Tributária desconsiderar os atos simulados ou dissimulados para fins fiscais. No fundo, a norma em questão teria tornado ainda mais rígido o controle fiscal sobre a simulação, que dependeria de um procedimento especial a ser previsto em lei. Nesse primeiro grupo de doutrinadores poderiam ser incluídos autores como Alberto Xavier[583], Ives Gandra da Silva Martins[584] e Paulo de Barros Carvalho[585].

Por sua vez, o segundo grupo de autores defende, *grosso modo*, a constitucionalidade do artigo 116, parágrafo único, do CTN como uma "norma geral antielisiva" ou, para outros, como uma norma "antielusiva", assim compreendida uma norma que determinaria a desconsideração de atos que, embora se revelem verdadeiros e lícitos, sob o ponto de vista formal, possuem um caráter artificioso e abusivo, que *dissimula* a ocorrência do fato gerador, contornando regra fiscal cogente. O princípio da legalidade deveria, nesse ponto, ser ponderado com o princípio da capacidade contributiva e deveriam ter lugar institutos como a consideração econômica, o

---

[583] "Em nossa opinião, bem andou o Congresso Nacional em formular o novo parágrafo único do artigo 116 do modo que o fez. Por um lado reiterou que a lei tributária não pode extravasar os limites da tipicidade (...) Mas, por outro lado, assegurou que, tendo restringido expressamente o âmbito da declaração de ineficácia ao mundo dos *atos* simulados, essa declaração de ineficácia não se estende a *atos verdadeiros*, ainda que de efeitos econômicos equivalentes aos dos atos típicos fiscalmente mais onerosos e independentemente dos motivos que levaram as partes à sua realização" (*Tipicidade da Tributação...* , p. 156-157).
[584] "Norma Antielisão". In: Valdir de Oliveira Rocha (Coord.). *O Planejamento Tributário e a Lei Complementar 104*. São Paulo: Dialética, 2001, p. 117-128.
[585] Entre a forma e o conteúdo na desconstituição dos negócios jurídicos simulados. Revista Diálogo Jurídico, Salvador, nº. 18, 2012. Disponível em:<http://www.direitopublico.com.br>. Acesso em 20.1.2013.

FORMA E SUBSTÂNCIA NO DIREITO TRIBUTÁRIO

abuso de direito e a fraude à lei. A Administração Tributária poderia, portanto, desconsiderar esses atos abusivos e artificiosos, valendo-se, segundo a opinião de alguns, até mesmo do procedimento regular do lançamento tributário, contemplado nas leis existentes que disciplinam os processos administrativos tributários, independentemente de uma legislação específica, regulamentando o referido dispositivo. Nesse segundo grupo, estão incluídos autores como Ricardo Lobo Torres[586] e Marco Aurélio Greco[587].

Como se vê, há uma dualidade muito bem caracterizada na doutrina entre o grupo dos "críticos" do artigo 116, parágrafo único, do CTN e o grupo dos seus defensores. Consoante dissemos anteriormente, diversas são as matizes teóricas que poderão ser encontradas nesses dois grupos.

No primeiro grupo, há quem defenda a pura e simples inconstitucionalidade do dispositivo[588]. Outros entendem que ele simplesmente "choveu

---

[586] "Podemos alinhar os seguintes argumentos gerais no sentido de que a Lei Complementar nº 104 de 2001 trouxe uma verdadeira *norma antielisiva*, influenciada pelo modelo francês e não uma norma *antievasiva ou antissimulação*:

a) não tem peso argumentativo concluir-se que o Congresso Nacional, legitimamente eleito, teria se reunido para votar lei inócua, que repetiria a proibição de simulação já constante do CTN (arts. 149, VII e 150, § 4º);

b) não faz sentido admitir-se que a lei inócua foi votada por engano ou por ignorância, já que a Mensagem que encaminhou o projeto se referia expressamente à necessidade de introdução da regra antielisiva no ordenamento
jurídico brasileiro;

c) não pode haver nenhuma incompatibilidade da norma antielisiva com o Estado de Direito, senão até que se tornou necessidade premente nas principais nações democráticas na década de 1990;

(...)

f) as teses da legalidade "estrita" e da tipicidade "fechada" têm conotação fortemente ideológica e se filiam ao positivismo formalista e conceptualista;

g) as normas antielisivas equilibram a legalidade com a capacidade contributiva;

h) as normas antielisivas no direito comparado têm fundamento no combate à fraude à lei (Alemanha, Espanha, Portugal), ao abuso de direito (França) ou ao primado da substância sobre a forma (Estados Unidos, Inglaterra, Canadá, etc.), e não há motivo para que tais fundamentos não possam ser invocados no Brasil." (*Planejamento Tributário...,* p. 3).

[587] "Porém, como exposto, o ponto central definidor da incidência da norma é a existência do fato gerador mascarado. Vale dizer, não basta existirem atos ou negócios que possam configurar fraude à lei, abuso de direito ou negócio indireto em si; indispensável é que tenham por finalidade servir de meio de mascaramento da ocorrência do fato gerador. Sem isto não se configura o pressuposto da norma do parágrafo único do artigo 116 do CTN". (*Planejamento...,* p. 555).

[588] A Confederação Nacional do Comércio ajuizou, inclusive, a ADI nº 2.446/2001, pugnando pela inconstitucionalidade do artigo 116, parágrafo único do CTN, por conflitar com o

no molhado"[589] ao trazer a possibilidade de controle da simulação ocorrida no campo tributário, já contemplada no CTN. Há quem defenda que ele acabou por reduzir o poder da Administração Tributária, ao tornar mais estrito e complexo o procedimento de combate à simulação no Direito Tributário[590]. Outros sustentam a ineficácia técnica do dispositivo, ante a falta de sua regulamentação[591].

No segundo grupo, talvez seja possível detectar uma variedade ainda maior de matizes tratando do artigo 116, parágrafo único, do CTN. Há quem defenda sua plena constitucionalidade e entenda que ele veicula uma "proibição de elisão fiscal abusiva"[592]. Outros entendem que, com o artigo 116, parágrafo único, do CTN, a figura da elisão tributária pode ser desconsiderada, a partir de uma concretização do princípio da capacidade contributiva, sem que o negócio padeça de qualquer patologia, por se tratar de um dispositivo que "abre espaço para aferir a sua conformidade ao princípio da capacidade contributiva, daí a necessidade de procedimentos especiais para tanto"[593]. Para outros, ainda, a referência à "dissimulação", no referido dispositivo, englobaria "as modalidades de fraude à lei, abuso de forma, desconsideração da personalidade jurídica e o teste da intenção negocial"[594]. Há quem sustente que ele consagra o combate à "fraude à lei tributária"[595]. Para outra corrente, a norma em questão alcançaria os negócios "desprovidos de causa, os atos simulados e os programados com fraude à lei"[596]. Há também quem a aproxime da *modalidade da*

---

princípio da legalidade tributária e o princípio da separação dos poderes. O julgamento do caso sequer teve início do STF e não se vislumbra expectativa de que isso ocorra em breve.

[589] "Vejamos agora – descartada a 'interpretação econômica' – se o art. 116 do CTN traduz a hipótese impossível de Norma Geral Antielisiva ou, se em verdade chove no molhado e diz respeito a uma hipótese de desconsideração de ato ou negócio jurídico simulado." (Sacha Calmon Coêlho, *Evasão e Elisão Fiscal: o parágrafo único do art. 116, CTN, e direito comparado*. Rio de Janeiro: Forense, p. 48.)

[590] Gabriel Lacerda Troianelli, "O parágrafo único do artigo 116 do Código Tributário Nacional como limitador do poder da Administração". In: Valdir de Oliveira Rocha (Coord.). *O Planejamento Tributário...* , p. 85-102.

[591] Paulo Ayres Barreto. "Desafios do Planejamento Tributário". In: Luís Eduardo Schoueri (Coord.) *Direito Tributário: homenagem a Paulo de Barros Carvalho*. São Paulo: Quartier Latin, 2008.

[592] Ricardo Lobo Torres, *Planejamento Tributário...* , p. 19.

[593] Marco Aurélio Greco, *op. cit.*, p. 557.

[594] Ricardo Lodi Ribeiro, *Justiça...* , p. 162-171.

[595] Marciano Seabra Godoi, A figura da fraude à lei... , p. 101-123.

[596] Heleno Taveira Tôrres, *op. cit.*, p. 267.

intenção negocial"[597]. Há mesmo quem entenda que a norma tem eficácia plena, podendo ser aplicada imediatamente pela Administração Tributária, seguindo as leis específicas que regulamentam o processo administrativo tributário de cada ente[598].

Em suma, como expusemos anteriormente, não é nossa intenção aqui fazer uma espécie de compilação da diversidade de interpretações que o parágrafo único do artigo 116 do CTN comporta, mas revelar o caráter rico, complexo e multifacetado da discussão.

Cabe, entretanto, acentuar que houve uma tentativa de regulamentação do referido dispositivo, por meio da MP nº 66/2002. Em seu artigo 14, a MP 66/2002 pretendeu definir o abuso de formas e a falta de propósito negocial, para fins de desconsideração de atos e fatos, disciplinando, nos artigos 15 a 19, o procedimento para essa desconsideração e ulterior lançamento e cobrança do crédito tributário. A referida medida provisória foi alvo de duras críticas da doutrina, manifestadas por autores de ambos os grupos. Ricardo Lobo Torres, por exemplo, resumiu esses problemas como "as trapalhadas da MP 66/2002". Diante de tantas discussões, a medida provisória acabou sendo rejeitada pelo Congresso Nacional[599].

Todavia, esse vácuo normativo não importou uma contenção das Autoridades Fiscais no que diz respeito ao questionamento da legitimidade de planejamentos tributários levado a cabo pelos contribuintes. Com efeito, o que se nota é justamente o oposto. É frequente na jurisprudência administrativa a invocação de uma série de conceitos para se descaracterizar, ou melhor, para se requalificar determinados atos ou negócios praticados pelo contribuinte, de modo a lhes atribuir consequências fiscais mais gravosas. Como mencionado acima, é comum vermos acórdãos referindo-se

---

[597] João Dácio Rolim, *op. cit.*, p. 241-243

[598] Marcus Abraham, *op. cit.*, p. 255-258.

[599] O artigo 14 da MP 66/2002 entendia como passíveis de desconsideração atos ou negócios praticados com "falta de propósito negocial" ou "abuso de forma". O dispositivo definia a falta de propósito negocial como "a opção pela forma mais complexa entre duas formas existentes para a prática de determinado ato. Por sua vez, o abuso de forma era considerado como a "prática de ato ou negócio jurídico indireto que produza o mesmo resultado econômico do ato ou negócio jurídico dissimulado". Em linhas gerais, a MP nº 66/2002 valia-se da analogia e da interpretação econômica como forma de impor limites ao planejamento tributário. Além de ser alvos de severas críticas da doutrina, a medida provisória acabou não sendo acolhida pelo Congresso Nacional.

à "simulação" e à "dissimulação"[600], à falta de "propósito negocial"[601], ao "abuso de direito"[602] e ao "abuso de forma"[603]. Curiosamente, no entanto, o artigo 116 do CTN não é expressamente abordado ou aplicado de forma explícita por essas decisões[604]. Ou seja, os contribuintes veem seus negócios jurídicos sendo desqualificados e requalificados, mas não sabem exatamente o motivo pelo qual isto ocorre. Como mencionado anteriormente, há certo ecletismo doutrinário e jurisprudencial para fundamentar essas

---

[600] *"SIMULAÇÃO/DISSIMULAÇÃO* – Configura-se como simulação, o comportamento do contribuinte em que se detecta uma inadequação ou inequivalência entre a forma jurídica sob a qual o negócio se apresenta e a substância ou natureza do fato gerador efetivamente realizado, ou seja, dá-se pela discrepância entre a vontade querida pelo agente e o ato por ele praticado para exteriorização dessa vontade, ao passo que a dissimulação contém em seu bojo um disfarce, no qual se encontra escondida uma operação em que o fato revelado não guarda correspondência com a efetiva realidade, ou melhor, dissimular é encobrir o que é." (CC do MF, Ac. 101-94.771, 1º Conselho de Contribuintes, 1ª Câmara, Sessão de 11.11.2004. Não destacado no original.)

[601] "O fato de ser um negócio jurídico indireto não traz a consequência direta de tornar eficaz o procedimento da interessada, pois essa figura não é oponível ao fisco quando, como é o caso concreto, sem *propósito negocial* algum, visto de seu todo, visar apenas a mera economia de tributos. No caso concreto, houve por conseguinte fraude à lei do imposto de renda que comanda a tributação do ganho de capital na alienação de bens do ativo permanente através da utilização de norma de cobertura." (CARF, Ac. nº 1401-00.582 1a. Seção, 1a. Turma da 4a. Câmara, em 29/06/2011. Não destacado no original.)

[602] "A constituição de empresa da espécie é um cristalino *abuso de direito*, que tem o único fim de perseguir uma tributação menos gravosa em face daquela que incidiria sobre os rendimentos do trabalho. O que une tais sócios não é a prestação de uma atividade econômica, mas uma pretensa redução de carga tributária. Assim, é tributada como rendimento de pessoa física a remuneração por serviços prestados, de natureza não comercial e personalíssima, com ou sem vínculo empregatício, independentemente da denominação que lhe seja atribuída" (CARF, Ac. nº 2102-00.447 – 2ª Seção, 1ª Câmara, 2ª Turma Ordinária, Sessão de 4.12.2009. Não destacado no original.)

[603] "IOF. CRÉDITO SOBRE MÚTUO. *ABUSO DE FORMA.*
Provado o abuso , deve o Fisco desqualificar o negócio jurídico original, exclusivamente para efeitos fiscais, requalificando-o segundo a descrição normativo-tributária pertinente à situação que foi encoberta pelo desnaturamento da função objetiva do ato." (Ac. nº 204-02.895, 2º Conselho de Contribuintes, 4a. Câmara, Sessão de 21.11.2007. Não destacado no original).

[604] "PROCESSO ADMINISTRATIVO FISCAL – Inaplicabilidade do Parágrafo Único do Art. 116, do CTN – Não tendo sido a autuação levada a efeito sob o pressuposto do parágrafo único, do artigo 116, do CTN, improcedente a insurgência do contribuinte a respeito da sua aplicabilidade no caso concreto." (CC do MF, Ac. 104-23.129, 1º Conselho de Contribuintes, 4a. Câmara, Sessão de 23.04.2008.)

FORMA E SUBSTÂNCIA NO DIREITO TRIBUTÁRIO

sucessivas desqualificações e requalificações fiscais de atos ou negócios realizados. Muitas vezes, não é possível saber exatamente o porquê disso ocorrer, mas ninguém discute que esse fenômeno, de fato, ocorre.

Em suma, há uma espécie de *controle* sobre esses atos evasivos ou elusivos, por parte das Autoridades Administrativas, e, até mesmo, por parte do Poder Judiciário, embora o critério para esse controle nem sempre esteja muito claro. Embora se verifique esse "ecletismo" conceitual mencionado acima, na fundamentação das decisões, o que se nota, todavia, é uma referência mais frequente ao conceito de "simulação" nesses precedentes, o que denota que há, ao menos aparentemente, uma prevalência desse critério como parâmetro de avaliação.

Qual o conceito de *simulação* nesses precedentes? Essa é uma questão mais difícil de ser respondida. Mas, ao que parece, não há um conceito unívoco, isto é, um único sentido para "simulação" nesses julgados. Antes, verifica-se que a simulação mostra-se sob *formas* variáveis e *com consequências jurídicas* cambiantes nessas decisões.

Como analisaremos mais detidamente adiante, a *simulação* ora é vista, conforme as lições clássicas de Direito Privado, como uma *divergência* entre *o ato ou negócio declarado* pelas partes e o *negócio de fato praticado*, ora é enxergada como uma *artificiosidade do ato ou negócio realizado* com relação ao perfil objetivo do ato ou negócio delineado na norma tributária – seja uma "norma de incidência tributária", seja uma "norma de desoneração tributária". Independentemente do tipo de *simulação*, verifica-se que a Administração Tributária *requalifica* o ato ou negócio e exige a diferença do tributo não pago. A diferença com relação aos efeitos de cada um desses tipos de simulação, contudo, reside no fato de que, no primeiro caso, exige-se o tributo com um agravamento de penalidade e, no segundo caso, exige-se o tributo com a aplicação da penalidade geralmente aplicada aos casos de puro e simples não pagamento do tributo[605].

A frequência no emprego da *simulação* como um critério normativo para a avaliação de planejamentos tributários não deixa de ser um meio de se aplicar o artigo 116, parágrafo único, do CTN, de forma indireta ou, quiçá, "dissimulada". Talvez porque a "dissimulação da ocorrência do fato

---

[605] Nesse sentido, Marciano Seabra Godoi, Dois conceitos de simulação e suas conseqüências para os limites da elisão fiscal. In: Valdir de Oliveira Rocha. (org). Grandes Questões Atuais do Direito Tributário – 11º Volume. São Paulo: Dialética, 2007, p. 272-298.

OS LIMITES DO PLANEJAMENTO FISCAL

gerador do tributo ou a natureza dos elementos constitutivos da obrigação tributária" seja um critério normativo positivado e "auto-aplicável" para avaliar esses planejamentos – ainda que relativamente aberto e indeterminado. Nessa ordem de idéias, a regulamentação dos *procedimentos* para sua aplicação é que estaria sujeita à lei ordinária[606].

Vale dizer, o que vem prevalecendo na jurisprudência – ainda que de forma velada – é uma aplicação imediata do critério substancial positivado no CTN para se controlar esses planejamentos. E, na falta de uma previsão específica sobre os *procedimentos* a serem observados para realização desse controle, os Fiscos se utilizam dos procedimentos regularmente previstos na legislação tributária dos entes que regulam o processo administrativo fiscal. É dizer, a parte final do artigo 116, parágrafo único, do CTN, introduzido pela LC nº 104/2001, ao mencionar "os procedimentos a serem estabelecidos em lei ordinária", não teria necessariamente feito menção a *novos* procedimentos. Teria mencionando apenas que esses procedimentos deveriam estar previstos "em lei ordinária", o que não impediria os entes de aplicar esse critério trazido na parte inicial do referido artigo 116, parágrafo único, utilizando os *procedimentos* já estabelecidos em lei ordinária para essa finalidade.

Não nos parece, contudo, que essa seja a melhor interpretação do artigo 116, parágrafo único, do CTN. Adiante, vamos tratar dos conceitos de simulação e de dissimulação que vêm se consagrando na jurisprudência administrativa e jurisprudencial, na tentativa de definir exatamente o sentido e o alcance do dispositivo em questão. Em nossa opinião, a norma em questão pode ser caracterizada como uma norma geral antielusiva, nos termos em que caracterizamos a "elusão" acima. Ela traz um critério para caracterizar a elusão, que é a *dissimulação* do *fato gerador* ou *da natureza dos elementos da obrigação tributária*. Ou seja, não é uma norma fundada no *abuso de direito*, na *fraude à lei*, na *ausência de propósito negocial*, ou na *prevalência da substância sobre a forma*. Embora possa, em alguma medida, se aproximar dessas figuras, a norma do artigo 116, parágrafo único, do CTN, com elas

---

[606] Note-se que a delegação a que se refere o artigo 116 do CTN é relativa aos *procedimentos* a serem estabelecidos por lei ordinária e não à fixação de novos critérios por essa regulamentação. Um dos graves problemas da MP nº 66/2002 residia na parte em que ela não apenas se limitava a estabelecer procedimentos, mas tentava acrescentar critérios materiais para esse controle não previstos no CTN e que se mostravam bastante distantes de uma "dissimulação".

não se confunde, porque o critério da *dissimulação*, por ela trazido, é distinto desses outros critérios.

Além de trazer um critério distinto, a norma do artigo 116, parágrafo único, do CTN também merecia um *procedimento* próprio e especial para sua aplicação. A *elusão tributária*, justamente por ser uma zona cinzenta entre o que denominamos de elisão e de evasão fiscal, deveria ter um tratamento adequado e diferente daquele convencionalmente previsto para regular o lançamento tributário. Por se tratar de uma zona de incerteza, dever-se-ia trabalhar com o "benefício da dúvida" e se fazer uma avaliação mais específica dos atos ou negócios realizados pelo contribuinte, voltada para o campo da prova da elusão e da necessidade de requalificação.

Além disso, essa zona cinzenta deveria ficar afastada do campo de aplicação de penalidades, pois esses atos e negócios não deveriam restar caracterizados como infrações típicas à legislação tributária, como acontece com aquelas infrações que normalmente são apontadas em autos de infração.

Nos procedimentos previstos na lei de processo administrativo tributário, geralmente, não há um especial tratamento para a elusão. Antes o contrário. Nos processos administrativos tributários, quando se examina o mérito de uma autuação fiscal, chega-se, normalmente, a uma das três seguintes conclusões: (i) considera-se que o tributo não era devido, porque o ato praticado pelo contribuinte não se qualificava na norma de incidência tributária ou poderia ser enquadrado em uma norma de desoneração tributária, julgando-se improcedente a autuação fiscal; (ii) verifica-se que o tributo era devido e aplica-se uma multa pela infração direta à legislação tributária, julgando-se procedente a autuação fiscal; ou (iii) verifica-se que não só o tributo era devido, como também que o contribuinte incorreu em uma grave infração à legislação tributária, aplicando-se uma penalidade mais gravosa e julgando-se procedente a autuação fiscal, sem prejuízo de eventuais representações fiscais para fins criminais.

No caso de elusão, como vimos, há uma situação de violação indireta à legislação tributária, que, portanto, demandaria um exame de prova e de interpretação da legislação mais detidos, além de merecer uma avaliação mais comedida e prudente, tanto no que diz respeito à caracterização de infrações tributárias, quanto no que tange à aplicação de penalidades[607].

---

[607] Nesse sentido: Ricardo Mariz de Oliveira, Cabimento e dimensionamento das penalidades por planejamentos fiscais inaceitáveis (Breves Notas). Revista Dialética de Direito Tributário nº 197, 2011, p. 138-153.

Tudo a justificar um procedimento especial para lidar com essas questões, referido pelo artigo 116, parágrafo único, do CTN, que não existe na legislação tributária. No entanto, essa omissão legislativa decorre das intermináveis discussões existentes em torno da natureza da norma que se extrai do artigo 116, parágrafo único, do CTN e, possivelmente, do receio generalizado causado por conta da traumática tentativa de regulamentação desse dispositivo pela MP nº 66/2002.

Na prática, contudo, bem ou mal, de forma explícita ou dissimulada, a "norma antielusiva" do artigo 116, parágrafo único, do CTN acaba operando seus efeitos na jurisprudência. Basta verificar as diversas decisões proferidas utilizando um conceito *sui generis* de "simulação", *i.e.*, que rotulam de "simulados" os atos praticados pelos contribuintes, mas que deixam de aplicar multas mais gravosas previstas na legislação para as hipóteses genéricas de "dolo, fraude ou simulação".

A seguir, passaremos a tratar detidamente dos conceitos de simulação e de dissimulação, tal como previstos na legislação e aplicados pela jurisprudência, além de abordarmos conceitos comumente mencionados pela doutrina e pela jurisprudência, como, a fraude à lei, o negócio indireto, o abuso de direito, o propósito negocial e a prevalência da substância sobre a forma, demonstrando como eles não estão contemplados no critério de dissimulação, trazido pelo artigo 116, parágrafo único, do CTN.

3. Simulação e dissimulação

3.1. O conceito tradicional de simulação no Direito Privado e a sua repercussão no Direito Tributário

A simulação no Direito Tributário desenvolve-se, assim como muitos conceitos de Direito Tributário ("obrigação", "crédito", "capacidade, "decadência", "prescrição"), a partir do conceito de *simulação* existente no Direito Privado, em que a simulação aparece, inicialmente, como um *vício* do *ato jurídico*[608].

No Direito Civil brasileiro, a simulação era, tradicionalmente, considerada como um dos *vícios de vontade*. Na simulação, o ato jurídico conteria, intencionalmente, uma declaração de vontade falsa do agente, seja porque apenas "aparente" e, como tal, inexistente na realidade ("simulação absoluta"), seja porque visaria encobrir a vontade real e efetiva de praticar outro ato, diverso do declarado ("simulação relativa").

---

[608] Essa era a orientação do CC/1916 como explicitado adiante.

No CC/1916, a *simulação* aparecia prevista no Capítulo II, intitulado "Dos Defeitos dos Atos Jurídicos", juntamente com o "erro", o "dolo", a "coação" e a "fraude contra credores". O artigo 102 do CC/1916, com redação bastante similar ao artigo 167, § 1º do CC/2002, dispunha que a simulação existiria nos atos jurídicos em geral: (i) quando aparentassem conferir ou transmitir direitos a pessoas diversas das a quem realmente se conferem, ou transmitem; (ii) quando contivessem declaração, confissão, condição, ou cláusula não verdadeira; e (iii) quando os instrumentos particulares fossem antedatados, ou pós-datados. Clóvis Beviláqua, um dos autores e principais comentaristas do CC/1916, assim conceituava a simulação: "Diz--se que há simulação, quando o acto existe apenas apparentemente, sob a fórma em que o agente o faz entrar nas relações da vida. É um acto fictício, que encobre e disfarça uma declaração real da vontade, ou que simula a existência de uma declaração que se não fez"[609].

No CC/2002, a simulação não aparece no Capítulo IV, que trata dos "Defeitos do Negócio Jurídico", em que estão arrolados o "erro", o "dolo", a "coação", o "estado de perigo", a "lesão" e a "fraude contra credores", tendo sido deslocada para o capítulo imediatamente seguinte, que dispõe sobre a "Invalidade dos Negócios Jurídicos", como uma das causas de *nulidade* do negócio jurídico. A doutrina explica essa alteração pelo fato de que "(...) a rigor, na simulação não há deficiência do elemento volitivo, como ocorre no erro, no dolo e na coação. Ao contrário, os agentes simuladores têm plena consciência em seu agir, buscando com a realização do negócio infringir a lei ou interesse de terceiro"[610].

Não obstante essa mudança de enfoque sobre o valor afetado pelo instituto da simulação – "interesse da parte", no CC/1916, e "interesse da lei e de terceiros", no CC/2002 –, as hipóteses de caracterização da simulação positivadas no CC/2002 são bastante similares àquelas previstas no CC/1916. O artigo 167, § 1º dispõe que haverá simulação nos negócios jurídicos quando: (i) aparentarem conferir ou transmitir direitos a pessoas diversas daquelas às quais realmente se conferem, ou transmitem; (ii) contiverem declaração, confissão, condição ou cláusula não verdadeira; e (iii) os instrumentos particulares forem antedatados, ou pós-datados.

---

[609] Theoria Geral do Direito Civil. 5 ed atual. Achilles Beviláqua. Rio de Janeiro: Tipografia Francisco Alves, 1951, p. 288-289.
[610] Gustavo Tepedino, Heloisa Helena Barboza, Maria Celina Bodin de Moraes, *Código Civil interpretado conforme a Constituição da República*. 2ª ed. Rio de Janeiro: Renovar, 2007, p. 316.

OS LIMITES DO PLANEJAMENTO FISCAL

A doutrina dos civilistas, de uma forma geral, também não discrepa ao caracterizar a simulação como demandando a confluência de três elementos: (i) uma divergência intencional entre a *vontade* e a *declaração*; (ii) um *acordo simulatório* entre os declarantes (*"pacto simulationis"*); e (iii) o intuito de *enganar* terceiros[611].

No que tange à distinção entre a *simulação absoluta* e a *simulação relativa* ou *dissimulação*, lecionam os civilistas que, na simulação absoluta, há uma manifestação de vontade, mas que é *vazia*, posto que não visa produzir efeito algum, senão a mera aparência de um negócio, que, portanto, encerra confissão, declaração ou condição não verdadeira[612]. Por sua vez, na *simulação relativa*, explicam os autores, o negócio aparente possui um fundo, que é encobrir, *i.e.*, dissimular um negócio de natureza diversa, ou mesmo o sujeito a quem se confere ou se transfere efetivamente um direito[613].

São frequentemente invocados, para se descrever a simulação absoluta e a simulação relativa, respectivamente, os brocardos latinos "colorem habet substantiam vero nullam" ("tem uma aparência, mas não tem substância verdadeira") e "colorem habet substantiam vero alteram" ("tem aparência, mas a substância verdadeira é outra"). São clássicas também as lições de Francesco Ferrara[614], ao equiparar a simulação absoluta ao "fantasma" e, a simulação relativa ou dissimulação, à "máscara", no sentido de que, na simulação absoluta, as partes fingem um ato que é mera aparência, que, na verdade, não existe (*v.g,.* simulam um mútuo em que não há entrega do bem mutuado); ao passo que, na simulação relativa, as partes declaram

---

[611] *Idem, ibidem*, p. 317.

[612] Nesse sentido, Caio Mario da Silva Pereira: "*[a simulação]* será absoluta quando o negócio encerra confissão, declaração ou condição não verdadeira, realizando-se para não ter eficácia nenhuma. Diz-se aqui absoluta, porque há uma declaração de vontade que se destina a não produzir resultado (...)."(Instituições do Direito Civil. 20ª ed. Atualizadora: Maria Celina Bodin de Moraes. Rio de Janeiro: Forense, 2004, p. 636-637.)

[613] Acentua Caio Mario, que: "A simulação se diz relativa, também chamada de dissimulação, quando o negócio tem por objeto encobrir outro de natureza diversa (e.g., uma compra e venda para dissimular uma doação), ou quando aparentar conferir ou transmitir direitos a pessoas diversas daquelas às quais realmente se conferem ou transmitem (e.g., a venda realizada a um terceiro para que este transmita a coisa a um descendente do alienante, a quem este, na verdade, tencionava desde logo transferi-la). E é relativa, em tais hipóteses, porque à declaração de vontade deve seguir-se um resultado, efetivamente querido pelo agente, porém diferente do que é o resultado normal do negócio jurídico. (*Loc. cit.*)

[614] "La simulazione si può paragonare ad un fantasma, la dissimulazione ad una maschera" (*Della simulazione dei negozi giuridici*, Athenaeum, 1922, p. 36.)

FORMA E SUBSTÂNCIA NO DIREITO TRIBUTÁRIO

estar realizando um negócio (negócio simulado) para camuflar/mascarar/ ocultar outro negócio (negócio dissimulado) (*v.g.*, celebração de uma compra e venda com preço fictício para encobrir uma doação). Daí também se chamar a simulação absoluta de *simulação* "nua" e a *dissimulação* de *simulação* "vestida". Ou, dito mais diretamente, na *simulação absoluta* o agente "inventa" um negócio e na *simulação relativa*, o agente "encobre" um negócio, mediante a aparente realização de outro.

Em linhas gerais, são essas as lições que o Direito Privado traz acerca da simulação e da dissimulação. Mais do que apenas um conceito de Direito Privado, um conceito como o de simulação, dada a sua aplicabilidade ampla a todos os ramos do Direito, melhor se enquadra na Teoria Geral do Direito. Todavia, a questão que se coloca é se esse conceito de *simulação* do Direito Privado é exatamente aquele que deve prevalecer ou, ainda, que prevalece, no Direito Tributário. Mais precisamente, cabe perquirir se a *dissimulação* a que se refere o artigo 116, parágrafo único, do CTN corresponde exatamente àquele conceito de dissimulação como *simulação relativa* consagrado no Direito Privado brasileiro.

3.2. A importância da causa para o conceito de simulação

Boa parte da doutrina que defende que o artigo 116, parágrafo único, do CTN traz uma norma "antievasiva" vislumbra, nesse dispositivo, uma norma anti-simulação, compreendendo essa simulação como aquela consagrada nos quadrantes do Direito Privado, isto é, no Código Civil, como uma divergência intencional entre a vontade real e a vontade declarada. É essa a opinião, por exemplo, de Alberto Xavier, que defende que o dispositivo em questão contempla o conceito de simulação da Teoria Geral do Direito[615], entendendo que a simulação fiscal estaria caracterizada por ser "aquela que ocorre quando a finalidade consiste em prejudicar o Fisco, enquanto terceiro na operação"[616]. Na sua visão, o artigo 116, parágrafo único, do CTN não se consubstanciaria em uma norma geral antielisiva, porque estas atuariam, não no âmbito dos atos ou negócios simulados, mas dos atos ou negócios verdadeiros, que não estariam previstos no âmbito

---

[615] "O novo parágrafo único do art. 116 do Código Tributário Nacional refere-se à figura da *simulação*, considerada na teoria geral do Direito como um dos vícios que afetam o elemento *vontade* dos atos ou negócios jurídicos, a par do erro, do dolo, da coação e da reserva mental". (*Tipicidade da Tributação...* , p. 52).

[616] *Idem, ibidem*, p. 53.

de incidência das normas tributárias, mas que teriam efeitos econômicos equivalentes àqueles tipificados nas normas tributárias[617].

Ricardo Lobo Torres questiona se o artigo 116, parágrafo único, do CTN, introduzido pela LC nº 104/2001, poderia consistir apenas e tão somente em uma norma antievasão, consagradora da "simulação", se a Administração Tributária já possuía poderes de desconsideração dos atos simulados, nos termos do artigo 149, inciso VII, do CTN, antes da LC nº 104/2001, e a mensagem enviada ao Congresso Nacional juntamente com o projeto de lei que deu origem à LC nº 104/2001, tratava da questão desses ditos atos abusivos praticados pelos contribuintes[618].

De fato, não parece fazer muito sentido inserir-se no CTN, com o artigo 116, parágrafo único, uma norma *anti-simulação*, ao menos amparado no conceito clássico de simulação, tal como definido na lei civil. No entanto, ainda menos sentido faria, ou melhor, seria mesmo contrário à CF/1988 e ao próprio texto do artigo 116, parágrafo único, do CTN, uma norma geral antielisiva, no sentido de se combater a economia lícita de tributos, que não se mostra contrária ao ordenamento jurídico pátrio. Então, que sentido pode ter a *dissimulação* trazida no artigo 116, parágrafo único, do CTN? Entendemos que a dissimulação em questão tem um sentido próprio do Direito Tributário, construído, não nos moldes de uma divergência entre a vontade real e a vontade declarada, mas sim nos moldes da realização de um negócio sem causa, sem finalidade, destituído de sua função social.

A noção de causa do negócio é bastante difundida na doutrina do Direito Privado, em especial nos países que adotam sistemas causalistas de classificação do negócio jurídico. Mas, mesmo em países como o Brasil, cujo CC/1916 não se referia expressamente à causa dos negócios, houve doutrinadores que defenderam a relevância do estudo da causa para a teoria do negócio jurídico e, para além disso, se valeram dessa noção para, sobre ela, construir o conceito de simulação.

A *causa* é, na verdade, um elemento *finalístico* do negócio, no sentido de "causa final", aristotélico. Orlando Gomes assim resume a sua definição de causa do negócio jurídico: "Em suma: a lei exige uma justificação para a criação, por um negócio jurídico, de um vínculo digno de proteção. A justificação encontra-se na relevância social do interesse que se quer tutelar e

---

[617] *Idem, ibidem*, p. 52.
[618] *Planejamento...* , p. 3.

no fim que se pretende alcançar. É a causa."[619]. Acrescenta ainda o professor baiano que a causa funciona como uma espécie de limitador da autonomia da vontade privada: "se não se leva em consideração o propósito negocial definido no ordenamento jurídico – a causa final dos negócios jurídicos – o exercício da autonomia privada não pode, como deve, ser fiscalizado e limitado"[620]. Orlando Gomes, inclusive, classifica os contratos, a partir de suas diferentes *causas*. O seguro é, por exemplo, definido como o negócio cuja causa é a "prevenção de riscos" e a sociedade, um contrato que tem como causa a "associação de interesses"[621]. Francisco Amaral define a causa como um aspecto do negócio relativo à sua "função social, próprio da concepção objetiva"[622]. Antonio Junqueira de Azevedo considera a causa um elemento que "justifica o negócio do ponto de vista social e jurídico"[623].

Mesmo autores "causalistas" distinguem a *causa*, que é um elemento *objetivo* do perfil do negócio, do *motivo*, que é *subjetivo*, estando relacionado aos interesses internos e psicológicos que impulsionam a parte à realização do negócio. Nesse sentido, "o motivo que leva o sujeito a integrar-se no contexto da relação contratual. Ele é subjetivo, atua no ânimo do contratante, conduzindo-o à manifestação de vontade, ao consentimento. É, portanto, anterior e exterior à convenção. Não é elemento do contrato."[624]. Por exemplo, no contrato de compra e venda de um bem imóvel, a *causa* é a obrigação de transferência da propriedade do bem, mediante o pagamento do preço. O *motivo* da compra e venda pode ser, para o comprador, a aquisição de uma moradia ou a realização de um investimento. Para o vendedor, o contrato pode ter sido motivado pela necessidade de se transferir para outra cidade ou simplesmente de se conferir liquidez ao seu patrimônio para poder efetuar uma aplicação financeira com o dinheiro recebido.

Como mencionado acima, apoiados nas noções de causa, alguns autores não definem a simulação como um vício de vontade, isto é, como uma divergência entre a *vontade real* e a *vontade declarada*. Ou seja, não definem a *simulação* necessariamente como uma "invenção" ou como uma "mentira".

---

[619] *Introdução ao direito civil*. Rio de Janeiro: Forense, 1998, p. 379.

[620] *Contratos*. Rio de Janeiro: Forense, 1974, p. 111.

[621] *Introdução ao direito civil*. Rio de Janeiro: Forense, 1977, p. 364-365.

[622] Direito civil – introdução. 3 ed. Rio de Janeiro: Renovar, 2000, p. 420.

[623] Antônio Junqueira de Azevedo, *Negócio Jurídico – Existência, Validade e Eficácia*. São Paulo: Saraiva, 2002, p. 149.

[624] Darcy Bessone, Do contrato: teoria geral. 4ª ed., São Paulo: Saraiva, 1997.

Na verdade, os autores causalistas, fundados na causa, concebem a *simulação* como um negócio "sem causa" ou mesmo com "causa falsa". Orlando Gomes, por exemplo, define a simulação relativa, dizendo que "ao lado do contrato simulado, há um contrato dissimulado, que disfarça sua verdadeira causa"[625]. O renomado civilista espanhol Frederico de Castro y Bravo acentua que "a simulação negocial existe quando se oculta, sob a aparência de um negócio jurídico normal, outro propósito negocial, seja ele contrario à própria existência do negócio, seja ele de outro tipo de negócio"[626]. Para ele, a simulação não é "uma declaração vazia de vontade, mas uma declaração em desacordo com o resultado proposto, ou, o que é o mesmo, uma declaração com causa falsa"[627].

Independentemente da aplicabilidade desse conceito mais amplo e causal de simulação ao Direito Privado e de seu acolhimento ou não pelo CC/2002, entendemos que há bons argumentos para se entender que é um conceito que bem se ajusta ao conceito de "*dissimulação* da ocorrência do fato gerador do tributo ou da natureza dos elementos constitutivos da obrigação tributária", trazido pelo artigo 116, parágrafo único, do CTN, como passaremos a demonstrar.

3.3. A simulação e a dissimulação no Direito Tributário

Dentro da lógica do Direito Privado, o instituto da *simulação* visa tutelar o interesse de *terceiros* que sofreram um dano em virtude de um negócio simulado (*v.g.* o irmão que foi prejudicado, em termos sucessórios, pelo empréstimo falso feito pelo pai ao seu outro irmão, dissimulando uma doação). Ou, ainda, busca impor restrições de ordem pública à autonomia da vontade (*v.g.*, impedindo que se dissimule uma doação do cônjuge adúltero à sua amante, vedada pelo artigo 550 do CC/2002, realizando-a, dissimuladamente, por interposta pessoa).

Não é o caso do Direito Tributário. A referência em normas tributárias a atos ou negócios celebrados por contribuintes – sejam eles *conceitos estruturais ou funcionais* – não é, evidentemente, dispor sobre os efeitos negociais que eles terão sob o patrimônio das partes e, eventualmente, como irão repercutir sobre a esfera jurídica de terceiros. Ao Direito Tributário

---

[625] *Introdução...* , p. 516.
[626] *El negocio jurídico.* Madri: Civitas, 1985, p. 334.
[627] *Idem, ibidem,* p. 136.

FORMA E SUBSTÂNCIA NO DIREITO TRIBUTÁRIO

interessa os atos e negócios para disciplinar os efeitos fiscais deles decorrentes, notadamente na qualidade de fatos geradores de obrigações tributárias. Repisando as clássicas lições doutrinárias sobre o tema, os atos ou negócios privados, são *apenas fatos* para o Direito Tributário[628], porque a *vontade* e o seu poder normativo, que são pontos centrais do Direito Privado, não têm a mesma relevância no Direito Tributário. Daí o artigo 118 do CTN, de certo modo, dissociar a definição legal do fato gerador da validade jurídica dos atos efetivamente praticados, bem como dos efeitos desses fatos, isto é, a ocorrência do fato gerador independe da validade e da eficácia jurídica dos atos praticados pelas partes[629].

Se a regra é a tributação dos atos, ainda que inválidos à luz do Direito Privado, se corresponderem ao conceito do fato gerador abstrato, é, no mínimo, curioso todo o esforço hermenêutico desenvolvido pela doutrina para importar, para o Direito Tributário, normas que definem situações de invalidade de atos ou de negócios no Direito Privado.

A simulação é um exemplo que reflete bem os problemas que podem advir de uma transposição automática de institutos de Direito Privado para o Direito Tributário, se não é feita uma alteração substancial no enfoque que se pretende dar à aplicação desses institutos em suas respectivas searas.

Figure-se a simulação de um contrato celebrado por interposta pessoa, nos moldes do exemplo que mencionamos acima, em que o cônjuge adúltero simula uma doação para um terceiro, para ocultar uma doação para a sua amante, que é vedada por uma regra de Direito Privado. A doação,

---

[628] Cf., por todos, Amílcar de Araújo Falcão, *Fato Gerador...*, p. 41.

[629] Cf., a esse respeito, as observações de Luís Cesar Souza de Queiroz, comentando o artigo 118 do CTN. Para o professor, a norma em questão alude a duas situações distintas, a primeira, relativa a uma "situação de fato" ou "ato jurídico em sentido estrito" e a segunda, relativa a uma "situação jurídica" ou "negócio em sentido estrito". Segundo Queiroz, em se tratando de uma situação de fato (*v.g.*, o estado de ser proprietário de um bem), descrita no antecedente da norma tributária, não haveria que se falar no critério de validade ou de invalidade. No entanto, em se tratando de uma situação jurídica, notadamente, de um negócio jurídico mencionado no antecedente da norma tributária, a nulidade do negócio jurídico concreto implica a inexistência de fato jurídico tributário (*v.g.*, compra e venda nula não enseja a transferência do direito real de propriedade de bem imóvel, pelo que não estaria configurado o fato gerador do ITBI). Queiroz destaca que o sujeito ativo tributário não tem o dever de investigar se o negócio foi praticado validamente, isto é, cabe ao Fisco, via de regra, verificar se elementos formais do negócio jurídico foram observados (*v.g.*, no caso do ITBI, se houve a transcrição do titulo no Registro de Imóveis). Mas, ressalta que: "uma vez anulado o negócio, há o direito de pleitear a restituição do indébito tributário" ("Norma Tributária...", p. 342-348).

feita por meio de simulação por interposta pessoa, é nula à luz do Direito Privado. Não obstante, por força do artigo 118 do CTN, uma vez caracterizada a doação e a aperfeiçoada a transmissão gratuita do bem, ainda que passível de anulação, nos termos do artigo 550 do CC/1916, essa doação estará sujeita ao ITCMD. Ou seja, houve simulação e, ainda assim, foram mantidos os efeitos fiscais do ato. Há, por assim dizer, um problema no negócio à luz do Direito Privado, mas esse problema não necessariamente repercute no plano do Direito Tributário.

Daí se depreende que a transposição do conceito de *simulação* para o Direito Tributário só faz sentido se, na verdade, ela puder afetar a configuração do próprio fato gerador. Em suma, a simulação só tem relevância para o Direito Tributário a partir do momento em que há a ocultação ou o fingimento de algum fato que possui repercussão fiscal. Quando se verifica, por assim, dizer, um *conceito tributário* de simulação, ou, mais propriamente, uma simulação com *efeitos tributários*.

Essa simulação com efeitos tributários pode ocorrer, nos moldes do conceito tradicional do Direito Privado, a partir de um falseamento da realidade, isto é, pelo descumprimento de um dever de cooperação (*v.g.*, o contribuinte apresenta recibos médicos relativos a consultas não ocorridas para fins de dedução de IR, o contribuinte indica na escritura pública um preço de alienação inferior ao da venda do bem, o comerciante realiza uma operação interna, mas destaca o ICMS como se se tratasse de alíquota interestadual). Nesses casos, está se tratando de um conceito de simulação "mentira", em que o contribuinte *sonega* dados e informações, nos termos delineados no artigo 71 da Lei nº 4.502/1964, podendo, eventualmente, haver a participação de um terceiro, diferente do Fisco e do contribuinte, nessas situações, caracterizando também o conluio, delineado no artigo 73 da referida lei. Em suma, verifica-se uma "simulação-evasão"[630].

Não obstante, a simulação, no Direito Tributário, também pode se manifestar sob a forma de negócios jurídicos sem causa ou com causa distorcida. Dentro dessa perspectiva, não há propriamente um falseamento da realidade, como ocorre na "simulação-evasão", explicitada acima. Os atos ou negócios praticados não são ocultados pelo contribuinte, mas são feitos às claras, de forma declarada e transparente. Esses atos podem até mesmo se mostrar válidos à luz do Direito Civil, do Direito Comercial, do Direito

---

[630] Nesse sentido: Marciano Seabra Godoi, "Dois Conceitos de Simulação...", p. 288-289.

FORMA E SUBSTÂNCIA NO DIREITO TRIBUTÁRIO

Administrativo, enfim, das regras que regem a sua configuração formal e material. Contudo, – e esse é o ponto – há uma manipulação artificiosa dos requisitos essenciais desses atos ou negócios, de modo que os seus efeitos não se mostram compatíveis com as suas causas subjacentes. À luz do Direito Tributário, esses atos ou negócios não se sustentam, eis que seus efeitos não se mostram compatíveis com o perfil objetivo dos conceitos e dos atos traçados nas normas tributárias. É dizer, a lei tributária se vale de certos conceitos, mas as partes praticam atos ou negócios buscando "eludir" esses conceitos, para não se sujeitarem ao seu dever tributário. Ocorre que, ao assim agirem, realizam atos ou negócios manifestamente artificiosos, sem causa ou com causa distorcida, que dissimulam a ocorrência do fato gerador e a natureza dos elementos da obrigação tributária. É o que se vem chamando de "simulação-elusão"[631].

Cabe trazer aqui, mais uma vez, o exemplo do "casa e separa", em que duas pessoas procuram se valer do contrato de sociedade para ocultar uma compra e venda de um imóvel, buscando evitar a incidência do ITBI. Do ponto do Direito Privado, em princípio, é formalmente possível a constituição de uma sociedade, seguida de sua liquidação. No entanto, se se verifica a *causa* do contrato de sociedade e, mais ainda, a própria finalidade da imunidade de ITBI estabelecida no artigo 156, § 2º, inciso I, da CF/1988 para desonerar integralização de capital por meio da conferência de bem imóvel, conclui-se que a integralização do imóvel, seguido da liquidação imediata da sociedade, nada mais foi do que uma forma de se dissimular a compra e venda do bem, sujeita ao imposto. Afinal, não se atinge, minimamente, o objetivo da não incidência constitucional do ITBI que é capitalizar e desenvolver as empresas[632], porque, de fato, não se verifica qualquer atividade empresária na constituição da sociedade, senão a de promover uma "troca de ativos", típica de uma compra e venda, sujeita ao ITBI.

Nesse ponto, Sacha Calmon Navarro Coêlho, tratando desse mesmo exemplo, entende que houve uma divergência entre a *intentio facti*, isto é, o negócio real pretendido, que é a compra e venda do bem imóvel, e a *intentio iuris* manifestada, é dizer, a *forma jurídica* utilizada, a de consti-

---

[631] *Loc. cit.*

[632] Segundo Ricardo Lobo Torres, "O objetivo da norma superior é promover a capitalização e o desenvolvimento das empresas." (*Curso de Direito Financeiro e Tributário*. Rio de Janeiro: Renovar, 2005, p. 399).

OS LIMITES DO PLANEJAMENTO FISCAL

tuição seguida de liquidação de uma sociedade[633]. Ricardo Lobo Torres também menciona que a função da norma do artigo 116, parágrafo único, do CTN é adequar a *intentio facti* à *intentio iuris*, no caso de dissimulação do fato gerador[634].

É interessante a referência às expressões *"intentio facti"* e *"intentio iuris"* feitas por esses dois autores contemporâneos. Historicamente, no Direito Tributário essas expressões estão associadas às obras de Amílcar de Araújo Falcão, no Brasil, e de Dino Jarach, na Argentina, juristas influenciados pela chamada "interpretação econômica" do fato gerador. Falcão entende que o intérprete deve se ater à "intentio facti, ou intenção empírica e, assim, se for o caso, concluir pela incidência do tributo toda vez que ficar demonstrada a propositada alteração da intentio juris correspondente, a utilização de forma jurídica não típica ou atípica em relação ao fim visado (...)"[635]. Na mesma linha, Jarach compreende a *intentio facti* como aquela ligada "à relação econômica que as partes pretendem criar"[636], enquanto que a *intentio juris* corresponde à inserção da "relação econômica sob uma determinada disciplina de direito civil"[637]. Nos casos dos fatos geradores *causais*, para Jarach, a *intentio facti* é a que conta, valendo a relação econômica subjacente, que é erigida por lei como fato imponível, independentemente da *forma jurídica* adotada pelo contribuinte; diferentemente do que ocorre no caso dos fatos imponíveis *formais*, pois, quando o fato imponível está taxativamente definido mediante requisitos formais, "não só pode

---

[633] "Nessa hipótese, o negócio aparente é a formação de uma sociedade, ao passo que a verdadeira intenção das partes é transferir a propriedade do imóvel sem pagamento do imposto devido. Há, dessarte, clara divergência entre a intentio facti (compra e venda do imóvel) e a intentio juris (celebração de contrato de sociedade temporário para evitar a incidência do imposto), típica da dissimulação". ("Fraude à lei, abuso do direito e abuso de personalidade jurídica em direito tributário – denominações distintas para o instituto da evasão fiscal". Disponível na internet em <http://sachacalmon.wpengine.netdna-cdn.com/wp-content/uploads/2010/12/Elisao-e-Evasao-livro-Douglas-Yamashita.pdf>. Acesso em 20.3.2013).

[634] "A recente regra antielisiva tem as seguintes características: permite à autoridade administrativa requalificar os atos ou negócios praticados que subsistem para efeitos jurídicos não tributários; atinge a dissimulação do fato gerador abstrato, para proceder à adequação entre a *intentio facti* e a *intentio juris*, o que é característica da elisão, na qual o fingimento se refere à hipótese de incidência, e não ao fato concreto, como acontece na simulação relativa ou dissimulação no sentido do direito civil." (*Planejamento...*, p. 55).

[635] *Fato Gerador...*, p. 18.

[636] Dino Jarach, *op. cit.*, p. 163.

[637] *Loc. cit.*

adquirir importância a disciplina civilista da relação econômica, senão que a intentio juris pode ser levada em conta pelo direito impositivo (...)"[638].

Superado, evidentemente, o viés economicista, ligado à jurisprudência dos interesses, da chamada "interpretação econômica do fato gerador"[639], é possível fazer uma releitura desses conceitos de *intentio facti* e *intentio iuris*, à luz da teoria da "simulação-elusão", para se associar a *intentio facti*, ou intenção empírica, ao ato ou negócio objetivamente realizado pela parte, na prática, e a *intentio iuris* à *forma* exteriorizada pelas partes. A adequação entre *intentio facti* e *intentio iuris* se coloca na compatibilidade que deve existir entre o ato ou o negócio praticado e a sua causa, tal como prevista na legislação tributária. É dizer, o contribuinte não pode manipular as *formas* dos atos ou negócios, para pretender afastar a incidência da norma tributária, quando o relevante para a norma é justamente a *finalidade social e econômica* subjacente à forma.

Nesse ponto, cabe retomar o conceito amplo de forma que expusemos na primeira parte desse estudo (item 2.2 do Capítulo 1), compreendendo a forma como o *arranjo sistemático e finalístico de elementos que compõem uma determinada unidade jurídica*. No caso da simulação-evasão, o contribuinte falseia o arranjo sistemático e finalístico de elementos que compõe a unidade jurídica. É, por assim dizer, um problema de substância, no sentido de que os elementos materiais apresentados pelo contribuinte não condizem com a realidade. Por exemplo, o preço da compra é diverso do pactuado, a pessoa para o qual o bem será transferido é diferente da real, há uma condição não verdadeira. No caso da simulação-elusão, há uma incompatibilidade entre o arranjo sistemático de elementos e a finalidade pretendida. Ou seja, trata-se de um problema de forma, nesse sentido, haja vista que o arranjo sistemático de elementos realizado pelo contribuinte alcança uma finalidade diversa daquela incorporada pela lei tributária. Por exemplo, no "casa e separa", a forma de sociedade, adotada pelos contribuintes, não condiz com a forma de "pessoa jurídica" referida na norma constitucional de não incidência do artigo 156, § 2º, inciso I, da CF/1988, eis que a personalidade jurídica nesse caso não é constituída com uma verdadeira *affectio societatis* de empreender, senão com o único e exclusivo propósito de alienar um ativo entre duas pessoas.

---

[638] *Idem, ibidem*, p. 173
[639] Nesse sentido, cf. Moris Lehner, *op. cit.*, p.

OS LIMITES DO PLANEJAMENTO FISCAL

Outro exemplo que ilustra a figura da simulação-elusão diz respeito à incorporação às avessas para fins de se afastar a proibição de compensação de prejuízo fiscal da incorporadora com lucros da incorporada constante da legislação fiscal, quando tal restrição não alcançava os prejuízos fiscais da própria incorporadora. Como explicitado anteriormente, nesses casos, uma empresa deficitária, que possuía, basicamente, em seu patrimônio, prejuízo fiscal acumulado, incorporava uma empresa superavitária. No entanto, a empresa incorporada não era extinta, mas, seus sócios, seus diretores e a sua atividade prosseguiam na empresa incorporadora. O mesmo não ocorria com a empresa incorporadora, cujo patrimônio e atividade, mostravam-se completamente distintos após a referida operação societária.

Em um desses casos analisados, inicialmente, pelo Tribunal Regional Federal da 4ª Região[640], e, posteriormente, pelo STJ[641] ("Caso Josapar"), reputou-se a caracterização da *simulação*, mas em um sentido *sui generis*. O acórdão daquele primeiro Tribunal afastou expressamente a caracterização da elisão fiscal porque havia *simulação*[642], uma vez que os estabelecimentos, os funcionários e o conselho de administração que restaram na empresa incorporadora eram os mesmos da empresa incorporada[643]. Não obstante, o acórdão entendeu que não estava caracterizada a fraude, tendo em vista a transparência dos atos praticados[644]. No STJ, o acórdão foi mantido ao argumento de que se trataria de *reexame* de matéria fática. No entanto, o acórdão acentua que o Tribunal concluiu pela existência de simulação, mas menciona textualmente que "a regularidade formal da incorporação também é reconhecida pelo TRF".

---

[640] AC nº 2004.71.10.003965-9/RS, 2ª Turma, Relator: Desembargador Federal Dirceu de Almeida Soares, DJ 6.9.2006.

[641] RESP nº 946.707/RS, 2ª Turma, Relator: Ministro Herman Benjamin, DJ 31.8.2009.

[642] "Admite-se a elisão fiscal quando não houver simulação do contribuinte. Contudo, quando o contribuinte lança mão de meios indiretos para tanto, há simulação".

[643] "Tanto em razão social, como em estabelecimento, em funcionários e em conselho de administração, a situação final – após a incorporação – manteve as condições e a organização anterior da incorporada, restando demonstrado claramente que, de fato, esta 'absorveu' a deficitária, e não o contrário, tendo-se formalizado o inverso apenas a fim de serem aproveitados os prejuízos fiscais da empresa deficitária, que não poderiam ter sido considerados caso tivesse sido ela a incorporada, e não a incorporadora, restando evidenciada, portanto, a simulação".

[644] "A incorporação não se deu mediante fraude ao fisco, já que na operação não se pretendeu enganar, ocultar, iludir, dificultando – ou mesmo tornando impossível – a atuação fiscal, já que houve ampla publicidade dos atos, inclusive com registro nos órgãos competentes".

Esses precedentes permitem vislumbrar uma especial forma de configuração da simulação, que não caracteriza a *fraude, sonegação* e o *conluio* apontados como elementos característicos da evasão fiscal. Tampouco se trataria de uma economia válida de tributo. Em suma, caracterizariam essa zona intermediária da elusão fiscal, em que se discute o caráter artificioso ou não dos atos ou negócios praticados pelo contribuinte.

Frise-se que não se trata propriamente de uma incompatibilidade econômica ou ainda de uma equiparação econômica de formas, no caso da *simulação*. Esse seria um raciocínio tipicamente *economicista*, que se vale da analogia gravosa em Direito Tributário, que é repelida pelo sistema tributário nacional, estruturado sobre o princípio da legalidade estrita e sobre as regras de discriminação constitucional de competências tributárias, como explicitado anteriormente, na segunda parte deste trabalho. No entanto, a interpretação do sistema tributário, em especial das normas tributárias, não pode ser insensível ao fato de que os contribuintes podem praticar atos ou negócios que, em verdade, *são simulados ou dissimulam* outros atos ou negócios. Tanto pode se tratar de uma *simulação-evasão*, em que os atos ou negócios são falsos, como pode se tratar de uma *simulação-elusão*, quando se verifica uma ausência de causa do negócio ou mesmo uma causa distorcida, que não corresponde à finalidade daquele ato ou negócio.

É por isso que vários doutrinadores vêm enxergando no artigo 116, parágrafo único do CTN, a par da "simulação-evasão", própria dos negócios falsos e mentirosos, a "simulação-elusão", voltada para a finalidade negocial das formas previstas na lei tributária. Ricardo Lobo Torres aponta que "o ato ou negócio praticado (fato gerador concreto) é *dissimulador* da verdadeira compreensão do fato gerador abstrato, o que sem dúvida, é uma das características da elisão abusiva, na qual há desencontro entre forma e substância e entre *intentio iuris e intentio facti*."[645]. Nesse sentido, Humberto Ávila se refere ao "abuso de forma"[646], entendendo que o contribuinte não

---

[645] *Planejamento...* , p. 126

[646] "Quando o contribuinte se utilizar de negócios jurídicos – portanto, de formas jurídicas dadas pelo legislador – se ele 'usar' das formas jurídicas, sem, no entanto, 'abusar' delas, nós temos que manter a validade do negócio jurídico, inclusive para efeitos tributários (...). Mas o que é, então 'abusar da forma jurídica'? Ora, é fazer uma compra e venda, que tem vários elementos essenciais, como preço e desnaturar o preço (...) É fazer uma compra e venda por meio da formação de uma sociedade, sociedade, essa, que não pratica operação social alguma, que é criada num dia e extinta no outro (...)" (Humberto Ávila, Planejamento Tributário, Revista de Direito Tributário nº 98, 2009).

pode alterar elementos essenciais do negócio, de modo a se desvirtuar a sua finalidade.

O raciocínio desenvolvido não é econômico, mas jurídico, posto que, com a dissimulação, o que se visa resguardar é a própria legalidade tributária e a efetividade das competências constitucionais. Daí, Heleno Tôrres asseverar que:

> Uma regra geral, como essa do parágrafo único do art. 116 do CTN, posta com a finalidade de combater a fraude à lei ou a simulação, visa a preservar a integridade de outras regras do ordenamento, como os arts. 142, 141, 113 e o próprio art. 3º do CTN, sem falar de todas as regras constitucionais de competência, ao tempo que se propõe evitar que, mediante manobras ardilosas, possa o contribuinte eximir-se à constituição do fato jurídico tributário efetivamente ocorrido, modificar voluntariamente a quantificação do débito do tributo ou atribuí-lo a sujeito passivo desprovido de efetiva capacidade contributiva[647].

Paulo Caliendo bem diferencia essa perspectiva econômica, que se move no sentido da *eficiência*, do objetivo do Direito, que é a busca da *justiça*[648]. Por isso, Caliendo defende que os critérios para a análise da existência de manipulação da estrutura negocial devem residir em dois aspectos: consistência e coerência negocial. "A consistência negocial procura confirmar a correta correlação entre os elementos que compõem o negócio jurídico (objeto, forma, causa e tipo). Um negócio sem causa ou movido por uma falsa causa será um negócio elusivo"[649]. Por sua vez, a *coerência* se manifesta a partir do exercício legítimo de autonomia da vontade, livre-iniciativa, livre concorrência e da propriedade privada. "Se estiver em conformidade com esses princípios, não poderá a administração fiscal desconsiderar os atos realizados a título de alcançar a capacidade econômica do contribuinte"[650]. Nesse contexto, as condutas elusivas podem estar consubstanciadas em um único negócio ou na combinação de negócios vinculados, mas cujo

---

[647] *Op. cit.*, p. 361.

[648] "O econômico possui sua linguagem e operadores próprios (ter ou não ter), diversos do direito (permitido, obrigatório e proibido). A mistura na utilização desses dois modos de interpretar conduz a resultados diversos, visto que o objetivo do direito (justiça) não se submete automaticamente aos objetivos da economia (eficiência)." (*Direito Tributário...*, p. 252-253).

[649] *Idem, ibidem*, p. 255.

[650] *Loc. cit.*

efeito final é a "manipulação artificiosa". Esses testes, então, entram em cena: "A consistência pretende tomar em consideração a cadeia negocial e sua correta correlação, enquanto a coerência busca aferir a correta correlação entre os negócios e os princípios que regem a atividade negocial"[651].

Essa abordagem é interessante, porque ela conjuga as finalidades sociais e econômicas dos negócios, com os princípios que regem a liberdade individual dos contribuintes de estruturarem seus atos ou negócios da forma que entenderem mais conveniente, inclusive do ponto de vista fiscal. Essa liberdade só é, de algum modo, limitada, do ponto de vista fiscal, se a pretexto de reduzir a carga tributária, o planejamento tributário que o contribuinte realiza, programando de forma ordenada certos elementos, não leva em consideração os limites das normas tributárias, seja porque o contribuinte "inventa" um ato que não existe, ou "mente" sobre um ato que existiu ("simulação-evasão"), seja porque, a partir de uma interpretação distorcida da legislação tributária, o contribuinte pratica um ato ou negócio artificioso, uma "montagem jurídica" , com uma estrutura inconsistente vis-à-vis a sua causa, bem como incoerente do ponto de vista dos princípios que governam a liberdade negocial.

Marciano Seabra de Godoi desenvolve os conceitos de "simulação-evasão" e de "simulação-elusão", a partir da análise de precedentes da jurisprudência administrativa do CC do MF, bem como da jurisprudência do CARF. O autor chama atenção para o fato de que a "simulação-elusão" é um conceito mais fluído e dinâmico, "que indaga o artificioso, uma "montagem jurídica"[652], com uma estrutura inconsistente vis-à-vis a sua causa, bem como incoerente do ponto de vista dos princípios que governam a liberdade negocial.

No já referido Congresso do Instituto Latino-Americano de Direito Tributário, realizado em 2008, a Resolução de nº 5, lá aprovada, esclarece que a simulação pode possuir tanto um caráter *evasivo*, quanto *elusivo*: "*A simulação implica a geração de uma aparência, com a finalidade de evitar o regime jurídico-tributário do ato ou negócio dissimulado. Quando tem finalidade de causar prejuízo ao Fisco, pode constituir um ato elusivo ou evasivo, dependendo das circunstâncias de fato e da exigências do tipo infrator*"[653].

---

[651] *Idem, ibidem*, p. 255-256.

[652] G. Gest; T. Tixier, *Manuel de droit fiscal*. Paris: Litec, 1986, p. 323 *apud* Ricardo Lobo Torres, *Planejamento...* , p. 51.

[653] No original: "Quinta. La simulación implica la generación de una apariencia, con la finalidad de evitar el régimen jurídico-tributario del acto o negocio disimulado. Cuando

OS LIMITES DO PLANEJAMENTO FISCAL

Entendemos que o refinamento desse conceito de simulação, ou melhor, a consideração desse duplo conceito de simulação – "simulação-evasão" e "simulação-elusão" – se mostra válido e compatível com o sistema tributário nacional. Na verdade, ele exprime a distinção entre evasão e elusão, sendo compatível com o quadro normativo que delineia esses fenômenos no Direito Tributário brasileiro, sem a necessidade de se recorrer a teorias ou a legislações alienígenas. Vistas sob essa perspectiva, a *simulação* do artigo 149, VII, do CTN e a *dissimulação* do artigo 116, parágrafo único, do CTN, não deixam de ser, ao fim e ao cabo, *simulação*.

Essa pode parecer uma conclusão óbvia e tautológica, mas não é. São inúmeros os conceitos que vêm sendo utilizados pela doutrina e pela jurisprudência para avaliar a validade e a eficácia de planejamentos tributários. Fraude à lei tributária, abuso de direito, propósito negocial, prevalência da substância econômica sobre a forma jurídica, dentre outros. O que buscamos defender é que esse conceito de simulação, ou melhor, esses conceitos de simulação expostos acima, além de se revelarem compatíveis com o ordenamento jurídico brasileiro, como normas antievasivas e também como normas antielusivas, se mostram mais apropriados ao controle normativo da evasão e da elusão do que outros conceitos que se mostram pouco adequados a essa finalidade, como passaremos a demonstrar.

4. A fraude à lei
4.1. A fraude à lei no Direito Privado
O conceito de fraude à lei também é construído a partir de uma noção de Direito Privado, que é inserida na Teoria Geral do Direito. A construção de um conceito de "fraude à lei" parte da premissa de que os indivíduos gozam de uma liberdade negocial, o que equivale a dizer que podem escolher *se* contratam *ou não* contratam, o *que* contratam e *como* contratam. Há uma liberdade de e para negociar e, como corolário dessa liberdade, existe uma liberdade de causas, de tipos e de formas do negócio[654]. Por outras palavras, as partes podem definir o que, em última análise, estão pactuando, sob que regime irão celebrar o negócio e o como ele será exteriorizado.

---

tiene como finalidad causar perjuicio al Fisco puede constituir un acto elusivo o evasivo, dependiendo las circunstancias de hecho y de las exigencias del tipo infractor." (Disponível na internet em: <http://www.iladt.org/FrontEnd/ResolutionDetailPage.aspx>, acesso em 20.1.2013).
[654] Heleno Tôrres, *op. cit.*, p. 146.

A autonomia da vontade, em princípio, atua de forma plena, no âmbito do Direito Privado. Ocorre que há certas balizas impostas pelo Direito a essa liberdade das pessoas. Com efeito, há certas obrigações e proibições instituídas por normas jurídicas, que regulam a prática de determinadas condutas ou de determinados estados de coisas.

É sobre essas premissas que se assenta o conceito de fraude à lei. Na fraude à lei, o que se busca, em última análise, é "burlar", "contornar", "driblar" uma norma legal. Mas, não se faz isso de modo direto, simplesmente descumprindo frontalmente a obrigação ou proibição contida na norma que se pretende "burlar", "contornar" ou "driblar". Na fraude à lei, o indivíduo pratica um ato que, aparentemente, é permitido por uma norma ("norma de cobertura"), mas que acaba tendo como resultado prático a conduta ou o estado de coisas que descumpre a obrigação ou proibição imposto por outra norma ("norma defraudada"). Daí o interesse do Direito Privado em tornar nulo esse negócio, como forma de impedir que a autonomia da vontade permita a prática de negócios vedados pela ordem pública.

Como lembra Moreira Alves, no Direito Romano já aparecia a distinção entre os negócios contra a lei e negócios em fraude à lei. Consoante explicitado no item 2.2.4 do Capítulo anterior, a respeito da elusão, no caso da fraude à lei há uma violação indireta à lei, pois se respeita a letra da lei (*"verba legis"*), mas se viola o seu espírito (*"mens legis"*). Daí, é comum se dizer que a fraude à lei consiste em "fazer o que a lei proíbe, fazendo o que a lei permite". Na feliz síntese de Pontes de Miranda: "a fraude à lei consiste, portanto, em se praticar o ato de tal maneira que eventualmente possa ser aplicada outra regra jurídica e deixar de ser aplicada a regra jurídica fraudada"[655].

Exemplo emblemático de fraude à lei é trazido por Marco Aurélio Greco[656], fazendo referência a um acórdão do STF da década de 1960. Naquela época, havia lei proibindo a importação de veículos do exterior, como forma de proteção à incipiente indústria automobilística que se desenvolvia no Brasil. No entanto, dada a necessidade de se disponibilizar peças para a manutenção dos veículos importados já existentes no Brasil, que eram a maior parte da frota naquela época, a lei permitia a importação

---

[655] Tratado de Direito Privado. Volume 1. Campinas: Bookseller, 1999, p. 98.
[656] *Planejamento...* , p. 252.

OS LIMITES DO PLANEJAMENTO FISCAL

de peças. O que fez certa pessoa no caso que chegou ao STF? Valendo-se da lei que permitia a importação de peças, a pessoa importou todas as peças de um carro desmontado e montou o carro aqui no Brasil. Ou seja, a partir de uma norma *permissiva*, que autorizava uma determinada conduta (a importação de peças de automóvel), alcançou-se o resultado vedado pela norma proibitiva (a importação de um automóvel).

O Código Civil de 2002 expressamente traz, em seu artigo 166, inciso VI, a previsão de nulidade do negócio jurídico, quando "tiver objetivo de fraudar lei imperativa". Régis Fichtner acentua que a fraude à lei é uma espécie de violação à norma jurídica, em que "o agente não pratica atos contrários à forma literal com que determinada regra legal está expressa, mas consegue, por meio indireto, atingir o resultado indesejado que a norma fraudada visa evitar" [657].

No âmbito do Direito Privado e, inclusive, do Direito Internacional Privado, concebe-se a *fraude à lei* em conexão a uma violação à norma de ordem pública. Jacob Dolinger, por exemplo, entende que ocorre a fraude à lei no Direito Internacional Privado quando "o agente, artificiosamente, altera o elemento de conexão que indicaria a lei aplicável"[658]. E concebe que "assim como as partes não podem pactuar *contra legem*, também não se aplica a lei estrangeira que só se tornou aplicável por meio de estratagema visando a modificar a conexão local"[659]. Para o autor, a fraude a lei teria dois requisitos que aparecem conjuntamente: "o abuso do direito e a ordem pública: o abuso de algum direito para se pôr sobre a proteção de uma lei a fim de fugir à ordem pública da lei originalmente competente"[660].

A *fraude à lei* diferencia-se da *simulação* porque, na primeira, as partes efetivamente querem e pretendem o negócio praticado, ao passo que, na segunda, o negócio celebrado não é pretendido pelas partes, que não desejam praticar negócio algum (*simulação absoluta*) ou desejam outro negócio, diverso do aparente (*simulação relativa*). Na fraude, o negócio seria sério e verdadeiro, apenas que sua finalidade é descumprir, de forma oblíqua, uma norma cogente[661].

---

[657] Régis Velasco Fichtner Pereira, *A Fraude à Lei*. Rio de Janeiro: Renovar, 1994, p. 135.
[658] *Direito Internacional Privado: parte geral*. 7ª ed. Rio de Janeiro: Renovar, 2003, p. 429.
[659] *Idem, ibidem*, p. 430.
[660] *Idem, ibidem*, p. 431
[661] Nesse sentido, José Carlos Moreira Alves: "Também nesses casos [*fraude à lei*] se trata de ato ou negócio jurídico querido ou de complexo de atos ou negócios jurídicos queridos,

4.2. A fraude à lei no Direito Tributário

Uma parte considerável da doutrina busca aplicar o instituto da fraude à lei no âmbito do Direito Tributário como critério para controle e combate de atos elusivos. Marco Aurélio Greco acentua que, à luz do CC/2002, a fraude à lei imperativa é causa de nulidade do negócio jurídico. Portanto, como a norma tributária, dada sua força obrigatória, é norma imperativa, conclui que "a fraude à lei tributária tem aplicação no direito brasileiro"[662]. Ricardo Lodi Ribeiro também sustenta que a "fraude à lei é aplicável ao direito tributário, observando-se apenas que o contribuinte não mascara a sua conduta por ser ela antijurídica, mas por gerar o pagamento de tributo"[663]. Marciano Seabra de Godoi interpreta o artigo 116, parágrafo único, do CTN como introdutor de uma norma de combate à "fraude à lei tributária"[664].

A fraude à lei tributária era o critério adotado pela *Ley General Tributaria* da Espanha, desde 1963 até a reforma legal de 2004, que inseriu o "conflicto en la aplicación de la ley tributaria" em substituição ao critério legal anterior. A doutrina espanhola era bastante crítica ao instituto da fraude à lei tributária, tanto em sua concepção, quanto em sua aplicação pelos tribunais[665].

Há algumas razões para tanto, que, inclusive, deveriam afastar o uso da fraude à lei no Direito Tributário brasileiro.

Como demonstrado anteriormente, no Capítulo 3, item 4, existem distinções teleológicas e metodológicas muito claras entre o Direito Privado, em que a figura da fraude à lei se consagrou, e o Direito Tributário, campo no qual se busca aplicá-la. Enquanto, no Direito Privado, a autonomia privada exerce um papel de destaque, sofrendo algumas limitações pontuais pela lei, em matérias de *ordem pública*, a estruturação do Direito Tributário, pode-se dizer, obedece a uma lógica de certo modo inversa: *as leis estabelecem os espaços tributados*, sendo reduzido o papel *da autonomia da vontade*. Essa diferença – quiçá oposição, em termos de perspectiva – gera uma complexidade para se entender o que poderia significar, no campo tributário, "fraudar lei imperativa" ou "norma cogente".

---

havendo coincidência entre a vontade e a sua manifestação, ao contrário do que ocorre na simulação." (*Op. cit.*, p. 69).

[662] *Planejamento...* , p. 605.

[663] *Justiça...*, p. 150.

[664] "A figura da fraude à lei tributária..", p. 115.

[665] Cf., por todos, César Garcia Novoa, *op. cit.*, p. 278-290.

OS LIMITES DO PLANEJAMENTO FISCAL

A rigor, toda lei é, em alguma medida, dotada de caráter imperativo e cogente, *sob pena*, até mesmo, de restar comprometido o seu caráter jurídico. No entanto, o caráter "imperativo e cogente" de que trata a fraude à lei parece se referir a normas que veiculam *obrigações* e *proibições*, em contraste a normas *dispositivas*, que trazem *permissões*. É sob essa premissa, inclusive, que se estrutura o instituto da *fraude à lei* no Direito Privado.

Na fraude à lei: (i) há uma norma dispositiva ("norma de cobertura") que, *prima facie*, permite uma determinada conduta, produzindo um certo resultado (*v.g.*, norma que permite a importação de peças de veículo); (ii) existe uma norma cogente ("norma defraudada") que *obriga* ou *proíbe* uma conduta ou a realização de um estado ideal de coisas (*v.g.*, norma que proíbe a importação de veículos); e (iii) o agente realiza a conduta permitida *prima facie* pela norma de cobertura, mas, em certas circunstâncias, acaba produzindo um dano injustificado ou um benefício indevido, cujo resultado prático é equivalente ao descumprimento da norma defraudada, caracterizado pelo descumprimento indireto da obrigação ou da proibição nela contida (*v.g.*, a pessoa importa todas as peças isoladamente, o que é permitido, mas acaba possibilitando a importação integral do veículo, o que é proibido).

No caso da fraude à lei, portanto, revela-se imprescindível a existência de uma *norma dispositiva*. No entanto, esse não é o caso das normas tributárias, que são normas cogentes, que vinculam certos pressupostos fáticos ao respectivo dever de pagar tributo. Essa é uma das grandes impropriedades da aplicação do instituto da fraude à lei ao campo tributário. Como dito, as normas tributárias impõem, em seu consequente, a obrigação de pagar tributo em determinadas situações previstas em seu antecedente, mas as normas tributárias não vedam nem obrigam as condutas que podem ser objeto de fraude à lei. No exemplo mencionado anteriormente, havia uma conduta vedada, que era a importação do veículo e uma conduta permitida, que era a importação de peças de veículos. Ora, as normas tributárias preveem, em seu antecedente, condutas que não são vedadas ou obrigatórias, mas condutas cuja realização simplesmente é *permitida* pelo ordenamento jurídico (*v.g. importar ou não importar um produto; auferir renda ou não auferir renda; prestar um serviço ou não prestar um serviço*). A norma tributária não regula essas condutas previstas no seu antecedente, mas apenas, imputa a elas, no consequente da norma tributária, a obrigatoriedade do pagamento do tributo respectivo.

FORMA E SUBSTÂNCIA NO DIREITO TRIBUTÁRIO

Falta, portanto, no Direito Tributário, a cadeia de elementos que caracteriza a fraude à lei no Direito Privado, tendo em vista que as normas tributárias são cogentes, mas não no que diz respeito aos pressupostos de fato dessas normas. Daí asseverar, com razão, César Garcia Novoa, que a fraude à lei não pode se referir a condutas que são pressupostos fáticos de obrigações *ex lege*, se a realização de um pressuposto ou de outro é perfeitamente lícita: "se não se proíbe realizar um pressuposto ou um comportamento alternativo, não se pode estar perseguindo um resultado contrário ao ordenamento, porque a opção por realizar um pressuposto ou outro é lícita e escapar da incidência não pode ser contrário ao ordenamento."[666].

A fraude à lei também se funda na ideia de que há a produção de um "resultado proibido" pelo ordenamento na norma *defraudada*, por meio da realização da conduta permitida pela *norma de cobertura*. Vale dizer, por meio de um caminho aparentemente permitido chega-se a um resultado equivalente àquele que é proibido. Ocorre que é difícil de se caracterizar, no Direito Tributário, o chamado "resultado proibido". A obrigação tributária surge com o fato gerador, que é, nos termos do artigo 114 do CTN, a *condição necessária e suficiente* para o nascimento da obrigação tributária. Se o contribuinte simplesmente deixa de praticar a conduta prevista no pressuposto de fato da norma tributária, não há, consequentemente, o dever de pagar tributo. Ainda que o contribuinte realize um ato ou negócio com efeitos econômicos equivalentes àquele gravado pela lei tributária, se o ato ou negócio do contribuinte *não* corresponder ao fato gerador abstrato, previsto na norma tributária, não há, como consequência, o dever de pagar tributo, isto é, não se caracteriza a obrigação tributária.

É dizer, é perfeitamente possível, no Direito Tributário, que se verifique uma situação e um resultado equivalente àquele tipificado na norma tributária, mas que, se essa situação não for gravada pela lei tributária, não haja qualquer "resultado proibido" e, consequentemente, "fraude à lei tributária".

Também é difícil verificar no Direito Tributário o que possa ser uma *norma de cobertura*. Se um determinado ato ou negócio não é gravado pela lei tributária, mas gera resultados equivalentes àquele que é tributado, não há aí qualquer "norma de cobertura", mas uma verdadeira *lacuna*, ou melhor, um fato não tributado. Se, porventura, o ato ou negócio equiva-

---

[666] *Op. cit.*, p. 50.

322

OS LIMITES DO PLANEJAMENTO FISCAL

lente está sujeito a uma tributação menos gravosa, não há propriamente uma norma de cobertura, mas uma norma tributária que estabelece uma tributação menor. Como ressalta Ferreiro Lapatza, no Direito Tributário a "lei defraudada" e a "lei de cobertura" teriam o mesmo caráter e tipificariam cada qual um fato gravado de forma distinta, com efeitos tributários próprios. Ou, o que pode ser ainda mais contraditório, a pretensa "norma de cobertura" poderia simplesmente corresponder a uma zona de não incidência tributária, isto é, a uma "não-norma"[667].

Por isso, outra característica que compromete a aplicação do instituto da *fraude à lei* no campo tributário é a necessidade do recurso à *analogia* gravosa para se estender a norma tributária a uma situação nela não prevista, mas que possua resultados fáticos ou econômicos equivalentes. Isto é, a reação do ordenamento à fraude a lei, na prática, implica afastar a aplicação da norma de cobertura para fazer valer a norma defraudada[668]. Por exemplo, quando se entende que a importação de todas as peças de um veículo, de forma segregada, equivale a importar o próprio veículo, o que se faz é entender que não se aplica ao caso a norma de cobertura, que permite a realização da conduta, mas sim a norma defraudada, que veda a importação realizada nesses moldes. Tudo para que se evite uma violação indireta do ordenamento jurídico.

---

[667] "Debemos insistir en este punto, La ley defraudada delimita su campo de aplicación al delimitar un hecho imponible. La ley de cobertura delimita su campo de acción al delimitar otro hecho imponible. De tal modo que la aplicación del art. 24 LGT significa la aplicación de una ley a un hecho distinto al tipificado por ella y tipificado por otra norma de identico carácter imperativo. Solo, entiendo, la aplicación analógica puede justificar jurídicamente este proceder. Cierto que repetidamente se ha dicho que en el fraude de ley tributária la norma de cobertura puede ser, paradójica y frecuentemente, una laguna legal. Pero en estos casos es todavia más evidente que el art. 24 LGT cumple la función integradora más característica de la analogia. Se aplica la norma a un hecho no previsto que, de haberlo sido, hubiera sido también gravado" (José Juan Ferrero Lapatza, "Economia de opción, fraude de ley, sanciones y delito fiscal". In: Sacha Calmon Navarro Coêlho, *Evasão e Elisão Fiscal...*, p. 205).

[668] Nesse sentido, Pontes de Miranda, defendendo que a fraude à lei verifica-se no momento de aplicação da lei, sustenta que: "A fraude à lei consiste, portanto, em se praticar o ato de tal maneira que eventualmente possa ser aplicada outra regra jurídica e deixar de ser aplicada a regra jurídica fraudada. Aquela não incidiu porque incidiu esta; a fraude à lei põe diante do juiz o suporte fáctico, de modo tal que pode o juiz errar. A fraude à lei é infração da lei, confiando o infrator em que o juiz erre. O juiz aplica a sanção, por seu dever de respeitar a incidência da lei (= de não errar)" (Pontes de Miranda, *op. cit.*, p. 98).

No caso da *fraude à lei tributária*, prevista no artigo 24 da *Ley General Tributaria* espanhola, ficava clara essa orientação, descrita no item 24.1, segundo o qual "Para evitar a fraude à lei se entenderá, para efeitos do dispositivo anterior *[que trata da impossibilidade de analogia gravosa em matéria tributária]*, que não existe extensão do fato gerador quando se gravarem fatos realizados com o propósito de eludir o imposto, sempre que produzam um *resultado equivalente ao derivado do fato gerador*. Para declarar que existe fraude à lei será necessário um incidente especial que seja apresentado pela Administração a prova correspondente e se ouça o interessado."[669]. Trata-se de uma norma cujo teor literal, de fato, afastava a proibição de analogia gravosa, contida no artigo 23.3[670], imediatamente anterior ao dispositivo em tela. Comentando o alcance do referido artigo 24, Ferreiro Lapatza entendeu que ele estaria permitindo, excepcionalmente, a aplicação analógica do tributo[671].

Ora, como destacado no Capítulo 6, no Direito Tributário brasileiro, não é admissível a analogia gravosa. Daí porque admitir a aplicação da *fraude à lei* tributária implicaria trazer para essa seara um raciocínio jurídico que não pode ser admitido em um campo em que a certeza e segurança jurídica impõem uma reserva absoluta de lei. Nesse sentido, acentua Sacha Calmon Navarro Coêlho que "a reserva de lei é cláusula de barreira contra o poder do Estado-Administração. Entre nós a Administração só pode desconsiderar o ato ou negócio jurídico simulado, jamais o elisivo porque, para atingir a elisão o aplicador necessariamente utiliza a analogia"[672].

Invariavelmente, o que acontece em muitas das hipóteses em que a doutrina pretende aplicar a "fraude à lei tributária" é uma manipulação

---

[669] Tradução livre e com grifos do original: "Artículo 24.1. Para evitar el fraude de Ley se entenderá, a los efectos del número anterior, que no existe extensión del hecho imponible cuando se graven hechos realizados con el propósito probado de eludir el impuesto, siempre que produzcan un resultado equivalente al derivado del hecho imponible. Para declarar que existe fraude de Ley será necesario un expediente especial en el que se aporte por la Administración la prueba correspondiente y se dé audiencia al interesado."

[670] "Artículo 23. 3. No se admitirá la analogía para extender más allá de sus términos estrictos el ámbito del hecho imponible o el de las exenciones o bonificaciones."

[671] "En primer lugar, se estima que el fraude de ley permite, por excepción, la aplicación analógica del tributo, en contra de la prohibición general de la analogía contenida primero en el nº1 del art. 24 LGT y, después de la reforma de 1995, en el nº 3 del art. 23 de la misma Ley. (José Juan Ferrero Lapatza, "Economia de opción...". In: Sacha Calmon Navarro Coêlho, *op. cit.*, p. 204).

[672] *Evasão e Elisão Fiscal...*, p. 56.

OS LIMITES DO PLANEJAMENTO FISCAL

da realidade ou da qualificação jurídica dos atos ou negócios praticados pelo contribuinte, para não caracterizar os pressupostos do *fato gerador* ou quaisquer elementos da obrigação tributária. Ou seja, há uma simulação ou dissimulação, nos termos explicitados anteriormente. Daí se mostrar inadequado e pouco útil o conceito de "fraude à lei tributária" para se avaliar a legitimidade de planejamentos tributários.

A doutrina parece estar chegando a essa conclusão. Marciano Seabra de Godoi, que outrora sustentara que o artigo 116, parágrafo único, do CTN trazia uma norma que coibia a "fraude à lei tributária", posteriormente, passou a defender a existência de "dois conceitos de simulação" no âmbito do Direito Tributário[673]. Ferreiro Lapatza também pensa dessa forma, entendendo que, na maioria dos casos em que se aponta uma fraude à lei tributária, se está, na verdade, confundido a fraude à lei com um conceito de simulação que leva em conta a "causa" dos negócios jurídicos. E conclui afirmando que ou a causa típica, geral, abstrata e suficiente de um negócio existe e, portanto, o negócio existe no campo tributário, caracterizando a elisão fiscal, ou, então, a causa não existe e tampouco o negócio, sendo que aí só se pode falar de simulação. *Tertium non datur*[674]. Pérez Royo, no mesmo sentido, acentua que, no caso da *elisão*, "não existe anomalia alguma na causa, sendo que a consideração fiscal influencia apenas nos motivos (juridicamente irrelevantes) do negócio: se escolhe um tipo negocial com preferência sobre outro apenas pela razão de ser mais vantajoso fiscalmente, mas sem desnaturar a causa" [675].

---

[673] Em artigo publicado em 2001, o autor sustentava que a dissimulação do artigo 116, parágrafo único, do CTN coibia a prática de "planejamentos tributários artificiosos", com a prática de atos ou negócios que, apesar de serem reais e efetivos, são realizados "em fraude à lei tributária, na medida em que se baseiam em normas (comerciais, civis, societárias) estabelecidas pelo legislador com finalidades totalmente diversas das que nortearam a atuação do sujeito passivo, distorcendo a causa típica do negócio com o intuito de obter uma vantagem tributária" ("A figura da 'fraude à lei tributária'...", p. 115). Posteriormente, em artigo publicado em 2007, Marciano Seabra Godoi, sem alterar muito sua interpretação sobre o sentido e o alcance do artigo 116, parágrafo único, do CTN, passa a verificar, na prática, a existência de dois conceitos de simulação. Um conceito relaciona-se à ideia de "falsidade" e o outro à ausência de causa ("Dois conceitos de simulação...", p. 284-286).

[674] José Juan Ferrero Lapatza, "Economia de opción...". In: Sacha Calmon Navarro Coêlho, *op. cit.*, p. 207.

[675] Fernando Pérez Royo, *Derecho Financiero y Tributario*. Madrid: Civitas, p. 100 *apud* José Juan Ferrero Lapatza, "Economia de opción..." In: Sacha Calmon Navarro Coêlho, *op. cit.*, p. 207.

Por isso, consideramos imprópria e inadequada a transposição do instituto privatístico da fraude à lei para o Direito Tributário, como um critério para a análise da licitude e eficácia de planejamentos fiscais. Se o que há é uma simulação, quer uma "simulação-evasão", quer uma "simulação-elusão", nos moldes delineados acima, o conceito mostra-se pouco útil. Se o que se pretende é fazer uma equiparação de um fato tributado a um fato não tributado ou tributado de forma menos onerosa, apenas porque esses fatos possuem resultados econômicos equivalentes, trata-se de analogia gravosa, que não tem guarida no Direito Tributário brasileiro, mesmo para aqueles que defendem a possibilidade de uma fraude à lei tributária[676].

5. O negócio indireto

Uma categoria comumente invocada quando se trata do tema do planejamento fiscal é a do negócio indireto. Novamente, um conceito de Direito Privado é utilizado no campo do Direito Tributário. Normalmente, a doutrina de Direito Tributário recorre à figura do negócio indireto para sustentar que um ato ou um negócio celebrado pelo contribuinte é lícito e pode gerar uma economia fiscal lícita, ainda que tenha uma forma pouco usual ou mesmo atípica de Direito Privado, ou, no caso de ter uma forma usual e típica, quando seus efeitos forem diversos daqueles normalmente decorrentes daquele ato ou negócio[677].

A doutrina do negócio jurídico indireto tem fundamento nas lições do civilista alemão Josef Kohler e do comercialista italiano Tullio Ascarelli[678], este último, jurista de grande influência sobre a doutrina nacional, dada sua passagem pela Faculdade de Direito do Largo do São Francisco durante a década de 1940[679]. A referência ao negócio jurídico indireto geralmente

---

[676] Nesse sentido, Marciano Seabra de Godoi rejeita, expressamente, a interpretação econômica e a analogia em matéria tributária: "Analisado isoladamente, abstraindo-se todas as demais regras do CTN, o art. 116, parágrafo único poderia até gerar alguma dúvida sobre sua adesão à interpretação econômica. Mas, mesmo a partir desta análise isolada (que certamente não é a indicada pela melhor hermenêutica) não nos parece que o dispositivo tenha determinando a interpretação econômica no direito tributário brasileiro." ("A figura da 'fraude à lei tributária'...").

[677] V., por todos, Alberto Xavier, *Tipicidade...*, p. 59-62.

[678] Contrato misto, negócio indireto, "negotium mixtum cum donatione". Revista dos Tribunais – RT, São Paulo, v. 101, n. 925, p. 27-43, nov. 2012.

[679] Até mesmo sobre a doutrina de Direito Tributário, como explicado por Ruy Barbosa Nogueira, em sua monografia "Tullio Ascarelli e o Direito Tributário do Brasil", São Paulo: Instituto Brasileiro de Direito Tributário e Resenha Tributária, 1979.

OS LIMITES DO PLANEJAMENTO FISCAL

abrange o negócio jurídico fiduciário e o negócio jurídico indireto em sentido estrito.

Sem adentrar em maiores minúcias sobre as diferentes classes, espécies e teorias a respeito desses negócios[680], costuma-se definir o *negócio fiduciário*, remontando ao Direito Romano, em que o negócio fiduciário se caracteriza por haver transferência de um direito com base na "fides", isto é, na "confiança" existente entre as partes, seja a um credor (*"fiducia com creditore"*), seja a uma pessoa próxima (*"fiducia cum amico"*) [681].

No primeiro caso, busca-se transferir bens ou um direito ao credor como forma de garantia de um negócio, para recuperá-lo depois, assim que quitada a dívida (*v.g.*, transfere-se a propriedade de um bem, em confiança, ao credor por conta de um empréstimo tomado; uma vez quitado o empréstimo, o bem é restituído ao ex-devedor). No segundo caso, a transferência de bens ou direitos é feita a uma pessoa de confiança, para que estes sejam guardados e preservados e, eventualmente, devolvidos ou entregues a um terceiro, caso implementada a condição estabelecidas pelas partes (*v.g.*, a cessão de um imóvel a alguém que cuidará dos filhos menores de um amigo, para que posteriormente os transfira a esses filhos, quando atingirem a maioridade).

Em ambos os casos, há o que a doutrina chama de uma "desproporção", isto é, um excesso entre os meios empregados e os fins visados com o ato. Por exemplo, o meio utilizado para se fazer uma garantia é a alienação do bem ao credor com a sua posterior devolução no caso de quitação da

---

[680] V., sobre o tema, Tullio Ascarelli, *op. cit.*; Melhim Namen Chalhub, *Negócio fiduciário*. 4.ed. Rio de Janeiro: Renovar, 2009; Custodio da Piedade Ubaldino Miranda, "Negócio jurídico indireto e negócios fiduciários". In: Gustavo Tepedino; Luiz Edson Fachin, *Obrigações e contratos: contratos em espécie – serviços e circulação*. São Paulo: Revista dos Tribunais, 2011. Com relação aos negócios fiduciários e os seus efeitos no Direito Tributário, cf. Antonio Roberto Sampaio Dória, *op. cit.*, p. 54-55; Alberto Xavier, *op. cit.* p 59-62; Diva Prestes Marcondes Malerbi, *Elisão Tributária*, São Paulo: Revista dos Tribunais, 1984; Marco Aurélio Greco, *op. cit.*, p. 289-301; Tércio Sampaio Ferraz Jr., Simulação e negócio jurídico indireto: no Direito Tributário e à luz do novo Código Civil, Revista Fórum de Direito Tributário – RFDT, Belo Horizonte, v. 08, n. 48, nov./dez. 2010, p. 9-25; Edmar Oliveira de Andrade Filho, *Planejamento Tributário*. São Paulo: Saraiva, 2009, p. 189-209; Cristiano Carvalho, Planejamento tributário. Simulação e negócio indireto. Ações fiscais. Revista de Direito Tributário, São Paulo, n. 116, 2012, p. 93-98; Maria Eduarda Fleck da Rosa, Da estrutura à função do planejamento tributário: formalismo ou substância?, Revista Tributária das Américas, v. 3, n. 5, jan./jun. 2012.

[681] José Carlos Moreira Alves, *op. cit.*, p. 65-66.

FORMA E SUBSTÂNCIA NO DIREITO TRIBUTÁRIO

dívida, que é uma forma muito mais gravosa de se garantir a dívida do que simplesmente se oferecer o bem em garantia e continuar seu proprietário, para apenas deixar de sê-lo se a dívida não for paga e o bem for executado. Em suma, há uma produção de mais consequências jurídicas e efeitos para se alcançar um determinado objetivo, do que aqueles que seriam necessários ao fim visado.

Por sua vez, no caso do *negócio indireto em sentido estrito*, não há uma *desproporção* entre *meio* e *fim*, mas um descasamento *entre* o *meio* utilizado e o *fim almejado*. Não há, por assim dizer, uma anormalidade *quantitativa*, mas *qualitativa*[682]. O negócio típico possui uma certa forma, que se presta a uma finalidade usual. No entanto, no negócio indireto, as partes se valem daquela forma prevista pela lei, mas buscam alcançar uma finalidade diversa da ordinariamente produzida por aquele negócio.

Por exemplo, a chamada "procuração em causa própria" é uma espécie de *negócio indireto*. Por meio desse contrato há a outorga de uma *procuração*, isto é, de um instrumento que consubstancia um mandato. O mandato, na forma do artigo 653 do CC/2002 é um contrato cuja finalidade usual é a transferência de poderes de representação de uma pessoa para a outra perante terceiros. De acordo com a lei civil, o mandatário age em nome dos interesses do mandante e lhe deve prestar contas. No entanto, se o mandato é dado "em causa própria" do mandatário, isto significa que o mandatário tem poderes para representar o mandante não perante terceiros, mas perante "si próprio". Na prática, a finalidade da "procuração em causa própria" é permitir não uma pura e simples representação, mas uma cessão de direitos[683].

A teoria subjacente ao negócio jurídico indireto e a grande razão de ser da existência dessa figura é a de se chancelar, ou melhor, de não se entender que haveria uma *invalidade*, à luz do Direito Privado, em relação a esses negócios. É dizer, nos negócios fiduciários e negócios indiretos em sentido estrito, as partes se valem de uma forma *típica* de um negócio, que ordinariamente se presta a uma finalidade usual, mas buscam uma finalidade *diversa* da ordinária. No entanto, – e esse é o ponto da teoria do

---

[682] Distinção teórica que, convenha-se, pode não ser tão fácil assim de apreender na prática.

[683] "O direito moderno, não obstante admitir livremente a cessão de crédito, ainda guarda a figura da *procuração em causa própria*, que dispensa o mandatário de prestar contas, e implica uma cessão indireta de direitos" (Caio Mário da Silva Pereira. *Instituições de Direito Civil*. vol III. Contratos. 11ª ed. Atualizador: Régis Fichtner. Rio de Janeiro: Forense, 2004, p. 415).

OS LIMITES DO PLANEJAMENTO FISCAL

negócio indireto – isso não quer dizer que esses negócios não possam ser válidos e eficazes.

Nesse ponto, a doutrina explica que os negócios indiretos não são negócios *simulados* porque, diferentemente destes últimos, são negócios *sérios*, *verdadeiros* e *queridos pelas partes*[684]. Por sua vez, não são negócios em *fraude à lei*, porque não há, propriamente, ou melhor, não há, necessariamente, a intenção de, por meio deles, se fraudar lei cogente, violando-se, indiretamente, o ordenamento jurídico. Isso pode até, eventualmente, acontecer, ou seja, negócios indiretos podem ser feitos em fraude à lei. Mas, em princípio, isso não ocorre apenas e tão somente porque os fins visados por esses negócios são fins diversos dos típicos e usualmente atrelados a esses negócios, notadamente se esses fins "indiretos" são lícitos e não defesos em lei[685].

Por isso, a doutrina do Direito Tributário por vezes recorre à figura do negócio indireto para demonstrar que é perfeitamente possível que o contribuinte realize certos negócios, valendo-se de uma determinada forma de Direito Privado, para alcançar uma finalidade diversa daquela usualmente atrelada àquela forma, gerando uma economia tributária. Por exemplo, a lei tributária grava uma determinada estrutura jurídica, mas não grava a estrutura do negócio indireto por meio do qual se chega à um resultado equivalente à da estrutura tributada ("negócio indireto de exclusão"). Ou, eventualmente, a norma tributária alcança uma determinada estrutura jurídica, mas a do negócio indireto é expressamente isenta por outra norma tributária ("negócio indireto impeditivo"). Ou, ainda, o negócio

---

[684] "Nada disto se verifica na hipótese do negócio indireto. Aqui as partes querem, e querem efetivamente, o negócio tal qual é: querem efetivamente sujeitar-se à sua disciplina jurídica, repugnando-lhes a aplicação de uma disciplina jurídica contrária; querem também conseguir os efeitos típicos do negócio que acolheram, sem os quais elas não poderiam atingir o fim desejado, que não se identifica com a obtenção daqueles efeitos, mas, pelo contrário, os pressupõe." (Tullio Ascarelli, *op. cit.*, p. 36.)

[685] "Nada obsta que as partes se comportem de tal modo que lei (nos limites da proibição da analogia para efeitos de configuração do tipo) não seja aplicável: a escolha de formas civis deve ser respeitada, pois ela é garantida pela autonomia privada. Assim, a *escolha de uma forma jurídica tributariamente mais favorável ao contribuinte não é presunção de simulação*. Se as partes querem as consequências jurídicas do negócio e realizam efetivamente as consequências econômicas, cuja tributação é regularmente suportada, mas visam a outras consequências econômicas e as obtêm por meio das primeiras, não há simulação, mas negócio indireto. Ainda que o alvo final seja conseguir uma tributação menos onerosa" (Tércio Sampaio Ferraz Jr., *Simulação...*, p. 23).

indireto é tributado de modo menos oneroso do que a outra estrutura ("negócio indireto redutivo")[686].

Essa qualidade do "negócio indireto", de servir como um "caminho alternativo" válido, à luz do Direito, para se alcançar certos fins, ainda que por estruturas "anômalas", "pouco usuais" e "extraordinárias", levou alguns doutrinadores a considerar que todo o comportamento elisivo estaria integrado à categoria do negócio indireto[687].

Todavia, cabe avaliar se, de fato, o negócio indireto pode realmente representar uma espécie de *"trunfo elisivo"* do contribuinte, ou, como bem anotou Marco Aurélio Greco, se o negócio fiduciário ou negócio indireto em sentido estrito representariam "duas figuras mágicas". Isso porque, como destacado anteriormente, o fato de o ato ou negócio ser válido e eficaz à luz do Direito Privado não garante que a qualificação do negócio, atribuída pelas partes, seja condizente com a natureza dos negócios delineados pelas normas tributárias.

Por um lado, parece perfeitamente possível, em se tratando de uma norma tributária que alcance um *tipo estrutural*, isto é, grave um negócio com uma determinada *forma* de Direito Privado, praticar negócios equivalentes – ou "negócios indiretos" – para se situar em uma zona livre de tributação ou sujeita a uma tributação menos gravosa. Por outro lado, em se tratando de uma norma tributária que se valha de *tipos funcionais*, isto é, forjada a partir de uma certa *estrutura jurídico-econômica*, é mais complexo situar qual seria o sentido de um "negócio indireto". Afinal, nesse último caso, não se estaria levando em conta propriamente uma forma típica de Direito Privado, a cuja funcionalidade equivalente pode se chegar por outras vias *formais* diversas, mais abstratas e abertas, que podem abranger várias formas de Direito Privado, isto é, "negócios diretos" ou "indiretos".

Embora não se pretenda aqui, evidentemente, tratar da validade e da utilidade do conceito de negócio indireto para o Direito Privado, o fato é que talvez seja o caso de se meditar sobre a relevância e utilidade desse conceito para o Direito Tributário. Nesse sentido, três questões afiguram-se especialmente importantes. O que exatamente significa o "negócio indireto" no âmbito do Direito Tributário? A existência de um negócio indi-

---

[686] Nesse sentido, cf. Alberto Xavier, *op. cit.*, p. 60-61.

[687] Nessa linha: Diva Prestes Marcondes Malerbi, *Elisão Tributária*. São Paulo: Revista dos Tribunais, 1984, p. 19.

OS LIMITES DO PLANEJAMENTO FISCAL

reto é necessariamente sinônimo de elisão tributária? Pode haver negócio indireto e evasão tributária? A primeira pergunta presta-se a compreender se o negócio indireto é um conceito que seja realmente preciso e capaz de garantir segurança para a qualificação de negócios elaborados pelo contribuinte à luz do Direito Tributário. A segunda questão permite aferir se a adoção do negócio indireto é realmente uma garantia de um planejamento tributário eficaz e sem possibilidade de contestação pelo Fisco. A terceira e última pergunta busca aferir se há a possibilidade de o negócio indireto ser algo que se supõe que ele nunca seja: uma forma de descumprir diretamente a norma tributária, de forma até mesmo dolosa e fraudulenta, com consequências mais gravosas para o contribuinte.

Com relação à primeira questão, é realmente difícil de definir qual o sentido e o alcance do negócio indireto no Direito Tributário. De fato, se há, em princípio, uma liberdade para que o contribuinte adote a forma mais adequada possível para organização de sua vida econômica, isto é, se há liberdade de causas, formas e tipos, no Direito Privado, é certo que, como regra geral, são válidas todas as formas que o contribuinte escolher para estruturar seus negócios. É bem verdade que há certos tipos contratuais, delineados pelo Direito Privado, sendo que a eles são atrelados alguns efeitos. Todavia, nada impede que, não havendo vedação legal, os contribuintes modifiquem essas "estruturas jurídicas pré-formatadas", adicionando ou modificando certas disposições, com os respectivos reflexos nos seus efeitos jurídicos. É certo, também, que o Direito Tributário pode se basear e, frequentemente, se baseia em certas formas de Direito Privado e atribui a elas determinados regimes tributários. No entanto, quando se busca exatamente qual seria o espaço de um "negócio indireto" no Direito Tributário, verifica-se uma certa complexidade para se determinar exatamente que conceito seria esse e qual a sua relevância.

Como bem acentua Edmar Oliveira de Andrade Filho, o conceito de um "negócio indireto" pressupõe, por questões de lógica e semântica, a existência de um "negócio direto"[688]. Diante desse cenário, o que poderia ser exatamente esse negócio direto no Direito Tributário? Se há uma pluralidade de vias admitidas como lícitas pelo ordenamento jurídico para a consecução de um certo resultado fático, a questão que se coloca é se é realmente possível qualificar algumas dessas vias de "diretas" e outras de "indiretas".

---

[688] Edmar Oliveira Andrade Filho, *op. cit.*, p. 189-190.

FORMA E SUBSTÂNCIA NO DIREITO TRIBUTÁRIO

Um exemplo dado por Andrade Filho permite visualizar bem essa dificuldade. Uma sociedade, que é titular de um imóvel, pretende alienar esse imóvel a uma pessoa física. Há, em princípio, diversas formas de fazer isso. É possível que a sociedade simplesmente celebre uma compra e venda do imóvel com a pessoa física. É possível que haja uma redução do capital social, com a entrega do imóvel aos sócios dessa sociedade, que são pessoas físicas, para que eles alienem o imóvel ao comprador. É também possível cindir-se a sociedade, vertendo o ativo para uma nova sociedade e alienando as quotas dessa nova sociedade. Em suma, o Direito prevê uma série de possibilidades, todas elas lícitas, para a realização da alienação em questão. Cada qual, porém, estará sujeita a normas tributárias distintas. Na primeira hipótese haverá incidência de IRPJ e CSL sobra o ganho de capital auferido pela pessoa jurídica. Na segunda e terceira hipóteses, a tributação é de 15% de IRPF sobre o ganho de capital apurado pela pessoa física. Há algum negócio que seja "direto" ou "indireto" nessas hipóteses, ou, simplesmente, vias alternativas para celebração negócios diferentes, cada qual sujeito a um regime negocial e tributário próprio? Essa é uma questão que evidencia as dificuldades de se utilizar um conceito próprio, certo e seguro de "negócio indireto", no Direito Tributário.

Mas, ainda que fosse perfeitamente possível definir e conceituar com segurança o que seja um negócio jurídico indireto, no Direito Tributário, não parece que ele conduza sempre e inexoravelmente a uma situação de elisão tributária. Isso tanto pode acontecer como não. Ou seja, trata-se de um desfecho *acidental* ou *contingente*, mas não *essencial* e *necessário*.

Um exemplo colhido da jurisprudência administrativa ilustra bem essa questão[689]. O caso envolve as chamadas "debêntures com participação nos lucros" ou simplesmente "debêntures participativas". As debêntures são títulos emitidos pelas companhias que permitem a captação de recursos de terceiros, que, diferentemente das ações, não representam aumento do capital da sociedade. As debêntures, sob essa perspectiva, se aproximam de um empréstimo, que é feito, não mediante um contrato de mútuo, tal

---

[689] "Caso H. Stern", Ac. 107-09.587, Primeira Câmara do CC do MF, Sétima Câmara, Sessão de 17.12.2008. O caso é analisado minuciosamente com outros acórdãos sobre o tema por Rodrigo de Freitas e Talita Marson Mesquita ("Caso Vasco da Gama: dedutibilidade das despesas com debêntures com participação nos lucros". In: Leonardo Freitas de Moraes e Castro (org.), *Planejamento Tributário: análise de casos*. São Paulo: M.P. Editora, 2010).

OS LIMITES DO PLANEJAMENTO FISCAL

como previsto no Código Civil, mas, por meio de uma emissão de um título mobiliário da sociedade.

Segundo o artigo 202 da Lei nº 6.404/1976, as debêntures conferem aos seus titulares direito de crédito contra a sociedade, nas condições previstas na escritura ou certificado de emissão. Normalmente, as debêntures concedem aos seus titulares além do direito de recuperação do valor pago por elas, a possibilidade de pagamento de juros, com eventuais garantias adicionais oferecidas pela companhia. No entanto, nesse caso examinado pelo CARF, as debêntures emitidas previam uma participação direta do debenturista sobre 100% dos lucros da companhia. Além disso, o debenturista não era um terceiro, mas o próprio sócio da sociedade. E, de uma forma ainda mais inusitada, a aquisição das debêntures não foi feita em dinheiro pelo sócio-debenturista, mas mediante a entrega de uma nota promissória. Na prática, portanto, a companhia tomou um "empréstimo" e foi paga com um "empréstimo" de volta. No entanto, a empresa que emitiu a debênture pagava juros ao debenturista calculado sobre o lucro da empresa (100% do lucro), deduzindo-se esse valor da base de cálculo de IRPJ e da CSL, nos termos do artigo 462 do RIR.

Em princípio, seria possível arguir que se tratava de negócio jurídico indireto. Em vez de uma capitalização da sociedade, com a emissão de ações e o pagamento de dividendos sobre os lucros gerados, isto é, da realização de um "negócio jurídico direto", que não geraria dedução fiscal, os sócios se valeram de um "negócio jurídico indireto". Adquiriram debêntures *sui generis* – daí a "finalidade atípica e não usual" do negócio indireto – que previam uma participação de 100% nos lucros e que, em princípio, permitiriam dedução fiscal.

Sob certo ponto de vista, poderia até ter ficado caracterizado, na espécie, um negócio indireto, mas o CARF entendeu que, na prática, houve *simulação*[690] e desconsiderou o negócio realizado, tendo em vista que (i) se tratava de negócio entre partes relacionadas, fora de qualquer parâmetro de mercado; (ii) não houve efetivo ingresso de recursos para a aquisição de debêntures; e (iii) transmudou-se uma integralização de capital

---

[690] Embora tenha sido reconhecida a *simulação*, foi afastada, no caso em destaque, a aplicação da multa qualificada, por se entender que os atos praticados pelo contribuinte foram explícitos e transparentes, não tendo havido qualquer tipo de ocultação de informação, mas apenas, por assim dizer, uma divergência entre a qualificação atribuída pelo contribuinte e aquela pretendida pelo Fisco.

FORMA E SUBSTÂNCIA NO DIREITO TRIBUTÁRIO

em uma emissão de debêntures, sendo que o valor deduzido não se qualificava como uma despesa necessária ou mesmo razoável para a empresa.

Em suma, a caracterização de um eventual negócio indireto não leva, como consequência inexorável, ao campo da elisão fiscal. Como de resto, já alertado pelo próprio Tullio Ascarelli, para quem: "há disposições legislativas que se destinam a permitir a obtenção de um determinado objetivo prático, pouco importando que ele seja, ou não, um simples fim indireto, seja qual fôr a forma sob que ele se oculta e seja qual for o caminho escolhido pelas partes para o conseguir"[691]. Nesse ponto, Ascarelli cita como exemplos dessas disposições legislativas, as *normas tributárias*, juntamente com as normas de Direito Penal e com as normas de Direito Privado, que tratam da proibição do pacto comissório, da incapacidade de certas pessoas para receber doação ou testamento, dentre outras restrições de ordem pública.

As decisões mais recentes do CARF também apontam na direção de que a caracterização do negócio indireto não tem como consequência direta torná-lo imune à qualquer contestação por parte do Fisco, notadamente se a qualificação atribuída pelo contribuinte for passível de questionamento para fins fiscais[692].

O que, talvez, seja possível arguir, em se tratando de um negócio jurídico indireto, é que, por ser um negócio, em princípio, válido, dotado de uma forma típica, ainda que com um resultado atípico, dificilmente haverá espaço para caracterizar uma *evasão fiscal* por meio dele. É dizer, dificilmente haverá o descumprimento direto da legislação tributária ou, ainda mais difícil será a caracterização da sonegação, da fraude ou do conluio para justificar uma penalidade agravada. Daí porque, muito provavelmente, o campo do negócio indireto será o da elisão ou mesmo da elusão fiscal.

De toda forma, o que se verifica é que tomar o negócio indireto ou fiduciário como um critério para a avaliação de planejamentos tributários não parece ser de todo seguro ou mesmo útil. Afinal, de início, é difícil responder à primeira pergunta e explicar exatamente qual o conceito de negócio indireto no Direito Tributário. Mas, ainda que ultrapassada a

---

[691] *Ibidem*, p. 37-38.

[692] "O fato de ser um negócio jurídico indireto não traz a consequência direta de tornar eficaz o procedimento da interessada, pois essa figura não é oponível ao fisco quando, como é o caso concreto, sem propósito negocial algum, visto de seu todo, visar apenas a mera economia de tributos". (CARF, Processo 19515.007121/2008-76, Ac. 1401-000.582, 4ª Câmara, 1ª Turma Ordinária, 1ª Seção, j. 29.06.2011).

primeira pergunta, o fato é que a eventual caracterização de um negócio indireto não permite concluir que se esteja frente a uma situação de elisão tributária. Por fim, chegando-se à terceira pergunta, talvez, uma vez caracterizado o negócio indireto, seja possível se descaracterizar a evasão fiscal, mas, mesmo assim, recorrendo-se a outros critérios que não àqueles ínsitos a essa figura.

Daí porque não nos parece de todo útil ou relevante trabalhar com um critério que traz mais perguntas, dificuldades e inseguranças do que respostas, facilidades e certezas.

6. O abuso de direito
6.1. O abuso de direito no Direito Civil

O abuso de direito – ou abuso *do* direito, como preferem alguns – também é um instituto desenvolvido no Direito Privado. Lecionam os civilistas que o *abuso de direito* surge como uma reação jurisprudencial à concepção excessivamente *individualista e voluntarista* de direito subjetivo que teve lugar a partir do Código Civil napoleônico[693]. No centro da teoria do abuso do direito, reside a ideia de que o *titular* de um direito subjetivo, exerce esse direito em *comunidade*, razão pela qual pode livremente usar, gozar e dispor do seu direito, mas, não pode *abusar* dele, causando danos a terceiros[694].

Em suma, *direitos subjetivos* não são absolutos e ilimitados, porquanto seus titulares não podem exercê-los, como forma de prejudicar terceiros (finalidade emulatória) ou de forma a exceder os limites imanentes desses direitos (extravasando o fim social a que o direito se destina). Nesse caso, restaria configurado o abuso do direito e, diferentemente do que ocorre quando o comportamento é amparado por um *direito*, no caso de *abuso de direito*, o Direito não tutela, nem reconhece a legitimidade dos atos abusivos praticados[695].

O CC/2002, tratando dos negócios ilícitos, considera ato ilícito aquele realizado pelo "titular de direito que, ao exercê-lo, excede manifestamente os limites impostos pelo seu fim econômico ou social, pela boa-fé ou pelos bons costumes". Mesmo entre os civilistas, é controversa a noção de "abuso

---

[693] António Manuel da Rocha e Menezes Cordeiro. *Da boa-fé no direito civil*. Coimbra: Almedina, 2007, p. 671.
[694] Caio Mario da Silva Pereira, *op. cit.*, p. 672.
[695] Marco Aurélio Greco, *op. cit.*, p. 205-207.

de direito", que alguns reputam ser uma contradição em termos, tendo em vista que se há o exercício de um direito, em princípio, a conduta realizada está amparada juridicamente, ao passo que, o "abuso" pressupõe um terreno próprio em que já não haveria direito a ser tutelado[696].

O efeito principal no Direito Civil do "abuso de direito" é gerar a *responsabilidade civil* daquele que *abusa* do *direito*, obrigando-lhe a reparar o *dano* causado pelo ato abusivo. Enquanto aquele que age no regular exercício de direito, pratica um ato lícito, aquele que *abusa do direito* e provoca um dano, pratica um ato ilícito e fica responsável por indenizar os prejuízos causados[697]. O artigo 187 do CC/2002 determina que aquele que age abusando do direito está obrigado a indenizar, nos termos do artigo 927 do CC/2002, segundo o qual: *"Aquele que, por ato ilícito (arts. 186 e 187), causar dano a outrem, fica obrigado a repará-lo"*.

6.2. O abuso de direito no Direito Tributário

Uma parte da doutrina sustenta que seria possível aplicar no *Direito Tributário* a noção privatística de abuso de direito. Marco Aurélio Greco defende que o "direito de auto-organização não é absoluto"[698] e que o abuso desse direito não deve ser oponível ao Fisco. Para o professor, os atos com finalidade predominantemente fiscal poderiam ser desconsiderados pelo Fisco. Greco entende que o exercício da liberdade de conformação dos negócios do contribuinte deve decorrer de eventos ligados "à conveniência pessoal, a interesses de ordem familiar, a questões de natureza econômica ou ligadas ao desenvolvimento da empresa, ao seu aprimoramento ou à melhoria de sua eficiência etc"[699]. Nesse contexto, o direito de auto-organização estaria sendo exercido com *causas reais* e não *predominantemente fiscais*[700]. No entanto, quando o contribuinte realiza atos sem uma "causa real" e com base em uma motivação "predominantemente fiscal", isto é, pratica certos atos e operações que não tem uma *justificativa* outra que não a redução da carga tributária, estaria caracterizado o abuso de direito[701]. O abuso de direito seria marcado, na sua acepção objetiva, no Direito Tributário, por

---

[696] Caio Mario da Silva Pereira, *op. cit.*, 671.
[697] Gustavo Tepedino; Heloísa Helena Barboza; Maria Celina Bodin de Moraes, *op. cit.*, 346.
[698] Marco Aurélio Greco, *op. cit.*, p. 197.
[699] *Idem, ibidem.*, p. 212.
[700] *Idem, ibidem*, p. 213.
[701] *Idem, ibidem*, p. 238.

uma conduta que implica um "excesso" no direito de auto-organização, assim entendida a ausência de uma justificativa *extratributária* para a prática daquele ato ou negócio. Para o professor, não deve necessariamente haver um motivo econômico (*business purpose*) a justificar o negócio, mas uma razão *extratributária* plausível, não bastaria, tampouco, um simples pretexto[702].

A tese da aplicação do *abuso do direito* em matéria de planejamento fiscal encontra ardorosos defensores[703] e críticos[704]. Antes de avaliar se a teoria do *abuso* de direito é, por assim dizer, "boa"ou "ruim" para o Direito Tributário cabe perquirir, previamente, se é viavel construí-la dogmaticamente no Direito Tributário

6.3. Existe espaço para a teoria do abuso de direito em matéria de planejamento fiscal?

A premissa jurídica *fundamental* de que parte a teoria do abuso de direito, tal como construída no Direito Civil, é *a existência de um direito*, mais do que isso, a *existência de um direito subjetivo*. Se não há direito subjetivo, não existe a possibilidade sequer de um *uso* do direito e, como corolário lógico, não

---

[702] *Idem, ibidem,* p. 235-240.

[703] Nesse sentido, v. dentre outros, Hermes Marcelo Huck: "Cabe ao Fisco desqualificar e requalificar os negócios privados, quando puder demonstrar de forma inequívoca a prática de ato abusivo, realizado unicamente para obter vantagem fiscal." (*Op. cit.,* p. 151); Ricardo Lobo Torres: "O abuso do direito em ambas as áreas jurídicas deve ser interpretado segundo o princípio da unidade do direito e sob a perspectiva de sua abrangência e superioridade epistemológica frente a outras modalidades de combate ao conceptualismo. Relevante é notar que a teoria do abuso do direito vista antes à requalificação dos fatos do que à anulação, abrindo diversas possibilidade quanto aos efeitos da ilicitude dos atos abusivos e à aplicação de sanções pecuniárias." (*Op. cit.,* p. 22) e; Ricardo Lodi: "No direito tributário, a teoria do abuso de direito passa a incidir a partir do momento em que o contribuinte lança mão de um negócio jurídico, formalmente lícito, não visando porém, adequar-se aos efeitos deste, mas tão-somente, ou fundamentalmente, à economia do imposto" (*Op. cit.,* p. 145).

[704] Nesse sentido, v. dentre outros, Alfredo de Augusto Becker: "*Abuso do direito.* Aqueles que negam a liceidade da evasão fiscal (elusão ou evasão legal) e, na sua ocorrência, entendem que se deva fazer abstração da estrutura jurídica (o que significa recomendar o abandono da *realidade jurídica,* aceitando-se apenas a *realidade econômica*), nada mais fazem do que implantar dentro do Direito Tributário, empírica e quase sempre inconscientemente, a teoria do *abuso* do direito e todas as confusões e erros jurídicos que ela costuma gerar" (*Carnaval Tributário.* 2ª ed. São Paulo: Lejus, 2004, p. 146-147; Alberto Xavier: "O conceito de abuso de direito deve ser erradicado, de vez, da ciência do Direito Tributário, onde não tem foro de cidade" (*Op. cit.,* p. 109).

seria cabível falar em seu *abuso*. Os defensores da transposição da teoria do abuso do direito do campo do Direito Privado para o Direito Tributário, então, constroem a premissa do "abuso do direito" sobre o direito subjetivo que o contribuinte teria para se "auto-organizar". A questão que precisa ser avaliada e melhor compreendida é: existe, tecnicamente, um "direito de se auto-organizar"?

O termo "direito" é plurissignificativo. Ocorre que, por vezes, esses diferentes significados podem gerar ruídos na comunicação, em especial porque se pode estar utilizando essa mesma palavra para fazer referência a conceitos jurídicos distintos, sujeitos a regimes diferentes e efeitos diversos. O jurista americano Wesley Neocomb Hohfeld notou, há cem anos[705], essa ambiguidade que cercava o termo direito, ou melhor, o termo "right" em inglês, e propôs uma célebre e conhecida distinção entre o que denominou de: direitos em sentido estrito ("claim-rights"), privilégios ("liberty--rights"), poderes ("powers") e imunidades ("immunities").

Hohfeld percebeu que, na prática jurídica, o termo "direito" era utilizado para se referir a situações distintas, cada qual com as suas especificidades. Na tentativa de melhor explicar essas diferentes situações, o jurista buscou, não apenas precisar melhor cada um desses conceitos, mas identificar a forma como eles se relacionavam uns com os outros, tanto na forma de uma *correlação ("jural correlatives")*, quanto de uma *oposição ("jural opposites")*.

O primeiro passo da definição de Hohfeld foca nos conceitos correlativos de *direito/dever* ("right"/"duty"), explicando que quando uma pessoa *A* tem um *direito*, em sentido estrito, a alguma coisa, *i.e.*, a exigir o cumprimento de uma prestação por outra pessoa *B*, é porque, consequentemente, há, para essa outra pessoa *B*, um *dever* recíproco de realizar a prestação em questão.

Já o termo "privilégio" ("privilege") se correlaciona, segundo Hohfeld, a um "não-direito" ("no-right"), o que significa que se uma pessoa *A* tem um *privilégio* para fazer ou deixar de fazer alguma coisa, é porque não está sujeito a qualquer pretensão da pessoa *B*, ou seja, há um "não-direito" por parte da pessoa *B*. Afinal, se a pessoa *B* tivesse um *direito* àquela prestação, a pessoa *A* teria, em respeito à primeira definição, um *dever* de realizar aquela prestação e, consequentemente, não poderia simplesmente optar

---

[705] Some fundamental legal conceptions as applied in judicial reasoning, Yale Law Journal, November, 1913.

OS LIMITES DO PLANEJAMENTO FISCAL

por fazer ou deixar de fazer a ação em questão. Daí porque o *oposto* de um *direito* é um *não-direito* e o oposto de um *dever* é um *privilégio*.

Continuado com a sequência de distinções, Hohfeld trata dos correlativos: *poder* ("power") e *sujeição* ("liability"). O poder é um conceito de segunda ordem ou um meta conceito, uma vez que implica conferir a alguém uma capacidade jurídica/competência para criar, modificar ou extinguir relações jurídicas. Um poder permite criar *direitos/deveres* e *privilégios/não direitos*. Quando se diz que uma pessoa *A* tem poder sobre uma pessoa *B* é porque aquela pessoa *A* pode *sujeitar* pessoa *B*. Daí a relação de correspondência entre *poder/sujeição*. No entanto, se, ao contrário, o que existe é uma *impossibilidade* de alguém ter *poder* sobre o a outra pessoa para alterar a sua situação jurídica, então, o que existe é uma *imunidade* ("immunity") e, respectivamente, uma *incompetência* ("*disability*"). É dizer, a pessoa que não pode ter sua situação alterada é titular de uma imunidade; já aquela que não pode alterar a situação jurídica de outra é incompetente para tanto.

Longe de ser uma distinção ultrapassada e conceptualística, essa diferenciação precisa e singela proposta por Hohfeld ainda goza de muito prestígio acadêmico, a ponto de ter sido utilizada por Robert Alexy na construção de sua teoria sobre direitos fundamentais[706]. Alexy, inclusive, insere esses conceitos fundamentais em um quadro em que demonstra as relações entre eles:

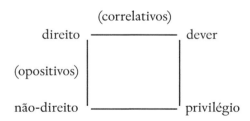

Voltando à questão do abuso de direito, a teoria de Hohfeld permite compreender bem os problemas metodológicos que derivam da aplicação do instituto do abuso do direito ao Direito Tributário. Como mencionado anteriormente, o conceito de *abuso de direito* pressupõe o da existência de um *direito*. Ora, segundo o modelo de Hohfeld, a existência de um "direito"

---

[706] Robert Alexy, *op. cit.*, p. 209-218.

por parte de *A* corresponderia a uma situação da existência de um *dever* por parte de *B*. Essa é uma situação bastante corriqueira nas relações de Direito Civil, de que é exemplo clássico a relação contratual, que traz direitos e obrigações recíprocas para as partes contratadas. No caso do *abuso de direito*, entretanto, o titular originário de um direito entraria em uma zona em que estaria exercendo o seu direito fora daqueles limites econômicos, sociais, da boa-fé e dos bons costumes, que conformam esse direito, causando um *dano injustificado* a outra pessoa. Aquele que abusa do direito estaria, dentro da lógica dos conceitos de Hohfeld, saindo de uma zona do "direito" para uma zona do "não-direito", na medida em que, ultrapassado o limite desse direito, a parte contrária não estaria mais obrigada a atender à pretensão daquela pessoa que abusa do direito. Nesse contexto do Direito Privado, a figura do "abuso do direito", ainda que passível de questionamento por parte de alguns, mostra-se, ao menos lógica e metodologicamente, condizente com as relações jurídicas existentes entre as partes.

No entanto, a transposição dessa ideia para o Direito Tributário encontra, de plano, algumas dificuldades lógicas e metodológicas insuperáveis. Por um lado, o que seria o "direito de se auto-organizar" do contribuinte em relação ao Fisco? Certamente, não se trata de um "direito" em sentido estrito, nos termos propostos por Hohfeld. Até porque, se assim fosse, o contribuinte teria a possibilidade de exigir, em contrapartida, um dever, por parte do Fisco, de realizar uma determinada prestação, o que não faz o menor sentido. Na verdade, o chamado "direito de auto-organização" dos contribuintes pressupõe justamente o contrário do que seria um direito em sentido estrito, na teoria de Hohfeld. Se o contribuinte tem um "direito de auto-organização" é porque tem a *liberdade* para organizar os seus negócios da forma que melhor entender, isto é, ele detém um "privilégio", nos termos propostos por Hohfeld. Por exemplo, para realizar uma determinada atividade econômica o contribuinte pode se organizar na forma de um prestador autônomo do serviço, poder constituir uma empresa individual, ou pode mesmo constituir uma sociedade limitada ou uma sociedade anônima. O Fisco nada tem que ver com isso e nada pode objetar em relação a isso. O Fisco está, claramente, em uma situação de "não-direito" em relação à forma como o contribuinte gere suas atividades. Esse é um pressuposto das liberdades individuais, constitucionalmente asseguradas. O contribuinte pode organizar seus negócios de forma livre, daí Robert Alexy construir sua teoria dos direitos fundamentais sobre essas bases.

OS LIMITES DO PLANEJAMENTO FISCAL

Essa é, portanto, a primeira objeção metodológica à transposição da teoria do abuso do direito para o Direito Tributário: o direito de auto--organização do contribuinte não é propriamente um direito, passível de abuso, mas uma liberdade e como tal, o que existe por parte do Fisco, nesse campo, é um não-direito.

Todavia, a aplicação da teoria do abuso, na seara tributária, torna-se ainda mais difícil quando se considera a *natureza* da relação existente entre o Fisco e o contribuinte à luz da teoria de Hohfeld. Se partirmos do plano constitucional, constataremos que o Fisco é titular de um "poder", isto é, detêm competência para sujeitar o contribuinte. Mas, essa competência nasce delimitada constitucionalmente na CF/1988. O Fisco só pode sujeitar o *contribuinte* em alguma situações específicas, e observados alguns requisitos próprios, *materiais e formais*. Essa relação de sujeição permite que o Fisco crie normas que, elas sim, irão gerar *direitos* e respectivos *deveres*, para Fisco e contribuinte, em termos hohfeldianos.

O que se vê, portanto, à luz da teoria de Hohfeld, é que na relação entre *Fisco* e *contribuinte* há, primeiramente, uma relação de *poder/sujeição* e, depois, uma relação de *direito/dever*, mas nessa ordem. Como sabido, o titular de um *direito* na relação tributária não é o contribuinte, mas o Fisco. Daí porque se mostra bastante difícil dizer que o contribuinte estaria abusando do direito, se ele não é titular de direito algum, ao menos no que diz respeito estritamente à relação tributária. Quando muito, é possível dizer que o contribuinte não estaria *cumprindo seu dever*, mas jamais *abusando de um direito*.

Além disso, outro óbice que se coloca é que o *poder* e, depois, o *direito* do Fisco, no caso do Direito Tributário, são exercidos dentro de certos limites. Como bem aponta Xavier, não há tributos devidos com base no "interesse tributário geral"[707] e com um fundamento em um princípio maior da capacidade contributiva. É preciso que se verifiquem certos pressupostos, para, só então, se estabelecer, quer a relação de poder/sujeição, quer de "direito/dever". Se esses pressupostos não foram alcançados, não há que se falar em competência tributária ou mesmo em dever de pagar tributo. Se não há fato gerador, simplesmente não há tributo devido. Não é que existe abuso de direito, simplesmente não há qualquer *relação jurídica* entre Fisco e contribuinte.

[707] Alberto Xavier, *Tipicidade...*, p. 132-133.

FORMA E SUBSTÂNCIA NO DIREITO TRIBUTÁRIO

A noção de abuso de direito é bem construída por Atienza e Manero a partir da ideia de que, no exercício de um direito, amparado por uma regra regulativa, uma pessoa pode violar princípios jurídicos subjacentes à regra em questão e causar um *dano excessivo, anormal e injustificado* a uma outra pessoa[708]. Por exemplo, o proprietário de um imóvel pode construir edificações nele, mas não pode construir uma chaminé falsa, sem qualquer utilidade, apenas para fazer sombra sobre o imóvel de seu vizinho com quem vinha se desentendendo[709]. Ao fazer isso, o proprietário desborda dos limites do direito de propriedade, na medida em que ele não pode ser exercido de modo a abalar, inútil e imotivadamente, o direito do seu vizinho à paz, ao sossego e ao acesso à claridade.

O ponto é que, no Direito Tributário, as regras não são *regulativas*, mas *mandatórias* e *os princípios* não tem o condão de *incluir* situações não previstas nas *regras tributárias*. Na teoria de Atienza e Manero, as regras regulam condutas que são ou não permitidas. O abuso surge de um conflito entre essa regra e um princípio subjacente a ela, que passa a tornar não mais permitida, mas proibida a ação abusiva (*ilícito atípico*). No Direito Tributário, as regras são mandatórias, no sentido de que, dadas certas circunstâncias fáticas, surge a *obrigação* do pagamento de tributo. Além disso, como visto anteriormente, no Capítulo 5, itens 2 e 3, as regras podem ser *sobre-inclusivas ou sub-inclusivas*. Mas, dada a imposição constitucional de uma legalidade estrita, com vedação da analogia gravosa, não há espaço no Direito Tributário, ao contrário do que acontece, por exemplo, no Direito Civil, para uma integração com base na analogia. Se o ato ou negócio praticado pelo contribuinte não está gravado pela lei tributária ou está gravado por uma lei tributária menos gravosa do que outro semelhante, por mais que isso seja "estranho", "inusual" ou "injusto", não significa que seja possível "calibrar", "ponderar", desfazer o "abuso" por meio da atividade interpretativa.

Até porque, no âmbito do planejamento tributário, geralmente, quando há algum "abuso" ou manifesto "artificialismo" nos atos ou negócios engendrados pelo contribuinte, isso se dá em uma etapa prévia ao estabelecimento de relação jurídica. Isto é, o contribuinte busca tentar não se enquadrar em uma "norma de incidência tributária" ou se enquadrar em uma "norma tributária de exoneração" ou em uma norma tributária menos

---

[708] *Ibidem*, p. 56-57.
[709] António Manuel da Rocha e Menezes Cordeiro, *op. cit.*, p. 671.

OS LIMITES DO PLANEJAMENTO FISCAL

gravosa. Toda essa fenomenologia se desenvolve no âmbito da interpretação e da aplicação das normas tributárias, justamente em uma etapa *prévia*, de modo que não se caracterize uma relação jurídica entre Fisco e contribuinte a partir do fato gerador. Para lidar com essas situações, a figura da *simulação*, nos termos estudados acima, se mostra muito mais condizente e apropriada[710].

A teoria do abuso do direito já pressupõe a existência de uma relação jurídica entre as partes, isto é, quando se trata de falar de "abuso de direito" é porque é *incontroverso* que existe um direito e um respectivo dever, sendo que o titular desse direito abusa dele. Ora, no caso do Direito Tributário, o *planejamento fiscal* é todo engendrado justamente em uma *etapa prévia*, buscando, justamente, se evitar o surgimento da obrigação tributária, *i.e.*, de direitos e de deveres por parte do Fisco e do contribuinte. Dito diretamente, no caso de abuso de direito, o problema não está em saber se há ou não *direito*. Este é um pressuposto. O que se discute é se *houve ou não abuso*. No caso do planejamento fiscal, o problema que se coloca é prévio, anterior e prejudicial a esse. O que se discute é: há ou não direito por parte do Fisco? Em suma, a aplicação da teoria do abuso do direito no Direito Tributário é, até nesse sentido, cronologicamente inadequada, pois se volta a resolver um problema *posterior* à situação da existência do direito, quando a questão a ser enfrentada é a imediatamente anterior a essa, vale dizer, relativa à existência do próprio direito.

E, ao final, se o que a *teoria do abuso de direito* propõe é a reparação do *dano*, pelo exercício "irregular" de um direito, ela tampouco se mostra condizente com a sistemática do direito tributário. Isso porque, no campo do Direito Tributário, o *dano* ao Fisco que se pode conceber é o não pagamento do tributo. Mas, para se aferir se houve ou não esse "dano" basta que se aponte se houve ou não a ocorrência do *fato gerador*. Se há fato gerador, e houve o inadimplemento, pode-se até falar em "dano". Caso contrário, não há como se cogitar de dano. Não é, pois, necessário se recorrer a figura do *abuso de direito* para lidar com essa questão. A dificuldade, na

---

[710] "Ademais, quando se fala em 'mascaramento da ocorrência do fato gerador' está-se relacionando *abuso de direito* à figura da *simulação* e, portanto, a um ilícito típico devidamente caracterizado pelo Código Civil e encampado pelo Código Tributário Nacional como suficiente para autorizar a desconsideração do ato dissimulado para atingir o ato simulado que lhe subjaz" (Gustavo Amaral, *Abuso de Direito e Tributação*. In: Aires Fernandino Barreto e outros, *Segurança Jurídica na Tributação e Estado de Direito*. São Paulo: Noeses, 2005, p. 248)

seara do Direito Tributário, especialmente no caso do planejamento fiscal, diz respeito à interpretação de normas e qualificação de atos, não no que tange a se justificar ou não a reparação de danos[711].

Tudo isso demonstra as dificuldades metodológicas de se conceber uma aplicação da figura do *abuso do direito* no âmbito do Direito Tributário. Contudo, ainda que essas dificuldades pudessem ser superadas, parece ser bastante difícil separar as economias fiscais lícitas das ilícitas, olhando para a *motivação* do contribuinte. Ainda que uma "motivação" objetiva. A motivação, regra geral, é um critério irrelevante para a aplicação da lei tributária. Que motivações são boas ou ruins para se defender a validade e eficácia de um determinado planejamento tributário? Quem irá definir quais são as boas ou más razões? Será uma Autoridade Fiscal, cuja atividade é vinculada? Quem garante que o contribuinte não irá simplesmente trazer razões genéricas para defender o planejamento fiscal contestado, recorrendo a certos chavões como "busca de eficiência", "minimização de custos operacionais", "gestão mais eficaz", "melhor dinâmica empresarial" para realizar o mais agressivo dos planejamentos tributários? Afinal, não se pode praticar negócios exclusivamente porque se pagará menos tributos? Essas são perguntas para as quais a teoria do abuso de direito não traz muitas explicações. No entanto, ao deixar essas perguntas sem resposta, a teoria do abuso abre espaço para considerações das mais diversas ordens, no que tange à estruturação de um negócio, quando o Direito Tributário deve ser, ao máximo, certo, seguro e concebido para reduzir complexidade, tornando os casos "fáceis".

Um caso extraído da jurisprudência do CARF revela as dificuldades metodológicas de se aplicar o conceito de "abuso de direito" no Direito Tributário. O caso envolve a discussão sobre a tributação de sociedades constituídas especialmente para prestação de serviços personalíssimos, em especial se o tributo incidente sobre os rendimentos gerados por esse trabalho é tributável pelo IRPJ ou pelo IRPF. Várias foram as manifesta-

---

[711] "Do que se observou parece claro que, para dar lugar ao dano, antes se tem de incorrer na figura típica da hipótese da regra matriz de incidência e, nessa medida, já não importa mais se o dano verificado é excessivo ou anormal, ou se a ação realizada possuía um fim sério ou discernível. Todas essas especulações passam a ter caráter contingente em relação à obrigação tributária que surge como eficácia jurídica da mera ocorrência do fato jurídico tributário". (*Loc. cit.*)

ções do CC do MF e do CARF a respeito do assunto[712]. No acórdão cuja ementa se transcreve abaixo, a operação de constituição de sociedade para a prestação desse tipo de serviço foi considerado um *abuso de direito*, porque estruturada com o propósito exclusivo de se obter economia fiscal:

> "IRPF – REMUNERAÇÃO PELO EXERCÍCIO DE PROFISSÃO, ATI-VIDADE OU PRESTAÇÃO DE SERVIÇOS DE NATUREZA NÃO COMER-CIAL – PRESTAÇÃO DE SERVIÇO DE NATUREZA PERSONALÍSSIMA – TRIBUTAÇÃO NA PESSOA FÍSICA
>
> - Não há plausibilidade jurídica em defender a regularidade da constituição de empresa de prestação de serviço, por sócios ou controladores da empresa tomadora do serviço, para a venda de serviço de gestão administrativa unicamente à tomadora. Claramente seria uma sociedade cujo affectio societatis seria unicamente a redução do pagamento dos tributos incidentes sobre os rendimentos do trabalho percebidos pelos sócios da tomadora do serviço, e não uma atividade econômica específica, esta passível de prestação a um indeterminado número de tomadores. (...). **A constituição de empresa da espécie é um cristalino abuso de direito, que tem o único fim de perseguir uma tributação menos gravosa em face daquela que incidiria sobre os rendimentos do trabalho. O que une tais sócios não é a prestação de uma atividade econômica, mas uma pretensa redução de carga tributária.**
>
> Assim, é tributada como rendimento de pessoa física a remuneração por serviços prestados, de natureza não comercial e personalíssima, com ou sem vínculo empregatício, independentemente da denominação que lhe seja atribuída."[713]

No precedente em questão, o simples fato de a pessoa jurídica ter sido constituída e prestar serviços personalíssimos foi considerado um *abuso de direito*, pelo fato de se ter como único fim "perseguir uma tributação menos gravosa". Esse é um caso emblemático de como a doutrina do abuso de direito, por não oferecer critérios consistentes, pode chegar a resultados

---

[712] Os casos que ficaram mais conhecidos foram do treinador de futebol Luís Felipe Scholari, o "Felipão" (CC do MF, Ac. nº 106-14.244, Recurso n°.: 141.697, Sessão de 20.10.2004) e do apresentador de TV, Carlos Massa, o "Ratinho" (CC do MF, Ac. nº 104-18.641, 1º Conselho de Contribuintes, 4ª Câmara, Sessão de 19.2.2002.)

[713] CARF, Ac. 2102-00.447, 1ª Câmara, 2ª Turma Ordinária, Sessão de 04 de dezembro de 2009. Não grifado no original.

inusitados e até mesmo incompreensíveis. Teria havido "abuso" na constituição de uma sociedade apenas e tão somente porque os serviços prestados seriam *intuito personae,* como se não fosse possível ou lícito, à luz do sistema fiscal brasileiro, constituir uma sociedade com sócios que prestam serviços utilizando sua própria força de trabalho? Por óbvio, a sociedade, não sendo ela própria uma *pessoa natural,* demanda que outras pessoas prestem serviços por *meio dela.* O titular dos direitos, de obrigações e, em última análise, o prestador do serviço é a sociedade, mas os agentes que executam esses serviços são sócios ou empregados da sociedade, nem por isso a *personalidade jurídica desfigura-se* e confunde-se com a dessas outras pessoas.

Como bem ressalta Alberto Xavier, a pessoa jurídica é uma "ficção do espírito", sendo inimaginável que, em uma sociedade de advogados, de médicos ou de arquitetos, seja a pessoa jurídica quem redija uma petição, realize uma cirurgia ou desenhe um projeto. O mesmo ocorre com as pessoas jurídicas constituídas por apresentadores de televisão, por treinadores de futebol, por jornalistas, dentre outros profissionais. Isso não significa que a pessoa jurídica não possa ser titular dos direitos gerados por esse trabalho, não podendo o Fisco "pretender *um deslocamento* dos rendimentos da pessoa jurídica para a pessoa física" por esse simples fato[714]. Conforme explica Gustavo Tepedino: "o caráter pessoal do serviço prestado consiste em aspecto perfeitamente compatível com a organização social, configurando-se mesmo característica importante de determinados tipos societários"[715].

No caso da prestação de serviços personalíssimos por sociedades, a "correção" dessa jurisprudência administrativa se deu pela conversão da MP nº 252/2005 na Lei nº 11.196/2005, cujo artigo 129, expressamente determinou que *"Para fins fiscais e previdenciários, a prestação de serviços intelectuais, inclusive os de natureza científica, artística ou cultural, em caráter personalíssimo*

---

[714] Tributação das pessoas jurídicas tendo por objeto direitos patrimoniais relacionados com a atividade profissional de atletas, artistas, jornalistas, apresentadores de rádio e TV, bem como a cessão de direito ao uso de imagem, nome, marca e som de voz. Parecer. In: Pedro Anan jr. e Marcelo Magalhães Peixoto (coord.). Prestação de Serviços Intelectuais por Pessoas Jurídicas: Aspectos Legais, Econômicos e Tributários. São Paulo: MP Editora, 2008, p. 220-221.

[715] "Sociedade Prestadora de Serviços Intelectuais: Qualificação das Atividades Privadas no âmbito do Direito Tributário" In: Pedro Anan jr. e Marcelo Magalhães Peixoto (coord.). Prestação de Serviços Intelectuais por Pessoas Jurídicas: Aspectos Legais, Econômicos e Tributários. São Paulo: MP Editora, 2008, p. 26.

ou não, com ou sem a designação de quaisquer obrigações a sócios ou empregados da sociedade prestadora de serviços, quando por esta realizada, se sujeita tão-somente à legislação aplicável às pessoas jurídicas, sem prejuízo da observância do disposto no art. 50 da Lei no 10.406, de 10 de janeiro de 2002 – Código Civil".

Como bem ressalta Luciano Amaro, o critério para definir a legitimidade de um planejamento tributário não pode ser o _estatístico_[716]. É dizer, o Fisco não pode pretender requalificar atos ou negócios apenas e tão somente porque entende que eles não se enquadram dentro do que entende ser uma espécie de _modelo_ ou de _padrão_ pretendido. Se não houve qualquer simulação, como, em princípio não há, na prestação de um serviço personalíssimo por uma pessoa jurídica, não há como se desconsiderar o ato praticado pelo contribuinte.

Por isso, além de dogmática e metodologicamente problemática, a teoria do abuso de direito acaba por não fornecer critérios seguros ou mesmo apropriados para o exame de planejamento tributários. Ela desvia o foco da análise jurídica dos atos ou negócios praticados, para se concentrar em questões "extratributárias" que pouco ou nada ajudam para compreensão da natureza ou qualificação jurídica dos atos ou negócios realizados pelas partes.

7. A Substância Econômica e o Propósito Negocial

Uma postura relativamente frequente nas discussões sobre planejamento tributário é a alusão à doutrina norte-americana da substância econômica e do propósito negocial. _"A substância deve prevalecer sobre a forma"_, _"Essa estrutura precisa ter alguma substância econômica"_, _"Deve haver algum propósito negocial para a realização dessa operação"_, todas essas são ideias presentes no inconsciente coletivo daqueles que lidam com o tema do planejamento tributário.

Substância econômica e _propósito negocial_ parecem ser conceitos-chave, mas não se pode negar que são conceitos bastante _vagos_ e, no mínimo, _imprecisos_. Que substância deve prevalecer sobre que forma? O que é _substância_

---

[716] "Sempre que determinada forma fosse adotada pelo contribuinte para implementar certo negócio, ele teria de verificar se aquele modelo é o que mais frequentemente se utiliza para a realização daquele negócio, o critério jurídico seria substituído pelo critério estatístico, e as variadas formas que o direito criou para instrumentar as atividades econômicas dos indivíduos seriam reduzidas a uns poucos modelos que fossem 'validados' fiscalmente". (_Direito Tributário Brasileiro_, 11ª ed. Saraiva: São Paulo, 2005, p. 231).

econômica? Que tipo de finalidades podem ser consideradas "propósitos negociais"? Essas são perguntas, cujas respostas não são tão frequentes e presentes, ao menos, não tanto quanto as referências a esses conceitos.

De alguma maneira, esses conceitos aparecem associados à relação entre Direito e Economia, mais precisamente ao que se denominou de a escola da *"interpretação econômica do Direito Tributário"*. Essa expressão costuma ser utilizada para se referir ao conjunto de teorias doutrinárias e jurisprudenciais que se desenvolveram nas primeiras décadas do século passado a partir das ideias de Enno Becker[717], na Alemanha, entre os juristas da Escola de Pavia[718], na Itália, e, nos Estados Unidos, a partir do célebre e já mencionado caso *Gregory v. Helvering*[719].

Embora cada uma dessas teorias desenvolvidas tenha a sua especificidade, há um *fio condutor* que perpassa por elas, que remete a uma forma específica de se interpretar o Direito Tributário, ou, mais especificamente, os conceitos utilizados pelas leis tributárias. Essas doutrinas buscam fazer a leitura da normas tributárias a partir das relações econômicas subjacentes aos conceitos nelas estabelecidos. Por exemplo, se a lei tributária grava uma "venda", entendem os defensores dessa corrente que o tributo deve incidir sobre todas aquelas operações que se desenvolvam economicamente de forma semelhante à venda. Uma locação em que o valor das parcelas pagas ao longo de um determinado período equivale ao valor do bem pode ser considerada uma "venda a prazo" à luz dessas teorias.

Essas teorias, na verdade, buscavam uma autonomia teórica e conceitual para o Direito Tributário. À época, o Direito Privado era o centro de referência da Teoria Geral do Direito. E era bastante comum que as leis tributárias se valessem de conceitos de negócios consagrados no Direito Privado para fixar o campo de incidência de tributos.

Na verdade, um dos casos emblemáticos que dá origem ao desenvolvimento das teorias da interpretação econômica é o conhecido caso MITROPA, na Alemanha[720]. A sociedade MITROPA possuía como objeto social a atividade de mineração. Por meio de sucessivas alterações do seu

---

[717] Alfredo de Augusto Becker, *Carnaval...*; Luís Eduardo Schoueri, *op. cit.*, p. 611-344; Moris Lehner, *op. cit.*, p. 147-152.

[718] Aliomar Baleeiro, *Limitações...* , 711-731; e Ricardo Lobo Torres, *Tratado...*, p. 295-300.

[719] V. Capítulo 3, item 3.

[720] Brandão Machado, Prefácio do Tradutor. In Wilhelm Hartz, *Interpretação da lei tributária: conteúdo e limites do critério econômico*. São Paulo: Resenha Tributária, 1993.

OS LIMITES DO PLANEJAMENTO FISCAL

contrato social, o objeto da sociedade em questão foi alterado, passando a ser o comércio de material ferroviário, e a sua sede também foi alterada. A questão que se colocava perante os tribunais era se haveria a incidência de um imposto do selo, que era devido nas hipóteses de constituição de uma nova sociedade. Os tribunais, no entanto, entenderam que a lei do selo não impedia a realização daqueles negócios, afastando a exigência do tributo no caso. O debate que se instalou em seguida na Assembléia Nacional foi para coibir esse tipo de comportamento[721], notadamente em um período em que o país passava por uma gravíssima recessão econômica, após a derrota na Primeira Guerra Mundial.

Coube, nesse contexto, a Enno Becker, jurista de formação civilista, mas com atuação como profissional de Direito Público, incluir, no projeto de normas gerais sobre matéria tributária, que resultaria na *Reichsabgabenordnung (RAO)*, a Ordenação Tributária de 1919, norma prevendo a "consideração econômica" na interpretação das leis tributárias[722]. Esse foi o início do desenvolvimento de uma teoria que procurava construir autonomia do Direito Tributário, dissociando-o do Direito Privado e se voltando para a análise "real" dos fatos. Fazer um histórico do desenvolvimento e das particularidades dessa doutrina na Alemanha escaparia ao escopo do presente trabalho. O ponto central é que esse dispositivo da legislação tributária germânica que trata do "abuso de formas" foi objeto de sucessivas alterações legislativas, a mais recente, de 2008, o que só revela a dificuldade de se estabelecer conceitos seguros e eficientes para sua aplicação.

Na Itália, as idéias voltadas à interpretação econômica do Direito Tributário estão ligadas à produção acadêmica da Escola de Pavia. Griziotti formulou estudos compreendendo a capacidade contributiva como a *causa* do tributo, enxergando um ciclo na cobrança de impostos, que levavam ao fornecimento de serviços públicos, que, por sua vez, incrementariam a riqueza do indivíduo, que é a base da capacidade contributiva e o fundamento para o imposto[723]. Vanoni situa a causa da obrigação tributária na razão pela qual os serviços públicos são prestados: a necessidade que o Estado tem de arrecadar fundos para a manutenção daqueles serviços e

---

[721] Ulrich Palm, *"Germany"*. In: Karen B. Brown (org.), *A Comparative Look at Regulation of Corporate Tax Avoidance*. New York: Springer, 2012, p. 174.

[722] Luís Eduardo Schoueri, *Direito Tributário...*, p. 616-619.

[723] Benvenutto Griziotti, "Intorno al concetto di causa nell diritto finanziario", *Riv. Dir. Sc. Fin*, , 1939, p. 372 e 385 *apud* Aliomar Baleeiro, *Limitações...*, p. 714-717.

para a realização de seus fins[724]. E Dino Jarach extrai como consequência dessas ideias "o dever da aplicação do imposto à relação econômica prescindindo das formas jurídicas todas as vezes que estas sejam inadequadas para aquela (...)"[725].

Todavia, é nos Estados Unidos em que a doutrina da "substância econômica" desenvolve-se em maior medida, gozando até hoje de amplo prestígio jurisprudencial. Como visto, a doutrina costuma situar como marco inicial da "economic substance doctrine", o célebre caso *Gregory v. Helvering*, decidido pela Suprema Corte em 1935[726]. Naquela oportunidade, o Tribunal entendeu que as operações societárias realizadas pela Sra. Gregory não se enquadravam no conceito de "reestruturação societária", que permitiria a realização de certas operações societárias com isenção de imposto de renda. Na verdade, o que se entendeu é que as operações societárias foram praticadas, na verdade, para se ocultar uma distribuição de dividendos, sujeita à tributação.

No entanto, ao longo dos anos, foi se desenvolvendo nos EUA a denominada "economic substance doctrine", que, na verdade, abrange um conjunto difuso de conceitos, ou melhor, de "testes", para se avaliar a legitimidade de uma operação na visão do Fisco norte-americano, determinando-se se é eficaz ou não a economia fiscal pretendida pelo contribuinte[727].

Em rigorosa síntese, o *"sham transaction doctrine"*[728] aproxima-se do conceito de simulação ou dissimulação já exposto anteriormente. O *"step transaction doctrine"* determina que negócios vinculados ou sequenciais devem ser analisados em conjunto, como se constituíssem uma unidade, a fim de se aferir a sua legitimidade. O *"business purpose doctrine"* exige que o contribuinte tenha algum propósito negocial na realização de uma transação, que não o único e exclusivo interesse de economizar tributos. O *"substance*

---

[724] Ezio Vanoni, *Natureza e interpretação da lei tributária*. Rio de Janeiro: Financeiras, 1952, p. 37.
[725] Dino Jarach, *op. cit.*, p. 173.
[726] Martin J. McMahon Jr., Living with (and dying by) the codified economic substance doctrine. University of Florida Legal Research Paper No. 2010-13, disponível na internet em <http://papers.ssrn.com/sol3/papers.cfm?abstract_id=1623822>, acesso em 13.5.2013.
[727] Joseph Bankman. The Economic Substance Doctrine. *University of Southern California Law Review*, vol 74, No. 5, 2000.
[728] Um apanhado objetivo dessas doutrinas pode ser encontrado no relatório de William P. Streng e Lowell D. Yoder, sobre a "Forma e Substância" nos Estados Unidos, no *Cahiers de Droit Fiscal...*, p. 595-623. Em português, sobre essas doutrinas, cf. João Dácio Rolim, *op. cit.*, 141-167 e António Fernandes de Oliveira, *op. cit.*, p. 95-121.

over form doctrine" permite a requalificação de atos ou negócios praticados pelos contribuintes, quando a qualificação que lhes for originalmente atribuída não for compatível com o conteúdo econômico do ato ou do negócio.

Esses testes, na verdade, são identificados pela doutrina com base no estudo e na compilação de decisões judiciais sobre o tema, em que planejamentos fiscais realizados pelos contribuintes foram desconsiderados ou acolhidos pelos tribunais. Trata-se, portanto, de um "modelo indutivo", isto é, em que normas gerais são propostas a partir da análise de casos particulares.

Embora não haja uma restrição expressa à aplicação do doutrina da substância econômica a outros tributos, o que se nota, particularmente, é que essa doutrina é aplicada majoritariamente no campo da tributação sobre a renda. Os precedentes abrangidos por essa doutrina, basicamente, tratam desse tributo, que está na base do sistema tributário americano, sendo uma das suas principais fontes de arrecadação.

Um dos testes abrangidos pela chamada *economic substance doctrine* é justamente o do *propósito negocial* ("business purpose test"), por meio do qual se procura avaliar se a operação teve alguma outra finalidade que não exclusivamente a economia fiscal. Já em *Gregory v. Helvering*, a Corte entendeu que uma das operações societárias realizada pelo contribuinte era *"simplesmente uma operação que não tinha qualquer propósito negocial ou empresarial – um mero artifício que se travestiu de uma reorganização societária como um disfarce para ocultar seu caráter real (...)"*[729]. A menção ao propósito negocial pela Suprema Corte aparece em outros precedentes também sempre mencionados como *Higgins v. Smith*[730], *Knetsch v. United States*[731] e *Goldstein v.*

---

[729] Tradução livre de parte do seguinte excerto extraído da decisão: "Simply an operation having no business or corporate purpose – a mere device which put on the form of a corporate reorganization as a disguise for concealing its real character, and the sole object and accomplishment of which was the consummation of a
preconceived plan, not to reorganize a business or any part of a business, but to transfer a parcel of corporate shares to the petitioner." (293 U.S. 465, 1935).

[730] No caso em questão, foi negado a um contribuinte o direito de deduzir perdas geradas em operações de vendas feitas a uma subsidiária integral sua. (308 U.S. 473, 1940)

[731] (364, US 361, 1960). Nesse caso, foi negado ao Sr. Knetsch o direito de deduzir os juros de um empréstimo somente com a intenção de gerar uma despesa para fins fiscais. "Anualmente o contribuinte aumentava sua dívida no montante aproximado ao dos juros devidos, enquanto os recursos financeiros efetivamente tomados eram muito pequenos. Os juros criados anualmente passaram a ser volumosos, enquanto a garantia dada pelo devedor contribuinte ao credor,

Comissioner[732], em todos esses casos, a realização de operação que tiveram como único propósito a economia fiscal, sem trazer qualquer alteração relevante na posição econômica do contribuinte, foram desconsiderados. No entanto, em outro precedente bastante citado, o *Frank Lyon Co. v. United States*, a doutrina da substância econômica foi utilizada a favor do contribuinte.

Em *Frank Lyon Co. v. United States*, havia uma transação de "sale-lease-back", em que um contribuinte, a Frank Lyon Co., comprou um edifício de um banco e depois alugou esse mesmo edifício a esse mesmo banco. A transação foi assim estruturada porque o banco, por questões regulatórias, não poderia financiar diretamente a construção do edifício por meio de uma estrutura de financiamento convencional. O valor dos aluguéis pagos pelo banco ao contribuinte eram equivalentes aos valores devidos pelo financiamento. O Fisco negou a dedução fiscal, por parte do contribuinte, dos juros pagos pelo financiamento e dos encargos com a depreciação do imóvel. No entanto, a Corte deu razão ao contribuinte. Decidiu que não havia qualquer manipulação despida de substância econômica, mas uma operação com substância, que foi realizada de uma certa forma por conta de realidades negociais e regulatórias, imbuída de considerações que não, exclusivamente, a busca da economia fiscal.

A partir desses precedentes, a doutrina sustenta que há um "teste conjuntivo", em que uma operação precisa ter (i) substância econômica ("economic substance"); e (ii) um propósito negocial extratributário ("a non-tax business purpose"), para ser respeitada para fins fiscais[733].

Há várias criticas à teoria do propósito negocial, principalmente no sentido de que ela foca nos motivos subjacentes à transação e não nos seus efeitos[734]. No sistema tributário brasileiro, pautado no princípio da legalidade estrita, o relevante é a ocorrência do fato gerador e não os motivos

---

detectada pelo fisco, era limitada ao valor dos recursos em moeda corrente efetivamente colocado na transação pelo mutuante" (João Dácio Rolim, *op, cit.*, p. 164)

[732] No caso, o contribuinte tomou um empréstimo a juros de 4% para investir em títulos públicos que rendiam juros de 2% com o único propósito de criar uma dedução fiscal significativa naquele ano, para evitar a tributação de um outro rendimento tributável recebido. (385 U.S. 1005, 1967).

[733] Martin J. McMahon Jr., *op. cit.*, p. 8.

[734] Joseph Bankman. The Economic Substance Doctrine. *University of Southern California Law Review*, vol 74, No. 5, 2000, p. 12.

que levaram o contribuinte a adotar esta ou aquela estrutura. Nada há na Constituição ou na legislação tributária que vede essa pretensão. Ao contrário, proibir o contribuinte de adotar a forma fiscalmente mais vantajosa implica, como decorrência lógica, instituir um dever geral de que o contribuinte sempre adote o caminho fiscalmente mais oneroso. Afinal, se, entre duas formas jurídicas válidas e equivalentes para obtenção de um certo resultado econômico, o contribuinte não puder optar por uma delas, apenas porque ela é mais benéfica do ponto de vista fiscal, então é porque ele está obrigado a pagar sempre a maior quantidade possível de tributo. Ocorre que esse dever simplesmente inexiste à luz do sistema tributário nacional.

Mesmo no Reino Unido, também um sistema de *common law*, de onde deriva o sistema jurídico norte-americano, a jurisprudência rejeita o teste do propósito negocial. No precedente *Macniven v. Westmoreland Investments Ltd,* de 2001, o Lord Hoffmann afastou a possibilidade de recurso à doutrina americana do propósito negocial, afirmando que "*Se a transação se enquadra na descrição legal, não faz qualquer diferença que ela não teve um propósito negocial. Ter um propósito negocial não é parte do conceito relevante*"[735].

A doutrina nacional encontra-se dividida entre aqueles que defendem que deve haver uma motivação extratributária para fundamentar o planejamento fiscal[736] e aqueles que defendem que a economia fiscal, por ser um objetivo e dever de qualquer administrador de empresa, é, em si mesma, um propósito negocial[737]. Com todo respeito às opiniões de relevo, parece que essa é uma discussão um tanto estéril, simplesmente porque o *propósito negocial* pouca ou nenhuma relevância deveria ter como critério para se aferir, à luz do sistema tributário nacional, a legitimidade de planejamentos fiscais. A existência de motivos extratributários para a realização

---

[735] "If a transaction falls within the legal description, it makes no difference that it has no business purpose. Having a business purpose is not part of the relevant concept (...) Even if a statutory expression refers to a business or economic concept, one cannot disregard a transaction which comes within the statutory language, construed in the correct commercial sense, simply on the ground that it was entered into solely for tax reasons. Business concepts have their boundaries no less than legal ones" ([2001] UKHL 6. Disponível na internet em <http://www.publications.parliament.uk/pa/ld200001/ldjudgmt/jd010208/macniv-2.htm>, acesso em 13.5.2013.

[736] Cf., nesse sentido, Marco Aurélio Greco, *op. cit.*, p. 235.

[737] Cf., nesse sentido, Sacha Calmon Navarro Coelho, *Os Limites Atuais do Planejamento Tributário*. In: Valdir de Oliveira Rocha, Dialética: São Paulo, p. 303

do negócio ou a finalidade única e exclusiva de reduzir tributos não ajuda em nada o enfrentamento da grande dificuldade dos casos controversos de planejamento fiscal, que dizem respeito à interpretação e à aplicação da lei, mais precisamente à qualificação dos atos ou negócios praticados pelos contribuintes[738].

Como bem concluiu Rodrigo de Freitas, em obra dedicada a investigar o conceito do propósito negocial no tema do planejamento tributário , "a vontade psicológica de economizar tributos é irrelevante para a análise do negócio jurídico tanto no plano da existência quanto no plano da validade (...)"[739]. Se há algum conceito de propósito negocial que pode ser admitido, este importa, como muito bem definido por Schoueri: "*a conformidade entre a intenção das partes (motivo do ato) e a causa do negócio jurídico*"[740]. Dentro de um exame finalístico das normas tributárias e dos negócios praticados, é preciso que haja uma "conformidade da causa objetiva (finalidade econômica) com a declaração de vontade (composta pelos elementos categoriais inderrogáveis)"[741]. Isso significa dizer que o contribuinte não pode distorcer a *causa* dos negócios jurídicos, referidos nas leis tributárias, incorrendo em simulação.

A minuciosa pesquisa coordenada por Luís Eduardo Schoueri e organizada por Rodrigo de Freitas, considerando dezenas de acórdãos proferidos pelo CC do MF sobre o tema do planejamento fiscal, chegou à conclusão de que, em regra, quando o Conselho de Contribuintes analisa motivos extratributários está, na verdade, valendo-se do conceito de propósito negocial apontado acima. Isso quer dizer que é possível, válido e legítimo que o contribuinte pratique atos por motivos *predominantemente* tributários, o que não é possível, válido e legítimo é que haja uma incom-

---

[738] "Para que argumentos ou raciocínios falaciosos não sejam desnecessariamente alimentados, é importante ressaltar que pelo simples fato de uma pessoa, física ou jurídica, escolher um certo procedimento, em vez de outro, em razão de aquele proporcionar uma menor carga tributária, ou seja, por ser este motivo determinante, não há que se falar em qualquer ilicitude." (Luís Cesar Souza de Queiroz, *Controle Normativo...* , p. 714).

[739] "É legítimo economizar tributos? Propósito negocial, causa do negócio jurídico e análise das decisões do antigo Conselho de Contribuintes". In: Luís Eduardo Schoueri (coord.), *Planejamento Tributário e o "Propósito Negocial"*. São Paulo: Quartier Latin, 2010, p. 478.

[740] Luís Eduardo Schoueri, "Fato Gerador da Obrigação Tributária". In: Luís Eduardo Schoueri (coord.), *Direito Tributário – Homenagem a Alcides Jorge Costa*. São Paulo: Quartier Latin, 2003, p. 142-143.

[741] Rodrigo de Freitas, *op. cit.*, p. 488.

OS LIMITES DO PLANEJAMENTO FISCAL

patibilidade entre a manifestação de vontade das partes e a causa objetiva dos negócios jurídicos[742]. Isto é, não é admitido que se verifique a *simulação*, nos termos delineados acima, comprometendo-se, então, a viabilidade do planejamento fiscal.

O caso do arrendamento mercantil, *o leasing*, é um claro exemplo de como atos praticados com motivos predominantemente fiscais podem resultar em uma economia fiscal válida. A Lei nº 6.099/1974, que regulamenta o *leasing*, não impôs um limite com relação ao valor das parcelas a serem pagas no curso do arrendamento mercantil. Isso permite que o arrendamento mercantil se faça mediante o pagamento de parcelas elevadas, deixando-se, ao final do contrato, apenas um valor residual simbólico, se comparado ao valor de mercado do bem. Na prática, muitos contribuintes passaram a se valer do *leasing*, para arrendarem bens, pagando prestações dedutíveis da base de cálculo do IRPJ e da CSL, em vez de optarem pela compra e venda a prazo desses bens, o que significaria, em termos fiscais, integrá-los ao seu ativo permanente e apenas deduzir o valor da depreciação do bem pelo prazo legal. A opção pelo *leasing* em vez da compra e venda a prazo, na maioria das vezes, é motivada exclusivamente pela economia fiscal gerada.

No entanto, a jurisprudência entendeu que, uma vez caracterizado o *leasing*, nos termos previstos na Lei nº 6.099/1974, não poderia o Fisco simplesmente desconsiderá-lo, com base no elevado valor das parcelas e o baixo valor residual, de modo a equipará-lo a um contrato de compra e venda para fins fiscais[743]. Isso significa que, mais relevante do que se aferir ou não se um ato foi praticado com ou sem o exclusivo propósito de

---

[742] *Idem, ibidem,* p. 481-490.

[743] "Não constatada a descaracterização do contrato de arrendamento mercantil em compra e venda, é legal considerar como despesa o que foi gasto com o arrendamento do bem para fins de dedução do imposto de renda." (STJ, RESP nº 270021/SP, Segunda Turma, Relator: Ministro João Otávio de Noronha, DJ 13.3.2006). "Os contratos de leasing não podem ser descaracterizados pela Fazenda Pública passando a ser considerados como de compra e venda, pelo simples fato de as partes ajustarem valores diferenciados para as obrigações mensais, se inexiste dispositivo legal que determine a obrigatoriedade do valor específico para cada prestação." (STJ, RESP nº 509437/MG, Segunda Turma, Relator: Ministro Francisco Pessanha Martins, DJ 30.5.2005). "Não há nenhum dispositivo legal que considere como cláusula obrigatória para a caracterização do contrato de leasing a fixação de valor específico para cada contraprestação. É de ser considerado, portanto, sem influência para a definição de sua natureza jurídica o fato de as partes ajustarem valores diferenciados ou até mesmo simbóli-

pagar menos tributo, *i.e.*, suportado ou não por razões extratributárias, é verificar se a *natureza jurídica* do ato ou negócio, para saber se ele se amoldará ou não às consequências fiscais previstas na respectiva lei de regência.

Esse mesmo raciocínio pode ser aplicado no que tange à aplicabilidade do princípio da "prevalência da substância sobre a forma". É impossível lidar com os fatos brutos, como se a "substância" dos fatos fosse uma característica ínsita a eles. Os fatos são "amorfos", representam uma "massa crua", para utilizar a expressão de Sampaio Dória. A interpretação jurídica não se dá a partir do fato, mas da perspectiva da norma. O "caso concreto" pode até conter elementos relevantes, que influenciam na decisão[744]. No entanto, não podem razões morais, sociais, econômicas prevalecer sobre *razões jurídicas*[745]. Fazer isso não é "abrir o Direito a outras áreas", "arejar o sistema jurídico" ou "modernizar a interpretação", mas permitir que o caos e o arbítrio ingressem no Direito, eliminando um dos seus mais preciosos valores, que é a segurança.

Como mencionado na primeira parte, há sistemas que se orientam com base na "substância econômica", como é o caso da Contabilidade, cujo propósito é refletir menos a estrutura dos atos ou dos negócios e mais o seu sentido econômico. No entanto, o Direito se estrutura sobre o binômio "lícito" e "ilícito", justamente para facilitar a tomada de decisões. É claro que existem zonas de incerteza na interpretação jurídica. No entanto, a busca dos juristas é por critérios *seguros* para a tomada de decisões.

Nesse sentido, dizer que a "substância deve prevalecer sobre a forma" vale por critério algum. Na verdade, substância econômica dissociada de qualquer *forma jurídica* é um critério que de nada adianta para o Direito, dada a relevância da *forma*, para o universo jurídico, exposta na primeira parte desse trabalho. No Direito Tributário brasileiro, o princípio da legalidade estrita, as regras de competência tributárias e a vedação da analogia reduzem ainda mais o papel de uma alegada "substância econômica",

---

cos para efeito da opção de compra." (STJ, RESP nº 633204/MG, Primeira Turma, Relator: Ministro Luiz Fux, 13.12.2004).

[744] "Nesse cenário, o problema deixa de ser apenas o conjunto de fatos sobre o qual irá incidir a norma, para se transformar no fornecedor de parte dos elementos que irão produzir o direito. Em múltiplas situações, não será possível construir qualquer solução jurídica sem nela integrar o problema a ser resolvido." (Luís Roberto Barroso, *Curso de Direito Constitucional...*, p. 308).

[745] Humberto Ávila, Argumentação Jurídica e a Imunidade do Livro Eletrônico. Revista Diálogo Jurídico, Salvador, CAJ – Centro de Atualização Jurídica, v. I, nº. 5, agosto, 2001. Disponível em: <http://www.direitopublico.com.br>. Acesso em 12.12.2011.

tornando-a um critério sem validade ou utilidade. Afinal, como bem ressalta Luís Cesar Souza de Queiroz, fatos com a mesma substância econômica, podem estar, inclusive, sujeitos a diferentes tributos pela própria dicção constitucional[746].

Só é possível se conceber uma *prevalência da substância sobre a forma* no sentido da *simulação* exposto acima, seja nos moldes de uma *simulação-evasão*, em que os atos são falsos ou fictícios, seja nos moldes de uma *simulação-elusão*, em que há um descompasso entre a manifestação de vontade e a causa do negócio.

É nesse sentido, inclusive, que o STF já fez uso da dicotomia "forma--substância", ou mais precisamente, sobre a impossibilidade de "a forma prevalecer sobre o conteúdo". Trata-se do conhecido RE nº 268.586[747] ("Caso Polaroid") em que o STF fez uma distinção relevante na sua jurisprudência sobre a sujeição ativa do ICMS na importação. Os precedentes da Corte até então haviam se consolidado no sentido de que o ICMS na importação é devido ao Estado onde está situado o "importador jurídico" da mercadoria, independentemente do local do seu desembaraço aduaneiro[748]. No precedente em questão, o STF analisou o caso em que a importação havia sido realizada por uma empresa intermediária, que não era propriamente a destinatária jurídica do bem, mas "mera consignatária" deste, realizando a operação por conta e ordem de um terceiro, que o STF considerou o real importador. Daí ter concluído na ementa do referido acórdão que:

> "O Imposto sobre Circulação de Mercadorias e Serviços cabe ao Estado em que localizado o porto de desembarque e o destinatário da mercadoria, *não prevalecendo a forma sobre o conteúdo*, no que procedida a importação por

---

[746] "Ora, (i) se a Constituição se ocupou em discriminar diferentes conceitos, que apresentam limites máximos, de modo a repartir a competência entre as Pessoas Políticas, (ii) se há entre esses conceitos semelhanças quanto à repercussão econômica ou substância econômica dos mesmos, (iii) então, se fosse aplicável no Brasil qualquer daquelas teorias estrangeiras (a da *interpretação econômica,* a da *substância sobre a forma,* a do *propósito negocial,* etc.), as quais para serem aplicadas, em situações que não se enquadrem como de simulação ou fraude, envolvem necessariamente um processo analógico, estar-se-ia tornando sem efeito o Princípio da Repartição Constitucional da Competência Tributária." (*Controle Normativo...,* p. 733-734).

[747] Primeira Turma, Relator: Ministro Marco Aurélio, DJ 18.11.2005.

[748] Nesse sentido, o RE nº 144.660-9, Plenário, Relator: Ministro Marco Aurélio, Redator p/ acórdão: Ministro Ilmar Galvão DJ. 21.11.1997 e RE nº 192.711-9, Plenário, Relator: Ministro Ilmar Galvão, j. DJ.18.4.1997.

terceiro consignatário situado em outro Estado e beneficiário de sistema tributário mais favorável."

O precedente do STF demonstra que a referência à prevalência da substância sobre a forma está relacionada, não a questões fáticas e econômicas, mas à natureza jurídica dos atos ou negócios analisados. O relevante para a decisão do STF no caso em questão foi a qualificação do *importador* para fins de ICMS, influindo sobre essa questão o fato de a empresa em que ingressou o bem não ser a sua destinatária, mas apenas uma intermediária na operação, que a executava *por conta e ordem de outra pessoa*.

O Tribunal entendeu, expressamente, que se caracterizou a "simulação" na hipótese, tendo em vista que a importadora figuraria nas operações como mera consignatária "o que implica dizer que não atuaria como senhora, em si de importação de mercadorias para posterior venda". Conforme mencionado na decisão em tela, a empresa intermediária era reembolsada em tudo que despendesse ("tributos, frete, armazenagem, desembaraço aduaneiro e demais despesas pertinentes à operação"), não lhe cabendo sequer entabulação do negócio no exterior. Nesse cenário, a Corte, com base em critérios jurídicos sobre a definição do "estabelecimento destinatário da mercadoria", a que se refere o artigo 155, § 2º, inciso IX, alínea "a" da CF/1988, considerou que esse "destinatário" não era a empresa intermediária, mas aquele contribuinte que efetivamente ordenava a importação.

Daí se conclui que o relevante para o STF foi a estrutura da operação, isto é, a forma, enquanto um *arranjo sistemático e finalístico de elementos que compõem uma determinada unidade jurídica*; no caso, os conceitos de importação e de estabelecimento destinatário. Não houve, por assim dizer, a aplicação do um princípio da prevalência da *"substância sobre a forma"*, mas da *"forma sobre a forma"*. Vale dizer, foi superada uma *forma exteriorizada pelo contribuinte* na qualificação por ele atribuída aos fatos – "o estabelecimento importador é aquele que intermediou a importação" – por uma *forma adequada à qualificação constitucional dos fatos* – "o estabelecimento importador é aquele que ordenou a importação e ao qual a mercadoria estava efetivamente destinada". A solução do caso não tomou o rumo da facticidade, mas da validade jurídica.

Pretender solução diversa é enveredar por um caminho alternativo que, por mais nobre e bem intencionado que possa ser em termos de busca da Justiça, padece do grande mal e da terrível ilusão que é tentar encontrá-la fora do Direito.

Quinta Parte
Conclusões

Conclusões

Ao longo da presente obra, procuramos demonstrar como a dicotomia entre *forma* e *substância* se apresenta relacionada ao Direito Tributário, em especial, como ela se insere na temática do *planejamento fiscal*.

A díade forma e substância ocupa um lugar de destaque nos mais variados ramos do conhecimento, fazendo-se presente no Direito, de forma geral e, no Direito Tributário de uma forma especial.

No Direito Tributário, a dicotomia entre forma e substância encontra-se na base de dois pilares fundamentais do sistema tributário: a legalidade, que é o grande componente *formal* do sistema, e a capacidade contributiva, que é o grande componente *substancial* do sistema.

Na primeira parte do estudo, examinamos o caráter multidisciplinar do embate entre *forma e substância* e as diversas referências que são feitas a essas expressões no discurso jurídico. Procuramos consolidar um conceito jurídico geral e abrangente de *forma* e de *substância*. Tratamos da presença da forma e da substância na Teoria Geral do Direito, especialmente no âmbito da argumentação jurídica, permitindo classificar as razões argumentativas em *formais* e *substanciais*. Analisamos os diferentes tipos de formalidades existentes na aplicação do Direito, notadamente do Direito Tributário, e estudamos os problemas que podem ser gerados na interpretação jurídica pelo *desvirtuamento* no manejo da forma e da substância, resultando em um *formalismo* ou em um *substancialismo* igualmente criticáveis. Analisamos como a dicotomia entre a *forma* e a *substância* se insere e se desenvolve no âmbito do Direito Tributário, em relação à questão do planejamento, examinando dois casos especialmente emblemáticos – *Gre-*

gory v. Helvering e *Duke de Westminster v. IRC* – que marcam bem as distinções entre um modelo mais *substancialista* e um modelo mais *formalista* de lidar com o tema do planejamento fiscal. No final dessa parte, fizemos breves e críticos apontamentos sobre a forma como muitas vezes se enfrenta a questão do planejamento tributário no Brasil.

Na segunda parte do trabalho, tratamos da legalidade tributária, examinando a especial qualificação do *princípio da legalidade* em matéria fiscal, que o destaca e o distingue de outros princípios da legalidade, existentes em diferentes ramos do Direito, inclusive do Direito Público. Analisamos o denominado princípio da tipicidade tributária, estudando as principais teorias existentes a seu respeito e passando, em seguida, a uma avaliação crítica em relação a elas. Examinamos a estrutura e a função do princípio da legalidade tributária, notadamente considerando o modelo jurídico utilizado para estruturação da regra de incidência tributária. Por fim, abordamos a questão da analogia gravosa em matéria tributária, considerando os argumentos trazidos pelos defensores da sua aplicação, bem como os motivos pelos quais ela não tem guarida no *sistema tributário nacional*.

Na terceira parte do trabalho, examinamos a capacidade contributiva, tratando das dificuldades de construção de sentido dessa norma, o que nos levou à uma concepção *multidimensional* de capacidade contributiva, a partir de um núcleo de sentido mínimo, que se desdobra em normas com conteúdos e eficácias distintas, mais precisamente em *cinco dimensões*. Ao final dessa parte, buscamos analisar a denominada teoria da eficácia positiva da capacidade contributiva, apontando os motivos pelos quais ela não se ajusta ao sistema tributário brasileiro.

Na quarta parte do trabalho, abordamos propriamente o tema do planejamento fiscal. Inicialmente, demonstramos a complexidade teórica do tema, evidenciando a falta de uniformidade de conceitos e de teorias que têm se verificado na prática jurisprudencial, no que diz respeito aos critérios utilizados para se aferir a validade e a eficácia dos planejamentos tributários realizados. Fizemos um estudo histórico da doutrina nacional sobre o tema, com o fito de apontar os diferentes marcos teóricos relacionados às balizas para o planejamento fiscal. Em seguida, propusemos uma definição de planejamento fiscal, examinando seus desdobramentos, a partir das definições de *evasão, elisão* e *elusão*. Por fim, tratamos de alguns dos conceitos geralmente apresentados como *limites* ao planejamento tributário, analisando as normas antielusivas específicas, as normas gerais antie-

CONCLUSÕES

lusivas, a simulação, a fraude à lei, o negócio indireto, o abuso de direito, a prevalência da substância sobre a forma e o propósito negocial.

Tendo abordado todos esses tópicos, podemos listar a seguir, de forma resumida, as principais conclusões deste trabalho:

Primeira Parte: Forma e Substância

1. A *dicotomia* entre forma e substância se faz presente nos mais variados campos do pensamento, como, por exemplo, na Filosofia, na Linguística e nas Ciências Contábeis. Ela também se faz presente no Direito, mas de uma maneira diversa da que ocorre nesses outros campos do conhecimento. Se na Contabilidade fala-se na *prevalência da substância econômica sobre as formas jurídicas*, a *forma* possui uma especial relevância para o Direito, especialmente para o Direito Tributário, que se pauta por *meios, fins e métodos* distintos da Contabilidade. A criação de tributos está sujeita ao princípio da legalidade tributária, de modo a se assegurar certeza, segurança e determinabilidade na cobrança de tributos, ao passo que a Contabilidade se orienta por regramentos técnicos, muitas vezes *infralegais*, com a utilização de conceitos mais fluídos, que permitam refletir, de forma mais *nítida, dinâmica* e *realista*, a situação econômica das entidades.

2. Em sentido amplo, há uma pluralidade de sentidos para os termos "*forma*" e "*substância*". A *forma* geralmente encontra-se associada a aspectos *externos* e da *estrutura procedimental* e, a *substância*, a aspectos *internos* e do *conteúdo material* de um dado instituto jurídico. Em sentido estrito, todavia, é possível definir a forma como um *arranjo sistemático e finalístico de elementos que compõem uma determinada unidade jurídica funcional,* enquanto que a *substância compreende os componentes materiais* dessa unidade jurídica. Pessoas, objetos, lugares, fatos, ações, características, comportamentos, situações e outros elementos podem ser arranjados para as mais diferentes finalidades, isto é, a *substância* pode assumir variadas *formas.*

3. Forma e substância são mutuamente *complementares*, não havendo uma sem a outra, tal qual dois lados de uma mesma moeda. Forma e substância podem conviver de forma *simbiótica*, de tal modo a haver uma relação de *adequação, pertinência e idoneidade* entre uma e outra. No entanto, pode

haver uma relação de *tensão* ou *conflito* entre forma e substância, quando se verifica uma relação de *incompatibilidade* entre elas, de tal modo que uma afeta e compromete a atuação da outra.

4. Na Teoria Geral do Direito, em especial no âmbito da argumentação jurídica, é possível distinguir entre razões *substanciais* e razões *formais*. *Razão substancial* é uma razão moral, econômica, política, institucional ou social para a realização de uma determinada ação ou para a tomada de uma decisão. *Razão formal* é uma razão incorporada ao Direito para a realização de uma ação ou para a tomada de uma decisão, que exclui de consideração, reduz o peso ou supera uma razão substancial. Embora a razão formal possa estar amparada em uma ou mais razões substanciais, os seus atributos são a *autoridade*, que é o seu caráter "oficial", e a *coercitividade*, que é o seu poder de vincular os seus destinatários. Os sistemas jurídicos costumam conjugar e dosar *forma* e *substância*, de modo a não se converterem em sistemas puramente lógico-matemáticos, nem em debates teóricos intermináveis.

5. O Direito Tributário tem um importante peso do componente *formal*.
5.1. Com relação ao *grau de autoridade jurídica*, a validade das normas jurídicas depende muito mais da sua relação com a *fonte* de onde emana, do que com a *relevância* do seu *conteúdo*. No caso do sistema tributário nacional, a Constituição, no grau máximo de autoridade jurídica, impõe tanto limites formais, quanto limites materiais às normas tributárias, de modo a se reduzir consideravelmente o campo para invocação de razões substanciais no Direito Tributário.
5.2. Com relação ao conteúdo, uma norma é tanto mais formal, quanto maior for o grau de *arbitrariedade/convenção* e *especificidade* do seu conteúdo. O conteúdo das normas tributárias possui elevada dose de formalidade, na medida em que os tributos são criações artificiais dos sistemas jurídicos, e as leis tributárias costumam se valer de conceitos altamente técnicos e específicos, e não simplesmente regular a realidade, observando a natureza das coisas.
5.3. Com relação à interpretação, ela é tanto mais formal quanto mais for baseada no sentido literal das palavras e menor for o recurso a razões substanciais alheias ao texto. No Direito Tributário, por questões relativas à legalidade tributária e por razões de segurança jurídica, razões imanen-

CONCLUSÕES

tes ao sistema jurídico (argumentos linguísticos e sistemáticos) devem ter precedência com relação a argumentos transcendentes a ele (argumentos genéticos e históricos). Por mais dinâmicos, pragmáticos, abertos, interessantes, enriquecedores, abrangentes e plurais que possam ser argumentos substanciais, se eles não constam do Direito, nem foram absorvidos por ele, não podem ser utilizados como expedientes *contra legem*. Isso pode representar uma grave ameaça à certeza, à segurança e à previsibilidade que deve haver no Direito Tributário. O caso em que o STF, adotando um raciocínio mais substancialista, julgou constitucional a incidência do ICMS sobre o *download* de *softwares,* gerando graves distorções com relação à tributação desse tipo de *bem intangível*, é um exemplo dos riscos desse tipo de consideração.

5.4. Com relação à imperatividade, uma razão é tanto mais imperativa quando maior for a possibilidade de ela desconsiderar, superar ou reduzir o peso de uma razão substancial. *Normas tributárias* costumam ter um elevado *grau de imperatividade*, impedindo escolhas discricionárias por parte do seu aplicador, por mais conveniente ou até mesmos justa que seria a tributação de certas situações não tributadas.

6. Razões formais ou razões substanciais, em princípio, não são boas nem ruins. No entanto, elas podem ser distorcidas e conduzirem a um formalismo e a um substancialismo criticáveis.

7. A dicotomia forma e substância aparece no Direito Tributário de duas maneiras. Por um lado, como um debate sobre a prevalência ou não das formas e dos conceitos de Direito Privado no Direito Tributário (artigos 109 e 110 do CTN). Por outro lado, como um debate acerca do planejamento fiscal, em que se procura saber quais os critérios utilizados para saber se o ato ou o negócio praticado pelo contribuinte pode ou não ser qualificado da forma pretendida, gerando uma economia fiscal (artigo 116, parágrafo único, do CTN). O foco do presente trabalho é essa segunda questão.

8. O planejamento fiscal é um tema *complexo* e uma questão que se faz presente em praticamente todos os sistemas tributários.

8.1. Uma primeira causa da complexidade consiste no fato de o sistema jurídico ser vertido em linguagem, o que torna a lei tributária ambígua, polissêmica, dotada de uma textura aberta e indeterminada, de modo que o contribuinte pode ter dúvidas se o conceito de uma determinada lei tributária alcança ou não o ato ou o negócio por ele realizado.

8.2. Uma segunda dificuldade reside na interpretação jurídica, que é uma atividade rica e multifacetada, que pode conduzir a diferentes resultados, sem que o contribuinte saiba, de antemão, como o ato ou o negócio que ele praticou será analisado à luz da legislação fiscal.

8.3. Um terceiro problema é que as normas tributárias possuem um escopo amplo, uma vez que se valem de número limitado de termos, mas se aplicam a uma gama extensa e variada de situações, de uma simples alienação de um bem a uma complexa alienação de um grupo de empresas. Além disso, a lei tributária traz diversos conceitos próprios, ou apropriados de outros ramos do Direito, ou mesmo do universo extrajurídico, podendo o contribuinte enfrentar dificuldades para se delimitar o alcance e o sentido desses conceitos.

9. Os modelos utilizados pelos sistemas jurídicos com o planejamento tributário variam consideravelmente, como se depreende de dois precedentes bastante conhecidos quando se trata desse tema: *Gregory v. Helvering* e *Duque de Westminster v. IRC.*. Embora tenham sido proferidos no mesmo ano, o primeiro pela Suprema Corte dos EUA e, o segundo, pela Câmara dos Lordes do Reino Unido, eles apontam em sentidos diametralmente opostos: o primeiro precedente, em direção a um modelo mais formalista e o segundo, em direção a um modelo mais substancialista.

9.1. Em ambos os casos, os contribuintes se valeram de operações inusitadas, visando exclusivamente à economia fiscal. No primeiro caso, houve a constituição de uma sociedade por meio da conferência de ativos de uma outra sociedade, seguida da subsequente e imediata liquidação da sociedade recém-criada, com a restituição desses ativos para os sócios, a fim de que, em uma etapa posterior, eles fossem alienados a terceiros, tendo o contribuinte qualificado a primeira etapa da operação como uma reorganização societária, isenta de imposto de renda. No segundo caso, foi alterada a forma de pagamento dos empregados e, em vez do pagamento de salários, foi feita a eles uma doação especial, em retribuição pelos serviços pagos no passado, que podia ser deduzida do imposto de renda do contribuinte.

9.2. Ao decidir o primeiro caso, a Suprema Corte adotou a teoria da prevalência da substância econômica sobre a forma e exigiu o tributo, sob a alegação da ausência de propósito negocial da operação. No segundo caso, a Câmara dos Lordes expressamente rejeitou a teoria da substância econômica e do teste do propósito negocial, aceitando a dedução fiscal, ao argumento de que se um caso não se enquadra na letra da lei, ela não deve ser aplicada.

10. Essa comparação revela que o *modelo* mais formalista ou mais substancialista é uma decorrência do sistema jurídico de cada país. Conquanto essa pareça uma ideia evidente, entendemos que nem sempre essa obviedade é explicitada.

10.1. No Brasil, a abordagem da dicotomia *forma* e *substância* no âmbito do planejamento fiscal é frequentemente feita dissociada do sistema tributário nacional. Costuma-se: (i) distinguir o que é elisão do que é evasão; (ii) definir e diferenciar diversos institutos, muitos deles hauridos do Direito Privado (simulação, abuso de direito, fraude à lei etc); (iii) explicitar o sentido e o alcance do artigo 116, parágrafo único do CTN e a sua compatibilidade ou não com a CF/1988. Essa abordagem frequente incorre em graves equívocos.

10.2. Em primeiro lugar, entendemos que o ponto de partida deve ser alterado: deve-se começar pela Constituição e não se terminar por ela como mencionado acima. O estudo dos princípios da legalidade tributária e da capacidade contributiva são centrais nessa discussão e uma teoria proposta acerca do planejamento tributário e de seus limites no sistema tributário nacional deve partir deles.

10.3. Em segundo lugar, a incorporação de conceitos de Direito Privado não deve ser feita de modo automático, sem uma filtragem constitucional que permita avaliar que institutos realmente se mostram teórica e normativamente adequados ao Direito Tributário, capazes de superar as diferenças legislativas, dogmáticas e teleológicas entre esses ramos do Direito.

10.4. Em terceiro lugar, o artigo 116, parágrafo único, do CTN deve ser analisado dentro do contexto constitucional e legal em que se insere. O que a norma em questão é ou não é deve derivar, não de uma visão isolada e casuística, baseada em preferências pessoais sobre o melhor sentido do dispositivo, mas deve representar, de forma coerente, uma posição que reflita seu sentido normativo no sistema constitucional tributário.

FORMA E SUBSTÂNCIA NO DIREITO TRIBUTÁRIO

Segunda Parte: A Legalidade Tributária

11. A CF/1988 se refere à lei dezenas de vezes, do Direito do Consumidor ao Direito Tributário. No entanto, o princípio da legalidade, conquanto em outros campos do Direito possa significar um princípio geral de regulação, que traça diretrizes básicas, mas deixa considerável espaço para normatização por outros instrumentos *infralegais*, não se apresenta dessa maneira no Direito Tributário. Diferentemente do que ocorre no Direito Constitucional ou mesmo no Direito Administrativo, também sujeitos a uma *reserva de lei*, no Direito Tributário há uma *reserva absoluta de lei* ou uma *legalidade estrita* para o estabelecimento de tributos.

12. A lei tributária deve ser uma lei com *elevado grau de densidade normativa*, que trata *exaustivamente* dos *elementos essenciais* do *tributo*. A regulação da relação tributária por lei deve ser certa, precisa, segura, não sendo passível a delegação desses elementos essenciais para regulação pelo Poder Executivo ou mesmo para concretização, à luz do caso concreto, pelo Poder Judiciário.

12.1. O princípio da legalidade tributária é reforçado, no sistema constitucional, por outras normas que definem o caráter estrito da lei tributária. O artigo 146, inciso III, da CF/1988 atribui à lei complementar a competência para prever normas gerais sobre a definição de tributos e de suas espécies, bem como para dispor sobre os elementos essenciais dos impostos previstos na CF/1988. O artigo 150, § 6º, estabelece que as desonerações fiscais são reguladas por lei *específica*, o que permite concluir, por simetria, a mesma qualificação para normas que *oneram* o contribuinte. A CF/1998, no artigo 146, III, "b", estabelece que a relação tributária é *obrigacional*, determinando que a lei discipline a obrigação tributária. Os artigos 145, 149 e 153 a 156 da CF/1988 trazem discriminações taxativas de competências tributárias dos entes federativos por meio de regras.

12.2. Mesmo quando a legalidade tributária é, de algum modo, relativizada, a CF/1988 faz isso de forma pontual, específica e taxativa, para casos extraordinários.

12.3. Além disso, o CTN, complementando a CF/1988, detalha, em seu artigo 97, o conteúdo do comando constitucional, determinando que a definição do fato gerador, do sujeito passivo, da base de cálculo e das alíquotas são matérias sujeitas à reserva absoluta de lei.

CONCLUSÕES

13. A lei tributária deve encerrar todos os elementos essenciais necessários à disciplina do tributo. Os regulamentos em matéria tributária são, fundamentalmente, regulamentos de execução, não havendo espaço para o chamado "regulamento autônomo", com fundamento direto na CF/1988, em matéria fiscal, ou que crie obrigações tributárias não previstas em lei ou restrinja direitos dos contribuintes conferidos por lei. O STF já se posicionou sobre a abrangência legal e o papel do regulamento em matéria tributária. A Corte considerou inconstitucional uma lei que instituía taxa exigida com base em conceitos abertos e graduáveis ("atividades potencialmente poluidoras"), que delegava ao regulamento essa especificação, bem como considerou constitucional a lei que fixava as alíquotas da contribuição para o SAT, conforme os graus de risco da atividade do estabelecimento, delegando ao regulamento apenas o detalhamento técnico das atividades sujeitas a esses graus de risco.

14. A dicotomia forma e substância também pode ser um espectro para análise do princípio da legalidade tributária. Em sua dimensão formal, a legalidade é uma sobrenorma que estabelece um *procedimento* para a produção das normas que estabeleçam tributos. Em sua dimensão substancial, o princípio da legalidade é a expressão, no plano tributário, da democracia, do republicanismo, do Estado de Direito e da segurança jurídica.

15. A "tipicidade tributária" é uma expressão ambígua e pode exprimir tanto a necessidade de determinação específica do fato gerador abstrato, nas leis tributárias, quanto a utilização de *tipos* pelas leis tributárias.

16. Relevantes teorias foram propostas para se estudar a *tipicidade tributária* no Direito Tributário Brasileiro. Uma análise dessas teorias, contudo, evidencia alguns pontos obscuros.

17. De plano, há uma dificuldade de se diferençar precisamente entre *tipo* e *conceito* nessas teorias. É difícil verificar em que medida os conceitos seriam abstratos, produzidos a partir de uma abstração e generalização da realidade, oriundas de certas notas distintivas fixas, enquanto que os tipos seriam concretos e apreendidos não a partir dessas notas distintivas fixas, mas de sua totalidade.

17.1. Ambos *conceitos e tipos* são formados por meio de um seccionamento da realidade e de uma classificação a partir de determinados critérios. São termos para *designar* objetos a partir de certas convenções e notas distintivas, mais ou menos fluidas. As notas distintivas podem variar conforme as finalidades das criações de conceitos. Assim, um termo pode exprimir conceitos distintos a partir de notas distintivas diferentes, na forma de um conceito econômico, jurídico, político etc.

17.2. Ainda que haja uma mesma finalidade e um determinando número de elementos distintivos na construção de um conceito, a realidade se apresentará multifacetada de um tal modo que será difícil, senão impossível, eliminar a variedade e graduabilidade dessas notas distintivas no momento de se classificar os objetos.

17.3. Ainda que vencida essa primeira distinção, é difícil diferençar *conceitos* de *tipos* no que tange à forma de aplicação de um e de outro, de modo que o primeiro seja aplicável por *subsunção* e o segundo demande uma *valoração*, permitindo uma *aproximação* do fato com o tipo.

17.4. Embora não se possa negar a utilidade do raciocínio dedutivo/silogístico para a argumentação jurídica, o fato é que a aplicação do Direito sempre envolve valoração, ainda que esta possa se dar em graus variados. Mesmo os casos fáceis envolvem algum tipo de valoração. O que varia, na prática, são os graus de derrotabilidade ou superabilidade das premissas que integram o raciocínio jurídico. Até porque a aplicação do Direito, no final, leva a duas alternativas mutuamente excludentes: ou a norma jurídica é aplicável ou não é. Ou o tributo é devido ou não é. *Tertium non datur.*

18. O modelo adotado pela CF/1988 para as leis tributárias não é um modelo principiológico ou finalístico de fixação de tributos. As normas de incidência tributária são estruturadas na forma de *regras*, concebidas como *generalizações probabilísticas entrincheiradas.*

18.1. São *generalizações* porque as normas de incidência tributária são formadas com base em certas situações particulares da realidade, a partir das quais são extraídas certas propriedades relativas que generalizam essas situações.

18.2 São generalizações *probabilísticas,* porque essas propriedades são selecionadas com a finalidade de se poder alcançar uma certa manifestação de riqueza do contribuinte, no caso, dos tributos não vinculados, de modo que ele contribua com uma parte dessa riqueza para a divisão dos gastos públicos.

18.3. São generalizações probabilísticas *entrincheiradas* porque não se admite que na aplicação das normas de incidência se leve a uma reformulação da regra a partir da justificativa a ela subjacente, no caso de experiências recalcitrantes.

18.4. Experiências recalcitrantes ocorrem quando se verifica que: (i) seria *útil e conveniente* que a norma tributária alcançasse outros casos que não estão nela previstos; (ii) *por uma evolução* da realidade, a norma tributária não alcança situações que representam *novas manifestações de riqueza* semelhantes àquelas tributadas; e (iii) certas propriedades, não consideradas pela norma tributária, poderiam ser utilizadas para alcançar situações não tributadas.

19. O modelo de regras de incidência não decorre de uma simples preferência formalista, mas é um modo de ser conferir maior segurança e maior racionalidade decisória, com ganhos para a previsibilidade, a eficiência e a estabilidade do sistema tributário. O Direito Tributário é, fundamentalmente, um direito de aplicação em *massa*, o que deveria levar à sua estruturação de modo simplificado. Dito diretamente, saber o que se deve pagar a título de tributo deveria ser, ao menos idealmente, um "caso fácil". Um modelo particularista de decisão, segundo o qual cada aplicação da lei tributária deve compreender um exame de diversos fatores econômicos, políticos, sociais, mercadológicos, permitindo uma ampla remodelação das regras a cada aplicação específica, leva a uma situação de imprevisibilidade decisória, ineficiência e instabilidade. Por mais bem intencionado que esse modelo substancialista possa ser, ele pode levar ao caos decisório e a uma situação de anomia no campo da tributação, como se pode constatar na divergência entre a lei e a jurisprudência do STJ, no que tange ao Município competente para a cobrança do ISS.

20. A analogia é, em sentido amplo, uma forma de raciocínio em que se parte de uma relação de semelhança conhecida entre dois entes para se inferir sobre as relações desconhecidas entre eles. Em Direito, a *analogia* ou *argumento a simili* é a extensão da solução existente em uma determinada norma (*analogia legis*), ou que se induz, a partir de uma série de normas (*analogia juris*), para um caso que não possui solução expressamente

prevista na norma, mas que guarda semelhança com o(s) caso(s) por ela(s) regulado(s). No Direito Tributário, a polêmica em torno da aplicação da analogia coloca-se, sobretudo, no campo da aplicação da norma de incidência tributária.

21. Há quem defenda o cabimento da analogia com base no fato de que, na ausência de norma constitucional expressa vedando a analogia, deveria haver a necessidade de ponderação dos princípios da capacidade contributiva e da igualdade com a legalidade. Além disso, haveria uma imprecisão na fronteira entre a analogia e a interpretação extensiva.

22. No sistema constitucional tributário, o princípio da legalidade estrita, reforçado pelas regras de competência, impedem a analogia gravosa em matéria fiscal. O estabelecimento de tributos requer um *meio* próprio, que é a lei, não se podendo cogitar da existência de uma capacidade contributiva em manifestações de riqueza não selecionadas pela lei tributária. A capacidade contributiva atua dentro do campo demarcado pelas regras constitucionais de competência e regulado pela lei tributária. Não há, pois, uma *colisão* entre a lei e a capacidade contributiva que justifique uma *ponderação* entre elas.

23. Embora a aplicação do Direito envolva, invariavelmente, a comparação entre *fato* e *norma* e embora possa haver uma zona cinzenta entre analogia e interpretação extensiva, isso não significa que não exista distinção entre elas.

23.1. O que acontece no Direito Tributário é que, por vezes, há dificuldades de haver informações sobre os fatos de um caso, comprometendo-se o conhecimento de propriedades relevantes de um caso individual, para saber se ele é uma instância do caso genérico previsto na norma ("lacunas de conhecimento"). Pode haver também dificuldades, dada a vagueza ou indeterminação das propriedades relevantes constantes da norma tributária, de saber se *reconhecer* se um caso individual corresponde ao caso genérico previsto na norma ("lacunas de reconhecimento"). Todavia, se simplesmente não há uma solução para o caso, ou melhor, uma imposição tributária para um determinado caso, a partir das normas jurídicas *prima facie* identificadas no sistema ("lacunas normativas"), então não se pode construir essa solução com base na analogia a partir de fatos equivalentes.

CONCLUSÕES

23.2. Fatos equivalentes economicamente, no Direito Tributário, podem até mesmo estar sujeitos a tributos diferentes, já que não há uma relação lógica, no que diz respeito à seleção de propriedades relevantes para a construção de normas tributárias, como acontecem em outros tipos de regulação da realidade. Daí porque não é possível utilizar as finalidades subjacentes às normas fiscais para se legitimar a analogia gravosa, sob pena de se expandir indefinidamente o campo dos deveres tributários.

24. Eventuais "defeitos", "falhas" ou "insuficiências" das leis tributárias devem ser democraticamente resolvidos pela via legislativa e não pela via da integração, seja por parte da Administração Tributária, seja por parte do Poder Judiciário.

25. O STF tem rejeitado a aplicação da analogia gravosa no Direito Tributário, como se verifica pelos precedentes que interpretam taxativamente a lista anexa à lei complementar que regula o ISS.

26. A vedação da analogia gravosa contribui, de fato, para uma *inflação normativa* do Direito Tributário. No entanto, esse fenômeno é uma decorrência, em última análise, da complexidade do sistema tributário. Uma simplificação demasiada da legislação tributária poderia trazer insegurança e transferir toda a complexidade decisória para o caso concreto, abrindo espaço para o decisionismo e para o arbítrio de um "mundo sem regras".

Terceira Parte: A Capacidade Contributiva

27. O princípio da capacidade contributiva é um dos princípios mais estudados e mais frequentemente mencionados nos estudos sobre tributação. No entanto, essa ubiquidade do princípio da capacidade contributiva nas milenares discussões acerca da justiça tributária contrasta com a falta de uma concepção uniforme do instituto, bem como com a ausência de um consenso sobre a sua aplicabilidade sistêmica e sobre o seu alcance. Essas divergências levam, no mínimo, a uma dificuldade no que tange à definição e ao alcance da capacidade contributiva. Isso é um grave problema para a compreensão da capacidade contributiva, não como um lugar comum retórico, mas como uma norma jurídica.

FORMA E SUBSTÂNCIA NO DIREITO TRIBUTÁRIO

28. A capacidade contributiva pode ser compreendida a partir de um núcleo mínimo de sentido que se expande em múltiplas dimensões.

29. O núcleo mínimo do princípio pode ser construído a partir dos conceitos de *capacidade* e de *contribuir*. Capacidade é uma aptidão reconhecida em um sujeito para uma determinada finalidade. Contribuição tem a mesma origem etimológica de tributo e significa repartir os custos coletivos pelo grupo. Assim, a capacidade contributiva pode ser reconhecida como uma aptidão do indivíduo para concorrer com os gastos públicos, que é inserida no Direito Tributário de várias formas e em múltiplas dimensões.

30. A *primeira dimensão* da capacidade contributiva é um vetor geral para o ordenamento, no sentido de que o sistema tributário seja orientado na direção da justiça. Os sistemas tributários não devem ser simplesmente uma superposição de normas procedimentais que visam à arrecadação de receitas, com base em atos de autoridade. Essa dimensão da capacidade contributiva exige, como uma pretensão de correção geral, a utilização de meios legítimos de imposição tributária que respeitem os direitos humanos, com limites ao conteúdo do que pode ser tributado, aos critérios utilizados pelas normas tributárias e ao grau de tributação.

31. A *segunda dimensão* da capacidade contributiva determina a incidência dos tributos sobre fatos econômicos (capacidade econômica). Em um sentido fraco, essa dimensão da capacidade contributiva impõe a intributabilidade absoluta de fatos sem relevância econômica, impedindo-se, por exemplo, as capitações e os "poll taxes", como tributos cobrados "por cabeça", dissociados de qualquer relação econômica direta com o fato tributado.

31.1. Essa dimensão alcança todos os tributos, porquanto não apenas os impostos, mas as taxas e outros tributos vinculados também incidem sobre fatos com relevância econômica.

31.2. A capacidade contributiva é, nesse sentido, um pressuposto do tributo. No entanto, nem todos os fatos econômicos são passíveis de tributação, na medida em que a CF/1988, diferentemente de outras Constituições que são silentes a respeito do tema, já pré-seleciona esses fatos econômicos passíveis de tributação ao delinear as regras constitucionais de competência tributária. Posteriormente, o legislador, ao instituir o tri-

CONCLUSÕES

buto, faz uma segunda seleção desses fatos, dentro do campo delimitado pela seleção constitucional.

31.3. Em um sentido mais forte, é possível compreender essa dimensão da capacidade contributiva com a exigência adicional de que o tributo só pode ser exigido quando houver a *concretização* do fato econômico, notadamente a *disponibilidade de riqueza* subjacente à regra de incidência tributária, para fins de se legitimar a tributação no caso dos tributos a ela vinculados, impedindo que a tributação recaia sobre situações de simples presunções de riqueza, quando esta se revela contrária à realidade.

32. A *terceira dimensão* da capacidade contributiva designa que a carga tributária deve ser repartida entre as pessoas, de forma racional e justa, segundo as espécies tributária previstas no sistema tributário nacional. Nesse ponto, o que se verifica é que a própria CF/1988, diferentemente de outras Constituições menos analíticas, já pré-selecionou, nas regras de competência para instituição de tributos, as *formas* pelas quais a *aptidão dos indivíduos para arcar com os gastos públicos deve ser mensurada*.

32.1. Para financiar as despesas gerais do Estado, a CF/1988 dotou os entes políticos (União, Estados, Municípios e Distrito Federal) da competência para instituição de impostos, cobrados sobre *fatos econômicos*, conforme o grau de manifestação de riqueza do contribuinte, segundo um critério de *justiça distributiva*.

32.2. No caso das taxas, como elas visam remunerar uma despesa específica do Estado, gerada em função do exercício de poder de polícia ou da prestação de um serviço público específico e divisível, quis o legislador constituinte que esse gasto fosse suportado por aquele que lhe deu ensejo, em valor congruente à relação entre o custo e o benefício da prestação estatal realizada, segundo um critério de *justiça comutativa*.

32.3. As contribuições de melhoria permitem que os entes políticos, que realizaram *obras públicas* que *valorizaram* os bens imóveis dos contribuintes, obtenham o retorno do investimento, desde que observado o limite individual do *valor do benefício* para o contribuinte, bem como o *limite total* consistente no valor da obra pública.

32.4. No caso das contribuições especiais, a CF/1988 fixou certas finalidades relevantes a serem *financiadas* por meio desses tributos, inserindo, apenas em alguns casos, as bases materiais sobre as quais recairão essas contribuições, sendo elas, ao mesmo tempo, legitimadas constitucionalmente pelas finalidades constitucionais a que se destinam, bem como suportadas pela capacidade econômica do grupo de contribuintes que deve recolhê-la.

32.5. Nos empréstimos compulsórios, a CF/1988 se refere a situações extraordinárias, as quais geram despesas que serão financiadas por meio desses tributos.

33. A *quarta dimensão* da capacidade contributiva reside na vedação à tributação do mínimo existencial, impedindo a cobrança de tributos, em geral, que se relacionem quer à "manifestação de riqueza", quer a atividades estatais mínimas, básicas e essenciais para se assegurar a dignidade da pessoa humana. Trata-se de um limite mínimo, na escala vertical da tributação, que confere *imunidade* a essas situações.

34. No outro extremo da escala tributária, a *quinta dimensão* da capacidade contributiva é a vedação do tributo confiscatório, assim compreendida a vedação do excesso na tributação, que restringe desmedidamente o direito de propriedade e a livre iniciativa.

34.1. O STF já se manifestou no sentido de que o efeito confiscatório pode se dar de forma isolada, considerando um único tributo, mas também pode decorrer do acúmulo de incidências tributarias sobre uma determinada manifestação de riqueza que termine por esvaziá-la, quando alcança um "grau insuportabilidade econômico-financeira".

35. As dimensões da capacidade contributiva mencionadas acima não têm o condão de conferir uma denominada eficácia positiva da capacidade contributiva, de tal modo a submeter iguais manifestações de capacidade contributiva a uma mesma tributação.

35.1. A capacidade contributiva não cria "zonas de capacidade contributiva", além daquelas constitucionalmente previstas, sob pena de se utilizar um *princípio constitucional* para violar *regras constitucionais*.

35.2. Mesmo dentro do âmbito constitucional da norma de competência tributária, no campo da lei tributária, a capacidade contributiva não tem o condão de expandir a previsão geral e abstrata contida no antecedente da norma de incidência tributária para capturar outras situações semelhantes ou com mesmo conteúdo econômico das situações previstas na norma, sob pena de se produzir uma analogia gravosa, que não é admitida no sistema tributário nacional.

CONCLUSÕES

35.3. A tributação não se dá por *isonomia*, mas por *lei*. O não exercício pleno da competência tributária não implica, por si só, a violação à isonomia, que veda discriminações desarrazoadas e privilégios odiosos. Eventuais "injustiças fiscais" no que tange à não tributação de fatos que deveriam ser tributados, deve ser corrigida por ato do *legislador*, não do *administrador*, nem do *juiz*.

36. A tese da eficácia positiva da capacidade contributiva não se mostra nem mesmo efetiva para coibir eventuais artificialismos, por parte do contribuinte, no âmbito do planejamento tributário, devendo o princípio da legalidade ser o critério utilizado para esse propósito.

Quarta Parte: O Planejamento Fiscal

37. O planejamento fiscal é possivelmente um dos temas mais complexos do Direito Tributário. É complexo porque (i) é difícil tratar dele de forma abstrata, selecionando um ou alguns critérios para se definir o que e legítimo fazer para economizar tributos; (ii) a legislação tributária é igualmente complexa e variada; (iii) é preciso tutelar os direitos fundamentais dos contribuintes relativos à liberdade de iniciativa, à liberdade de contratar, à liberdade dos tipos e de formas para contratar, mas ao se estender irrestritamente essa liberdade, há o risco de erosão das bases fiscais do Estado e de comprometimento da própria segurança dos direitos fundamentais.

38. Existem variadas e múltiplas teorias a respeito do tema, notadamente acerca dos limites do planejamento fiscal. O que se nota, no entanto, é um ecletismo teórico que faz com que as decisões sobre a matéria sigam as mais variadas orientações, sem que haja uma uniformidade de parâmetros e de critérios utilizados para se avaliar planejamentos fiscais. Há uma necessidade de se reduzir essa complexidade excessiva e essa falta de uniformidade.

39. Uma primeira medida a ser adotada é se evitar a pura e simples importação de leis, teorias e decisões estrangeiras para se aferir a legitimidade de planejamentos tributários realizados no Brasil, com base no

FORMA E SUBSTÂNCIA NO DIREITO TRIBUTÁRIO

sistema tributário brasileiro, tendo em vista os problemas que decorrem dessa importação. A uma, essas importações se fazem de forma *"promíscua"*, na medida em que, geralmente, não se faz referência à origem, à forma de aplicação prática e às críticas a essas teorias. A duas, geralmente não se explicita exatamente o contexto social, histórico, político e jurídico em que essas leis, teorias ou decisões são produzidas, o que compromete sua exata compreensão. A três, há um quê de anti-democrático na importação dessas leis teorias e decisões, na medida em que com elas, busca-se, muitas vezes, revogar ou superar a legislação em vigor no país. A quatro, as importações são seletivas, escolhendo-se aquilo que se deseja aplicar e ocultando-se eventuais problemas e críticas existentes.

40. Um estudo histórico das teorias existentes sobre o tema do planejamento fiscal na doutrina nacional permite compreender melhor como se desenvolveram, ao longo do tempo, os critérios para se definir o que é lícito fazer e o que não é lícito fazer para se economizar tributos, à luz do sistema tributário brasileiro.

41. Esse escorço histórico permite dividir os estudos sobre o planejamento tributário em três fases: (i) escritos pontuais e incidentais sobre o tema até a década de 1970, em que se verificava uma gama diversa e assistemática de expressões e de conceitos para tratar do planejamento fiscal ("evasão licita", "evasão ilícita", "evasão por omissão", "evasão por intenção", "fraude fiscal", "elusão", "abuso de direito", "abuso de forma", "fraude à lei fiscal"); (ii) a sistematização e a divisão dos conceitos de *evasão fiscal*, como uma economia ilícita de tributos, e a *elisão fiscal*, como uma economia lícita de tributos, a partir da década de 1970; e (iii) o questionamento da distinção estanque entre *elisão e evasão* e o ressurgimento ou remodelamento de antigos critérios e o surgimento de novos critérios para a avaliação de planejamentos fiscais, a partir do final da década de 1990, com especial impulsão após a edição da LC nº 104/2001, que inseriu, no CTN, o parágrafo único do artigo 116.

42. A proposição de uma teoria acerca do planejamento tributário se dá, inicialmente, pela construção de uma definição do que ele é. O *planejamento tributário* consiste na *programação ordenada* de *elementos*, observada uma *série de razões*, com a finalidade de se *economizar tributos*.

CONCLUSÕES

42.1. Os *elementos* do planejamento tributário são as pessoas, os bens e as ações em sentido amplo. As *ordenações* de que trata o planejamento tributário são as relações construídas entre esses elementos. A *série de razões* que orientam a ordenação, no caso do planejamento fiscal, são as normas extraídas dos sistemas jurídicos. O planejamento tributário tem como *finalidade direta* o atendimento a uma pretensão dos envolvidos no planejamento, alcançando-se um determinado estado de coisas almejado e tem, como finalidade última, *a otimização da carga fiscal global*, que pode significar (i) o não pagamento de tributo, (ii) uma redução no pagamento de tributo; ou (iii) o pagamento de tributo em condições mais favoráveis.

42.2. Quanto mais abrangente e mais intensa for a finalidade de se alcançar a economia fiscal, tanto maior deverá ser o universo de elementos analisados, de ordenações possíveis examinadas e de razões consideradas, levando-se em conta todas as hipóteses possíveis. No entanto, na maioria das vezes, o planejamento tributário opera *pro tanto,* no âmbito do razoável, por meio da consideração de um número limitado de elementos, de ordenações, de série de razões e de finalidades almejadas.

42.3. Essa é uma definição *formal* de planejamento, na medida em que trata apenas da estrutura geral e de um processo de planejamento, que, em cada caso, é integrado por componentes materiais distintos, de modo a se conferir *substância* ao planejamento.

43. É a partir da consideração das normas de cada sistema tributário que é possível programar elementos de forma ordenada para se obter a economia fiscal pretendida. A maneira como as normas desse sistema são cumpridas e/ou descumpridas ao longo desse processo geram *produtos* diversos. Esses produtos são tradicionalmente classificados pela doutrina nacional, desde a sistematização proposta na segunda fase histórica mencionada acima, como evasão ou elisão fiscal.

44. Tradicionalmente, os critérios utilizados para se distinguir entre evasão e elisão são o *cronológico* e o da *natureza dos meios utilizados*. Segundo o critério temporal, se os atos que geram a economia fiscal são realizados, *preventivamente,* antes da ocorrência do fato gerador, há elisão, ao passo que se os atos são realizados após o fato gerador, há evasão. Segundo o critério da natureza dos meios utilizados, se o contribuinte se vale de meios lícitos, isto é, não descumpre normas obrigatórias ou proibitivas, o planejamento

é válido e ocorre *elisão*, ao passo que, se os meios utilizados forem ilícitos, o planejamento não é válido e ocorre *evasão*.

44.1. Conquanto úteis e relevantes, porque baseados em parâmetros jurídicos, esses critérios precisam ser revisitados e aprimorados.

44.2. O critério temporal falha ao (i) considerar como legítimas situações ilícitas prévias ao aperfeiçoamento do fato gerador; (ii) não levar em conta outras razões relevantes para se aferir a licitude do planejamento; (iii) não solucionar grande parte dos casos difíceis de planejamento tributário, em que há uma indefinição justamente sobre a ocorrência do fato gerador; e (iv) não fornecer subsídios para lidar com as situações posteriores à ocorrência do fato gerador que podem licitamente conduzir à economia fiscal.

44.3. O critério da natureza dos meios utilizados, se considerado isoladamente, é *tautológico*, razão pela qual ele demanda a *definição* do que são os meios lícitos e ilícitos. Nesse ponto, o critério deve ser complementado pelas normas que impõem obrigações e/ou proibições. Se essas normas são inobservadas e, como consequência, o que se verifica é uma situação de *fraude*, de *simulação* e de *conluio*, tal como definidos na legislação tributária, configura-se a evasão. No entanto, se o contribuinte pratica um ato que não é tributado ("lacuna"), vale-se de uma desoneração tributária ("elisão por indução"), ou pratica um ato que é expressa ou implicitamente permitido pelo ordenamento jurídico, gerando uma tributação menos gravosa ("economia de opção"), verifica-se a elisão.

44.4. O critério da natureza dos meios utilizados é relevante na medida em que considera um critério jurídico, baseado em normas jurídicas, para distinguir entre *elisão e evasão fiscal*, e não se funda em critérios extrajurídicos ou importados de sistemas alienígenas como fazem outras teorias.

44.5. Ocorre que o critério da natureza dos meios, no caso da evasão, só abrange os denominados *ilícitos típicos*, que acarretam penalidades mais gravosas e, em certos casos, até consequências penais. Esse critério não alcança todo um universo de *ilicitudes atípicas* que podem ser geradas por contribuintes, não por um deliberado descumprimento direto, frontal e chapado das normas de incidência tributária, mas mediante o uso de expedientes artificiosos, que acabem por ladear o cumprimento da legislação tributária, mas sem incorrer nessas graves violações evasivas.

45. Evasão e elisão são conceitos *descritivos* e não *prescritivos*, haja vista que designam fenômenos jurídicos distintos, quiçá, opostos, mas não trazem em si consequências normativas para essas situações.

CONCLUSÕES

46. Boa parte da doutrina reconhece uma zona intermediária entre a elisão e a evasão, denominada por alguns de "elusão". A elusão descreve um universo de situações em que estão presentes os seguintes atributos.

46.1. Em primeiro lugar, a elusão se caracteriza por ser uma *zona de penumbra normativa* e *incerteza na qualificação do ato ou negócio praticado*. Não há uma plena segurança sobre a existência do dever de pagar o tributo, porque os atos ou os negócios realizados situam-se em uma zona cinzenta, havendo uma indefinição *prima facie* com relação à sua qualificação fiscal.

46.2. Em segundo lugar, na elusão, os atos ou negócios praticados pelo contribuinte são transparentes, o que significa dizer que o contribuinte não oculta informações do Fisco, descumprindo deveres de cooperação, como ocorre na evasão.

46.3. Em terceiro lugar, a elusão implica uma violação indireta da norma tributária que caracteriza um ilícito atípico, sendo essa a grande marca da *elusão* tributária, na medida em que o contribuinte não descumpre de forma direta e dolosa a legislação tributária, mas mediante uma manipulação artificiosa dos elementos do antecedente ou do consequente da norma tributária para que, a partir de uma interpretação mais literal, formalista e apegada ao texto da lei tributária, seja possível ladear o cumprimento da obrigação tributária ou obter uma redução ou um diferimento do montante de tributo a pagar. Os atos ou os negócios praticados pelo contribuinte, por vezes, não descumprem regras cogentes no Direito Privado, isto é, os atos ou os negócios apresentam os requisitos formais e materiais para sua existência, validade e eficácia. Ocorre que esses atos e negócios invariavelmente se mostram como uma *forma distorcida* das *formas idealizadas pela* legislação tributária.

47. Na elusão, o que se verifica, tanto no caso de tributos que adotam tipos estruturais, quanto no caso de tributos que adotam tipos funcionais, é um comportamento *abusivo, artificioso* e *manifestamente inadequado*, no que tange à forma empregada pelo contribuinte, para não se enquadrar na norma tributária mais gravosa ou, por outro ângulo, enquadrar-se em uma norma fiscalmente mais vantajosa.

48. O que caracteriza o comportamento abusivo, artificioso e manifestamente inadequado é talvez uma das questões mais difíceis do Direito Tributário, especialmente complexa de ser respondida de forma abstrata

e geral, quando são inúmeras as possibilidades de sua caracterização em concreto. O que não significa, contudo, que se deva abrir mão de encontrar critérios objetivos para caracterizá-la, como ocorre nos casos das normas antielusivas.

49. As normas antielusivas não visam *punir* mais gravemente um eventual descumprimento da obrigação tributária por parte do contribuinte, mas apenas *forçar* o cumprimento da legislação tributária, por meio da desconsideração da *qualificação fiscal* menos gravosa, originalmente atribuída pelo contribuinte, *requalificando* o ato praticado, de uma forma fiscalmente mais onerosa.

50. As normas antielusivas específicas ou normas especiais antielusivas são medidas pontuais de controle da elusão tributária. São normas que funcionam como "cláusulas de reforço" à legislação tributária, na medida em que procuram evitar certos comportamentos *elusivos*, muitas vezes, já identificados pelo legislador, por meio de soluções *sob medida*, previstas para esses casos. Elas se utilizam de técnicas como as ficções legais e as presunções jurídicas para controle da elusão. Diante de um abuso específico cometido pelo contribuinte, o legislador formula regras específicas para evitá-lo, utilizando-se de propriedades relevantes colhidas de forma casuística, que são generalizadas. Exemplos de normas antielusivas específicas são as normas que regulam a distribuição disfarçada de lucros, as regras sobre preços de transferência e as normas sobre a tributação dos lucros das sociedades controladas e coligadas no exterior.

51. As normas gerais antielusão diferenciam-se das normas específicas ou especiais antielusão pelo fato de, diferentemente das primeiras, possuírem (i) grande amplitude; (ii) um caráter altamente abrangente, no que tange ao universo de situações contempladas; e (iii) uma elevada abstração e indeterminação, no que toca aos mecanismos de controle da elusão.

51.1. A inclusão do parágrafo único do artigo 116 do CTN, conferindo poderes à Autoridade Administrativa para desconsiderar atos ou negócios jurídicos praticados com a finalidade de dissimular a ocorrência do fato gerador do tributo ou a natureza dos elementos constitutivos da obrigação tributária, observados os procedimentos a serem estabelecidos em lei ordinária, suscitou intensos debates doutrinários sobre se ele seria ou não uma norma geral antielusiva.

51.2. Uma parte considerável da doutrina entendeu que se tratava de uma norma para evitar *a evasão fiscal*, baseada no conceito tradicional de *simulação*. Outra parte considerável da doutrina reputou que se trataria de uma norma *antielusiva*, porquanto voltada para o combate da elisão fiscal abusiva.

51.3. A tentativa de regulação da norma em questão pela MP 66/2002 foi problemática e rejeitada pelo Congresso Nacional. No entanto, esse vácuo normativo não importou uma contenção das Autoridades Fiscais, no que diz respeito ao questionamento da legitimidade de planejamentos tributários. Curiosamente, no entanto, tem-se evitado a aplicação direta do artigo 116, parágrafo único, do CTN nas decisões administrativas sobre a matéria.

51.4. Na prática, o que se tem visto é um *refinamento* do conceito de simulação na jurisprudência administrativa, a partir da identificação de situações elusivas nos casos julgados no CARF, nas quais se mantém a cobrança do tributo, mas sem a imposição de penalidades mais gravosas.

51.5. Ocorre que não há um procedimento especial previsto para se tratar desses casos. Essa situação é inadequada e destoa do mandamento do artigo 116, parágrafo único do CTN. No caso de elusão, há uma situação de violação indireta à legislação tributária, que, portanto, demandaria um exame de prova e de interpretação da legislação mais detidos, além de merecer uma avaliação mais comedida e prudente, tanto no que diz respeito à caracterização de infrações tributárias, quanto no que tange à aplicação de penalidades.

52. A simulação é tradicionalmente concebida na Teoria do Direito Privado como ato caracterizado por três elementos: (i) divergência intencional entre a *vontade* real das partes e a *declaração* formalizada no ato; (ii) um *acordo simulatório* entre os declarantes (*"pacto simulationis"*); e (iii) o intuito de *enganar* terceiros. Nesse contexto, a simulação absoluta corresponde a um ato ou negócio "inventado" pelo contribuinte, quando inexiste qualquer ato ou negócio e, a simulação relativa ou dissimulação, a um ato "mentiroso", que oculta um ato real.

52.1. No Direito Tributário, notadamente após a inserção do parágrafo único do artigo 116 do CTN, entendemos que o conceito de *causa* do negócio têm especial relevância para a construção de um conceito de simulação. A causa é a finalidade do ato ou negócio, que o justifica do ponto de vista social e jurídico.

52.2. Com base nessas considerações, é possível distinguir os conceito de *simulação-evasão* e de *simulação-elusão*. O primeiro alcança as situações em que o contribuinte falseia a realidade, nos termos explicitado no item 52 acima. O segundo abrange os atos ou negócios que são feitos às claras, de forma declarada e transparente, mas em que se verifica uma manipulação artificiosa dos requisitos essenciais desses atos ou negócios, de modo que os seus efeitos não se mostram compatíveis com as suas causas subjacentes, não se revelando condizentes com o perfil desses atos ou negócios considerados pelas normas tributárias. Há uma divergência entre a *intentio facti*, a intenção empírica do ato ou negócio objetivamente realizado pela parte, e a *intentio iuris*, correspondente à *forma* exteriorizada pelas partes.

52.3. Esse critério é relevante, pois trabalha com conceitos jurídico-tributários de *simulação* para se analisar a validade do planejamento fiscal e encontra amparo em precedentes jurisprudenciais.

53. A fraude à lei também é um instituto desenvolvido na Teoria Geral do Direito Tributário. Na fraude à lei, o indivíduo pratica um ato que, aparentemente, é *permitido* por uma norma ("norma de cobertura"), mas que acaba tendo como resultado prático a conduta ou o estado de coisas que descumpre a *obrigação* ou a *proibição* imposta por outra norma ("norma defraudada").

53.1. A transposição da fraude à lei para o Direito Tributário é problemática por várias razões, dadas as diferenças teleológicas e metodológicas entre o Direito Privado e o Direito Tributário.

53.2. Em primeiro lugar, na fraude à lei revela-se imprescindível a existência de uma norma *dispositiva*, mas esse não é o caso das normas tributárias, que são normas cogentes, que, em seu consequente, impõem um dever de recolher o tributo, mas que, no seu antecedente, preveem condutas cuja realização não é obrigatória ou proibida, mas permitida pelo ordenamento jurídico.

53.3. Em segundo lugar, a fraude à lei depende da caracterização de um "resultado proibido", mas, no Direito Tributário, dada a estruturação de suas normas, se o contribuinte deixa de praticar a conduta prevista no pressuposto de fato da norma ou pratica atos ou negócios com efeitos econômicos equivalentes àqueles do ato ou do negócio gravado, não há o dever de pagar o tributo, inexistindo, consequentemente, qualquer "resultado proibido".

53.4. Em terceiro lugar, a fraude à lei pressupõe a existência de uma norma de cobertura. No entanto, é difícil verificar no Direito Tributário o que possa ser uma norma de cobertura. Se um determinado ato ou negócio não é gravado pela lei tributária, mas gera resultados equivalentes àquele que é tributado, não há aí qualquer "norma de cobertura", mas uma verdadeira *lacuna*, ou melhor, um fato não tributado. Se, porventura, o ato ou o negócio equivalente está sujeito a uma tributação menos gravosa, não há propriamente uma norma de cobertura, mas uma norma tributária que estabelece uma tributação menor.

53.5. Na Espanha, onde instituto da fraude à lei era expressamente previsto como norma antielusiva, a norma declaradamente determinava a aplicação analógica do tributo. O instituto era severamente criticado pela doutrina, pouco utilizado na prática pelos tribunais e acabou sendo revogado por uma reforma na legislação.

54. Uma categoria comumente referida, quando se trata do planejamento fiscal, é a do negócio indireto, também um conceito de Direito Privado, que abrange o *negócio fiduciário* e o *negócio indireto em sentido estrito*. Nos negócios indiretos, de uma forma geral, há o que a doutrina chama de uma "desproporção", isto é, um excesso entre os meios empregados e os fins visados com o ato ou o negócio. A grande finalidade da teoria do negócio indireto é sustentar a validade desses negócios, à luz do Direito Privado, distinguindo-os da *simulação* e da *fraude à lei*.

54.1. A transposição da teoria do negócio indireto para o Direito Tributário traz alguns problemas. A uma, se o contribuinte tem uma liberdade de formas para estruturar seus negócios, cada qual sujeita às respectivas consequências tributárias, é difícil qualificar que negócios são *diretos* e que negócios são *indiretos*. A duas, ainda que fosse possível precisar essa distinção, não há qualquer garantia de que a adoção do *negócio indireto* implique, necessariamente, em uma situação de *elisão tributária*, conforme demonstram precedentes jurisprudenciais, em que esses negócios foram desconsiderados para fins fiscais. A três, mesmo que esses negócios não se caracterizem como uma situação *evasiva*, chega-se a essa conclusão recorrendo-se ao critério da simulação e não do negócio indireto. Daí porque não parece útil ou relevante trabalhar com um critério que traz mais perguntas, dificuldades e inseguranças do que respostas, facilidades e certezas.

55. A teoria do abuso de direito também tem uma origem privatística. O Direito Civil caracteriza o abuso de direito como sendo o exercício de um direito subjetivo que excede manifestamente os limites impostos pelo seu fim econômico ou social, pela boa-fé ou pelos bons costumes. O efeito do abuso de direito é a responsabilidade civil do titular que abusa do direito, que tem o dever de indenizar os danos causados.

55.1. Há quem sustente a aplicabilidade da teoria do abuso do direito ao Direito Tributário, como um limite ao "direito de organização" do contribuinte, que não seria absoluto e que deveria acarretar a desconsideração de planejamentos fiscais que são feitos com finalidade predominantemente fiscal.

55.2. A aplicação da teoria do abuso de direito no planejamento fiscal enfrenta alguns problemas. A teoria pressupõe, como ponto de partida, a existência de um direito subjetivo. Contudo, o direito à auto-organização não é, tecnicamente, um direito, mas uma liberdade do contribuinte, na qual o Fisco não pode intervir. O Fisco só pode exigir tributos, nos casos em que ele detenha competência para isso e aí, o titular do direito subjetivo, passível de abuso, não é o contribuinte, mas o próprio Fisco. Além disso, a competência tributária e esse direito do Fisco só surgem quando atendidos determinados pressupostos. Se eles, por qualquer motivo, não se verificam, não há abuso de direito, mas simplesmente inexiste qualquer relação jurídica entre Fisco e o contribuinte.

55.3. Dada a imposição constitucional de uma legalidade estrita, com vedação da analogia gravosa, não há espaço no Direito Tributário, ao contrário do que acontece, por exemplo, no Direito Civil, para uma integração com base na analogia. Se o ato ou o negócio praticado pelo contribuinte não está gravado pela lei tributária ou está gravado por uma lei tributária menos gravosa do que outro ato ou negócio semelhante, por mais que isso seja "estranho", "inusual" ou "injusto", não significa que seja possível "calibrar", "ponderar", desfazer o "abuso" por meio da atividade interpretativa.

55.4. No caso do abuso do direito, o problema não está em saber se há ou não um direito. Esse é um pressuposto. No caso do planejamento fiscal, o problema que se coloca é prévio, anterior e prejudicial a esse e consiste em saber se o Fisco tem ou não o direito a exigir o tributo pretendido. Por isso a teoria do abuso do direito é até cronologicamente inadequada.

55.5. Ao final, o que a teoria do abuso do direito busca é a reparação do dano. A dificuldade, na seara do Direito Tributário, especialmente no caso do planejamento fiscal, diz respeito à interpretação de normas e à qualificação de atos, não no que tange a se justificar ou não a reparação de danos.

55.6. A motivação do contribuinte não pode ser um critério para avaliação da legitimidade dos planejamentos fiscais. Isso porque, de um modo geral, a motivação é um critério irrelevante para aplicação da lei tributária. Além disso, a teoria não estabelece que motivações devem ser aceitas, quem irá avaliá-las, e qual o grau de sua sinceridade. É perfeitamente possível praticar negócios exclusivamente para se economizar tributos, desde que não haja violação à legislação tributária.

55.7. A aplicação da teoria do abuso de direito pela Administração Tributária conduziu, na prática, a precedentes altamente questionáveis, que desconsideraram planejamentos fiscais dos contribuinte perfeitamente lícitos, como a prestação de serviços personalíssimos por meio da constituição de sociedades, tendo levado, inclusive, à edição de uma lei para expressamente permitir esse tipo de organização negocial.

56. A teoria da substância econômica e da sua prevalência sobre a forma jurídica está associada ao desenvolvimento da chamada "interpretação econômica" do Direito Tributário, pela doutrina italiana e alemã, mas é, sobretudo, uma construção jurisprudencial norte-americana a partir do precedente *Gregory v. Helvering*, julgado pela Suprema Corte, no sentido de que os atos praticados pelo contribuinte devem ser interpretados, para fins tributários, conforme o substrato econômico existente, e não de acordo com forma jurídica adotada.

57. Um dos testes abrangidos pela chamada *economic substance doctrine* é justamente o do *propósito negocial* ("business purpose test"), por meio do qual se procura avaliar se a operação teve alguma outra finalidade que não exclusivamente a economia fiscal.

58. No sistema tributário brasileiro, pautado no princípio da legalidade estrita, o relevante é a ocorrência do fato gerador e não os motivos que leva-

FORMA E SUBSTÂNCIA NO DIREITO TRIBUTÁRIO

ram o contribuinte a adotar esta ou aquela estrutura. Ao contrário, proibir o contribuinte de adotar a forma fiscalmente mais vantajosa implica, como decorrência lógica, instituir um dever geral de que o contribuinte sempre adote o caminho fiscalmente mais oneroso. Afinal, se, entre duas formas jurídicas válidas e equivalentes para obtenção de um certo resultado econômico, o contribuinte não puder optar por uma delas, apenas porque ela é mais benéfica do ponto de vista fiscal, então é porque ele está sendo obrigado a pagar sempre a maior quantidade possível de tributo E esse dever simplesmente inexiste à luz do sistema tributário nacional.

59. O debate em torno da existência e do conteúdo do propósito negocial é um tanto estéril, uma vez que a existência de motivos extratributários para a realização do negócio ou a finalidade única e exclusiva de reduzir tributos não ajuda em nada o enfrentamento da grande dificuldade dos casos controversos de planejamento fiscal, que dizem respeito à interpretação e à aplicação da lei, mais precisamente à qualificação do atos ou negócios praticados pelos contribuintes.

59.1. O propósito negocial só tem algum sentido se for compreendido dentro de um exame finalístico das normas tributárias em comparação com os atos e negócios praticados, de modo a se aferir a conformidade entre a intenção das partes e a causa do negócio jurídico, como se infere de precedentes jurisprudenciais que examinaram essa questão à luz do conceito de simulação, nos termos delineados acima.

59.2. Há precedentes jurisprudenciais referendando a utilização de estruturas negociais com a finalidade predominante de se economizar tributos, como no caso dos *leasings*, que são contratados, mediante a pactuação de um valor residual simbólico, em que as parcelas pagas são dedutíveis para fins fiscais, gerando-se uma economia fiscal superior àquela que ocorreria no caso da compra e venda a prazo desses mesmos bens.

60. A teoria da prevalência da substância sobre a forma tampouco se releva adequada à luz do sistema tributário nacional, na medida em que é impossível lidar apenas com fatos brutos e amorfos.

60.1. O Direito demanda critérios definidos, assentando-se sobre a estrutura do binômio licito e ilícito, justamente para facilitar a tomada de decisões. Embora, evidentemente, possam existir zonas de incerteza na interpretação jurídica, a tarefa dos juristas é a busca por critérios *seguros* para a tomada de decisões, o que não acontece no caso da proclamação da prevalência da substância sobre a forma.

60.3. No Direito Tributário brasileiro, o princípio da legalidade estrita, as regras de competência tributárias e a vedação da analogia reduzem ainda mais o papel de uma alegada "substância econômica", tornando-a um critério sem validade ou sem utilidade, na medida em que fatos com a mesma substância econômica podem estar, inclusive, sujeitos a tributos distintos.

60.4. Se é possível se aventar uma alegada prevalência da substância sobre a forma, ela se dá no sentido da simulação exposto acima, como infirma a jurisprudência do STF, havendo mais apropriadamente um princípio da "*forma sobre a forma*", em que a qualificação inicialmente atribuída pelo contribuinte aos fatos é alterada por uma forma *juridicamente* compatível com o ato praticado.

REFERÊNCIAS

ABAGNANO, Nicola. *Dicionário de Filosofia.* Tradução Alfredo Bosi. São Paulo: Martins Fontes, 2007.

ABRAHAM, Marcus. *Planejamento Tributário e o Direito Privado.* São Paulo: Quartier Latin, 2007.

ALCHOURRÓN, Carlos; BULYGIN, Eugenio. *Introducción a la metodologia de las ciências jurídicas y sociales.* Disponível em: <http://www.cervantesvirtual.com>. Acesso em 13.1.2013.

ALEXY, Robert. *Teoria da Argumentação Jurídica:* a teoria do discurso racional como teoria da fundamentação jurídica. 2.ed. São Paulo: Landy Editora, 2005.

_____; BULIGYN, Eugenio. *La Pretensión de Corrección del Derecho – la Polemica sobre la Relación entre Derecho y Moral.* Bogotá: Universidad Externado de Colombia, 2005.

_____. *Teoria dos Direitos Fundamentais.* Tradução de Virgílio Afonso da Silva da 5.ed. alemã. São Paulo: Malheiros, 2008.

ALVES, José Carlos Moreira. Figuras correlatas: abuso de forma, abuso de direito, dolo, negócios jurídicos simulados, fraude à lei, negócio indireto e dissimulação. In: Anais do Seminário Internacional sobre Elisão Fiscal. Brasília: ESAF, 2002. p. 61-76.

AMARAL, Francisco. *Direito civil – introdução.* 3.ed. Rio de Janeiro: Renovar, 2000.

AMARAL, Gustavo. Abuso de Direito e Tributação. In: BARRETO, Aires Fernandino e outros. *Segurança Jurídica na Tributação e Estado de Direito.* São Paulo: Noeses, 2005.

AMARO, Luciano. *Direito Tributário Brasileiro.* 11.ed. São Paulo: Editora Saraiva, 2005.

ASCARELLI, Tullio. Contrato misto, negócio indireto, "negotium mixtum cum donatione". *Revista dos Tribunais*, São Paulo, v. 101, n. 925, p. 27-43, nov. 2012.

AMATUCCI, Andrea. La Interpretación de la Ley Tributaria. In: AMATUCCI, Andrea (org.), Tratado de Derecho Tributario, Bogotá: Temis, 2001.

ARAGÃO, Alexandre. A Concepção Pós-positivista do Princípio da Legalidade. *Revista de Direito Administrativo*, Rio de Janeiro: Renovar, 2004, n. 236, p. 1-20, abril/junho de 2004.

ARISTÓTELES. Metafísica. Tradução: Rusconi Libri. Introdução e Comentários de Giovanni Reale. 2.ed. São Paulo: Edições Loyola, 2005.

ARISTÓTELES. Metafísica. Traducción de Valentín García Yebra. Edición Electrónica de Escuela de Filosofía Universidad

ARCIS. Disponível em <http://www. philosophia.cl>. Acesso em 17.8.2012.

ATIENZA, Manuel. *As Razões do Direito – Teorias da Argumentação Jurídica.* 4.ed. São Paulo: Landy, 2003.

ATIENZA, Manuel; MANERO, Juan Ruiz. *Ilícitos atípicos.* Madrid: Trotta, 2006.

ATIYAH P.S.; SUMMERS, R.S. *Form and Substance in Anglo-American Law – A Comparative Study of Legal Reasoning, Legal Theory and Legal Institutions.* New York: Oxford University Press, 2002.

ÁVILA, Humberto. Argumentação Jurídica e a Imunidade do Livro Eletrônico. Revista Diálogo Jurídico, Salvador, CAJ – Centro de Atualização Jurídica, v. I, n. 5, agosto, 2001. Disponível em: <http://www.direitopublico.com.br>. Acesso em 12.12.2011.

_____. O imposto de renda, a contribuição social sobre o lucro e os lucros auferidos no exterior. In: ROCHA, Valdir de Oliveira (Org.). Grandes Questões Atuais do Direito Tributário. São Paulo: Dialética, 2003, v. 7, p. 215-240.

_____. Sistema Constitucional Tributário: de acordo com a emenda constitucional n. 42, de 19.12.03. São Paulo: Saraiva, 2004.

_____. A Eficácia do Novo Código Civil na Legislação Tributária. In: GRUPPENMACHER, Betina. (Org.). Direito Tributário e o Novo Código Civil.São Paulo: Quartier Latin, 2004, p. 61-79.

_____. *Teoria dos Princípios da definição à aplicação dos princípios jurídicos.* 4.ed. 2.tiragem. São Paulo: Malheiros, 2005.

_____. Planejamento Tributário. *Revista de Direito Tributário*, v. 98, 2006.

_____. Neoconstitucionalismo: entre a 'ciência do direito' e o 'direito da ciência', *Revista Brasileira de Direito Público – RBDP*, Belo Horizonte, v. 6, n. 23, out./ dez. 2008.

_____. Regra Matriz versus Princípios. In: SCHOUERI, Luís Eduardo. Direito Tributário: homenagem a Paulo de Barros Carvalho, São Paulo: Quartier Latin, 2008.

_____. *Teoria da Igualdade Tributária.* São Paulo: Malheiros, 2008.

_____. Planejamento Tributário. *Revista de Direito Tributário*, n. 98, p. 74-85, 2006.

_____. *Segurança Jurídica:* entre permanência, mudança e realização no Direito Tributário. São Paulo: Malheiros, 2011.

_____. Ágio com fundamento em rentabilidade futura. Empresas do mesmo grupo. Aquisição mediante conferência em ações. Direito à amortização. Licitude formal e material do planejamento. *Revista Dialética de Direito Tributário*, n. 205, p. 163-184, 2012.

_____. Legalidade como mediação entre a liberdade e a igualdade na tributação. In: Eduardo Maneira; Heleno Torres.(Org.), *Direito Tributário e a Constituição – Homenagem ao Professor Sacha Calmon Navarro Coêlho.* São Paulo: Quartier Latin, 2012, p. 393-399.

AZEVEDO, Antônio Junqueira de. *Negócio Jurídico – Existência, Validade e Eficácia.* São Paulo: Saraiva, 2002.

BALEEIRO, Aliomar. *Direito Tributário Brasileiro.* 11.ed. Atualizada por Misabel Abreu Machado Derzi. Rio de Janeiro: Forense, 1999.

_____. *Limitações Constitucionais ao Poder de Tributar.* Edição revista e complementada, à luz da Constituição de 1988 até a Emenda Constitucional nº 10/1996 por Misabel Abreu Machado Derzi. Rio de Janeiro: Editora Forense, 2006.

_____. *Introdução à Ciência das Finanças.* Atualizador: Dejalma de Campos. 16.ed. Rio de Janeiro: Renovar, 2008.

REFERÊNCIAS

BANKMAN, Joseph. The Economic Substance Doctrine, 74 S. CAL. L. REV. 5, 13 (2000). Disponível em <http://www--bcf.usc.edu/~usclrev/pdf/074102.pdf>. Acesso em 17.11.2012.

BARCELLOS, Ana Paula de. Alguns Parâmetros Normativos para a Ponderação Constitucional. In: BARROSO, Luís Roberto (org.). A nova interpretação Constitucional: ponderação, direitos fundamentais e relações privadas. Rio de Janeiro: Renovar, 2003, p. 49-118.

_____. *Ponderação, Racionalidade e Atividade Jurisdicional*. Rio de Janeiro: Renovar, 2005.

BARRETO, Paulo Ayres. Desafios do Planejamento Tributário. In: SCHOUERI, Luís Eduardo (Coord.). Direito Tributário: homenagem a Paulo de Barros Carvalho. São Paulo: Quartier Latin, 2008, p. 781-789.

BARROSO, Luis Roberto (org.). *A nova interpretação constitucional: ponderação, direitos fundamentais e relações privadas*. Rio de Janeiro: Renovar, 2003.

_____. Fundamentos teóricos e filosóficos do novo direito constitucional brasileiro (pós-modernidade, teoria crítica e pós-positivismo). In: BARROSO, Luís Roberto (org.). A nova interpretação constitucional: ponderação, direitos fundamentais e relações privadas. Rio de Janeiro: Renovar, 2003, p. 1-48.

_____. Da falta de efetividade à judicialização excessiva: direito à saúde, fornecimento gratuito de medicamentos e parâmetros para a atuação judicial. Interesse Público, Belo Horizonte, v. 9, n. 46, nov. 2007. Disponível em: <http://bdjur.stj.jus.br/dspace/handle/2011/38245>. Acesso em: 6.11.2012.

_____. *Curso de Direito Constitucional Contemporâneo: os conceitos fundamentais*

e a construção do novo modelo. São Paulo: Saraiva, 2010.

BECHARA, Carlos Henrique; BAIOCCHI, Bruno. O tratamento tributário das operações de arrendamento mercantil à luz das alterações promovidas pelas leis n. 11.638/07 e 11.941/09. In: ROCHA, Sérgio André (coord.). Direito tributário, societário e a reforma da lei das S/A: alterações das leis n. 11.638/07 e n. 11.941/09. São Paulo: Quartier Latin, 2010, p. 75-100.

BECHO, Renato Lopes. O planejamento tributário na doutrina tradicional. *Revista Dialética de Direito Tributário*, n. 176, São Paulo: Dialética, 136-155, maio 2010.

BECKER, Alfredo de Augusto. *Carnaval Tributário*. 2.ed. São Paulo: Lejus, 2004.

_____. *Teoria Geral do Direito Tributário*. 4.ed. São Paulo: Noeses, 2007.

BESSONE, Darcy. *Do contrato: teoria geral*. 4.ed., São Paulo: Saraiva, 1997.

BETTI, Emilio. *Interpretação da lei e dos atos jurídicos*: teoria geral e dogmática. 2.ed. São Paulo: Martins Fontes, 2007.

BEVILÁQUA, Clóvis. *Theoria Geral do Direito Civil*. 5.ed atual. Achilles Beviláqua. Rio de Janeiro: Tipografia Francisco Alves, 1951.

BIANCO, João Francisco. Aparência Econômica e Natureza Jurídica. In: MOSQUERA, Roberto Quiroga; LOPES, Alexandro Broedel (coord.). *Controvérsias Jurídico-Contábeis (aproximações e distanciamentos)*. São Paulo, Dialética, 2010, p. 174-184.

BINENBOJM, Gustavo. *Uma Teoria do Direito Administrativo: direitos fundamentais, democracia e constitucionalização*. Rio de Janeiro, Renovar, 2008.

BINENBOJM, Gustavo; CYRINO, André Rodrigues. Entre política e expertise: a repartição de competências entre o governo e a ANATEL na Lei Geral de

Telecomunicações. Revista Eletrônica de Direito Administrativo Econômico (REDAE), Salvador, Instituto Brasileiro de Direito Público, nº. 16, novembro/dezembro/janeiro, 2009. Disponível em: <http://www.direitodoestado.com.br/redae.asp>. Acesso em 10.1.2013.

BOBBIO, Norberto. *Teoria do Ordenamento Jurídico*. 6.ed. Brasília: Editora UNB, 1995.

BRANDÃO, Rodrigo. *Supremacia Judicial versus Diálogos Constitucionais: a quem cabe a última palavra sobre o sentido da Constituição?*. Rio de Janeiro: Lumen Juris, 2012.

BRASIL. Trabalhos da Comissão Especial do Código Tributário Nacional. Rio de Janeiro: Ministério da Fazenda, 1954.

BUSTAMANTE, Thomas; MAIA, Antonio. Argumentação Jurídica. In: BARRETO, Vicente (Org.). *Dicionário de Filosofia do Direito*. Rio de Janeiro: Renovar, 2006, p. 64-68.

CÂMARA, Alexandre Freitas. *Ação Rescisória*. Rio de Janeiro: Lumen Juris, 2007.

CAMPOS, Diogo Leite e CAMPOS, Monica Leite de. *Direito Tributário*. 2.ed. Coimbra: Almedina, 2008.

CANARIS, Claus-Wilhelm. *Pensamento sistemático e conceito de sistema na ciência do direito*. Tradução de A. Menezes Cordeiro. Lisboa: Fundação Calouste Gulbenkian, 1989.

CANTO, Gilberto de Ulhôa. *Elisão e evasão fiscal*. Caderno de pesquisas tributárias, São Paulo: Revista dos Tribunais, v. 13, 1988.

CARVALHO, Cristiano. Planejamento tributário. Simulação e negócio indireto. Ações fiscais. *Revista de Direito Tributário*, São Paulo, n. 116, p. 182-200, 2012.

CARVALHO, Paulo de Barros. *Curso de Direito Tributário*. 14.ed. São Paulo: Saraiva, 2002.

_____. *Curso de Direito Tributário*. 17.ed. São Paulo: Saraiva, 2005.

_____. *Direito Tributário: linguagem e método*. 2.ed. São Paulo: Noeses, 2008.

_____. *Direito Tributário: Fundamentos Jurídicos da Incidência*. 8. ed. São Paulo: Saraiva, 2010.

_____. Entre a forma e o conteúdo na desconstituição dos negócios jurídicos simulados. Revista Diálogo Jurídico, Salvador, nº. 18, 2012. Disponível em: <http://www.direitopublico.com.br>. Acesso em: 20.1.2013.

CARRAZZA, Roque Antonio. *O Regulamento no Direito Tributário Brasileiro*. São Paulo: Revista dos Tribunais, 1981.

_____. *ICMS*. 11.ed. São Paulo: Malheiros, 2006.

CARRIÓ, Genaro R. *Notas sobre Derecho y Lenguaje*. 5ª ed. Buenos Aires: Marcial Pons, 1986.

CASTRO, Carlos Roberto Siqueira. *A Constituição Aberta e os Direitos Fundamentais*, Rio de Janeiro: Forense, 2003.

CASTRO Y BRAVO, Frederico de. *El negocio jurídico*. Madri: Civitas, 1985.

CHALHUB, Melhim Namem. *Negócio fiduciário*. 4.ed. Rio de Janeiro: Renovar, 2009.

CHAN, Alexander. Dealing with the death of a Duke: The Need to Limit the Economic Substance Principle in Canadian Tax Law, 23.4.2007.

COÊLHO, Sacha Calmon. *Evasão e Elisão Fiscal: o parágrafo único do art. 116, CTN, e direito comparado*. Rio de Janeiro: Forense, 2006.

_____. "Fraude à lei, abuso do direito e abuso de personalidade jurídica em direito tributário – denominações distintas para o instituto da evasão fiscal". Disponível em <http://sachacalmon. wpengine.netdna-cdn.com/wp-content/uploads/2010/12/Elisao-e-Evasao--livro-Douglas-Yamashita.pdf>. Acesso em 20.3.2013.

REFERÊNCIAS

CONTI, José Maurício. *Princípios Tributários da Capacidade Contributiva e da Progressividade*. São Paulo: Dialética, 1999.

COSTA, Regina Helena. *Princípio da Capacidade Contributiva*. 3.ed.. São Paulo: Malheiros, 2003.

DERZI, Misabel Abreu Machado. *Direito Tributário, Direito Penal e Tipo*. 2.ed. São Paulo: Revista dos Tribunais, 2007.

_____. O direito à economia de imposto – seus limites (estudo de casos). In: YAMASHITA, Douglas (coord.). *Planejamento Tributário à luz da jurisprudência*. São Paulo: Lex Editora, 2007, p. 289-329.

Dicionário Houaiss da Língua Portuguesa. Rio de Janeiro: Editora Objetiva, 2001.

DOLINGER, Jacob. *Direito Internacional Privado: parte geral*. 7.ed. Rio de Janeiro: Renovar, 2003.

DOMINGUES, José Marcos. *Direito Tributário – Capacidade Contributiva: conteúdo e eficácia do princípio*. 2.ed. Rio de Janeiro: Renovar, 1998.

_____. *Direito Tributário e Meio Ambiente*. 3.ed. Rio de Janeiro: Forense, 2007.

DÓRIA, Antônio Roberto Sampaio. *Elisão e Evasão Fiscal*, São Paulo: Livraria dos Advogados Editora Ltda – LAEL, 1971.

DOURADO, Ana Paula. O Princípio da Legalidade Fiscal. Tipicidade, Conceitos Indeterminados e Margem de Livre Apreciação. Coimbra: Almedina, 2007.

DUBOIS, Jean et al. *Dicionário de Linguística*. São Paulo: Cultrix, 2001.

DWORKIN, Ronald. *Freedom's Law: The Moral Reading of the Constitution*. New York: Oxford, 1996.

_____. *Taking Rights Seriously*. Cambridge, Mass.: Harvard University Press, 1997.

_____. *Uma Questão de Princípio*. 2.ed. São Paulo: Martins Fontes, 2005.

_____. *O Direito da liberdade: a leitura moral da constituição norte-americana*. São Paulo: WMF, 2006.

_____. *A Justiça de Toga*. São Paulo: Editora WMF Martins Fontes, 2010.

ENGISCH, Karl. *Introdução ao pensamento jurídico*. 9.ed. Lisboa: Fundação Calouste Gulbenkian, 2004.

ENTERRÍA, Eduardo Garcia de. *Justicia y seguridad jurídica en un mundo de leyes desbocadas*. Navarra: Cuadernos Civitas, 2006.

EVANS, Chris. Containing Tax Avoidance: Anti-avoidance Strategies. In: MUSGRAVE, Richard Abel; HEAD, John G.; KREVER, Richard E.. *Tax Reform in the 21st Century: a volume in memory of Richard Musgrage*. The Netherlands: Kluwer Law Internationa, 2009.

FALCÃO, Amílcar de Araújo. *Introdução ao Direito Tributário*. 6. ed. Atualizada por Flávio Bauer Novelli. Rio de Janeiro: Forense, 1999.

_____. *Fato Gerador da Obrigação Tributária*. 6.ed. Rio de Janeiro: Forense, 2002.

FERRARA, Francesco. Della simulazione dei negozi giuridici, Athenaeum, 1922.

FERRAZ JR, Tércio Sampaio. Apresentação e revisão do livro Legitimidade pelo Procedimento, de Niklas Luhmann, UnB; Brasília: 1980. Disponível em <http://www.terciosampaioferrazjr.com.br>. Acesso em 2.10.2011.

_____. *Introdução ao Estudo do Direito*. 4.ed.. São Paulo: Editora Atlas, 2001.

_____. Simulação e negócio jurídico indireto: no Direito Tributário e à luz do novo Código Civil, Revista Fórum de Direito Tributário – RFDT, Belo Horizonte, v. 08, n. 48, p. 9-25, nov./dez. 2010.

FREITAS, Rodrigo de; MESQUITA, Talita Marson. "Caso Vasco da Gama: dedutibilidade das despesas com debêntures com participação nos lucros". In: MORAES E CASTRO, Leonardo Freitas de. (org.). *Planejamento Tributário: análise de casos*. São Paulo: M.P. Editora, 2010, p. 359-383.

FULLER, Lon. Positivism and Fidelity to Law – A Reply to Professor Hart, 71 *HARV. L. REV*, 1958.

GIVNER, Bruce; BARISH, Ken. Economic Substance Doctrine: The Curious Case of Codification, Journal of Tax Practice & Procedure, 2010. Disponível em <http://documents.jdsupra.com/ad30ff84-8b4a-41f5-a771-ebd28a71c037.pdf>. Acesso em 23.1.2013.

GOMES, Marcus Lívio. *A Interpretação da Legislação Tributária*. São Paulo: Quartier Latin, 2010.

GOMES, Orlando. *Contratos*. Rio de Janeiro: Forense, 1974.

_____. *Introdução ao direito civil*. Rio de Janeiro: Forense, 1977.

_____. *Introdução ao direito civil*. Rio de Janeiro: Forense, 1998.

GODOI, Marciano Seabra de. A figura da "fraude à lei tributária" prevista no art. 116, parágrafo único do CTN. *Revista Dialética de Direito Tributário*, n. 68, p. 101-123, 2001.

_____. A figura da fraude à lei tributária na jurisprudência do Supremo Tribunal Federal. *Revista Dialética de Direito Tributário*, n. 79, p. 75-85, 2002.

_____. Uma proposta de compreensão e controle dos limites da elisão fiscal no Direito brasileiro: estudo de casos. In: YAMASHITA, Douglas (coord.). *Planejamento Tributário à luz da jurisprudência*. São Paulo: Lex Editora, 2007, p. 237-288.

_____. Dois conceitos de simulação e suas conseqüências para os limites da elisão fiscal. In: ROCHA, Valdir de Oliveira (Org.). *Grandes Questões Atuais do Direito Tributário* – 11.v. São Paulo: Dialética, 2007, p. 272-298.

GRAU, Eros Roberto. *Ensaio e discurso sobre a interpretação/aplicação do direito*. São Paulo: Malheiros, 2005.

GRECO, Marco Aurélio. *Planejamento Fiscal e Interpretação da Lei Tributária*. São Paulo: Dialética, 1998.

_____. Contribuições (um figura sui generis). São Paulo: Dialética, 2000.

_____. *Planejamento Tributário*. 2.ed. São Paulo: Dialética, 2004.

_____. *Planejamento Tributário*. 3.ed. São Paulo: Dialética, 2011.

GUASTINI, Riccardo. *Das fontes às normas*. São Paulo: Quartier Latin do Brasil, 2005.

GUIBOURG, Ricardo; GHIGLIANI, Alejandro; GUARINONI, Ricardo. *Introducción Al Conocimiento Juridico*. Buenos Aires: Editorial Ástrea, 1984.

GUIMARÃES, César. *Elisão Tributária e Função Administrativa*. São Paulo: Dialética, 2001.

HART, Herbert. Positivism and the Separation of Law and Morals, 71 *HARV. L. REV*, 1958.

_____. *O Conceito de Direito*. 5.ed. Lisboa: Fundação Calouste Gulbenkian, 2007.

HENSEL, Albert. *Derecho Tributario*. Trad. Andrés Báez Moreno, María Luisa González-Cuéllar Serrano e Enrique Ortiz Calle. Barcelona: Marcial Pons, 2005.

HUCK, Hermes Marcelo. *Evasão e elisão: rotas nacionais e internacionais do planejamento tributario*. São Paulo, Saraiva, 1997.

ISENBERGH, Joseph. Musings on Form and Substance. *The University of Chicago Law Review*, v. 49, No. 3, Summer, 1982.

IUDÍCIBUS, Sérgio de. Essência sobre a Forma e o Valor Justo: duas Faces da Mesma Moeda. In: MOSQUERA, Roberto Quiroga; LOPES, Alexandro Broedel (coord.). *Controvérsias Jurídico-Contábeis (aproximações e distanciamentos)*. São Paulo, Dialética: 2010, p. 464-478.

JARACH, Dino. *Fato Imponível: teoria geral do direito tributário substantivo*. 2.ed. trad. Dejalma de Campos. São Paulo: Revista dos Tribunais, 2004.

KELSEN. Hans. *Teoria Pura do Direito*. São Paulo: Editora Revista dos Tribunais, 5.ed., 2007.

KYLMLICA, Will. *Filosofia Política Contemporânea*. São Paulo: Martins Fontes, 2006.

LACOMBE, Margarida. *Hermenêutica e Argumentação: uma contribuição ao estudo do Direito*. 3.ed. Rio de Janeiro: Renovar, 2003.

LAPATZA, José Juan Ferrero. "Economia de opción, fraude de ley, sanciones y delito fiscal". In: COÊLHO, Sacha Calmon. *Evasão e Elisão Fiscal: o parágrafo único do art. 116, CTN, e direito comparado*. Rio de Janeiro: Forense, 2006.

LAPORTA, Francisco J.. *El imperio de la ley: una visión actual*. Madrid: Trotta, 2007.

LARENZ, Karl. *Metodologia da Ciência do Direito*. 4.ed. Tradução de José Lamego. Lisboa: Fundação Calouste Gulbenkian, 2005.

LEAL, Saul Tourinho. *Controle de Constitucionalidade Moderno*. Niterói: Impetus, 2010.

LEHNER, Moris. Considerações Econômicas e Tributação conforme a Capacidade Contributiva. Sobre a possibilidade de uma Interpretação Teleológica de Normas com Finalidades Arrecadatórias. In: SCHOUERI, Luiz Eduardo/ZILVETI, Fernando Aurélio (Coordenadores). Direito Tributário. Estudos em Homenagem a Brandão Machado. São Paulo: Dialética, 1998.

LEIRIÃO, Patrícia Meneses. *A cláusula antiabuso e seu procedimento de aplicação*. Porto: Vida Econômica, 2012.

LOPES, Edward. *Fundamentos da Lingüística Contemporânea*. 23.ed. São Paulo: Cultrix, 2007.

MACCORMICK, Neil. *Argumentação jurídica e teoria do direito*. São Paulo: WMF Martins Fontes, 2006.

_____. *Retórica e Estado de Direito*. Tradução: Conrado Hübner Mender e Marcos Paulo Veríssimo. São Paulo: Elsevier, 2008.

MACHADO, Brandão. Prefácio do Tradutor. In Wilhelm Hartz, *Interpretação da lei tributária: conteúdo e limites do critério econômico*. São Paulo: Resenha Tributária, 1993.

MAIA, Antonio Cavalcanti. Sobre a Teoria Constitucional Brasileira e a Carta Cidadã de 1988: do Pós-Positivismo ao Neoconstitucionalismo, Revista Quaestio Juris, v.1, n. 6 a 9 (2011). Disponível em <http://www.e-publicacoes.uerj.br/index.php/quaestioiuris/issue/current>. Acesso em 28.11.2012.

_____. Habermas, Alexy e o Discurso Prático, Revista de Direito do Estado – RDE n. 22. Rio de Janeiro, Renovar, p. 1-35, 2012.

MALERBI, Diva Prestes Marcondes. *Elisão Tributária*, São Paulo: Revista dos Tribunais, 1984.

MARTINS, Ives Gandra da Silva. "Norma Antielisão". In: ROCHA, Valdir de Oliveira (Coord.). *O Planejamento Tributário e a Lei Complementar 104*. São Paulo: Dialética, 2001, p. 117-128.

MEIRELLES, Hely Lopes. *Direito Administrativo Brasileiro*. 30a ed. São Paulo: Malheiros, 2005.

MELLO, Patrícia Perrone Campos. *Precedentes: o Desenvolvimento Judicial do Direito no Constitucionalismo Contemporâneo*. Rio de Janeiro, Renovar, 2008.

MENDONCA, Daniel. *Los Derechos En Juego: Conflicto Y Balance de Derecho*. Tecnos, 2003.

MENEZES CORDEIRO António Manuel Da Rocha e. *Da boa-fé no direito civil*. Coimbra: Almedina, 2007.

MIRANDA, Custodio da Piedade Ubaldino. "Negócio jurídico indireto e negócios fiduciários". In: TEPEDINO, Gustavo; FACHIN, Luiz Edson. Obrigações e contratos: contratos em espécie – serviços e circulação. São Paulo: Revista dos Tribunais, 2011.

MIRANDA, Francisco Cavalcanti Pontes de. *Comentários ao Código de Processo Civil*. Tomo IV Rio de Janeiro: Forense, 1974.

_____. *Tratado de Direito Privado*. v. 1. Campinas: Bookseller, 1999.

MITA, Enrico de. "O princípio da capacidade contributiva". Trad. de Roberto Ferraz. In: FERRAZ, Roberto. *Princípios e limites da tributação*. São Paulo : Quartier Latin, 2005.

MOLINA, Pedro Manuel Herrera. *Capacidad económica y sistema fiscal: análisis del ordenamiento español a la luz del Derecho alemán*. Madrid-Barcelona: Marcial Pons, 1998.

MOREIRA, José Carlos Barbosa. Considerações sobre a chamada relativização da coisa julgada material. Revista Dialética de Direito Processual, São Paulo, n. 22, p. 91-111, jan. 2005.

MORESO, Juan Jose. A Brilliant Desguise: entre Fuentes y Lagunas. In: ATRIA, F.; BULYGIN, E.; MORESO, J. J.; NAVARRO, P. E.; RODRIGUEZ, J. L.; MANERO, J.J., *Lagunas en el Derecho: una controversia sobre el derecho y la función judicial*. Madrid: Marcial Pons, 2005, 185-202.

MOSEQUERA, Roberto Quiroga; LOPES, Alexandro Broedel. *Controvérsias Jurídico-Contábeis (aproximações e distanciamentos)*. v. I, II e III. São Paulo, Dialética: 2010, 2011 e 2012.

MULLER, Ingo. *Hitler's Justice: The Courts of the Third Reich*. Translated by Deborah Lucas Schneider, New York: Harvard Press, 1992.

NASCIMENTO, Edna Maria Fernandes dos Santos. Saussure: o estruturalista antes do termo, Diálogos Pertinentes, Revista Científica de Letras, v. 4, n. 4, jan./dez. 2008. Disponível em: <http://publicacoes.unifran.br/index.php/dialogospertinentes/article/viewFile/233/187>. Acesso em 15.11.2012.

NABAIS, José Casalta. *O Dever Fundamental de Pagar Impostos*. Coimbra: Almedina, 1998.

NETO, Edmar Oliveira de Andrade. *Planejamento Tributário*. São Paulo: Saraiva, 2009.

NOGUEIRA, Ruy Barbosa. *Tullio Ascarelli e o Direito Tributário do Brasil*. São Paulo: Instituto Brasileiro de Direito Tributário e Resenha Tributária, 1979.

NOVOA, César García. *La cláusula antielusiva en la nueva Ley General Tributaria*. Madrid: Marcial Pons, 2004.

OLIVEIRA, Antônio Fernandes de. *A Legitimidade do Planejamento Fiscal, As Cláusulas Gerais Antiabuso e os Conflitos de Interesse*. Coimbra: Coimbra Editora, 2009.

OLIVEIRA, José Marcos Domingues de. *Capacidade Contributiva: conteúdo e eficácia do princípio*. Rio de Janeiro: Renovar, 1998.

OLIVEIRA, Ricardo Mariz de. Norma Geral Antielusão, *Direito Tributário Atual* n 25, p, 132-146, 2010.

_____. Cabimento e dimensionamento das penalidades por planejamentos fiscais inaceitáveis (Breves Notas). *Revista Dialética de Direito Tributário* n. 197, p. 138-153, 2011.

PALM, Ulrich. "*Germany*". In: BROWN, Karen B. (org.). *A Comparative Look at*

REFERÊNCIAS

Regulation of Corporate Tax Avoidance. Springer, New York: Springer, 2012, p. 149-192.

PECZENIK, Aleksander. *On Law and Reason.* Springer, 2008.

PEREIRA, Caio Mario da Silva. *Instituições de Direito Civil.* vol. I. Atualizadora: Maria Celina Bodin de Moraes. Rio de Janeiro: Forense, 2003.

_____. *Instituições de Direito Civil.* vol III. Contratos. 11.ed. Atualizador: Régis Fichtner. Rio de Janeiro: Forense, 2004.

PEREIRA, Jane Reis Gonçalves. *Interpretação constitucional e direitos fundamentais: uma contribuição ao estudo das restrições aos direitos fundamentais na perspectiva da teoria dos princípios,* Rio de Janeiro: Renovar, 2006.

PEREIRA, Régis Velasco Fichtner. *A Fraude à Lei.* Rio de Janeiro: Renovar, 1994.

PERELMAN, Chaïm. *Lógica Jurídica.* 2.ed. São Paulo: Martins Fontes, 2004.

PIETRO, Maria Sylvia Zanella di. *Direito Administrativo.* São Paulo: Atlas, 2005.

POSNER, Richard. No thanks. We already have our own laws, *Legal Affairs,* July-August, 2004. Disponível em: <http://www.legalaffairs.org/issues/July-August-2004/feature_posner_julaug04.msp>. Acesso em 12.2.2013.

QUEIROZ, Luís Cesar de Souza. *Sujeição Passiva Tributária.* 2.ed. Rio de Janeiro: Forense, 2002.

_____. *Imposto sobre a renda: requisitos para uma tributação constitucional.* Rio de Janeiro: Forense, 2003.

_____. "Controle Normativo da Elisão Tributária". In: Aires Fernandino Barreto et all. *Segurança Jurídica na Tributação e estado de direito.* São Paulo: Noeses, 2005, p. 711-750.

_____. "Limites do Planejamento Tributário". In: SCHOUERI, Luís Eduardo. *Direito Tributário – homenagem a Paulo de Barros Carvalho,* São Paulo: Quartier Latin, 2008, p. 735-758.

_____. "Critério Finalístico e o Controle das Contribuições",. In: Alberto Macedo *et al. Sistema Tributário Brasileiro e a Crise Atual.* São Paulo: Noeses, 2009, p. 631-666.

_____. "Norma Tributária e Fato Gerador". In: ROCHA, Sérgio André (coord.), Curso de Direito Tributário, São Paulo: Quartier Latin, 2011, p 211-249.

RAWLS, John. *Uma Teoria da Justiça.* Trad. Almiro Pisetta e Lenita Maria Rímoli Esteves. São Paulo: Martins Fontes, 2002.

RESENDE, Edson. Analogia. In: BARRETO, Vicente (coord.). *Dicionário de Filosofia do Direito.* São Leopoldo e Rio de Janeiro: Unisinos e Renovar, 2006.

RIBEIRO, R. L.; ROCHA, S. A (org.). *Legalidade e Tipicidade no Direito Tributário.* Quartier Latin, 2008.

RIBEIRO, Ricardo Lodi. *Justiça, Interpretação e Elisão Tributária.* Rio de Janeiro: Lumen Juris, 2003.

_____. *A Segurança Jurídica do Contribuinte (Legalidade, Não Surpresa e Proteção à Confiança Legítima).* Rio de Janeiro: Lumen Juris, 2008.

_____. *Temas de Direito Constitucional Tributário.* Rio de Janeiro, Lumen Juris, 2009.

_____. *Limitações Constitucionais ao Poder de Tributar.* Rio de Janeiro: Lumen Juris, 2010.

ROCHA, Sérgio André (coord.). *Direito Tributário, Societário e a Reforma da Lei das S/A. Volumes I, II e III.* São Paulo: Quartier Latin: 2008, 2010 e 2012.

_____. A Deslegalização no Direito Tributário Brasileiro Contemporâneo: Segurança Jurídica, Legalidade, Conceitos Indeterminados, Tipicidade e Liberdade de Conformação da Administração Pública. In: RIBEIRO, Ricardo Lodi; ROCHA, Sérgio André (coord.). *Legalidade e Tipicidade no Direito Tributário*. São Paulo: Quartier Latin, 2008.

RODRIGUEZ, José Rodrigo. A persistência do formalismo: uma crítica para além da separação de poderes. In: RODRIGUEZ J.R.; COSTA, C.E.B.S.; BARBOSA, S. R.. *Nas Fronteiras do Formalismo*, São Paulo: Saraiva, 2010.

ROLIM, João Dácio. *Normas Antielisivas Tributárias*. São Paulo: Dialética, 2001.

ROSA, Maria Eduarda Fleck da. Da estrutura à função do planejamento tributário: formalismo ou substância?, Revista Tributária das Américas, v. 3, n. 5, jan./jun. 2012

ROSS, Alf. *Direito e Justiça*. 2.ed. Tradução e notas de Edson Bini. São Paulo: Edipro, 2007.

RUCHELMAN, Stanley. Economic Substance Around The World, American Bar Association, Section of Taxation, Washington D.C., May 8, 2004. Disponível em <http://www.ruchelaw.com/pdfs/EconomicSubstanceAroundWorkd.pdf>. Acesso em 17.11.2012.

SALGADO, Joaquim Carlos. *A idéia de justiça no mundo contemporâneo: fundamentação e aplicação do direito como máximum ético*. Belo Horizonte: Del Rey, 2007.

SANCHES, J. L. Saldanha. *Os limites do planejamento fiscal: substância e forma no Direito Fiscal Português, Comunitário e Internacional*, Coimbra: Coimbra, 2006.

SARMENTO, Daniel. Ubiquidade Constitucional: os dois lados da moeda. Revista de Direito do Estado, Rio de Janeiro, v. 1, n. 2, 2006, p. 83-118.

_____. "O Neoconstitucionalismo no Brasil: Riscos e possibilidades". In: SARMENTO, Daniel (coord.), Filosofia e Teoria Constitucional Contemporâ-

nea. Rio de Janeiro: Lumen Juris, 2009, p. 114-153.

SAUSSURE, Ferdinand. *Curso de Linguística Geral*. Organizado por Charles Bally e Albert Sechehaye. Tradução de Antônio Chelini, José Paulo Paes e Izidoro Blikstein. 25 ed. São Paulo: Cultrix, 1996.

SCHAUER, Frederick. Easy Cases, 58 *S. Cal. L. Rev.* 399, 408-14, 1985.

_____. *Playing by the Rules: a philosofical examination of rule-based decision making in Law and in Life*, New York: Oxford, 1997.

_____. Judicial Supremacy and the Modest Constitution, 92 *Cal. L. Rev.* 1045, 2004.

SCHOUERI, Luís Eduardo. *Distribuição Disfarçada de Lucros*. São Paulo: Dialética, 1996.

_____. "Fato Gerador da Obrigação Tributária". In: Luís Eduardo Schoueri (coord.), *Direito Tributário – Homenagem a Alcides Jorge Costa*. São Paulo: Quartier Latin, 2003.

_____. *Planejamento tributário e o "propósito negocial"*. 1. ed. São Paulo: Quartier Latin, 2010.

_____. Planejamento Tributário: limites à norma antiabuso, Direito Tributário Atual, nº 24, 2010.

_____. *Direito Tributário*. São Paulo: Editora Saraiva, 2011.

SMITH, Adam. *An Inqury Into the Nature and Causes of The Wealth of Nations. v. II.* Oxford: Clarendon Press, 1836.

SOUZA NETO, Cláudio Pereira de; SARMENTO, Daniel (organizadores). *A Constitucionalização do Direito: Fundamentos Teóricos e Aplicações Específicas*. Rio de Janeiro: Lumen Juris, 2007.

SOUZA, Hamilton Dias de; FUNARO, Hugo. "O ICMS e a fraude nos serviços de comunicação". *Tributação nas Telecomunicações*. São Paulo: MP editora, 2007.

REFERÊNCIAS

Souza, Rubens Gomes de. *Compêndio de legislação tributaria*: São Paulo, Resenha Tributária, 1975.

Struchiner, Noel. Posturas Interpretativas e Modelagem Institucional: a dignidade (contingente) do Formalismo Jurídico. In: Sarmento, Daniel (coord.), *Filosofia e Teoria Constitucional Contemporânea*, Rio de Janeiro: Lumen Juris, 2009.

_____. Indeterminação e objetividade. Quando o direito diz o que não queremos ouvir. In: *Direito e Interpretação: racionalidade e instituições*. São Paulo: Saraiva, 2011.

_____.; Shecaira, Fábio Perin. A distinção entre o direito e moral e a distinção moral do direito, Rio de Janeiro, Revista de Direito do Estado, v. 7, n. 22, jan./mar., 2012.

Summers, Robert S. *Form and Function in a Legal System – A General Study*. New York: Cambridge University Press, 2006.

Sunstein, Cass; Vermeule, Adrian. Interpretation and Institutions. U Chicago Law & Economics, Olin Working Paper No. 156; U Chicago Public Law Research Paper No. 28, 2002.

Taboada, Carlos Palao. *La aplicación de las normas tributarias y la elusión fiscal*. Valladolid: Lex Nova, 2009.

_____. Forma y sustancia en el derecho (Notas para el seminario de profesores del día 4 de junio de 2012). Disponível na internet em: <http://www.uam.es/otros/afduam/documentos/forma-y--sustancia.pdf>. Acesso em 13.8.2012.

Tepedino, Gustavo; Barboza, Heloisa Helena; Moraes, Maria Celina Bodin de. *Código Civil interpretado conforme a Constituição da República*. 2.ed. Rio de Janeiro: Renovar, 2007.

Tepedino, Gustavo. "Sociedade Prestadora de Serviços Intelectuais: Qualifica-ção das Atividades Privadas no âmbito do Direito Tributário" In: Anan Jr,. Pedro; Peixoto, Marcelo Magalhães (coord.). *Prestação de Serviços Intelectuais por Pessoas Jurídicas: Aspectos Legais, Econômicos e Tributários*. São Paulo: MP Editora, 2008.

Theodoro Júnior, Humberto; Faria, Juliana Cordeiro. A coisa julgada inconstitucional e os instrumentos processuais para seu controle. In: Nascimento, Carlos Valder do (coord.). *Coisa julgada inconstitucional*. 5.ed. Rio de Janeiro: América Jurídica, 2005.

Tipke, Klaus; Lang, Joachim. *Direito Tributário (Steuerrecht)*. Vol. I. Tradução da 18. edição alemã por Luiz Dória Furquim. Porto Alegre: Sergio Antonio Fabris Editor, 2008.

Tipke, Klaus. *Moral Tributaria del Estado y de los contribuyentes*. Traducción Pedro M Herrera Molina. Madrir: Marcial Pons, 2002.

Torres, Ricardo Lobo. Normas Gerais Antielisivas. In: Torres, Ricardo Lobo (Org.). *Temas de Interpretação do Direito Tributário*. Rio de Janeiro: Renovar, 2003.

_____. *Curso de Direito Financeiro e Tributário*. Rio de Janeiro: Renovar, 2005

_____. *Tratado de Direito Constitucional Financeiro e Tributário – os Direitos Humanos e a Tributação: imunidades e isonomia*. 3.ed. revista e atualizada até 31 de dezembro de 2003, data da Emenda Constitucional nº 42. v. III. Rio de Janeiro: Renovar, 2005.

_____. *Tratado de Direito Constitucional Financeiro e Tributário*: valores e princípios constitucionais tributários. v. II. Rio de Janeiro: Renovar, 2005.

_____. *Curso de Direito Financeiro e Tributário*. Rio de Janeiro: Renovar, 2005.

_____. *Normas de Interpretação e Integração no direito Tributário*. 4 ed. revista e atualizada. Rio de Janeiro: Renovar, 2006.

_____. A jurisprudência dos valores. In: SARMENTO, Daniel. (coord.), *Filosofia e teoria constitucional contemporânea*, Lumen Juris, 2009.

_____. *Direito ao Mínimo Existencial*. Rio de Janeiro: Renovar, 2009.

_____. O princípio da proporcionalidade e as normas antielisivas no Código Tributário da Alemanha, Revista de Direito da Procuradoria do Estado do Rio de Janeiro, nº 65, 2010.

_____. *Direito Constitucional Tributário e Segurança Jurídica: Metódica da Segurança Jurídica do Sistema Constitucional Tributário*. São Paulo: Revista dos Tribunais, 2011.

_____. *Planejamento Tributário: elisão abusiva e evasão fiscal*. Rio de Janeiro: Elsevier, 2012.

TÔRRES, Heleno Taveira. *Direito Tributário e Direito Privado: autonomia privada: simulação: elusão tributária*. São Paulo: Revista dos Tribunais, 2003.

TROIANELLI, Gabriel Lacerda. "O parágrafo único do artigo 116 do Código Tributário Nacional como limitador do poder da Administração". In: ROCHA, Valdir de Oliveira (Coord.). *O Planejamento Tributário e a Lei Complementar 104*. São Paulo: Dialética, 2001.

WELLS, Bret. Economic Substance Doctrine: how codification changed decided cases, 10 Florida Tax Review, 411 2009-2011.

VANDERWOLK, Jefferson. Codification of the Economic Substance Doctrine: If we can't stop it, let's improve it, Tax Notes International, 55, Number 7, August 17, 2009. Disponível na internet em <http://ssrb.com/abstract=1459766>, acesso 17.11.2012.

VANONI, Ezio. *Natureza e Interpretação das Leis Tributárias*. Tradução: Rubens Gomes de Sousa. Rio de Janeiro: Edições Financeiras, 1952.

VECCHIO, Giorgio Del. *The Formal Bases of Law*. Traduzido por John Lisle, New York: The Macmillan Company, 1921.

VIGGIANO, Leticia Mary. "Justiça Tributária e Capacidade Contributiva: Análise Comparada Entre as Teorias de Adam Smith e Augusto Becker". Disponível na internet em <http://www.univali.br>. Acesso em 29.9.2011.

VILANOVA, Lourival. *Causalidade e Relação no Direito*. 4.ed. São Paulo: Revista dos Tribunais.

WEBER, Max. *Economia e sociedade: fundamentos da sociologia compreensiva*. Vol. II. Tradução de Regis Barbosa e Karen Elsabe Barbosa. Brasília: Editora UNB, 1999.

WELLS, Bret. Economic Substance Doctrine: how codification changed decided cases, 10 Florida Tax Review, 411 2009-2011.

XAVIER, Alberto. A evasão fiscal legítima: o negócio jurídico indireto em direito fiscal. Revista de Direito Público, São Paulo: Revista dos Tribunais, ano VI, n. 23, p. 236-253, jan./mar. 1973.

_____. *Tipicidade da Tributação, Simulação e Norma Antielesiva*. São Paulo: Dialética, 2002.

_____. *Do lançamento: teoria geral do ato, do procedimento e do processo tributário*. Forense: 2002.

_____. *Direito Tributário Internacional do Brasil*. 6.ed. Rio de Janeiro: Forense, 2007.

YAMASHITA, Douglas. *Elisão e Evasão de Tributos – Limites à Luz do Abuso do Direito e da Fraude à Lei*. São Paulo: Aduaneiras, 2005.

ZAGREBELSKY, Gustavo. *El derecho dúctil: ley, derechos, justicia*. Madrid: Trotta, 2009.

ZIMMER, Frederik. "General Report" *in* Cahiers de Droit Fiscal International: Form and substance in tax law. Rotterdam: Kluwer Law International, 2002.

ÍNDICE

AGRADECIMENTOS   7
APRESENTAÇÃO   13
PREFÁCIO   17
ÍNDICE DE SIGLAS   21
INTRODUÇÃO   27

CAPÍTULO 1 – O QUE É FORMA? O QUE É SUBSTÂNCIA?   37

CAPÍTULO 2 – FORMA E SUBSTÂNCIA NA TEORIA GERAL DO DIREITO   55

CAPÍTULO 3 – FORMA E SUBSTÂNCIA NO DIREITO TRIBUTÁRIO   83

CAPÍTULO 4 – O PRINCÍPIO DA LEGALIDADE TRIBUTÁRIA   103

CAPÍTULO 5 – LEI TRIBUTÁRIA: ESTRUTURA E FUNÇÃO   139

CAPÍTULO 6 – A ANALOGIA GRAVOSA NO DIREITO TRIBUTÁRIO   149

CAPÍTULO 7 – A CAPACIDADE CONTRIBUTIVA MULTIDIMENSIONAL   175

CAPÍTULO 8 – OS MARCOS FUNDAMENTAIS PARA UMA TEORIA
DO PLANEJAMENTO FISCAL   207

CAPÍTULO 9 – UMA TEORIA DO PLANEJAMENTO FISCAL   249

CAPÍTULO 10 – OS LIMITES DO PLANEJAMENTO FISCAL   283

CONCLUSÕES   361
REFERÊNCIAS   391